# DIE PRAXIS DER REFORMPÄDAGOGIK

DIE PRAXIS DER REFORMPÄDAGOGIK
Dokumente und Kommentare zur Reform der öffentlichen Schulen
in der Weimarer Republik

herausgegeben von

Inge Hansen-Schaberg

2005

VERLAG JULIUS KLINKHARDT • BAD HEILBRUNN / OBB.

Abbildung Umschlagseite 1 aus:
Jens Nydahl (Hrsg.): Das Berliner Schulwesen. Berlin 1928, S. 35.
Eine Erläuterung zum Titelbild findet sich in der vorliegenden Studienausgabe, S. 140.

Für Auskünfte und erteilte Abdruckgenehmigungen dankt die Herausgeberin Dr. Nele Güntheroth, Ing. grad. Raimund Herzer, Svantje Kachur-Ehrentreich, Sonja Petra Karsen, Ph.D., Prof. Dr. Andreas Pehnke, Dr. Gerd Radde und Klaus Scharrelmann.

Trotz sorgfältiger Recherche konnten nicht alle aktuellen Inhaber der Rechte an den abgedruckten Texten und Bildern ermittelt werden. Berechtigte Ansprüche werden selbstverständlich in der üblichen Weise abgegolten.

Die Deutsche Bibliothek – Cip-Einheitsaufnahme

Ein Titelsatz für diese Publikation ist bei
Der Deutschen Bibliothek
erhältlich.

2005.1.Kk. © by Julius Klinkhardt.
Das Werk ist einschließlich aller seiner Teile urheberrechtlich geschützt.
Jede Verwertung außerhalb der engen Grenzen des Urheberrechtsgesetzes ist ohne Zustimmung des Verlages unzulässig und strafbar. Das gilt insbesondere für Vervielfältigungen, Übersetzungen, Mikroverfilmungen und die Einspeicherung und Verarbeitung in elektronischen Systemen.
Druck und Bindung:
AZ Druck und Datentechnik, Kempten
Printed in Germany 2005
Gedruckt auf chlorfrei gebleichtem alterungsbeständigem Papier
ISBN 3-7815-1292-4

Inhalt

Einleitung 7
1. Pädagogik „Vom Kinde aus" 11
   Quellentexte
   1. Dresdner Versuchsschule: Kenntnis des Kindes (1922) 17
   2. Lebensgemeinschaftsschule Spandau: Schule als
      Lebensstätte der Jugend (25. 1. 33) 24
2. Arbeitsschule 30
   Quellentexte
   3. Hugo Gaudig: Das Grundprinzip der freien geistigen Arbeit (1922) 34
   4. Heinrich Scharrelmann: Von der Arbeitsschule zur
      Gemeinschaftsschule (1922) 40
   5. Fritz Karsen: Sinn und Gestalt der Arbeitsschule (1930) 50
3. Lehrplankritik und Lehrplanentwicklung 60
   Quellentexte
   6. Wilhelm Paulsen: Die neue Lehrverfassung (1930) 65
   7. Karl Sturm: Der Geschichtsplan der Karl-Marx-Schule (1931) ... 72
4. Schulorganisatorische Rahmenbedingungen 77
   Quellentexte
   8. Richtlinien für die Organisation der Gemeinschaftsschule
      in Neukölln (1922) 82
   9. Die Lichtwarkschule in Hamburg (1921) 85
5. Schulkonzeptionen 92
   Quellentexte
   10. Tami Oelfken: Grundschulversuche (1922) 97
   11. Organisation und Arbeit der 308. Volksschule in Berlin (o.J.) ... 103
   12. Fritz Karsen: Die einheitliche Schule in Neukölln (1928) 112
6. Didaktisch-methodische Überlegungen 138
   Quellentexte
   13. Rudolf Lehmann: Die Leipziger Versuchsschule (1931) 143
   14. Martin Weise: Dresdener Versuchsschule (1922) 147
   15. Dresdner Versuchsschule: Die Arbeitshaltung der Klasse (1922) . 150
   16. Erich Hylla: Selbständige geistige Bearbeitung und Übung (1931) 158
7. Unterrichtsbeispiele 170
   Quellentexte
   17. Arnold Ziechert: Produktive Arbeit unserer Kleinsten (1925) ... 173

18. Unterrichtsnachschrift: Bildbetrachtung: Hodler
„Der Holzfäller" (1930) 177
19. Lotte Müller: Versuche zur Schulung
im technischen Denken (1922) 182
20. Lotte Müller: Die Schere (1922) 185
21. Karl Hahn: Nicht zu gradlinig und verstandesklar
beim Befassen mit Kunstwerken (1925) 187
22. Alfred Ehrentreich: Grundsätze und Arbeitsformen
im deutschen Unterricht (1928) 190

8. Gemeinschaftserziehung der Geschlechter 196
Quellentexte
23. Lydia Stöcker: Besondere Unterrichts-Einrichtungen für
Mädchen im Rahmen der gemeinsamen Erziehung (1922) 200
24. Friedrich Weigelt: Gemeinsame Erziehung
von Knaben und Mädchen (1925) 204
25. Margarete Troost: Ein Beitrag aus der Praxis zur Frage der
gemeinsamen Erziehung von Knaben und Mädchen (1929) 210
26. Wilhelm Weiß: Bildungswerte mehrtägiger
Klassenwanderungen (1932) 215
27. Albert Herzer: Der heutige Stand der Koedukation und ihre
Bedeutung für die Erneuerung der Schule (1931) 222

9. Demokratie in der Schule 235
Quellentexte
28. Arnold Ziechert: Das Verhältnis
zwischen Schule und Haus (1928) 238
29. Paul Fechner: Selbstverwaltung der Schüler (1935) 243

10. Schulkultur 246
Quellentexte
30. Lebensgemeinschaftsschule Spandau: Gestaltungsunterricht,
Musikarbeit, Gymnastik (25. 1. 1933) 250
31. Adolf Jensen: Produktive Arbeit für Schulfeste (1925) 253
32. Hans Rot: Kollektives Schultheater (1932) 260
33. Elisabeth Mann: Zehn- und Zwölfjährige spielen Theater (1932) 263
34. Heinz Klumbies: Eine Theatergruppe (1932) 266

Quellenverzeichnis 269
Literaturverzeichnis 277
Abbildungsnachweise 285

Einleitung

Mit der historischen Untersuchung von Erziehung und Unterricht in reformpädagogisch geprägten Schulen[1] rücken die Konzeptionen und die Unterrichtspraxis in den Mittelpunkt des Erkenntnisinteresses. Man möchte näher heran an das tatsächliche Leben in der Schule, als es durch geisteswissenschaftliche und ideengeschichtliche Darstellungen und Dokumentationen in den Monographien „Die pädagogische Bewegung in Deutschland und ihre Theorie" (1935, 6. Auflage 1963)[2] von Herman Nohl; „Die reformpädagogische Bewegung" (1969, 10. Auflage 1994) von Wolfgang Scheibe; „Die Reformpädagogik" (1980, 3. Auflage 1991) von Hermann Röhrs, in den beiden Quellentextbänden „Die deutsche Reformpädagogik" (1961, 1962), herausgegeben von Andreas Flitner und Gerhard Kudritzki, und in der „Reformpädagogik. Eine kritische Dogmengeschichte" (1989, 3. Auflage 1996) von Jürgen Oelkers möglich ist.

Der von Bruno Schonig untersuchte Irrationalismus in der Darstellung der Reformpädagogik (1973) und die von Edgar Beckers und Elke Richter vorgelegte kommentierte Bibliographie zur Reformpädagogik (1979) markieren eine Wende in der pädagogischen Historiographie. In den seitdem entstandenen real-, regional- und lebensgeschichtlichen Analysen kommen nicht mehr nur die tradierten „großen" Pädagogen und ihre Werke zu Wort, sondern auch – heute oft unbekannte – Lehrerinnen, Lehrer, Schulleiterinnen und Schulleiter, die aus ihrer täglichen Praxis heraus konzeptionelle Vorschläge, Ideen, Beobachtungen, Lehrpläne, didaktisch-methodische Überlegungen und Unterrichtsbeispiele mitteilen und zu pädagogischen Diskussionsprozessen und zur Schulentwicklungsplanung Stellung nehmen.

Seiner Zeit weit voraus war der von Dieter Hoof 1969 im Klinkhardt Verlag herausgegebene Quellentextband „Die Schulpraxis der Pädagogischen Bewegung des 20. Jahrhunderts". Somit versteht sich der hier vorliegende Studienband als Fortsetzung der Arbeit von Dieter Hoof, aber auch als Ergänzung zu den Quellentextsammlungen von Helmwart Hierdeis 1971, Helmut Heiland und Karl-Heinz Sahmel 1985, Patricia O'Callaghan 1997, Christine Hofer und Jürgen Oelkers 1998 und Dietrich Benner und Herwart Kemper 2001. Erstmals erfolgt in dem vorliegenden Band die Konzentration auf Texte aus der pädagogischen Arbeit an städtischen öffentlichen Volksschulen und höheren Schulen in der Zeit der Weimarer Republik.[3] Es handelt sich meist um Dokumente aus Versuchsschulen, die in dem besonderen politischen, sozialen und gesellschaftlichen Milieu des Umbruchs vom Kaiserreich zur Republik, vom Untertanengeist zu demokratischer Gesinnung, vom autoritätsfixierten, geschlossenen Unterricht zu gemeinschaftlichen offenen Ansätzen entstanden und die, wie Hanno Schmitt konstatiert, „keineswegs etwas mit Exotik zu tun [haben, I.H.-S.]. Karten und absolute Zahlen dokumentieren vielmehr den Einzug der Reformpädagogik in schulische Wirklichkeit." (Schmitt 1993a, S. 21)[4] Das wird sehr anschaulich in dem Katalog „Früchte der Reformpädagogik. Bilder einer neuen Schule" (2002) von Reiner Lehberger und Loki Schmidt über die Hamburger Schulen der Weimarer Republik deutlich.

Die in dem vorliegenden Sammelband ausgewählten Dokumente spiegeln die Merkmale reformpädagogischer Unterrichtspraxis wider, die Bruno Schonig treffend charakterisiert hat:

„– *Schüler* werden in erster Linie als produktive Kinder erkannt [...].

– *Lehrer*, Lehrkräfte, Lehrpersonal oder 'Unterrichtsorganisatoren' erscheinen als schöpferische Persönlichkeiten [...].

– *Lernen* wird als ein vielgestaltiger und lebendiger, selbsttätiger Prozeß verstanden, dessen Ziel die erforschende Auseinandersetzung mit der Umwelt und dem kindlichen Selbst ist [...].

– Die *Schule* soll ein Lebens-Ort, keine Kaserne und kein Dienstort sein [...].

– *Arbeit* ist in dieser Schule eine komplexe Handlung, die alle Kräfte und Fähigkeiten von Schülern und Lehrern mobilisiert [...].

– Lehrer und Schüler gehen bei diesen Prozessen des Lernens, Forschens und Arbeitens einen *umfassenden Lebenszusammenhang* ein [...]." (Schonig 1989, S. 1306f., Hervorhebung B.S.)

Das, was heute unter der in den zwanziger Jahren ausgeprägten „Reformpädagogik"[5] verstanden wird, waren die damals aus der Kritik am wilhelminischen Schulwesen und am herbartianischen Formalstufenunterricht[6] entwickelten und erprobten Alternativen. Es war keineswegs eine auf die deutschen Länder begrenzte Bewegung, sondern ein internationaler pädagogischer Diskurs, in dessen Mittelpunkt „die Forderungen nach einem neuen, an der Pädagogik Rousseaus orientierten Bild des Kindes und die Kritik an den bürokratisch-erstarrten Verhältnissen in der 'alten Schule' gestellt" wurden (Schonig 1998b, S. 319). Ziel dieser Studienausgabe ist es demzufolge, den innovativen Charakter und die Entwicklung der damaligen Reformpädagogik auf allen Feldern der Schulpädagogik zu zeigen und damit Wege für die in der Schulpraxis suchend Tätigen, für die an historischen pädagogischen Alternativen interessierten Studierenden und für die bereits in reformpädagogischen Diskursen Bewanderten zu öffnen. Zu dem Zweck werden ausgewählte Texte aus der Schulpraxis von 1918 bis 1933 der erneuten Rezeption zugänglich gemacht, die, ausgehend von der Pädagogik „Vom Kinde aus" und von der „Arbeitsschule", eine Lehrplankritik an der „alten Schule" leisten, ein neues Verständnis vom Lehrplan, vom Unterrichten und Erziehen aufweisen und für demokratische Strukturen und die Entfaltung einer Schulkultur plädieren.

Die Auswahl der Quellentexte orientiert sich dementsprechend an ihrer Praxisrelevanz. Dazu gehört die grundsätzliche Auseinandersetzung über eine „kindgerechte" Pädagogik, über arbeitsunterrichtliche Prinzipien und schulorganisatorische Fragen, die Entwicklung von Schulkonzeptionen und Lehrplänen, die Konkretisierung von didaktisch-methodischen Überlegungen, die Beschreibung von Unterrichtsbeispielen aus einzelnen Unterrichtsfächern und aus dem Gesamtunterricht, die Beschäftigung mit Erziehungsfragen, hier insbesondere die Gemeinschaftserziehung der Mädchen und Jungen bzw. Fragen der Mädchen- und der Knabenbildung, die Einübung demokratischen Handelns, die Einbeziehung der Eltern und des gesellschaftlichen Umfeldes und die Gestaltung des kulturellen Schullebens.

Die im folgenden aufgeführten inhaltlichen Schwerpunkte sind jeweils mit einer theoretischen Einführung, mit einem historischen Rückgriff auf die Entwicklung im Kaiserreich, mit weiterführenden Literaturhinweisen, mit ausgewählten Quellentexten[7] und Kommentaren und Hinweisen zu Text und zur Autorin bzw. zum Autor ausgestattet:
1. Pädagogik „Vom Kinde aus"
2. Arbeitsschule
3. Lehrplankritik und Lehrplanentwicklung
4. Schulorganisatorische Rahmenbedingungen
5. Schulkonzeptionen
6. Didaktisch-methodische Überlegungen
7. Unterrichtsbeispiele
8. Gemeinschaftserziehung der Geschlechter
9. Demokratie in der Schule
10. Schulkultur

Diese in zehn Kapiteln vorgenommene Trennung erlaubt die analytische Durchdringung des komplexen Themas „Praxis der Reformpädagogik". Sie ist aber auch „künstlich", weil eine völlige Isolierung meist nicht möglich ist und in den Einleitungen und in den Quellentexten auch Aspekte angesprochen werden, die sich mit anderen Kapiteln überschneiden, deshalb sind jeweils Querverweise angebracht worden.

Um Mißverständnissen vorzubeugen, muß betont werden, daß die Darstellungen reformpädagogischer Praxis und pädagogisch-politischer Überzeugungen der Autorinnen und Autoren keineswegs eine Vorbildfunktion haben können und sollen, sondern als Dokumente einer Aufbruchstimmung und umfassender Neugestaltungsversuche des Schulwesens in der Weimarer Republik gelesen werden müssen. Wenn die Inhalte des einen oder anderen Quellentextes Zustimmung finden oder als brauchbare Denkansätze zur Lösung heutiger schulpädagogischer Probleme zur Diskussion anregen, ist es im Sinne der Herausgeberin. Denn mit der vorliegenden Quellentextsammlung ist beabsichtigt, einen Beitrag zur Bildungsreform nach der PISA-Studie zu leisten, der den Kern der Ergebnisse berücksichtigt. Statt mit Evaluationswut und standardisierten Leistungsmessungen auf Landesebene und vermutlich irgendwann einmal bundesweit im Zentralabitur Defiziten zu begegnen und die Bildungswege möglichst früh zu trennen, plädiere ich für die Auseinandersetzung mit historischen Reformschulen und für das Wagnis, Lösungsstrategien in der Kreativität, Selbständigkeit und Selbsttätigkeit aller an Bildungsprozessen Beteiligten zu suchen; denn wie Alfred Lichtwark schon vor hundert Jahren wußte: Die Schule „sollte hungrig machen." (Lichtwark 1904, S. 240)

---

[1] Einen Überblick über den Forschungsstand sowie über die weiterführende Literatur zu den historischen reformpädagogischen Schulen vermitteln die Beiträge in den Sammelbänden, die von Ullrich Amlung, Dietmar Haubfleisch, Jörg-W. Link und Hanno Schmitt 1993, von Reiner Lehberger 1993a, von Michael Seyfahrt-Stubenrauch und Ehrenhard Skiera 1996, von Andreas Pehnke und Hermann Röhrs, 2. Auflage 1998, von Wolfgang Keim und Norbert Weber 1998, von Andreas Pehnke, Gabriele Förster und Wolfgang Schneider 1999 und von Inge Hansen-Schaberg und Bruno Schonig 2002a, 2002b herausgegeben worden sind.

[2] Zuerst veröffentlicht als Beitrag im 1. Band des „Handbuchs der Pädagogik" (1933, S. 302-374).

[3] Eine dementsprechende Quellentextsammlung für die ländlichen Reformschulen steht noch aus.

[4] Bekannt sind 99 reformpädagogisch geprägte Schulversuche an städtischen Volksschulen und 17 an höheren Schulen in Städten (inklusive Waldorfschulen); dazu kamen 21 Landerziehungsheime und 62 ländliche Reformschulen (Schmitt 1993a, S. 30, Fußnote 62). 1932 gab es in 24 Städten 1103 Versuchsschulklassen mit ca. 40 149 Schülerinnen und Schülern (ebd., S. 21). Dabei ist anzumerken, daß bis 1933, als die meisten städtischen Versuchsschulen aufgelöst wurden, eine stetig anwachsende Schülerschaft in den pädagogischen Innovationsprozeß einbezogen wurde. Siehe auch die kartographische Übersicht über die Versuchs- und Reformschulen 1930 bei Hanno Schmitt 1993b, S. 164 f.

[5] Zur Reformpädagogik siehe die von Bruno Schonig verfaßten Überblicksbeiträge in der von Dieter Lenzen herausgegebenen Enzyklopädie „Pädagogische Grundbegriffe" (1989, S. 1302-1310) und in dem von Diethart Kerbs und Jürgen Reulecke herausgegebenen „Handbuch der deutschen Reformbewegungen" (1998b, S. 319-330).

[6] Die sogenannten „Herbartianern" (siehe Schwenk 1963) bezogen sich auf Johann Friedrich Herbart (1776-1841). Insbesondere Tuiskon Ziller (1817-1882) und Wilhelm Rein (1847-1929) entwickelten mit den Formalstufen ein festgelegtes Schema für jede Unterrichtsstunde; siehe hierzu 3. Lehrplankritik und Lehrplanentwicklung und 6. Didaktisch-methodische Überlegungen in diesem Band.

[7] Die Quellentexte sind in der Orthographie und Interpunktion nicht korrigiert worden. Auslassung sind durch [...] gekennzeichnet, Hervorhebungen im Original werden durch Kursivierung angezeigt.

1 Pädagogik „Vom Kinde aus"

Die Jugendstil-Illustration zeigt im Vordergrund einen Gärtner mit aufgekrempelten Hemdsärmeln, Weste, Halstuch, Strohhut und langer Hose mit Schärpe inmitten eines wohlgepflegten Gartens beim Bewässern der Pflanzen. Es handelt sich um ein geschlossenes Terrain, denn im Hintergrund ist ein Zaun mit Gartenpforte sichtbar, an den sich die Silhouette einer Stadt (es ist Hamburg) anschließt; zudem hat die Illustration den im Jugendstil üblichen Rahmen, an den Seiten angedeutete Baumstämme und oben und unten Blattwerk. Die Interpretation des Bildes ergibt sich aus dem Kontext, in dem es veröffentlicht worden ist, denn es dient als Titelblatt auf dem von Johannes Gläser[1] herausgegebenen Sammelband „Vom Kinde aus" und muß von daher programmatisch verstanden werden: Wenn die Metapher des Gärtners für den Lehrer benutzt wird, dann muß die Schule der Garten sein, separiert von der Außenwelt, und die Gesellschaft wirkt als Rahmenbedingung im Hintergrund. Das bedeutet aber auch, daß das Kind als Pflanze angesehen wird, die den natürlichen, pflegerischen und kulturellen Einflüssen ausgesetzt ist. Somit basiert die Pädagogik „Vom Kinde aus" auf der Annahme, daß Wachstum und Reife des Kindes nach inneren Gesetzmäßigkeiten, nach dem im Keim angelegten Bauplan oder, wie wir heute sagen, entsprechend der genetischen Anlagen, erfolgen.[2] Ludwig Gurlitt[3] nennt diesen Vorgang „natürliche Erziehung" und bekennt sich zur metaphysischen Betrachtung des Problems, wenn er schreibt, daß die Erziehung des Kindes mit der Untersuchung der Frage beginne, „was infolge jener Vererbung aus Urzeiten her dieses neue Lebewesen an Kräften und Trieben mitbringen kann und voraussichtlich mitbringen wird" (Gurlitt 1909, zitiert nach Dietrich 1973, S. 37). Was sich vordergründig freundlich anhört – das Kind sei dafür nicht verantwortlich zu machen, was die Natur an körperlichen und geistigen Fähigkeiten hineingelegt habe – , entlarvt sich als sozialdarwinistische Orientierung: „Das ist das Gegebene, mit dem sich zunächst einmal der Erzieher als mit einem Gegebenen, Unabwendbaren abzufinden hat" (ebd., S. 37), und es hat Konsequenzen für die „neue Erziehung": „Sie muß endlich die Grenzen, die letzten Möglichkeiten ihrer Arbeit im voraus feststellen, damit sie nicht fortfährt wie seit Jahrhunderten mit ungeeigneten Ansprüchen an ungeeignete Objekte die Jugend und sich selbst zu quälen." (Ebd., S. 37) Bezogen auf die Gestaltung des Unterrichts hält Johannes Gläser es deshalb für selbstverständlich, daß „der alte Formelkram der Zeugnisse, der Strafen und Belohnungen, der Versetzungen und Rangstufen fällt", denn: „was soll ein Wettlauf da, wo die Ziele nicht gleich sind! In einem solchen Gemeinwesen hat jeder seinen Platz, der Führer den führenden, aus dem natürlichen Gewordensein heraus." (Gläser 1920, zit. nach Hansen-Schaberg / Schonig 2002a, S. 83)

Die Aufgabe des Lehrers / der Lehrerin besteht unter diesen Voraussetzungen in der Schaffung einer entwicklungsfördernden Umgebung, in der Beseitigung störender Faktoren und in der Dosierung der Bildungsangebote für jedes einzelne Kind entsprechend seiner Begabungen, Neigungen, Fertigkeiten und Fähigkeiten - also nicht für alle das Gleiche, sondern jedem das Seine als Konsequenz aus den biologischen Gegebenheiten. Die Tätigkeit des Lehrers mit der eines Gärtners gleichzusetzen, ist sowohl für die „alte" als auch für die „neue" Pädagogik möglich, denn: „Er kann einen Baum nach einem bestimmten Plane ziehen und zurechtstutzen, so daß er stilgerecht in die kunstvolle Anlage des Gartens hineinpaßt, dabei aber seinen Eigenwert und sein Eigenbild verliert; oder er kann ihn frei seine innerliche Gesetzmäßigkeit auswachsen lassen und sich darauf beschränken, der Natur nachgehend alle hemmenden Einflüsse zu beseitigen, wuchernde Wassertriebe zu beschneiden und Luft und Licht freien Zugang zu gewähren. Der gestutzte Kugel- oder Pyramidenbaum oder der frei seine Äste reckende, schön gewachsene Naturbaum sind Symbole alter und neuer Erziehung." (Hilker 1924, S. 8 f.) Es geht also zum einen um Disziplinierung und Zurechtstutzung zur An- und Einpassung an bzw. in die bestehenden herrschenden Verhältnisse, zum anderen um die Berücksichtigung der individuellen Anlagen und Möglichkeiten und die Förderung durch eine entsprechende Pflege und Umgebung. Der Unterschied liegt demzufolge in den gesellschaftlichen Anforderungen an die Schule, im Berufsverständnis des Lehrers / der Lehrerin und in der Sicht auf das Kind: „nicht mehr befehlend *vor* dem Kinde, sondern wartend und helfend *hinter* dem Kinde stehen." (Ebd. S. 8, Hervorhebung F.H.) Die Gießkanne oder – auf anderen zeitgenössischen Bildern und in dem Text von Franz Hilker[4] – die Gartenschere symbolisieren die Zuteilung und die Korrekturmaßnahmen, die zweierlei voraussetzen: eine genaue Kenntnis der Anthropologie und die Sicherheit, die Perspektiven des Kindes auf der Basis seines Bauplans richtig zu deuten und „wertvolle" Anlagen zu fördern, aber auch „minderwertige" zu unterdrücken. Eine entscheidende Hilfestellung dafür kam von der experimentellen Psychologie mit den vermeintlich naturwissenschaftlich abgesicherten Erkenntnissen über Begabung, Intelligenz und Lernpotential. Zudem fanden umfangreiche schulpraktische Bemühungen statt, kinderpsychologische Erkenntnisse zu gewinnen und pädagogisch umzusetzen. Aufschluß darüber gibt der im folgenden abgedruckte Text, ein Dokument aus der Schule am Georgplatz in Dresden, über die „Kenntnis des Kindes" (1922, siehe 1. Quellentext in diesem Band). Symptomatisch ist, daß auch in diesem Text unkritisch von Veranlagung und Begabung ausgegangen wird und die Beobachtung mit der Zielsetzung erfolgt, wertvolle Hinweise für die Art der Beschulung und die Wahl des Berufs zu erhalten.

1920, als der Sammelband „Vom Kinde aus" publiziert wurde, war das erste und bisher einzige Mal in der deutschen Bildungsgeschichte die Chance gegeben, diesen pädagogischen Ansatz im öffentlichen Schulwesen zu erproben. Im Kaiserreich war es, abgesehen von den Wald- und Freiluftschulen (Hansen-Schaberg 2003, S. 309 ff.), überwiegend nur in privaten Schulen, und zwar in einzelnen höheren Mädchenanstalten[5] und in den Landerziehungsheimen[6], möglich gewesen, pädagogische Freiräume zu gestalten. Die ansonsten vorherrschende Untertanenerziehung und insbesondere der herbartianisch geprägte Unterricht mit der zentralen Lehrer-Autorität (siehe Einleitung 6. Didaktisch-methodische Überlegungen in diesem Band) kannten kein „Eigenrecht" des Kindes. Trotzdem oder gerade deshalb wuchs der Wille zu Reformen. Zivilisations- und kulturkritische, romantisierende, antikapitalistische, lebens- und schulreformerische Bewegungen entstanden im ausgehenden 19. Jahrhundert, denen die Schwedin Ellen Key mit der Ausrufung des Jahrhunderts des Kindes zum Ausdruck verhalf (Key 1904).[7]

In der Tradition der schulpolitischen Forderungen der 1848er Revolution und angeregt durch diese Aufbruchstimmung unternahm der Sächsische Lehrerverein insbesondere in den Ortsgruppen in Leipzig, Dresden und Chemnitz umfangreiche schulpraktische Versuche zur Reformierung des Elementarunterrichts, die durch den Beginn des 1. Weltkriegs unterbrochen wurden (Pehnke 1993, S. 107 ff., Poste 1993, S. 132 ff., O'Callaghan 1997, S. 81-113; siehe 2. Arbeitsschule in diesem Band). Das gilt im besonderen Maße auch für Hamburg, wo die Kunsterziehungsbewegung ihren Ausgangspunkt nahm und bereits 1906 ein „Pädagogischer Ausschuß" zur Versuchsschulfrage eingerichtet wurde (Lamszus 1924, Gläss 1932, S. 14 ff.; O'Callaghan 1997, S. 114-130). Auch in anderen Großstädten waren die pädagogischen Diskussionen so weit fortgeschritten (O'Callaghan 1997, S.131-142), daß es nach der Novemberrevolution 1918 zur Einrichtung von Versuchsschulen kam, wobei Berlin zum größten Experimentierfeld wurde, aber auch Hamburg, Dresden, Breslau, Halle, Jena, Bremen, Magdeburg, Leipzig und Chemnitz zu Zentren der Reformbewegung wurden (Schmitt 1993b, S. 164f.).

Die Frage ist, auf welche Weise diese kindzentrierte Pädagogik realisiert wurde und ob tatsächlich lediglich eine „nachgehende Erziehung" praktiziert wurde. Der Herausgeber der Quellentextsammlung „Die pädagogische Bewegung 'Vom Kinde aus'", Theo Dietrich, merkt 1973 kritisch an: „Waren die Pädagogen 'Vom Kinde aus' tatsächlich so einseitig? Haben sie tatsächlich nicht in das Erziehungsgeschehen eingreifen und das Kind nur beobachten wollen. [...] Haben sie tatsächlich nicht gewußt, daß der Erwachsene in geduldig-ehrfürchtigem Wachsenlassen das sich offenbarende Geistige in Pflege zu nehmen hat?" (Dietrich 1973, S. 159) Theo Dietrich hat darauf keine Antwort und kann sie auch nicht geben, weil die pädagogische Forschung seiner Zeit eine geisteswissenschaftlich angelegte Ideengeschichte war, und damit kam die von den Lehrkräften gestaltete pädagogische Praxis, die Umsetzung von Ideen und Theorien in Unterricht und Erziehung kaum in den Blick. Erst in jüngster Zeit hat sich eine Forschungsrichtung entwickelt, die versucht, Annäherungen an das Verhältnis von praktischer Schularbeit und die Praxis reflektierender Theoriebildung zu leisten. Danach muß die „historische Analyse der pädagogischen Struktur- und Handlungsfelder, Institutionen und Personen in ihren gegenseitigen Beziehungen [...] gleichermaßen sozial-, mentalitäts- und realgeschichtlich betrieben werden, um die ideellen und materiellen Bedingungen und konkreten Vollzüge erzieherischen Handelns in den Blick zu bekommen." (Schmitt 1993a, S. 9)

Eine quellenkritische Analyse kann z.B. zeigen, was durch die ideengeschichtliche Betrachtungsweise nicht herausgefunden werden kann: Alle Versuchsvolksschulen entwickelten ein einzigartiges Profil bei der Ausprägung ihrer Pädagogik „Vom Kinde aus", denn die Interpretation des Postulats und die pädagogische Umsetzung waren abhängig vom jeweiligen Kollegium und von einzelnen Persönlichkeiten, die die Schulentwicklung beeinflußten (siehe 5. Schulkonzeptionen in diesem Band). In der damaligen pädagogischen Praxis führte dies zu einer kindbezogenen Strukturierung von Erziehungs- und Unterrichtsprozessen, in denen die „Kinderfrage" die Lehrtätigkeit und die Unterrichtsinhalte beeinflußte und eine freundschaftliche oder kameradschaftliche Haltung der Lehrerinnen und Lehrer mit einer engagierten Bildungsarbeit verbunden war (siehe 6. Didaktisch-methodische Überlegungen in diesem Band). Die der Idee „Vom Kinde aus" innewohnende biologische Determination wurde in vielen Schulen überwunden bzw. wäre fast überwunden gewesen, wenn es da nicht eine Ausnahme gäbe, die nur durch die Geschlechterperspektive deutlich werden kann: Bezogen auf die praktizierte Koedukation kam die sog. „naturgemäße" Verschiedenheit der Geschlechter zum Tragen, die in den zeitgenössischen Abhandlungen der Befürworterinnen und Befürworter der gemeinsamen Erziehung von Mädchen und Jungen als Bereicherung des Unterrichts und des Schullebens geschildert wurde (siehe 8. Gemeinschaftserziehung der Geschlechter in diesem Band). Abgesehen von dem Festhalten an den Geschlechtscharakteren traten jedoch ansonsten meist emanzipatorische Vorstellungen an die Stelle biologisch vorgegebener Grenzen.

Der Bildungsauftrag in der Zeit der Weimarer Republik sah über die schulüblichen Aufgaben hinaus auch erzieherische Leistungen im sozialen Miteinander und im Einüben demokratischer Spielregeln vor, um Staatsbürgerinnen und Staatsbürger und nützliche Mitglieder der Gesellschaft heranzubilden. Insbesondere an den öffentlichen Versuchsschulen entwickelte sich eine reformpädagogische Unterrichtspraxis im Spannungsfeld der Sozialisierung für das Gemeinschaftsleben und der Individualisierung, also der Berücksichtigung der individuellen Fähigkeiten und Interessen unter Betonung der Kreativität, Selbsttätigkeit und Selbstbestimmung des Kindes.[8] Die Schule sollte „die Lebensstätte der Jugend" sein, „eine Stätte sinnvoller Arbeit", „die Stätte der Auslösung schöpferischer Kraft im Kinde", sie sollte in „Lebensnähe gerückt werden" und vom „Gedanke(n) der Unversehrtheit des Kindes" beherrscht werden (Paulsen 1921, zit. nach Hansen-Schaberg / Schonig 2002a, S. 121 f.). Die von Wilhelm Paulsen[9] vorgegebenen Ideen setzten sich in der vom ihm geleiteten Hamburger Schule Thieloh Süd (Lehberger 1993a, S. 38 f.) um, vor allem aber wurden sie fruchtbar in den von ihm in seiner Funktion als Berliner Stadtschulrat geschaffenen Lebensgemeinschaftsschulen.[10] Insgesamt bekamen elf Volksschulen diesen Status. Der im folgenden abgedruckte Textauszug, ein Dokument aus der 20. Schule Spandau (25. 1. 1933, siehe 2. Quellentext in diesem Band), erläutert die Durchführung und das Ergebnis ihres über zehn Jahre währenden reformpädagogischen Versuchs, die Schule als „Lebensstätte für die Jugend" im Sinne Wilhelm Paulsens zu gestalten.

---

[1] Johannes Gläser (1863-1944) war Volksschullehrer in Hamburg und leitete zusammen mit William Lottig (1867-1953; Lehberger 2003) die Hamburger Versuchsschule Berliner Tor (Lehberger 1993b, S. 35 ff.).

[2] Auffällig ist, daß die programmatischen Texte der pädagogischen Bewegung „Vom Kinde aus" sich dem infantilen Geschöpf widmen, meist ohne sein Geschlecht, seine Sexualität und die dem Alter entsprechenden Reifungsprozesse zu antizipieren.

[3] Ludwig Gurlitt (1855-1931), Gymnasiallehrer zunächst in Hamburg und dann bis 1907 am

Steglitzer Gymnasium; seine Schüler gründeten den „Wandervogel"; siehe Wolfgang Scheibe 1994, S. 53 f.

[4] Franz Hilker (1881-1969), Oberschulrat und von 1929-1933 Leiter im Zentralinstitut für Erziehung und Bildung in Berlin, siehe Gerd Radde 1995.

[5] Zu den Innovationen in Mädchenschulen siehe Juliane Jacobi 1996, Wilfried Breyvogel 1996, Elke Kleinau 1997, Inge Hansen-Schaberg 2001.

[6] Einführung und Überblick über die Geschichte und Entwicklung der Landerziehungsheim-Pädagogik gibt z.B. der von Inge Hansen-Schaberg und Bruno Schonig herausgegebene Sammelband (2002b).

[7] Ellen Keys Vorstellungen über das Kind und seine Bildung waren überraschend und erschreckend modern: größtmögliche Individualität in der „Schule der Zukunft" (Key 1904, S. 262 ff.) und sozialdarwinistische Auslese (ebd., S. 1 ff.), einschließlich der Tötung „des psychisch und physisch unheilbar kranken und missgestalteten Kindes" (ebd., S. 31 f.). Zur Rezeption des Werks Ellen Keys, zur Wirkung auf die pädagogische Reformbewegung und zur widersprüchlichen Realität von Kindheit im 20. Jahrhundert siehe die von Meike Sophia Baader, Juliane Jacobi und Sabine Andresen 2000 und die von Bodo Friedrich, Dieter Kirchhöfer, Gerhard Neuner und Christa Uhlig 2001 herausgegebenen Sammelbände und die Beiträge im Jahrbuch für Pädagogik 1999.

[8] Zeitgenössische Darstellungen einzelner Versuchsschulen befinden sich den von Fritz Karsen 1924, von Franz Hilker 1924 und Gustav Porger 1925 herausgegebenen Sammelbänden.

[9] Zu Wilhelm Paulsen siehe den 6. Quellentext in diesem Band.

[10] Zu den koedukativen Berliner Lebensgemeinschaftsschulen siehe Inge Hansen-Schaberg 1999a, S. 67-126, und den Quellentext „Richtlinien und Grundsätze, nach denen Versuchsschulen (Lebensgemeinschaftsschulen) einzurichten sind" (1923) in dem von Inge Hansen-Schaberg und Bruno Schonig herausgegebenen Sammelband (2002a, S. 125-127).

Quellentexte

1. Dresdner Versuchsschule: Kenntnis des Kindes (1922)

Der Textauszug „Kenntnis des Kindes" ist dem 1. Jahresbericht (1921-1922) der Dresdner Versuchsschule entnommen worden, der unter dem Titel „Unterrichtspraxis und jugendkundliche Beobachtung" 1922 bei Julius Klinkhardt, Leipzig, verlegt wurde.[a] Die 46. Volksschule am Georgplatz[b] wurde 1920 als Versuchsschule gegründet und legte einen Schwerpunkt der pädagogischen Arbeit auf die Erforschung der Psychologie des Schulkindes.

Einer der entscheidendsten Antriebe für die Schulerneuerung ist das Entstehen und Emporblühen eines neuen Zweiges der Erziehungswissenschaft, die Kinderpsychologie. Das Schlagwort der neuen Schule „Vom Kinde aus" hat in dieser Tatsache seine innere Berechtigung. Nun ist zwar die Entdeckung dieser Entwicklungsgesetze nicht am Schulkinde, sondern am Vorschulkinde geschehen. Es liegt jedoch die Vermutung nahe – und sie ist z.b. in Sterns Psychologie der frühen Kindheit[c] im Vorwort deutlich ausgesprochen – , daß die festgestellten Entwicklungsbahnen und -richtungen mit dem sechsten Lebensjahre bei Eintritt des Kindes in die Schule nicht plötzlich abbrechen, sondern ihre natürliche Fortsetzung finden werden. Es gehört zu den eigenartigsten Erlebnissen für den Lehrer, bei grundsätzlicher Umstellung auf den neuen Unterricht die Erfahrung machen zu müssen, daß er die Eigenart des Einzelkindes bisher nur überaus dürftig kannte und bei dem gebräuchlichen Unterrichtsverfahren auch gar nicht besser kennen konnte. Die Grundlage aller Beobachtung ist die Selbsttätigkeit des Kindes, und gerade diese war in der Schule bisher zum Teil nur scheinbar oder auch gar nicht vorhanden. In der Selbsttätigkeit liegt der Schlüssel der kindlichen Seele, über derens Beschaffenheit und Entwicklung, soweit sie das Schulkind betrifft, wir auf dem Wege der Beobachtung zu umfassenderen wissenschaftlichen Ergebnissen erst noch gelangen müssen. Es ist eine der vornehmsten Aufgaben der neuen Schule, in mühevoller Kleinarbeit einwandfreies Tatsachenmaterial für eine wissenschaftliche Bearbeitung der Psychologie des Schulkindes zu sammeln.

---

[a] In der Quellentextsammlung „Die Schulpraxis der Pädagogischen Bewegung des 20. Jahrhunderts" von Dieter Hoof befindet sich ebenfalls ein Auszug aus dieser Schrift (Hoof 1969, S. 97-106); ein weiterer Auszug siehe 15. Quellentext in diesem Band.

[b] Zur 46. Volksschule am Georgplatz siehe „Die Dresdner Versuchsschule. Gemeinschaftlicher Bericht der Lehrerschaft der Dresdener Versuchsschule" in: Franz Hilker 1924, S. 232-251, und Georg Schwenzer 1924, 1928.

[c] William Stern: Psychologie der frühen Kindheit bis zum 6. Lebensjahre. Leipzig 1914.

Das ist beim vorschulpflichtigen Kinde, wiewohl auch da mancherlei Schwierigkeiten erst überwunden werden mußten, noch verhältnismäßig leicht. Denn es handelt sich dabei immer nur um die Beobachtung eines oder weniger Kinder, und da die Eltern meist selbst die Beobachtenden sind, so ist eine einigermaßen lückenlose und zielbewußte Beobachtungstätigkeit nicht allzu schwierig durchzuführen. Ungemein kompliziert und überaus aufreibend wird aber die Aufgabe, wenn derartige Beobachtungen gesammelt werden sollen bei einer lebendigen Schar von 40 Kindern. Dem Lehrer, und das gilt besonders für den der unteren Klassen, werden gleichzeitig zwei der gegensätzlichsten Einstellungen dem Kinde gegenüber zugemutet. Er soll einmal der Freund, der Helfer, der Kamerad dieser Kleinen sein – und sie lassen nur das völlige Sichhingeben und Miterleben recht eigentlich gelten –, zum anderen soll er der stille, aufmerksame Beobachter von 40 Lebewesen sein. Der fortwährende, oft plötzliche Wechsel in diesen Einstellungen nimmt die Kraft des Lehrers derart in Anspruch, daß die Aufgabe nur bei der Herabsetzung der Pflichtstundenzahl des Lehrers und der Anzahl der Schüler geleistet werden kann. Die Kenntnis des Kindes ist für die neue Schule von so grundlegender Bedeutung und für den Lehrer von so bildendem Werte, daß nicht nur den Lehrern an Versuchsschulen die Möglichkeit solcher Beobachtungstätigkeit gegeben werden sollte, sondern daß diese Arbeit auf breitester Grundlage in Angriff genommen werden müßte. Die Einführung der Beobachtungsbogen an allen Dresdner Schulen kann die Angelegenheit sehr fördern. Das sächsische Schulbedarfsgesetz hat durch die Herabsetzung der Pflichtstundenzahl des Lehrers auf 28 und der Schülerzahl auf 35 einen Schritt zu günstigeren Arbeitsbedingungen für den Beobachtenden getan.

Niemand, der die mühsame Kleinarbeit beim Sammeln und Sichten von einwandfreiem Tatsachenmaterial kennt, wird erwarten, daß eine Versuchsschule nach 1-2jährigen Bestehen mit festen Ergebnissen auf dem Gebiete der Kinderforschung auf den Plan treten könnte. Durch das Studium grundlegender wissenschaftlicher Werke mußte sich die Lehrerschaft zunächst Kenntnis verschaffen über die Methoden und die Ergebnisse der Kinderforschung. Als geeignete Werke dazu werden in den einzelnen Arbeitsberichten genannt: Stern, Differentielle Psychologie. Stern, Psychologie der frühen Kindheit. Bühler, Die Entwicklung des Kindes. Groos, Seelenleben des Kindes. Pädagogische Monographien, herausgegeben von Meumann. Oppenheim, Die Entwicklung des Kindes. Freud, Über die Psychoanalyse. Schmidt, Das Schulkind. Straß, Der Körper des Kindes.[d] Der Lehrerschaft der Versuchsschule ward es bald klar, daß die Beobachtung von

---

[d] William Stern: Differentielle Psychologie in ihren methodischen Grundlagen. Leipzig 1911; Karl Bühler: Die geistige Entwicklung des Kindes. Jena 1918; Karl Groos: Das Seelenleben des Kindes. Berlin 1904; Ernst Meumann (Hrsg.): Pädagogische Monographien. Leipzig, ab 1907; Nathan

Entwicklungserscheinungen eines längeren Zeitraumes bedarf. Die Arbeitsberichte der einzelnen Klassen zeigen deutlich, daß – ganz ähnlich wie bei der Entstehung der Kleinkinderpsychologie die Erforschung der frühesten Kindheit den Anfang machte – so hier in den untersten Schuljahren die günstigsten Voraussetzungen zur Beobachtung bestehen. Von einigen Mitgliedern der Lehrerschaft wurde durch eingehende Befragung der Eltern die Entwicklungsgeschichte des vorschulpflichtigen Kindes erforscht und in Rechnung gestellt. Eltern, Schularzt, Schulpflegerin wurden vom Lehrer herangezogen, um schnell Kenntnis über die körperliche und geistige Entwicklung des Kindes zu erlangen. Durch die Angliederung eines Kindergartens an die Versuchsschule seit Ostern 1922 glaubt die Lehrerschaft auch auf dem Gebiete der Kinderforschung einen Schritt vorwärts gekommen zu sein. Durch Untersuchung, Beobachtung, Messen, Wiegen muß sich schließlich feststellen lassen, daß eine Beschulung, die der körperlichen und geistigen Entwicklung des Kindes grundsätzlich Rechnung trägt, auch die wachstumshemmenden, gesundheitsschädlichen Einflüsse aufhebt, welche der Schule bisher von ärztlicher Seite gerade auf der untersten Stufe nachgewiesen sind. Zum schnellen Erkennen des geistigen Entwicklungsstandes der Osterlinge erwiesen sich ausgewählte Untersuchungen, wie sie das Leipziger Psychologische Institut vorschlägt, als brauchbar.

Von allen Lehrern der unteren Klassen wurden der starke, ungehemmte Bewegungsdrang dieser Entwicklungsstufe und die rasche Ermüdbarkeit besonders bei rein geistiger Tätigkeit festgestellt. Der schnelle Wechsel zwischen Spannung und Ermüdung, also nicht die üblichen Fächer, regelten daher den Stundenplan. Tische und Stühle trugen den Bewegungsbedürfnissen dieses Kindesalters viel besser Rechnung als die Schulbank. Es war ungemein anziehend, zu beobachten, wie ganz allmählich die kindlichen Kräfte an Ausdauer zunahmen, wie das Kind ganz langsam Herrschaft über seine zum größten Teil noch ungehemmten Triebe erlangt. Es konnte durch Aufzeichnungen festgestellt werden, wie innerhalb zweier Jahre die Fähigkeit der Kinder, geistig zu arbeiten, schon rein zeitlich wächst. Die große Mehrheit einer Elementarklasse vermochte z.B. am Ende des 1. Schuljahres unter günstigen Bedingungen bereits bis zu 20 Minuten ihre Aufmerksamkeit auf rein sprachliche Vorgänge richten, allerdings immer nur zu Beginn der Schulzeit, also bei frischen Kräften, in der zweiten und dritten Stunde gelangen solche Versuche selten. Am Ende des 2. Schuljahres war es keine Seltenheit, daß sich die Klasse zu Beginn des Unterrichts drei Viertel bis eine Stunde lang rein sprachli-

---

Oppenheim: Die Entwicklung des Kindes. Vererbung und Umwelt. Leipzig 1905; Sigmund Freud: Über Psychoanalyse. Leipzig 1909; Ferdinand August Schmidt: Das Schulkind nach seiner körperlichen Eigenart und Entwicklung. Leipzig 1914; C.H. Stratz (nicht: Straß): Der Körper des Kindes und seine Pflege. Stuttgart 1903.

cher Betätigung hingab. Bei einigen Kinder brachen freilich der Bewegungsdrang des Körpers, der Wahrnehmungs- und der Handbetätigungstrieb immer wieder durch. Diese Kinder wurden von der Klasse oder vom Lehrer ermuntert, ihre Trieb zu beherrschen zugunsten der Kopfarbeit. Die Kinder taten das, weil sie wußten, daß immer auch die körperlichen Bedürfnisse nach der Bemühung ausgiebig zur Geltung kommen.

Die Techniken des Lesens und Schreibens entsprechen den Kräften und Bedürfnissen des frühesten Schulalters in keiner Weise. Ein Lehrer stellte den nach seinen Beobachtungen zu früh begonnenen Leselernkurs wieder ein, um ihn unter günstigeren Bedingungen wieder aufzunehmen. Alle vier Lehrkräfte, welche bisher Schulneulinge in die Arbeit einführten, kamen auf Grund ihrer Beobachtungen zu dem Entschluß, das Lesenlernen auf einen wesentlich späteren Zeitpunkt als früher zu verlegen. Es wurde von einem Lehrer beobachtet, daß bei Siebenjährigen etwa nur ein Viertel selbsttätigen Gebrauch von der erworbenen Lesetechnik machte, obwohl geeigneter Lesestoff zu freier Verfügung stand. Bücher ohne Bilder wurden im 7. und 8. Lebensjahr fast ganz abgelehnt. Aber auch jenes Viertel der Leserinnen wandte die Lesetechnik vielfach rein mechanisch an. Es konnte festgestellt werden, wie bei der großen Mehrzahl erst um das 8. Lebensjahr die Lust zu lesender Selbstbetätigung mit dem Maß der geistigen Kräfte wächst. Das Kind des frühesten Schulalters will leben, erleben, es vermag vermittels seines geringen Schatzes von klaren Vorstellungen und wirklichen Erfahrungen des Leben, welches im Buche erstarrte, zum größten Teil nicht selbst zu wecken. Alle wohlgemeinten Erläuterungen von Erwachsenen machen den Mangel und Schaden solcher Verfrühung nicht wett. Nicht das Buch, sondern lebendige Menschen, bewegte und bewegliche Dinge sind die bevorzugten Lehrmeister dieser Entwicklungsstufe.

Ähnliche Beobachtungen liegen beim Schreiben vor. Sechsjährige haben von sich aus kein Bedürfnis zum Schreiben. Der Reiz der Neuheit bei Beginn des Schreibenlernens macht die Mehrzahl der Fälle nur zu bald der Unlust Platz. Dagegen fand ein Schreibkursus zu Anfang des 2. Schuljahres nach der Methode Kuhlmann (Schreiben im neuen Geiste, München)[e] derartig starke Anteilnahme, daß die Erlernung des Schreibens zwei Monate lang der Mittelpunkt der Selbstbetätigung blieb. Des Kindes erstes Schreiben aber ist das Malen. Immer wieder konnte die Beobachtung gemacht werden, daß die künstliche, verfrühte Einführung in die Schreibtechnik, eine der kindlichsten aller Ausdrucksformen dieses Alters, die freie Kinderzeichnung, beeinträchtigt oder gar verdrängt. Auf der untersten Stufe vereinigt die Handbetätigung (Malen, Legen, Bauen, Formen, Falten, Schneiden, Kleben, Basteln) den Bewegungs- und Betätigungsdrang mit der

---

[e] Fritz Kuhlmann: Schreiben im neuen Geiste. München 1917.

geistigen Regsamkeit auf das glücklichste. Besonders das freie Erzählen und das dramatische Gestalten kommen den Bedürfnissen dieses Kindesalters entgegen. So berichtet der Lehrer einer unteren Mädchenklasse: „Wenn lediglich der innere Drang meiner Mädchen für den Unterrichtsverlauf maßgebend wäre, so kämen wir täglich zur dramatischen Gestaltung irgendeines Stoffes."

Auf der Oberstufe werden die Mittel reicher, um Einblick in das kindliche Seelenleben zu nehmen. Freilich stellen sich auch neue Schwierigkeiten in den Weg. Die seelischen Vorgänge werden immer zusammengesetzter, die Kinder haben oft nicht mehr die selbstverständliche Unbefangenheit, die eine Voraussetzung für einwandfreie Beobachtungen ist. Außerdem fehlen uns für die Kinder, die jetzt unsere oberen Klassen besuchen, die wichtigen Entwicklungsgrundlagen der ersten Schulzeit. Auch sind diesen Kindern die Erziehungsgrundsätze der Selbsttätigkeit und Selbständigkeit infolge ihrer Vorbildung noch nicht in der wünschenswerten Weise in Fleisch und Blut übergegangen. Trotzdem verzeichnen die Arbeitsberichte der oberen Klassen vielfach Erziehungsmaßnahmen, die ohne die genaueste Beobachtung des Kindes nicht hätten getroffen werden können. Als Beobachtungsgelegenheiten werden genannt in den Berichten: Freies Kindergespräch, freier Aufsatz, Kinderzeichnung, Kinderfrage, Zettelkasten, freiwillige Hausarbeit, Spazierengehen, Wandern, Schwimmen, Spielen. Die Beobachtungstätigkeit bezog sich in den oberen Klassen unter anderem besonders auf Begabungs- und Neigungsrichtungen. Die Vortragenden, die Wort- und Schriftgewandten, die Führenden und Anordnenden, die Physiker, Zeichner, Schreiber, Bastler, Hobler, Buchbinder, Holz- und Metallarbeiter wurden Lehrern und Kindern bekannt, und es konnte in vielen Fällen diesen Erkenntnissen durch zweckmäßige Arbeitsteilung Rechnung getragen werden. Auch Begabungen, die in der Schule bisher vernachlässigt wurden, kamen zu ihrem Rechte, so z.B. die Musik. Bei gewissen Gelegenheiten hatten auch Klavier- Violine-, Harmonika-, Zither, Mandoline-, Gitarrespieler das Recht, ihr Können zu zeigen. So wurde versucht, daß jeder auf seinem Gebiete einmal zu seinem Recht kam, das hatte oft nachhaltige Folgen für Selbstbewußtsein und Arbeitsfreude überhaupt. Ein Lehrer beobachtete nicht nur die Kinder der eigenen Klasse, sondern er widmete seine Aufmerksamkeit auch zahlreichen, seine Klasse besuchenden Kindern. Er führt aus, daß die Art und Weise, wie Größere und Kleinere miteinander verkehren, wie sie gegenseitig auf einander wirken und für einander besorgt sind, das Augenmerk aller Lehrkräfte wohl verdiente als die Anfänge einer wirklichen Schülergemeinschaft, in der sich einer für den andern verantwortlich fühlt, in der sie alle teilnehmen am Wohl und Wehe der Gesamtheit.

Wie bei der ganzen Klasse, so konnten auch beim Einzelkinde Schwankungen im Gleich- und Zeitmaß der Entwicklung verzeichnet werden. Nicht immer ist es leicht, den Entwicklungshemmungen auf die Spur zu kommen. Viele Berichte weisen auf den Segen einer innigen Erziehungsgemeinschaft zwischen Schule und Elternhaus hin. Hausbesuche waren oft von durchschlagendem Erfolge. Wichtig für die Reichhaltigkeit und Brauchbarkeit des Materials ist die sofortige Aufzeichnung der Beobachtung. Die meisten Lehrer an der Versuchsschule haben sich daran gewöhnt, während des Unterrichts stenographische oder stichwortartige Aufzeichnungen zu machen. Daheim werden die Beobachtungen geordnet. Nur die wesentlichen werden nach einem halben oder ganzen Jahre in den Beobachtungsbogen eingetragen. Die Lehrerschaft bediente sich dabei keines der im Druck erschienenen Formulare, weil sie der Meinung ist, daß sich die kindlichen Lebensvorgänge wie alles wirkliche Leben in seiner Reichhaltigkeit nie in ein Schema zwängen lassen. Zur Aufzeichnung typischer Beobachtungen am Einzelkinde benutzte sie, wie jetzt alle Dresdner Schulen den freien, weißen Bogen. Einer Übersicht der Beobachtungsmöglichkeiten, wie sie die jugendkundliche Abteilung im Dresdner Lehrerverein für die Hand des Lehrers erarbeitete, leistet wertvolle Dienste. Ergebnisse sogenannter Tests wurden nicht eingetragen, weil bei solchen Angaben auch die Bedingungen und Voraussetzungen des Versuchs angegeben werden müßten. Dagegen wurden mitunter merkwürdige Einzeltatsachen als Bestätigung niedergeschriebener Urteile beigefügt. Die Lehrerschaft der Versuchsschule hofft, daß durch eine Beurteilung auf Grund gewissenhafter Tatsachenaufzeichnungen allmählich ein umfassendes Bild der werdenden kleinen Persönlichkeit entsteht. Ein solcher Entwicklungsbogen wird nicht nur für die Art der Beschulung, sondern auch für die Wahl des Berufes von segenreicher Bedeutung werden. Der Wert des Bogens wird noch wesentlich gesteigert, wenn die Beobachtungen durch beigelegte typische Kinderarbeiten ergänzt werden. In einigen Klassen wurde der Versuch gemacht, die Bogen den Eltern halbjährlich an Stelle der Zensuren vorzulegen. Die Eltern sahen sofort ein, daß eine derartige Beurteilung ihres Kindes dem Zensurenschema weit überlegen ist. Voraussetzung für eine solche Verwendung des Beobachtungsbogens ist die Einfühlung ins Elternherz. Auch für ungünstige Entwicklungserscheinungen zeigen die Eltern Verständnis, sobald sie merken, daß es sich darum handelt, ihrem Kinde zu helfen und zu dienen. Der Lehrer stelle sich vor allem auf das Positive bei der Beurteilung ein und verzeichne das Negative besonders dann, wenn er auch Mittel der Abhilfe weiß. Denn mit der bloßen Feststellung eines Mangels ist wenig geholfen.

Viele Fragen der neuen Schule harren der Lösung. Um nur noch einige zu nennen: Begabungsfrage, Sitzenbleiber, gemeinsame Erziehung der Geschlechter, reine Altersklassen oder Klassen nach geistiger Reife, elastische Klassen, Gruppenunterricht, Kurse usw. Sie allen werden um so größere Förderung erhalten, je mehr wir uns anstrengen, die Geheimnisse der kindlichen Entwicklung durch gewissenhafte Beobachtung klären zu helfen.

„Täglich von früh bis abends, durch Gespräche, durch Belehrung, bei der Arbeit, beim Spiel, beim Wandern, zu Hause bei den Eltern mühe ich mich, der Seele meiner Kinder näher zu kommen. Das ist doch das wichtigste Stück der Lehrerarbeit!" So schließt ein Lehrer diesen Teil seines Berichtes.

2. Lebensgemeinschaftsschule Spandau: Schule als Lebensstätte der Jugend (25. 1. 1933)

Der Auszug „Schule als Lebensstätte der Jugend" ist der unveröffentlichten „Denkschrift" der 20. Schule, einer Lebensgemeinschaftsschule in Berlin-Spandau,[a] vom 25. 1. 1933, S. 22-28, entnommen worden, die ihr Schulleiter Paul Fechner[b] 1935 in die ebenfalls nicht publizierten Gesamtdarstellung „Unsere Schulbewegung" integriert hat (Sammlung Gerd Radde).[c]

1. Durchführung

Mehr als für die Erwachsenen sollte die Schule für die Jugend, für die sie doch in erster Linie bestimmt ist, der Mittelpunkt ihres Lebens sein. Das Endziel in dieser Hinsicht war, aus der Schule eine Stätte zu machen, die das gesamte Leben der Jugend umfaßte. Für uns lag dieses Endziel noch in unerreichbarer Ferne, da der Verwirklichung die Verhältnisse (kein Internat, weites Auseinanderwohnen der Eltern, verschiedenartige Wirtschaftslage) kraß entgegen standen. Für uns konnte dieses Ziel nur die Richtung unseres Strebens angeben. Wenn wir also von der Lebensstätte der Jugend sprachen, so geschah es mit einem stillen Bescheiden. Wir wollten uns bemühen, das Leben der Kinder recht eng mit dem Schulkreis, den Menschen der Schule, dem Schulhaus und den schulischen Aufgaben zu verbinden. Aber selbst für einen solchen bescheidenen Anfang war eine beinahe revolutionäre Umstellung der Schule notwendig. Als nun die behördliche Genehmigung des Versuches die Befreiung von bisherigen Bindungen brachte, und damit den Weg zum Neubau einer Schule unseres Sinnes öffnete, da galt es, vor

---

[a] Die 20. Volksschule in der Neustadt in Spandau (Bezirk 8), Mittelstr. 20, ging ebenso wie die 21. Volksschule aus einer im Winter 1920/21 gegründeten Bewegung für eine „Freie Schulgesellschaft Spandau" hervor. Nach dem Bericht von Paul Fechner waren deren Mitglieder zumeist pädagogisch oder schulpolitisch interessierte Arbeiter und nur wenige Lehrer (Fechner 1935, S. 5). Dem Gesuch auf die Errichtung einer „Freien Schule" wurde von der Berliner Schuldeputation nicht stattgegeben, jedoch wurde der Zusammenschluß der vom Religionsunterricht abgemeldeten Kinder prinzipiell genehmigt, sollte aber auf Anweisung des Ministers bis nach dem Erlaß des Reichsschulgesetzes verschoben werden (ebd., S. 6). Daraufhin beschloß die Elternschaft am 12. August 1921 einen Schulstreik, der bis Mitte Dezember dauerte (Schulchronik 21. Schule Spandau). Beide Schulen wurde danach am 4. 1. 1922 als Sammelschule und am 28. 3. 1923 als Lebensgemeinschaftsschule anerkannt. Zum Schulprofil der 20. Schule siehe Inge Hansen-Schaberg 1999a, S. 77 ff.

[b] Paul Fechner (1894-1973) gehörte zu den Gründern der „Freien Schulgemeinde" in Spandau und war ab 1927 Rektor der Versuchsschule. Er wurde am 1. 10. 1933 aus politischen Gründen entlassen. Nach 1945 wurde er Bezirksschulrat und Bezirksstadtrat in Spandau und von 1949 bis 1959 Landesschulrat in Berlin (West); siehe Gerd Radde 1999, S. 331 f.

[c] Weitere Auszüge aus dieser Schrift finden sich im 29. und 30. Quellentext in diesem Band. In dem vorliegenden Quellentext werden auch Aspekte angesprochen, die in 8. Gemeinschaftserziehung der Geschlechter und 9. Demokratie in diesem Band behandelt werden.

allem mit der Schaffung der geistigen Grundlage, auf der allmählich die Lebensstätte der Jugend wachsen konnte, zu beginnen.

Die Einstellung der Kinder zur Schule mußte in erster Linie eine andere werden. Betrat ein Kind früher die alte Schule, so begann eine ihm innerlich fremde, mit ihm nicht verbundene Welt. Machte es das Schultor hinter sich zu, so wurde es wieder von seiner eigentlichen Welt, Straße und Familie aufgenommen, und meist war der Gedanke an die Schule allein schon unangenehm. Für das zu erstrebende Ziel genügte es nun nicht etwa, das Kind durch vernunftmaße Aussprachen zu überzeugen, daß es die Schule brauche, um später im Leben vorwärts zu kommen, und daß die Schule der Freund des Kindes sei.

Eine grundsätzliche, nicht nur verstandesmäßig, sondern auch gefühlsmäßig bedingte innere Umstellung zur Schule mußte das Kind erfassen. Diese Umstellung wurde durch den Kampf um diese Schule eingeleitet, in den die Kinder nicht allein durch den Streik, sondern noch vielmehr durch die beschimpfenden und tätlichen Angriffe der anderen Seite hineingezogen wurden. Dadurch erhielt die Schule, dieses umstrittene Gut, für sie einen Wert. Sie empfanden die Schule als einen Besitz. Dieses Gefühl wurde dann in den Kindern dadurch immer stärker, daß sie erlebten, daß sie in der Schule nicht nur zur Mitarbeit, sondern zu selbständiger, verantwortungsbewußter Anregung und Durchführung zugelassen, also zu weitgehendster Selbstgestaltung des schulischen Lebens herangezogen wurden. Dabei mußte das Verhältnis der Lehrer und Kinder zueinander und untereinander natürlich ein anderes werden. Die Lehrer bekannten sich zu einem neuen Bildungsideal und damit zu dem Recht der Persönlichkeit des Kindes. Der singulare Mensch, nicht der gattungsmäßige war ihr Erziehungsziel. Neben dem Recht des Kindes sollte aber der Persönlichkeit des Lehrers stets ihr volles Gewicht zukommen.

Doch der Lehrer stand nicht mehr als Inhaber der ihm gegebenen Macht, nicht mehr als unantastbare Autorität vor den Kindern. Alle Zeichen dieser äußerlichen Autorität verschwanden zunächst. Der Stock wurde verbannt. Die uniformierende Bankordnung wurde aufgelöst. Der Lehrerthron verschwand aus der Klasse usw. Bewußte Erziehung, z.B. gemeinsame, vernunftbegründete Klassenaussprachen, setzten an die Stelle äußerer Autorität eine innere Zucht. Sollte die Schule von echtem, dem übrigen Leben ähnlichen erfüllt sein, so mußte sich das eigentlich Schulische, die so künstlich gewordene Unterrichtsarbeit sowohl im Inhalt als auch in der Form ändern. Der Unterricht mußte seine natürliche Form zurückgewinnen, in der noch heute in jeder natürlichen Gemeinschaft, wie sie z.B. die Familie ist, die geistige Arbeit gepflegt wird. Gleichberechtigte, Gleichverpflichtete bilden eine derartige Gemeinschaft, und die Arbeitsanlässe werden durch diese oder durch die eindringenden Lebensnotwendigkeiten selbst geschaffen. An der Erledigung der Arbeit beteiligt sich jeder nach seinen Kräften. Soll die Schularbeit Leben sein, so müssen also Lehrer und Kinder zu einer freien, innerlich gleichen Gemeinschaft zusammenwachsen, in der der Lehrer der erwachsene, aber sich zurückhaltende Freund ist. Der Bildung solcher Gemeinschaften galt der Versuch. Um es vollkommener zu erreichen, wurde in jenen ersten Zeiten der Schritt erwogen, die Klassen mit ihrer Gliederung nach dem Alter überhaupt aufzulösen und Gemeinschaften zu bilden, die sich, dem Zusammengehörigkeitsgefühl folgend, zusammenschlossen. Bei der Auseinanderteilung von Parallelklassen wurde dieses Auswahlprinzip dann mit bestem Erfolg angewandt.

Während der folgenden Jahre wurde es immer wieder bei Wünschen auf Tausch der Klassengemeinschaft und bei erziehlichen Schwierigkeiten in den Vordergrund geschoben. Es hat auch unsere Stellung zum Sitzenbleiben wesentlich beeinflußt. Grundsätzlich wurde ein Sitzenbleiben, also ein Herausreißen aus der Gemeinschaft, abgelehnt. Bei Ausnahmen war immer die Frage des Zusammenpassens mit der neuen Gemeinschaft von ausschlaggebender Bedeutung. So wurden wenigstens teilweise die Klassen dem Charakter natürlicher Gemeinschaften ähnlicher und geeigneter, natürliches Leben zu zeigen. Um auf dem Wege zu diesem Ziel weiter zu schreiten, herrschte stets die Absicht, möglichst viel Erleben in die Klassenkreise hineinzulegen. Die Schulstunden reichten dafür nicht aus. Lehrer und Kinder kamen daher außerhalb derselben noch häufig zusammen. Manche Klassen verbrachten wöchentlich 3-4 Nachmittage gemeinsam. Neben die Spiel- und Bastelnachmittage traten die Nestnachmittage, die wohl am weitesten vom althergebrachten Schulischen entfernt waren.

Hier herrschte wirklich jugendliches Leben. Es wurde gesungen, getanzt, gelesen, geplaudert, gespielt, gekocht, gegessen usw. Selbst in den Ferien wurde das gemeinsame Erleben auf großen Fahrten fortgesetzt, und hier herrschte das natürlichste Leben, da alle fremden Einflüsse fern waren. Daß die Jugend in der Schule ihr Leben führen konnte, zeigte auch die Organisation der Selbstverwaltung. Der von den Klassenvertretern gebildete Schülerausschuß beschäftigte sich mit allen Fragen, die irgendwie für das Schulganze von Bedeutung waren. Durch seine Initiative wurden Papierkörbe auf dem Hof angeschafft. Er beschäftigte sich mit der Sauberkeit des Hauses, mit der Ordnung, der Ausschmückung des Schulhauses, mit dem Schaffen besserer Lebensformen, mit dem Verhalten der Kinder untereinander, mit dem Verhältnis zu den Lehrern usw. Zu Aussprachen, zu wichtigen Entscheidungen, zu Festen usw. wurde die Schulgemeinde zusammengerufen, die alle Fragen in Gegenwart des gesamten Kollegiums unter Leitung des Obmannes der Schülerschaft auf das ernsthafteste besprach. Durch all diese Umstände wurde die innere Einstellung der Kinder zur Schule gefördert. Sie empfanden die Schule als ihr Eigentum. So kamen z.B. eines Tages die Mädchen der oberen Klassen, ohne daß sie eine Anregung durch Erwachsene dazu erhalten hätten, in die Schule, um in nachmittaglanger Arbeit die Wände und Möbel der Schule zu säubern. Das Verhältnis der Kinder untereinander wurde ebenfalls bald ein anderes. Das Kennzeichen der alten Schule war der Wettbewerb untereinander. Einer schwang sich auf Kosten der andern empor. Dieser rücksichtslose Konkurrenzkampf machte dem Verantwortungsbewußtsein des einen für den andern Platz. Davon zeugten Beratungen in der Klasse und in der Schülergemeinde, die sich oft darum drehten, wie Kindern zu helfen sei, die in ihrem Verhältnis zur Gemeinschaft oder in ihren Leistungen abfielen. Für Schwächere fanden sich Helfer, die sie betreuten. Nachmittagskreise fanden sich zusammen, die in gemeinsamer Hausarbeit die weniger Begabten oder weniger Fleißigen für die Klassenarbeit vorbereiteten. Wir unterstützten diese Tendenz zur gemeinschaftlichen Hilfeleistung, indem wir das Ausstellen von Zeugnissen nach Nummern ablehnten. Wir verzichteten dadurch bewußt auf den Stachel des Ehrgeizes, vermieden aber so die Nachteile des Konkurrenzkampfes, der unbedingt die Folge dieser Zeugnisse ist. An die Stelle der Zeugnisse traten die Charakteristiken. Da das Schulleben natürlichste Form haben sollte, wurde eine Trennung der Geschlechter abgelehnt. Es wurden natürlich auch die sonst als Vorteile der Koedukation genannten Folgen erhofft. Es zeigte, sich, daß die gemeinsame Erziehung von Jungen und Mädchen dem Lehrer manche Schwierigkeit bereitete. Die Interessen und Entwicklungshöhen gingen manchmal soweit auseinander, daß es zu Spannungen zwischen den Geschlechtern kam, mit denen sich dann der Lehrer herumzuplagen hatte. Für die Erziehungsergebnisse ist der gegenseitige Einfluß des Wesens der Jungen und der Mädchen jedoch von größerem Wert gewesen. Der größere Wille der Jungen und ihr größeres Interessengebiet riß die Mädchen oft in der Arbeit mit fort. Das instinktive Taktgefühl der Mädchen weckte bei den Jungen das Empfinden für die Grenze. Zu solchen Ausgleichen charakterlicher Natur trat ein Ausgleich in der Interessiertheit für die verschiedenen Wissensgebiete und, was für das Leben in der Klasse vielleicht noch wichtiger ist, ein gewisses Abklingen von Spannungen, die gerade Folgeerscheinungen der beginnenden Reife sind. Eine Trennung von Jungen und Mädchen für einzelne Fächer erschien nicht notwendig, viel eher aber für einzelne Stoffe. Die Koedukation ist zweifelsohne ein voller Erfolg. Ein Blick auf den Hof zeigt in dem ausgeglichenen Spiel, in dem gemeinsamen Tanz von Jungen und Mädchen einmal den Erfolg der gemeinsamen Erziehung, zum andern weiter, wie sehr sich natürliches Leben in dieser Schule schon durchgesetzt hat.

Im Sinne des Wortes „Schule = Lebensstätte" lag es auch, daß unsere Schule mit aller Macht der Einrichtung eines Schulgartens zustrebte. Der Schulgarten sah dann auch immer freies Leben. An die Schule wurde dabei nur selten gedacht.

Leider war der Garten zu groß. Die Arbeit war uns zu schwer. So mußten wir diesen Garten aufgeben. Für den Versuch, die Schule mit natürlichem Leben zu füllen, war nicht nur die geistige Grundlage, sondern auch der äußere Rahmen wichtig. Die alten Schulhäuser mit ihren starren, keinen Platz zur freien Bewegung lassenden Bankreihen, mit ihren schmutzigen farblosen Wänden waren viel zu freudlos. Daher gingen wir so schnell als möglich daran, uns aus eigener Kraft eine Schule mit erträglichen, wohnlichen Verhältnissen zu schaffen. Das Schulhaus, jahrelang als Kaserne benutzt, mußte erst einmal einen hellen farbigen Eindruck machen. Die Stadt strich wenigstens einmal die Räume. Wir hängten auf die Flure gute Bilder und Arbeiten der Kinder. Ja, wir ließen uns sogar von unsern Spandauern Künstlern ein Bild für unsere Schule besonders malen, das einen Ehrenplatz in der Schule erhielt. Die wichtigste und gleichzeitig schwerste Arbeit war, die Klassen im Innern wohnlich zu gestalten. Das erste war, die Bänke herauszubringen und alte Tische und Stühle auf eigene Rechnung anzuschaffen. Diese wurden soweit als möglich zurechtgemacht und dann aufgestellt, so wie sie in der Häuslichkeit standen oder wie sie einen möglichst übersichtlichen geschlossenen Arbeitskreis bilden. Auch alte Schränke wurden erworben. Klassen, die noch keine Tische und Stühle hatten, stellten wenigstens die Bänke im Halbkreis auf. Eine neue Epoche setzte ein, als eine achte Klasse sich kleine Tischchen und Stühlchen selbst kaufte und durch Lehrer und Eltern die Möbel in leuchtenden bunten Farben anstreichen ließ. Nun wurde die Behörde aufmerksam. Sie begann selbst mit der Lieferung von Tischen und Stühlen. Das Bild unserer Klassen wurde ein ganz anderes. Durch duftige Gardinen und Tischdecken wurde der wohnliche Eindruck der Klassenräume noch erhöht.

2. Ergebnis
Auf dem Wege zur Lebensstätte der Jugend waren wir zweifelsohne schon ein schönes Stück vorwärts gekommen. Wenn heute in unsern Kindern das Bewußtsein von dem Wert dieser Schule nicht mehr so sehr stark sein sollte, wenn heute die Schule nicht mehr so sehr als Eigentum aufgefaßt wird, wenn die Kinder ihr Leben nicht mehr so weitgehend mit dem Schulleben zusammenfallen lassen, so hat das mehrere Gründe. Einmal haben diese Kinder den Streik nicht mitgemacht, sie haben sich in ein fertiges Nest gesetzt. Zum andern haben die furchtbaren Notverhältnisse uns die Mittel genommen, so oft zusammen zu sein (keine Heizung im Schulhaus, kein Geld für große Fahrten). Der dauernde Kampf gegen widrige Verhältnisse und Spannungen im Kollegium haben die Kraft der Lehrenden so stark mitgenommen, daß gegen einen augenblicklichen Stillstand nicht erfolgreich angegangen werden konnte. Wie in jeder Bewegung mußte auch in dieser Frage ein Tal kommen. Doch das alles beweist nur, daß der Versuch

keineswegs abgeschlossen sein kann. In der nächsten Zeit wird bei der Frage, die Oberstufe elastischer zu gestalten, auch das Problem der Bildung neuer Gemeinschaften an Stelle der Altersgemeinschaften erörtert werden müssen. Dann gilt es zu beobachten, wie bei dieser Umwandlung die Auswirkung gerade in Hinsicht auf die Natürlichkeit sowohl des Zusammenlebens als auch des Zusammenarbeitens ist. Schule als Lebensstätte der Jugend ist eine Forderung, die alle sonstigen Forderungen wie Arbeitsschule, Lebensnähe usw. in sich faßt. Daher wird sie als Ziel immer vor uns stehen müssen.

2 Arbeitsschule

„Auf die kürzeste Formel gebracht, ist der *echte Sinn der Arbeitsschule*, daß sich die schulmäßige Bildung vollziehe in der Art schaffenden Lernens, des geistigen Wachsens durch *Eigentätigkeit*. Nicht im Kunstschaffen des Lehrers an der Stoffgestaltung liegt dann der Schwerpunkt des Unterrichts, nicht in einer Wirksamkeit, bei der die Schüler stets Schritt für Schritt durch wohlbedachte Maßnahmen, Anstöße, Befehle, Fragen geführt und gedrängt, gezogen und gestoßen werden, sondern in einer Betätigungsweise, bei der die Lernenden ein Arbeitsganzes möglichst aus eignem Antriebe, mit eigner Kraft, auf eignem Wege zu eignen Zielen erfüllen. Der unterrichtende Lehrer soll – um es anders zu sagen – weniger Dozent einer Wissenschaft, als vielmehr Organisator freien kindlichen Schaffens sein." (Scheibner 1922, S. 37, Hervorhebung O.S.)

Otto Scheibner[1] faßte auf diese Weise den Begriff Arbeitsschule auf einer Fortbildungsveranstaltung zum Thema „Freie geistige Schularbeit in Theorie und Praxis" zusammen, die an der von Hugo Gaudig geleiteten höheren Mädchenschule in Leipzig stattfand und zusammen mit dem Zentralinstitut für Erziehung und Unterricht veranstaltet wurde (Gaudig 1922, siehe 3. Quellentext in diesem Band). Zu dem Zeitpunkt war der Kampf um die Arbeitsschule gewonnen, die sich als Alternative zur „Lernschule", zur „Pauk- und Drillanstalt" des Kaiserreiches mit seinem herbartianisch geprägten Unterricht (siehe 6. Didaktisch-methodische Überlegungen in diesem Band) durchgesetzt hatte. Die Arbeitsschulbewegung[3] als solche war vielgestaltig und nuancenreich, weil sie „nicht nur gegen die ‚alte Schule', sondern auch mit parallel laufenden reformpädagogischen Bewegungen und nicht zuletzt innerhalb des ‚eigenen Hauses', d.h. in der wechselseitigen Polemik der verschiedenen Arbeitsschulpädagogen, eine lebhafte Auseinandersetzung geführt hat." (Reble 1964, S. 181) Sie nahm Pestalozzis und Fröbels Überlegungen[4] zur Anschauung und Selbsttätigkeit und zum Bildungswert der Handarbeit auf und wurde inspiriert von John Deweys[5] Erziehungsphilosophie und der praktischen Erprobung des Projektansatzes an der laboratory school der Universität von Chicago. Georg Kerschensteiner[6] brachte 1908 erstmalig im deutschsprachigen Raum Gedanken Deweys ein (Wehle 1968, S. 189) und benutzte dafür den zum Schlagwort gewordenen Begriff Arbeitsschule: „Was die neue Arbeitsschule braucht, ist ein reiches Feld für *manuelle* Arbeit, das nach Maßgabe der Befähigung des Schülers auch zum *geistigen* Arbeitsfeld werden kann. In der manuellen Arbeit liegt zunächst das fruchtbare Feld der Entwicklung für die weitaus größere Zahl aller Menschen. Was sie ferner braucht, sind Arbeitsgebiete, die womöglich irgendwie mit den wirtschaftlichen oder häuslichen Arbeitskreisen der Eltern zusammenhängen, damit die Fäden, die die Schule spinnt, nicht täglich abreißen, wenn das Kind die Schultasche vom Rücken nimmt [...]. Was die Arbeitsschule drittens nötig hat, das ist Arbeit im Dienste der Mitschüler, die vom ersten Tag an immer und immer wieder den Satz predigt: *Der Sinn des Lebens ist nicht herrschen, sondern dienen."* (Kerschensteiner 3. Auflage 1908, zit. nach Wehle 1968, S. 31, Hervorhebung G.K.)

Neben der Betonung der handwerklichen Arbeit und der Lebensnähe der unterrichtlichen Inhalte trat Georg Kerschensteiner also auch für die Ausprägung des sozialen Aspektes ein, den er staatsbürgerliche Erziehung nannte und worunter er die Arbeit des Einzelnen als Dienst für das Gemeinwesen verstand.[7]

Er forderte die Einrichtung von Werkstätten für Holz- und Metallverarbeitung, Laboratorien für den Physik- und Chemieunterricht, Zeichensälen, Musikzimmern, Schulküchen, Schulgärten, Aquarien, Terrarien und Volieren, allerdings mit geschlechtsspezifischer Differenzierung (ebd., S. 32 ff.). Das fruchtbarste Feld der Arbeitsschule könnte nach seiner Vorstellung in den Schullaboratorien liegen, die den Jungen (!) die naturwissenschaftlichen Arbeitsmethoden vermitteln sollten: „Nur indem der Knabe diese Methoden selbst anwendet, lernt er beobachten, vergleichen, schließen, objektiv urteilen, vorsichtig prüfen, selbständig handeln, lernt er Ausdauer, Geduld, Sorgfalt, Ordnung, Reinlichkeit, kostet alle Freuden des Forschens, Untersuchens, Entdeckens" (ebd., S. 34). Für die Mädchen waren weibliche Handarbeiten und Haushaltsführung als Äquivalent vorgesehen (ebd., S. 29 f.). In seinem Münchner Wirkungskreis führte Georg Kerschensteiner diese Reformen für alle Volks- und Fortbildungsschulen durch (Reinlein 1919, S. 100 f.).[8] Darüberhinaus begannen ab 1910 Versuchsklassen an der Münchner Hohenzollernschule mit der Erprobung der Kerschensteiner'schen Arbeitsschulideen (ebd., S. 101-122).

Die Selbsttätigkeit, die Kooperation, das arbeitsteilige, oft experimentelle Vorgehen zur Lösung von Aufgaben und die persönliche Verantwortung am Resultat sollten die Merkmale sein, mit denen die Schülerinnen und Schüler auf ihr zukünftiges Leben vorbereitet werden. Darin bestand Einigkeit innerhalb der Arbeitsschulbewegung, aber auf dem 1. Kongreß für Jugendforschung und Jugendbildung in Dresden 1911, den der „Bund für Schulreform" veranstaltete, formulierte Hugo Gaudig weitergehende Vorstellungen, die sich über den Bildungswert der manuelle Arbeit hinwegsetzten und die geistige Selbsttätigkeit des Kindes als Prinzip des gesamten Unterrichts forderten. Nach Hugo Gaudigs Vorgaben wurde in der höheren Mädchenschule in Leipzig seit Anfang des 20. Jahrhunderts unterrichtet (Scheibner 1930). Ansonsten fand während des Kaiserreiches lediglich in einzelnen Versuchsklassen meist im Elementarunterricht der Volksschule die Erprobung unterschiedlicher Modelle des Arbeitsunterrichts statt, z.B. an der Augustaschule in Dortmund (Dortmunder Arbeitsschule 1911, siehe Quellentext in: Hoof 1969, S. 133 ff.), in der Augsburger Versuchsschule (Löweneck 1911), in 23 Versuchsschulklassen in Leipzig ab 1909 (Die Arbeitsschule 1922, S. 111 ff., Rita Scharfe 1928), in 22 Dresdener Versuchsklassen (Reinlein 1919, S. 74 f.), im Werkunterricht Oskar Seinigs[9] in Charlottenburg (Seinig 1911, siehe Quellentext in: Hoof 1969, S. 144 ff.), und in den drei Vorschuljahren des Werner-Siemens-Realgymnasiums in Schöneberg ab 1904 (Wetekamp 1908).

In der Weimarer Verfassung von 1919 schrieb der Artikel 148 den Arbeitsunterricht und die Staatsbürgerkunde vor, die in Richtlinien für die Lehrpläne umgesetzt wurden. Es ging jetzt eigentlich nur um die weitere Ausdifferenzierung dessen, was unter Arbeitsschule methodisch, didaktisch und pädagogisch zu verstehen sein sollte. Allerdings gab es keine Ausführungsvorschriften, wie hier zu verfahren sei, und, wie Otto Karstädt[10] beklagt, arbeiteten lediglich einige tausend Klassen im Deutschen Reich tatsächlich nach diesen Vorgaben; diejenigen, die öffentlich hervorgetreten waren, listet er auf (Karstädt 1928, S. 348 ff.).

Durch drei ausgewählte Texte soll die Interpretationsmöglichkeit der Richtlinien für die Lehrpläne der Grundschule und der höheren Schulen präsentiert werden:

Hugo Gaudig sah die Schülerin als „werdende Persönlichkeit" und stellte die Entwicklung ihrer „geistigen Selbsttätigkeit" in das Zentrum des Unterrichts an der höheren Mädchenschule in Leipzig (1922, siehe 3. Quellentext in diesem Band).

Heinrich Scharrelmann ging in der Bremer koedukativen Versuchsvolksschule „Vom Kinde aus" und sah die in der Zeit entstehende Gemeinschaftsschule als die eigentliche Arbeitsschule an, die eine gewisse Lehrplanfreiheit hat (1922, siehe 4. Quellentext in diesem Band).

Fritz Karsen entwickelte für den koedukativen Schulenkomplex in Berlin-Neukölln das Konzept einer „sozialen Arbeitsschule" als Instrument der Erziehung der Kinder für „die werdende Gesellschaft" (Radde 1999, S. 107 ff.). Darunter verstand Fritz Karsen eine „an der arbeitenden Gesellschaft orientierte, vornehmlich auf die Bildungsfragen der Arbeiterklasse eingestellte Schule" (ebd., S. 107) und entfernte sich damit von dem pädagogischen Ansatz „Vom Kinde aus". In Anlehnung an die Ideen John Deweys sprach er von Projekten und vertrat ein dynamisches Gesellschaftsverständnis,[11] und in Anlehnung an Georg Kerschensteiner setzte er an die Stelle des Handwerks industrialisierte Arbeitsabläufe und Verfahrensweisen und revolutionierte die Arbeitsschule dadurch (1930, siehe 5. Quellentext in diesem Band).

---

[1] Otto Scheibner (1877-1961), Mitarbeiter Hugo Gaudigs, dann Honorarprofessor an der Universität Jena (1924-1932) und an der Pädagogischen Akademie Erfurt (1929-1932), siehe Vorwort von Wilhem Flitner in: Otto Scheibner 1962, S. 5-7.

[2] Zur Arbeitsschulbewegung und ihren unterschiedlichen Ansätzen und Akzenten siehe die von Albert Reble herausgegebene Quellentextsammlung, 4. Auflage 1979, und die Textauszüge im Helm-

wart Hierdeis 1971, S. 73-97.

[3] Zu Johann Heinrich Pestalozzi (1746-1827) siehe Fritz Osterwalder 2003, Gerhard Kuhlemann/ Arthur Brühlmeier 2002; zu Friedrich Wilhelm August Fröbel (1782-1852) siehe Helmut Heiland 2002, 2003.

[4] John Dewey (1859-1952), siehe Fritz Bohnsack 2003.

[5] Georg Kerschensteiner (1854-1932), Volksschullehrer, Studienrat, ab 1895 Stadtschulrat in München, von 1918-1932 Professor für Pädagogik in München; siehe Philipp Gonon 2002.

[6] „Ausgehend von dem äußeren höchsten sittlichen Gut im sittlichen Gemeinwesen, dem Kultur- und Rechtsstaat der Ethik, haben wir gefunden, daß jede öffentliche Schule drei und nur drei Grundfragen zu lösen hat: 1. die Vorbereitung auf den zukünftigen Beruf des einzelnen im Staate, 2. die Versittlichung dieser Berufsbildung; 3. die Befähigung des Zöglings an der Mitarbeit der Versittlichung des Gemeinwesens selbst, dessen Glied er ist." (Kerschensteiner 1930, zit. nach Gogon 2002, S. 69 f.)

[7] Zu Kerschensteiners Wirken 1908 siehe: Die Arbeitsschule 1909, S. 12 f.

[8] Oskar Seinig, Rektor, entwickelte an der vom ihm geleiteten Volksschule in Charlottenburg einen eigenständigen Ansatz des Arbeitsunterricht, publizierte u.a. „Die redende Hand" (1920). Zu Oskar Seinig siehe Dieter Hoof 1969, S. 47 ff., sowie die Quellentexte ebd., S. 144-151.

[9] Otto Karstädt (1876-1947), Volksschullehrer, Rektor, von 1918-1929 Ministerialrat im Preußischen Kultusministerium, bis 1932 Professor an der Pädagogischen Akademie in Hannover (Odenbach 1970, S. 167).

[10] Hier wird die Nähe zur Dewey'schen Erziehungsphilosophie deutlich, die von einer Höherentwicklung von Mensch und Welt durch praktisches pädagogisches Handeln durch Fortschreiten oder Vorankommen von einem Ziel zum notwendigen nächsten ausging. Eine schlüssige Interpretation des Dewey'schen Ansatzes leistet Dagmar Hänsel 1988, insbesondere S. 20-29.

Quellentexte

3. Hugo Gaudig:
Das Grundprinzip der freien geistigen Arbeit (1922)

Der Text leitet den von Hugo Gaudig[a] herausgegebenen Sammelband „Freie geistige Schularbeit in Theorie und Praxis" ein (S. 31-36), der im Verlag Ferdinand Hirt in Breslau 1922 erschienen ist. Er dokumentiert den Höhepunkt der pädagogischen Arbeit Hugo Gaudigs, die er als Direktor der höheren Mädchenschule und des Lehrerinnenseminars mit angeschlossener Versuchsschule in Leipzig geleistet hat, denn durch die große schulpädagogische Tagung mit praktischer Unterrichtsdarbietung wird seine Anschauung der Arbeitsschule als „freie geistige Tätigkeit" gewürdigt.[b]

> Hochverehrte Anwesende!
> Willkommen! Willkommen zur gemeinsamen Arbeit! Der Aufruf des Zentralinstitutes[c] hat starke Wirkungen gehabt. Aus allen Teilen Deutschlands sind die Arbeitsgenossen erschienen; teils im eigenen Namen, vielfach aber auch als Vertreter von Vereinen, Arbeitsgruppen usw., so daß wir zu den in Person Anwesenden noch eine große Zahl im Geist Anwesender rechnen dürfen. Leider konnten nicht alle Anmeldungen berücksichtigt werden; uns ist der Schein der Ungastlichkeit peinlich; aber Schillers Wort: „Es wachsen die Räume, es dehnt sich das Haus" gilt leider nicht von unserem Schulhause, das zu seinen 1100 Schüle-

---

[a] Hugo Gaudig (1860-1923) studierte an der Universität Halle-Wittenberg Theologie und Germanistik, alte Sprachen und Philosophie, promovierte mit einer Abhandlung über die Ästhetik Schopenhauers und schloß das Studium 1886 mit dem Oberlehrerexamen ab. Im pädagogischen Probejahr lehrte er in den Franckeschen Stiftungen in Halle, wohin er 1896 nach einer Lehrtätigkeit in Gera als Direktor der Höheren Mädchenschule und des Lehrerinnenseminars zurückkam; 1900 wurde er Direktor der höheren Mädchenschule und des Lehrerinnenseminars mit angeschlossener Versuchsschule in Leipzig; siehe zu Leben und Werk Hugo Gaudigs für die Mädchenbildung und Reformpädagogik den Beitrag von Helga Bleckwenn (1990). Er publizierte u.a.: Didaktische Ketzereien (1904), Didaktische Präludien (1908), Die Schule im Dienste der werdenden Persönlichkeit (2 Bde. 1917), die Idee der Persönlichkeit und ihre Bedeutung für die Pädagogik (1923); siehe auch den von Lotte Müller herausgegebenen Band „Die Schule der Selbsttätigkeit" mit Texten von Hugo Gaudig, 2. Auflage 1969.

[b] In diesem Text werden auch Aspekte angesprochen, die im vorliegenden Band in 10. Schulkultur behandelt werden. Zur Unterrichtsarbeit in der Gaudig-Schule siehe auch den 19. und 20. Quellentext in diesem Band.

[c] Gemeint ist das „Zentralinstitut für Erziehung und Unterricht", das 1915 mit Sitz in Berlin eröffnet wurde und eine pädagogische Sammel-, Auskunfts- und Arbeitsstätte war und Ausstellungen, Tagungen und Lehrgänge veranstaltete.

rinnen doch wohl nicht mehr als 500 Gäste aufnehmen kann. Besonders erfreulich ist es, daß unsere Gäste *allen* Schulgattungen angehören.

Was wir unternommen haben, als wir uns dem Zentralinstitut zur Verfügung stellten, ist ein *Wagnis*. Ich danke Ihnen, daß Sie durch Ihr Kommen beweisen, es scheine Ihnen das Wagnis nicht zu groß. Wir bedürfen in unserer Zeit mehr denn je auch im Schulleben des wagenden Mutes. Wir wissen es zu schätzen, daß Sie uns Kredit gewährt haben. Ihr „Glaube" ehrt uns; er würde uns aber erdrücken, wenn Sie in der Meinung, bei uns vollkommen Musterbildliches zu finden, nichts als „nehmen" wollten. Gewiß – Nehmen ist eine feine Kunst, und wir werden uns freuen, wenn Sie bei uns diese Kunst üben möchten. Aber das Wesentliche ist doch, daß es zwischen Ihnen und uns zu wechselseitigem Geben und Nehmen, zu einer *freien geistigen Arbeitsgemeinschaft* kommt. Dann wird unsere Tagung weit über die kurze Frist ihrer Dauer fortwirken. Sollten sich, wie ich hoffe, neue Formen des geistigen Verkehrs entwickeln, so wäre damit etwas erreicht, was die Zukunft dringend fordert, die Vermehrung und Erweiterung der Formen des persönlichen Verkehrs innerhalb der deutschen Lehrerschaft; der persönliche Verkehr aber, der neben die *literarische Vermittlung* treten soll, bedarf eines möglichst großen Formenreichtums.

Das, was wir Ihnen hier zeigen möchten, ist *Theorie und Praxis* in ihrer wechselseitigen Durchdringung. Uns ist alle Theorie eine „scientia ad praxin", und wir verwerfen alle Praxis, die nichts als Routine, und wenn auch noch so glückliche Routine, ist.

Unsere Zeit treibt ein wahres Spiel mit pädagogischen Theorien; man entwirft wunderbare Leitbilder unserer pädagogischen Zukunft; aber in der uns Deutschen leider gar zu eigenen idealistischen Manier erwägt man nicht die Kräfte und die Etappen zum Ziel und drängt nicht auf den Erweis des Geistes und der Kraft, auf das pädagogische Tathandeln. Was wir Ihnen bieten, wollen Sie freundlichst als solches Tathandeln ansehen; es sei so unvollkommen als es sei, es will Tathandeln sein. Stellen sich uns andere Anschauungen als die unsrigen entgegen, so werden wir diese Gegnerschaft nur dann respektieren, wenn sie in pädagogischer Tathandlung bewährt sind oder sich bewähren wollen.

Meine hiesigen *Arbeitsgenossen*, deren Theorie und Praxis Sie kennen lernen wollen, sind nicht auf bestimmte dogmatische Formeln eingeschworen. Wie im gesamten Schulleben, so sind sie vollends im Gebiet der Lehrweise, der *Methode*, freie Persönlichkeiten, die ihre Arbeit und sich selbst nach ihrer Eigenwesenheit unter ihrer persönlichen Verantwortlichkeit gestalten. Erwarten Sie also nicht schablonenmäßige Gleichheit in den Formen, in denen meine Arbeitsgenossen dem gewaltigen Grundsatz „Freie geistige Arbeit" gerecht werden wollen. Wie könnte es anders in einer Schule sein, die in dem Leitbilde der wertvollen *Persönlichkeit* sich ihr ideales Ziel setzt. Ich denke, Sie werden die Erziehung zur freien geistigen Arbeit bei meinen Arbeitsgenossen als freie geistige Arbeit frei wirkender, frei sich auswirkender Persönlichkeiten erkennen und darum auch selbstverständlich an irgendwelchen Abweichungen der einzelnen Arbeiter voneinander keinen Anstoß nehmen.

Was wir Ihnen zeigen möchten, in Theorie und Praxis, ist *ein* Prinzip unseres Arbeitslebens, und zwar ein grundlegendes Prinzip nach der *formalen* Seite dieses Arbeitslebens. Wir wollen Ihnen also durchaus nicht einen Einblick in das *Ganze* unseres „Schullebens" zu geben versuchen. Wir wollen – das betone ich nachdrücklich – in diesen Tagen über *eins* verhandeln, über nicht weniger, aber auch über nicht mehr. Findet diese unsere Absicht nicht die nötige Erkenntnis und Anerkenntnis, so besteht die Gefahr, daß unsere Verhandlungen, hineingezogen in den Strudel moderner pädagogischer Erörterungen, nicht zu klarer Problemstellung und Problemlösung gelangen.

Anderseits können und wollen wir eins nicht übersehen: Das Prinzip der freien geistigen Tätigkeit steht in mehr oder weniger engem Zusammenhang mit den anderen regulativen Prinzipien des Schullebens, so daß ein künstliches Herauspräparieren unseres Prinzips unmöglich ist. Vielmehr wird notwendig sein, daß wir die Zusammenhänge unseres Prinzips mit anderen Prinzipien auch auf anderen Gebieten als dem Arbeitsgebiete beachten. Um dieser Tatsache gerecht zu werden, bedarf es eines Willens und eines Gefühls für logische und sachliche Sauberkeit.

Das Prinzip der freien geistigen Tätigkeit hat die größte Bedeutung für die zukünftige Gestaltung unseres Schullebens und damit die größte Bedeutung für die Zukunft unseres gesamten Kulturlebens. Gegenüber dem Schulleben der Vergangenheit hat es revolutionären Charakter, stellt es doch in den Mittelpunkt des pädagogischen Denkens und Handelns, in dem bisher der Lehrer gestanden hat, den Schüler als werdende Persönlichkeit. Ein kopernikanischer Wandel der pädagogischen „Weltanschauung". Ich selbst habe diesen Wandel erlebt, als ich mich grundsätzlich entschloß, auf „schöpferische" pädagogische Kunstarbeit im Stile Fricks[d] zu verzichten und nichts zu wollen als ein Helferamt an der Lebensentwicklung, besonders an der geistigen Entwicklung unserer Zöglinge.

Freie geistige Tätigkeit ist *Eigentätigkeit*, ist *Selbsttätigkeit*. Es handelt sich beim freien geistigen Tun um ein Handeln aus eigenem Antrieb, mit eigenen Kräften, auf selbstgewählten Bahnen, zu freigewählten Zielen. Solche freie Tätigkeit kann

---

[d] Gaudig könnte hier auf die Schrift „Inwiefern sind die Herbart-Ziller-Stoy'schen didaktischen Grundsätze für den Unterricht an den höheren Schulen zu verwenden?" von Frick angespielt haben, in: Verhandlungen der Direktoren-Versammlungen. Bd. 15. Berlin 1883, S. 82-153.

sich aber nur entwickeln aus einer geistigen *Gesamtverfassung*. Diese Gesamtverfassung wird sich Ihnen hoffentlich, soweit es möglich ist, in unseren Schülerinnen anschaulich darstellen. Sie werden, denke ich, schon an den Ausdrucksbewegungen erkennen, daß die Verfassung, aus der heraus unsere Schülerinnen geistig handeln, kein kalt intellektueller, sondern ein stark gefühlsmäßig und willensmäßig bestimmter Zustand ist. So wird ersichtlich sein, daß ihnen die geistige Tätigkeit Lebenstätigkeit ist.

Nun aber das Entscheidende zur freien geistigen Tätigkeit in unserem Sinne: Sie ist Tätigkeit der *werdenden Persönlichkeit*, eine Tätigkeit, in der sich das geistige Eigenwesen der Zöglinge auf das Leitbild dieses Eigenwesens hin emporbildet. Wenn die Schule mit dieser höchsten Absicht die freie geistige Tätigkeit entfaltet, so gewinnt sie meines Erachtens innerhalb des gesamten nationalen *Kulturprozesses* die Stellung, die sie einnehmen muß, wenn sie ihrem Ideal gerecht werden will:

Der Kulturprozeß der Zukunft fordert im stärksten Maße freie geistige Tätigkeit; unser Dasein und unsere Entwicklung als Kulturnation hängt wesentlich von dem Wandel der geistigen Gesamtverfassung ab, den die Forderung: „Freie geistige Tätigkeit" bedeutet. Da, wo freie geistige Tätigkeit in unserem Sinne herrscht, gibt es z. B. keine Masse mehr; die Masse hat sich aufgelöst in selbstverantwortliche Persönlichkeiten.

Will man sich im einzelnen vorstellen, wie groß unser nationaler „Bedarf" an freier geistiger Tätigkeit ist, so überschaue man die einzelnen Kulturgebiete. Unser wirtschaftliches Leben hat in der Zeit vor dem Kriege eine staunenswerte Höhe erreicht; nun liegt vor uns die ungeheure Aufgabe, die nationale Wirtschaft nach ihrem Zusammenbruch neu zu gestalten; das kann nur auf neuen Wegen geschehen; neue Wege aber fordern ein freies, der neuen Lage sich anpassendes Denken. Dringend fordert freischaffende Tätigkeit die Organisation der gesamten Volkswirtschaft, die bisher weder Volks*wirtschaft* noch *Volks*wirtschaft gewesen ist. Nur ein Volk, dessen Glieder durch eine neue Geistesbildung an freies, selbstverantwortliches Denken gewöhnt sind, kann sich ferner aus dem Elend des *politischen* Lebens herausarbeiten, das jetzt den nationalen Kulturaufschwung hindert. Ohne diese neue Geistesbildung ist kein Volk möglich, das als eine Persönlichkeit höherer Ordnung sich selbst bestimmt. Oder denken wir an das *Bildungsleben*, das Leben der Nation in freier Bildung: Wir kommen aus der Oberflächlichkeit und der Scheinhaftigkeit der „Bildung" nicht eher los, als bis wir in den Schulen die Unterlage freier geistiger Arbeit gewonnen haben, die planmäßige Pflege des Geistes in allen seinen Funktionen und Funktionsgruppen, die Fähigkeit zu selbständigem Denken auf den Gebieten der Allgemeinbildung. Ein grundsätzlicher Wandel ist auch unbedingt nötig im *kirchlichen*, im *religiösen* Leben. Im nationalen Kulturprozeß, im Prozeß der religiösen Entwicklung bedarf es religiöser Gemeinden, die Denkgemeinschaften sind, deren Glieder von sich und anderen freie geistige Arbeit fordern und fest entschlossen sind, aus der selbstverschuldeten geistigen Unmündigkeit hervorzugehen.

Die Zukunft der deutschen Schule ist nur dann gesichert, wenn wir die gesamte Schule zu einer Sphäre des *Lebens*, zu einem höchst lebendigen, reich gegliederten und einheitlich zusammengefaßten *Lebensganzen* zu gestalten vermögen. Das „Schulleben" differenziert sich mir in das Arbeitsleben (nach seiner formalen und seiner stofflichen Seite), in das Leben im Spiel und in der Feier, in das Gemeinschaftsleben nach seinen verschiedenen Seiten – das Gemeinschaftsleben der Klassen, der Lehrer und Schüler, der Lehrergenossenschaft, das Gemeinschaftsleben der gesamten Schule – und endlich in das Leben der Sitte und der Ordnung. Diese Differenzierung aber vermag nur dann ihren Lebenswert zu entfalten, wenn der Differenzierung die Integrierung, das Herüber- und Hinüberspielen von Gebiet zu Gebiet in großen Einheitszügen, entspricht.

Das Prinzip der freien geistigen Arbeit ist ein Formalprinzip. Naturgemäß aber wirkt es auch auf die Auswahl des Bildungsgutes, der *Bildungsstoffe*, ein, sofern unser Formalprinzip naturgemäß auf solche Stoffe drängt, an denen sich geistige Kraft zu entfalten vermag; anderseits aber hat das Stoffprinzip ein Eigenrecht, so daß um der zu gewinnenden Totalansichten willen auch solche Stoffe unvermeidlich sind, an denen die geistige Kraft nicht wesentlich wächst; nur daß nicht die Fülle der Stoffe die geistige Kraft lahmlegt und jener verhängnisvolle geistige Gesamtzustand der Denkunfähigkeit infolge der Stoffüberlastung des Geistes entsteht, der für die Denkverfassung der Examinanden in den *Prüfungen* der deutschen Schulen kennzeichnend ist.

Eine bedeutsame Wertsteigerung des Schullebens kann von der Seite des *Spiellebens* dann erwartet werden, wenn sich einerseits das Spielleben unter das Prinzip der freien geistigen Tätigkeit stellt und anderseits die freie geistige Tätigkeit, wie es ja ihrer eigensten Natur entspricht, auch die spielenden Formen der Tätigkeit in ihren Formenkreis aufnimmt.

Die Schule der Zukunft muß auch ein Leben in der *Feier* haben; ein „Leben haben": d. h. sie muß nicht Schulfeiern „veranstalten", sondern die Feier muß ein Teil ihres Gesamtlebens sein. Das ist aber nur möglich, wenn die Feier nichts Einstudiertes ist, sondern wenn sie aus dem freien geistigen Leben der Schule hervorgeht. Neben der zum selbständigen Akt entwickelten Feier wird in der Zukunft auch die „laufende" Arbeit längere oder kürzere Abschnitte kennen, in denen sich von selbst Feierstimmung entfaltet und auslebt.

In unserer Arbeitsgemeinschaft wird wenig so gepflegt wie das *Klassenleben*; das Klassenleben ist uns ein allerwichtigstes Gebiet des Schullebens, nämlich das Gebiet, auf dem die Schule für die Entwicklung des sozialen, im besonderen des sozial-ethischen Kulturlebens Allerwichtigstes zu leisten hat. Die Klasse ist uns in erster Linie Arbeitsgemeinschaft, und zwar Gemeinschaft der freien Arbeit. Freies geistiges Arbeitsleben und Gemeinschaftsleben helfen sich wechselseitig. Häufig werden wir Parteigänger der freien geistigen Arbeit nach der *Reichweite*, nach dem *Geltungsbereich* unseres Prinzips gefragt. Die Antwort ist sehr einfach: Freie geistige Arbeit muß überall angestrebt werden, wo sie möglich ist. Also zunächst auf allen *Altersstufen* (vom ersten bis zum letzten Schultage). Die Mitgift an geistiger Regsamkeit ist auch in ungünstigen Gesellschaftslagen groß genug, daß man von Anfang an auf freie Arbeitsvorgänge hinarbeiten kann. Ebenso gilt unser Prinzip für beide *Geschlechter* in gleicher Weise. Täuscht mich meine lange Erfahrung in der Arbeit an beiden Geschlechtern nicht, so zeigen sich zwar beide Geschlechter für die freie geistige Arbeit in verschiedener Richtung gut veranlagt, aber ich möchte meinen, man könnte von einem Ausgleich zur Gleichwertigkeit sprechen. Die *landschaftlichen Unterschiede* erweisen sich bei der Durchführung unseres Leitgedankens als nicht unerheblich; man denke nur einmal an die verschiedene „Sprechfähigkeit" der Kinder der einzelnen deutschen Landschaften. Diese Unterschiede bedeuten ein Mehr oder Minder an Arbeit, vor allem aber eine Verschiedenheit der Ansatzpunkte der Arbeit. Aber keine Rede kann davon sein, daß sich Landschaften von grundsatzmäßiger Durchführung unseres Prinzips befreit glauben möchten. Und nun das *Wesentliche* in Sachen des Geltungsbereichs des Grundsatzes der freien geistigen Arbeit: Er gilt für alle Schulgattungen von der einfachen Volksschule bis zur Hochschule.

Freie geistige Tätigkeit ist nötig für alle *Richtungen* und *Grundformen* geistiger Tätigkeit, für das Anschauen und Beobachten, für das Erläutern (das Auslegen), für das Entwickeln und das Darstellen. Oder man denke an die psychologischen *Funktionen* und *Funktionsgruppen*: an die assoziative Geistestätigkeit, an die Gedächtnisarbeit, an das Wirken der Phantasie, an das vergleichende und beziehende Denken, an induktives und deduktives Denkverfahren.

Nur – was sich von selbst versteht – keine blöden Übertragungen von einem Betätigungsgebiet auf das andere: Die Erziehung zu freier geistiger Tätigkeit fordert eine höchst *individualisierende* Arbeit, eine genaue Anpassung an die *Lage*.

Das Prinzip der freien geistigen Tätigkeit ist im Grunde ein „Natur"prinzip. Aus dem im Leben stehenden Eigenwesen, das sich selbst behauptet und sich selbst entwickelt, bricht die freie geistige Tätigkeit von selbst hervor. Aber es bedarf planmäßiger Arbeit und keiner geringen Kunst, wenn der Geist zur vollen Freiheit in seiner Kraftbetätigung entfaltet werden soll. Entscheidend ist hier, daß der Begriff des *Arbeitsvorgangs* in seiner vollen Bedeutung erkannt wird.
[...]

4. Heinrich Scharrelmann:
Von der Arbeitsschule zur Gemeinschaftsschule (1922)

Heinrich Scharrelmann[a] gab 1922 als Schulleiter der Versuchsvolksschule Schleswiger Straße in Bremen[b] das erste Heft der „Bausteine für intime Pädagogik" im Verlag Georg Westermann heraus, aus dem der im folgenden abgedruckte Vortrag (S. 3-15) entnommen wurde, der die Ablösung von der Arbeitsschulkonzeption und die Hinwendung zur Gemeinschaftsschule markiert.

Meine sehr geehrten Damen und Herren! – Es ist mir eine Ehre und Freude zugleich, Ihnen Bericht erstatten zu dürfen über eigenartige und zukunftsreiche Versuche, die in Hamburg und Bremen seit der Revolution auf dem Gebiete der Volksschulpädagogik unternommen worden sind. Es handelt sich um einen ganz neuen Schultyp, der in den Hansastädten im Entstehen begriffen ist und der alles das zu verwirklichen strebt, was die Schulreform seit langen Jahrzehnten offen oder heimlich propagierte. Damit Sie das Wesen dieses neuen Schultyps richtig sehen können, müssen Sie mir gestatten, Ihnen in einem kurzen historischen Rückblick die Entwicklungslinie, die aus der Zeit vor dem Weltkriege bis zur Gegenwart führt, darzulegen.

---

[a] Heinrich Scharrelmann (1871-1940) besuchte das Lehrerseminar in Bremen von 1886-1891, war dann an der Schule Birkenstraße in Bremen bis 1909 tätig, wurde wegen seiner Agitation für die „neue Schule" disziplinarisch belangt und erst wieder 1919 in Bremen als Lehrer angestellt (Müllers 1974, S. 26 ff.). 1920 wurde er zum Schulleiter der Versuchsschule Schleswiger Straße gewählt, allerdings spaltete sich das Kollegium im November 1921, so daß dort die „Gemeinschaftsschule" unter Leitung Scharrelmanns und die „Arbeitsschule an der Theodorstraße" unter Leitung Fritz Avermanns entstand (ebd., S. 48 ff.). Heinrich Scharrelmann widmete sich dann so intensiv religiösen Studien, daß schließlich ein amtsärztliches Gutachten eingeholt wurde, das ihn in den Ruhestand versetzte (ebd., S. 50f.). 1930 trat er in die NSDAP ein und verfaßte 1937 das Buch „Von der Lernschule über die Arbeitsschule zur Charakterschule" mit eindeutig nationalsozialistischem Einschlag und unter Weglassung der Episode der „Gemeinschaftsschule"; 1939 trat er dann - wiederum aus religiösen Gründen - aus der Partei aus (ebd., S. 52 ff.).
Heinrich Scharrelmann hat ein umfangreiches pädagogisches Werk hinterlassen, das eine Gesamtauflage von mehr als einer Million erreichte und „ihm den Ruf eines geradezu klassischen Vertreters einer neuen Pädagogik" verschaffte (ebd., S. 8), u.a.: Herzhafter Unterricht (1902), Aus Heimat und Kindheit und glücklicher Zeit (1903), Im Rahmen des Alltags (1905), Berni, 5 Bände (1908-1926), Die Tarnkappe (1917); siehe die bibliographische Erfassung des Werks bei Wilhelm Müllers 1974, S. 490-511. Texte von Scharrelmann befinden sich auch im von Theo Dietrich herausgegebenen Quellentextband „Die pädagogische Bewegung 'Vom Kinde aus'" (1973, S. 101-109).
[b] Siehe auch den Bericht von Heinrich Scharrelmann über diese Schule (1924).

Dem Schulwesen Deutschlands in der Vorkriegszeit machte man im wesentlichen zwei Hauptvorwürfe. Erstens beklagte man die Überorganisation, die wie ein Alpdruck auf der Schule lag, eine Überorganisation, die durch eine Flut von Verordnungen und Verfügungen besonders alle fortschrittlich gesinnten Lehrerkreise beengte und bedrückte. Die oberen Instanzen versuchten durch Verfügungen den Gang des Unterrichts und aller erziehlichen Maßnahmen in den einzelnen Schulen ihres Ressorts immer einheitlicher zu regeln, und die unteren Instanzen, die, wie immer, so auch hier, päpstlicher als der Papst sein wollten, bauten die von oben herab erlassenen allgemeinen Anweisungen und Verfügungen ins Speziellste aus und lähmten damit die Bewegungsfreiheit fortschrittlich gerichteter Lehrer vollständig. Wenn z.B. im bremischen Schulwesen vor dem Kriege in einer Schule durch die Konferenz angeordnet wurde, daß der amtliche Federhalter jeder Klasse ständig in der Pultrille zu liegen habe, so zeigt dieses eklatante Beispiel drastisch die Anordnungs- und Verfügungswut, sie zeigt, welch ein Geist das deutsche Schulwesen damals regierte. Denn wie in Bremen trieb dieser Verordnungswut auch in allen anderen städten mehr oder minder ähnliche Blüten.

Das zweite Vorwurf, der dem deutschen Schulwesen mit Recht in der Vorkriegszeit gemacht wurde, war, daß man der deutschen Schule nachsagte, sie sei mehr oder weniger zu einer bloßen Unterrichtsanstalt degradiert. Diese Abwärtsentwicklung der Schule zu einer Unterrichtsanstalt hatte natürlich die verschiedensten Gründe. Zunächst waren es pädagogische Gründe. Seitdem Herbart[c] die Forderung vom erziehenden Unterricht aufgestellt hatte, brach sich mehr und mehr die Anschauung in der Pädagogik Bahn, daß die Schule, wenn sie nur einen guten Unterricht erteile, dadurch auch völlig ihre Erziehungsaufgaben löse. Man glaubte schon Hebung der Unterrichtskunst, durch Bewilligung großer Geldsummen für Anschaffung von Lernmitteln und durch die Hebung des ganzen Unterrichtsbetriebes auch ohne weiteres das sittliche Tun und Lassen der Schüler günstig beeinflussen zu können. Ein methodisch einwandfreier Unterricht besorge – so glaubte man – indirekt auch alle nötige Erziehung der Kinder. Das aber erwies sich als ein geradezu verhängnisvoller Irrtum.

Aber auch Weltanschauungsgründe führten zu der oben angeführten Degeneration der Schule. Wir haben in den Jahrzehnten vor dem Kriege eine Periode materialistischer Weltanschauung durchgemacht. Dieser – Gott sei Dank! – philosophisch längst überwundenen Weltauffassung ist es besonders zu danken, daß die Schule mehr und mehr Zugeständnisse an die Forderungen des praktischen Lebens machte. Die Schule trieb eine entsetzlich nüchterne Realpolitik, sie wollte

---

[c] Zu Johann Friedrich Herbart (1776-1841) siehe z.B. Gerhard Müßener 2002 und 6. Didaktisch-methodische Überlegungen in diesem Band.

immer bewußter die Kinder für das praktische Leben vorbereiten, und infolgedessen versuchte man nun die Stoffe, die für dieses praktische Leben wichtig erschienen, schon in der Schule mehr oder weniger eingehend zu behandeln. Dadurch litt die Schule an einer Überfülle von Stoff, der durchgearbeitet werden sollte. Die Lehrpläne waren so gepfropft voll, daß die Stoffnot den Lehrer einfach zu einer ungesunden Beschleunigung des Unterrichtsbetriebes zwang. Dazu kam, daß die ungeheure Bereicherung des Wissens unsrer Zeit, besonders auf naturwissenschaftlichem und technischem Gebiet, die Lehrpläne der Schulen auch insofern ungünstig beeinflußte, als das reale Wissen und Können vorherrschte und die geistigen Disziplinen mehr und mehr in den Hintergrund gedrängt wurden. Gegen diesen ganzen Grundzug der Schule in der Vorkriegszeit hatte schon seit einigen Jahrzehnten eine zunächst sehr bescheiden auftretende Schulreformbewegung Front gemacht. Aber diese Schulreformbewegung der Vorkriegszeit setzte sich zunächst rein methodische Aufgaben, war doch durch die jahrzehntelange Durchorganisation des Schulwesens dieses zu einem so fest gefügten System geworden, daß grundlegende neue Forderungen sich einfach nicht durchsetzen konnten. So kam es dazu, daß sich die Schulreformer zunächst an die Reform einzelner Unterrichtszweige wagten. Ich erinnere an den Zeichenunterricht, wo der alte Stuhlmannsche Lehrgang[d] abgelöst wurde durch die „hamburgische Pflaumen"-Methode, die Lebensformen an Stelle geometrischer Figuren im Zeichenunterricht bieten wollte. Im Aufsatzunterricht stellte man dem gebundenen, nach Gesichtspunkten oder gar nach Diktat geschaffenen Schüleraufsatz den freien Aufsatz gegenüber. Die Schulreform kämpfte gegen das entwickelnde Lehrverfahren, gegen das übliche Frage- und Antwortspiel in der Schule, gegen den nüchtern referierenden Vortrag des Lehrers und verlangte das freie Lehrgespräch und eine lebensvolle Gestaltung der Stoffe usw. Aber alle diese gutgemeinten Bestrebungen wirkten doch nur wie ein Tropfen auf dem heißen Stein, man kam zu der Einsicht, daß sich die Schulreform in größerem Maße nicht werde durchsetzen können. Gewiß, einzelne Neuerungen brachen sich Bahn, hier und da machten auch Schulaufsichtsbeamte Zugeständnisse an den neuen Geist, aber das Schulwesen als Großes und Ganzes blieb doch, was es bisher gewesen war: ein fest gefügten System von Anschauungen und Richtlinien, das durch keine Schulreformbewegung der Vorkriegszeit wesentlich erschüttert werden konnte. Trotzdem verdichteten sich die schulreformatorischen Gedanken zu einer Generalforderung, zur Forderung der „Arbeitsschule". Man nannte die Schule, wie sie bisher bestanden und sich entwickelt hatte, die „Lernschule" und for-

---

[d] Adolph Stuhlmann: Der Zeichenunterricht in der Volks- und Mittelschule. Hamburg 1875; siehe zur Kunsterziehungsbewegung und zur Reform des Kunstunterrichts Johannes Jung 2001.

derte ihre Ablösung durch die „Arbeitsschule". Selbstverständlich war der neu geschaffene Begriff Arbeitsschule kein fest umrißner. Der eine verstand unter Arbeitsschule eine Schule, in der gehobelt und gehandwerkert würde, der andre faßte das Wort in einem viel tieferen Sinne. Schon 1912 definierte ich den Begriff Arbeitsschule als einer Schule, in welcher die Schüler in Gemeinschaft mit dem Lehrer *selbstgewählte Ziele auf selbstgewählten Wegen* erstreben. So verschieden aber auch die Auffassung des Begriffs Arbeitsschule war, die Forderung der fortschrittlichen Lehrerschaft nach Verwirklichung dieser neuen Schule wurde aufgenommen von den politischen Linksparteien, die glaubten, durch Einführung der Arbeitsschule eine Jugend erstehen zu sehen, die ihren politischen Zielen verständiger gegenübertreten würde.

So lagen die Dinge bis zur Revolution. Als dann die Revolution kam, war endlich die Möglichkeit gegeben zu Versuchen in größerem Maßstabe. Nun erst konnte grundsätzlich Neues geschaffen werden. Jetzt wollten die Führer im Kampf nicht mehr Schul*reformation*, sondern Schul*revolution*. Nun beschloß man, dem Baum die Axt an die Wurzel zu legen. Man besann sich, daß das Wort Schule ursprünglich Muße bedeutete. Man sich besann darauf, daß die Schule vor allen Dingen Erziehungsanstalt und erst in zweiter Linie Unterrichtsanstalt sein soll. Und man besann sich darauf, daß die Schule der Zukunft in ihren Einrichtungen nicht mehr von Erwachsenen organisiert sein dürfe, sondern man forderte die Verwirklichung der „Pädagogik vom Kinde aus". Statt zu *organisieren*, wollte man *wachssen* lassen.

Diesem viel weiter gehenden Schulprogramm der Schulrevolutionäre erwuchsen aber Widerstände durch dieselben politischen Parteien, die in der Vorkriegszeit die Schulreformation nicht unwesentlich gestützt hatten. Die politischen Linksparteien konnten sich nicht so schnell umstellen und hielten an der alten, schon nicht mehr zeitgemäßen Forderung der Arbeitsschule fest. So kamen sie ins Hintertreffen, sie glauben noch heute an der Spitze der Entwicklung zu marschieren, indem sie an der Verwirklichung der Arbeitsschule als realer Forderung festhalten. Die Entwicklung ist inzwischen aber einen ganz wesentlichen Schritt weiter gegangen, sie fordert statt der Arbeitsschule die „Gemeinschaftsschule" und versteht unter der Gemeinschaftsschule eine Arbeitsschule, deren Hauptaufgabe auf erziehlichem Gebiet liegt, deren ganze Arbeit getragen wird von einer sittlichen Idee, der Idee der Gemeinschaft. Hamburg war die erste Stadt Deutschlands, in welcher eine derartige Gemeinschaftsschule ins Leben gerufen wurde. Auch der Reichsschulgesetzentwurf kennt den Namen Gemeinschaftsschule, aber in diesem Entwurf ist das Wort in einem ganz anderen Sinne gemeint, als wir es heute in Hamburg und Bremen es aufgefaßt wissen wollen. Er versteht unter der Gemeinschaftsschule eine Schule, in welcher Kinder verschiedener Religionsbekenntnisse gemeinschaftlichen undogmatischen Religionsunterricht erhalten, während wir unter der Gemeinschaftsschule eine Arbeitsschule verstehen, die nach jeder Richtung getragen wird von der Idee der Gemeinschaft, d.h. der freiwilligen Unterordnung des Einzelnen unter das Wohl des Ganzen.

Darf ich Ihnen nun in kurzen Zügen auseinandersetzen, wie sich bei uns in Bremen die Sache entwickelt hat? 1919 sammelte sich ein kleiner Kreis, besonders jüngerer Kollegen und Kolleginnen, um mich, nachdem ich im Lehrerverein einen Vortrag über die Verwirklichung des Arbeitsschulgedankens gehalten hatte, und wir beschlossen, uns an die Behörde zu wenden und um die Überlassung einer bremischen Bezirksschule zu bitten, um unser neues Schulideal verwirklichen zu können. Nach monatelangen Verhandlungen mit der Behörde wurde uns die Schule an der Schleswiger Straße zugewiesen. Wir sollten in unsrer Arbeit an keinen Stunden- und Lehrplan gebunden sein, und die Behörde machte uns das ganz wesentliche Zugeständnis, bei eintretenden Vakanzen im Kollegium nur solche Damen und Herren unsrer Schule zuweisen zu wollen, die vom Kollegium für diese Vakanzen *vorgeschlagen* waren. Wir wollten versuchen, ohne Zwangsmittel, nur vom Interesse des Kindes ausgehend, den gesamten Unterricht zu gestalten. Das bedeutete natürlich, daß das gewohnte Verhältnis zwischen Lehrern und Schülern abgelöst wurde durch ein rein kameradschaftliches Verhältnis, und daß der Unterricht sich in der Hauptsache in den Formen des freien Lehrgesprächs abspielte. Die Idee aber, die aller Arbeit zugrunde liegen sollte, war die Idee der Gemeinschaft, die wir auffaßten nach dem alten Galater-Wort[e]: „Einer trage des andern Last!" Wir wollten vor allen Dingen wieder Erziehungsschule sein und unsre Kinder daran gewöhnen, eigne Wünsche, alle egoistischen Regungen zurückzustellen, wenn das Wohl der Gesamtheit es verlangte. In dieser Unterordnung des Einzelnen unter die Gesamtheit glaubten wir den sittlichen Punkt gefaßt zu haben, von dem aus das ganze Tun und Lassen des Kindes ethisch am leichtesten zu beeinflussen war. Doch mit diesem Gemeinschaftsgedanken wollten wir nicht die Kinder anpredigen, sondern sie sollten die Gemeinschaft in einem kameradschaftlichen Verhältnis zu ihrem Lehrer und zu ihren Kameraden täglich neu erleben.

[...]

Auch in unsrer Elternschaft setzt sich der Gemeinschaftsgedanke in geradezu glänzender Weise durch. Eltern haben uns jetzt eine Bühne für die Turnhalle gebaut, ein Vater hat uns eine sehr gut erhaltene Schreibmaschine zur Verfügung gestellt, eine Mutter hat uns eine Nähmaschine gestiftet. Als das Kollegium die Elternschaft um Rat fragte betreffs der Anschaffung eines Klaviers, das uns für 10000 Mark angeboten wurde, war die einstimmige Ansicht der Eltern: Ja, kauft

---

[e] Galater: Der Bund von drei keltischen Stämmen, die um 278 v.Chr. von der Balkanhalbinsel in die inneranatolische, nach ihnen genannte Landschaft Galatien einwanderten.

nur das Klavier getrost, wir stehen dahinter, wir treten für euch ein, wenn das Geld auf andre Weise nicht zusammenkommt! Unsre Eltern haben selbstverständlich das Recht, jederzeit den Unterricht zu besuchen. Und so kommt es denn auch vor, daß, wenn irgendwelche ganz speziellen Fragen in der Klasse angeschnitten werden, ein Vater als Fachmann den Kindern die Aufklärung gibt, die sie verlangen, und die der Lehrer als Laie nicht geben kann. So suchen wir den Gedanken der Nächstenliebe und gegenseitiger Hilfe nach jeder Richtung hin im Unterricht zu verwirklichen, indem wir immer wieder zeigen, wie das Wohl der Gesamtheit über dem Wohl des Einzelnen stehen muß. Wie anders verfuhr die alte Schule in diesem wichtigsten Punkte. Wohl predigte auch sie den Kindern Nächstenliebe, manchmal mit flammenden Worten. Aber dieser schönen, in der Religionsstunde aufgestellten Theorie schlug der Schulmeister meist in der nächsten Stunde schon frech ins Gesicht, wenn z.B. eins der Kinder es etwa versuchte, diese Nächstenliebe praktisch zu üben, vielleicht dadurch, daß es einem anderen Kinde, das die vom Lehrer geforderte Antwort nicht wußte, die Antwort vorsagte. Wir wollen nicht Nächstenliebe predigen, wir wollen sie gemeinsam jeden Tag neu erleben und in immer weiterem Maße auch praktisch durchführen. Selbstverständlich ist das nur möglich, wenn ein wirklich kameradschaftliches Verhältnis zwischen Lehrern und Kindern besteht. Ein Lehrer, der wie ein zürnender Gott hinter dem Katheder thront und von dort aus die Klasse mit Geboten und Verboten andonnert, der wird niemals den Gedanken der Gemeinschaft mit den Kindern lebendig werden lassen können.

[...]

Nach unsrer Ansicht führt kein direkter Weg vom Kopf zur Hand des Kindes. Das will sagen: der Lehrer darf nicht damit rechnen, das sittliche Tun und Handeln der Kinder günstig beeinflußt zu haben, wenn er ihm sittliche *Erkenntnis* gibt.

Die Richtigkeit des Guten hat mancher schon erkannt und handelt doch ganz anders und nicht nach dieser seiner Erkenntnis. Das ist eine alltägliche betrübende Erfahrung, die wir immer wieder machen können. Und wie bei der Erwachsenen, so auch bei den Kindern! Erst dann, wenn sich der Unterricht nicht nur an die Einsicht des Kindes wendet, sondern an seinen Zentralpunkt, das Herz, d.h. also, wenn auch sein ganzes Empfindungsleben durch die Macht sittlicher Erkenntnis mit in Aktion gesetzt worden ist, erst dann darf der Unterricht hoffen, auch erziehlich zu wirken, d.h. auch das Tun und Lassen des Kindes günstig zu beeinflussen. Das war der verhängnisvolle Fehler der alten Pädagogik, daß sie glaubte, die Schule habe nur die Aufgabe, für die richtigen Einsichten sorgen zu müssen, dann werde der Unterricht auch erziehlich wirken. Die Ansicht Herbarts, daß guter Unterricht immer erziehlich wirke, ist also nur in ganz bedingtem

Maße richtig. Ich möchte vielmehr sagen: Nur derjenige Unterricht läßt erziehliche Wirkungen erhoffen, der sich nicht nur an den Kopf, sondern auch ganz bewußt an das Herz des Kindes wendet. Es gibt keinen direkten Weg vom Kopf zur Hand, der Unterricht hat immer den Umweg vom Kopf über das Herz zur Hand zu nehmen. Das ist die neue Erkenntnis, auf der wir unsern ganzen Unterricht aufbauen. So werden Sie verstehen, daß wir Wert darauf legen, den Stoff, den wir in der Klasse unterrichten, nicht nur verstandesmäßig den Kindern nahezubringen, sondern ihn auch so zu formen, daß auch die Empfindungswelt der Kinder durch die Darstellung des Lehrers stark beeindruckt wird. Erst von einer so lebendigen *Stoffgestaltung* hoffen wir auch auf eine erziehliche Wirkung desselben.

Eine ganz andre wichtige Seite unsrer Schultätigkeit besteht in der Beseitigung des körperlichen Elends unsrer heutigen Schuljugend. Die meisten Menschen haben gar keine Ahnung davon, wie verheerend der Krieg und die letzten schweren Jahre gerade in gesundheitlicher Beziehung auf die Jugend gewirkt haben. Mindestens 80% unsrer Volksschuljugend von heute ist tuberkulös[f] oder doch in Gefahr, es zu werden. Wer das bestreitet, kennt die tatsächlichen Verhältnisse nicht. Und ich bemerke ausdrücklich, daß die Kinder, die unsre Schule besuchen, durchaus nicht etwa den allerärmsten Schichten angehören. Alles, was in der Nachkriegszeit an Wohlfahrtsbestrebungen an der Jugend geschehen ist – ich erinnere an die großzügige Hilfe der amerikanischen Quäker[g], an die vielen Liebesgabensendungen aus Schweden, Dänemark usw. –, alles das ist ja in Wirklichkeit nur ein Tropfen auf einen heißen Stein gewesen. Ich fürchte, wir werden in furchtbares Kindersterben erleben, wenn die Hilfe nicht durchgreifender einsetzt. Um eine solch durchgreifende Hilfe zu schaffen, planen wir den Bau eines Landheims für unsre Kinder, das nicht als Ferienheim gedacht ist, sondern in welchem Sommer und Winter ständig wenigstens eine unsrer Klassen vier Wochen lang mit ihrem Lehrer sich aufhalten soll, und wo einzelne Mütter die Verpflegung unsrer Kinder übernehmen. Dieses Landheim bedeutet für uns nicht nur die Möglichkeit, auch in körperlicher Hinsicht für die Kinder sorgen zu können, sondern es ist für uns ein unerläßliches Mittel, um den Gemeinschaftsgedanken noch umfassender zu verwirklichen, als es durch unsern Unterricht allein möglich ist. Die Elternschaft, die sich von Anfang an mit großer Begeisterung für unser neues Schulprogramm eingesetzt hat, hat auch für die Landheimidee schon beträchtliche finanzielle Opfer gebracht, und wir hoffen, daß die Zeit

---

[f] Zum Thema „Schule und Tuberkulose" siehe Inge Hansen-Schaberg 2003.

[g] Quäker, englisch: Quakers, sind im 17. Jahrhundert in England als christliche Gemeinschaft entstanden, die auf den Grundsätzen Gewaltfreiheit, Gleichheit und Toleranz beruht und z.B. nach den Weltkriegen in Deutschland die „Quäker-Speisungen" für die notleidenden Kinder in den Schulen durchführte.

der Verwirklichung unsrer Landheimidee nicht mehr fern ist. Im allgemeinen muß ich sagen, daß unsre Eltern den neuen Ideen, die wir in unsrer Schule an ihren Kindern verwirklichen, sehr viel Verständnis entgegengebracht haben. Ausnahmefälle bestätigen auch hier die Regel. Es war unsrer Elternschaft freigestellt worden, nachdem ich bei Eröffnung der Schule in einer Elternversammlung unser Programm dargelegt hatte, ihre Kinder abzumelden, falls sie mit dem neuen Programm unsrer Gemeinschaftsschule sich nicht einverstanden erklären können. Wir haben aber im ersten halben Jahr nur acht Kinder aus fünf Familien verloren, deren Eltern mir sagten, daß sie Gegner unsrer pädagogischen Ansichten seien. Allgemeine Elternabende, d.h. Versammlungen aller Eltern unsrer Kinder, Elternabende für die einzelnen Klassen, Schülerversammlungen, Hausbesuche der Lehrer usw., alles das dient dazu, um das Band zwischen Schule und Haus noch enger zu knüpfen. Auch die Kinder haben sich in den neuen Schulbetrieb verhältnismäßig rasch eingelebt. Als wir die Schule im April 1920 übernahmen, mochte wohl durchgesickert sein, daß etwas ganz Neues bei uns werden sollte, aber die Kinder hatten doch wohl keine rechte Ahnung, worin dieses Neue bestand. Als nun meine Mitarbeiter und ich am ersten Schultage die Klassen übernahmen und in unsrer Weise den Unterricht begannen, merkten natürlich die Kinder sehr rasch, daß jetzt ein andrer Wind wehe. Sie wurden nicht angeschnauzt, Ungehörigkeiten wurden nicht zurückgewiesen, es erfolgten keine Strafen und Verbote, und diese Tatsache schien den Kindern so ungewohnt zu sein, daß sie schon nach den ersten Stunden sich frohlockend die Hände rieben und sich heimlich sagten: Jetzt ist es in der Schule aber fein! Wir können ja tun und lassen, was wir wollen, der Lehrer sagt uns nichts, wenn wir Dummheiten machen! Das war die notwendige Reaktion auf den strammen Betrieb, in dem die Kinder bisher unterrichtet und erzogen worden waren. Damit rechneten wir auch von vornherein. Der Sklave, dem man die Ketten sprengt, ist immer gefährlich, und so war es selbstverständlich, daß die Freiheit und Ungebundenheit, der die Kinder sich plötzlich gegenübersahen, von vielen ganz falsch aufgefaßt wurde. So kam es denn auch, daß wir in den ersten Wochen so sehr unter Disziplinlosigkeit zu leiden hatten, daß wir uns manchmal ängstlich fragten: Können wir für diese Zustände die Verantwortung noch übernehmen oder nicht? Heute danken wir Gott, daß wir den Mut gefunden haben, die Sache ruhig weiterentwickeln zu lassen. Schon nach den ersten Wochen kamen die größeren und vernünftigsten Kinder zu uns und sagten: Hören Sie mal, das gefällt uns jetzt gar nicht mehr in der Schule, hier kann ja jeder tun und lassen, was er will, es ist gar keine Ordnung da, bitte, sorgen Sie doch mehr für Ordnung! (Man denke, das sagten die Kinder uns Lehrern!) Wir antworteten nur: Nein, wenn ihr haben Ordnung haben wollt, sorgt gefälligst selbst dafür! Allgemeine Verblüffung. Ja, hieß es dann, wenn wir selbst für Ordnung sorgen sollen, dann müssen wir Gesetze haben, nach denen sich jeder zu richten hat! – Gut, sagten wir, schafft euch diese Gesetze!^h – In einer Schülerversammlung wurde eine Kommission gewählt, die beauftragt wurde, eine neue Schulordnung zu schaffen. Das geschah. Die Gesetze wurden einstimmig angenommen und die Disziplin wurde ein klein wenig besser. Wir fingen an aufzuatmen. Aber wieder nach einigen Wochen kamen die Vernünftigsten aus den Oberklassen zu uns und sagten: Schön ist es immer noch nicht bei uns, die Kinder kennen die Gesetze alle, aber die wenigsten richten sich danach. Nun müssen Sie (wir Lehrer!) doch dafür sorgen, daß die Gesetze auch innegehalten werden! – Nein, antworteten wir wieder, sorgt selbst dafür! – Ja, erhielten wir zur Antwort, dann müssen wir Strafen einrichten für diejenigen, die die Gesetze nicht beachten. Und wieder setzte sich eine Kommission hin und verordnete Schulstrafen für alle Übertretungen der Schulordnung.

Und denken Sie sich, da erlebten wir die erste große Freude, die uns zeigte, daß wir auf dem rechten Wege waren. Was meinen Sie wohl, was für Strafen die Kinder festsetzten? Da wurden keine Prügelstrafen und kein Nachsitzen und keine Strafarbeit verordnet, sondern die meisten Strafen waren zu unsrer großen Freude – *Ausschlußstrafen*. Das heißt: Kinder, die sich irgendwie gegen die Schulordnung vergingen, wurden für kürzere oder längere Zeit von einzelnen Fächern oder Schulstunden ausgeschlossen. Diese Tatsache war deshalb so erfreulich für uns, weil sie uns bewies, daß die Kinder die Mitarbeit in der Klasse nicht mehr als lästigen Zwang empfanden, so daß sie den Ausschluß von der gemeinsamen Arbeit als Strafmittel wählen konnten. Es kamen also Fälle vor wie: Wenn ein Kind zu früh die Turnhalle betritt und an den Geräten herumturnt, dann wird es für 14 Tage vom Turnunterricht ausgeschlossen. Auch Ordnungsstrafen wurden in der Schülerversammlung gutgeheißen und kamen in Anwendung. Von jeder Klasse wurden Ordner und Ordnerinnen bestimmt; die für Ruhe und Anstand auf den Höfen und im Gebäude sorgten. Das war die nächste Stufe der Entwicklung, die unsre Schule durchmachte. Heute sind wir so weit, daß wir kaum noch Ordner und Ordnerinnen nötig haben. Jeder sorgt für Ordnung, wo und wie er nur kann. Und es ist oft rührend für uns, zu beobachten, welche feine mütterliche Regungen besonders von den großen Mädchen betätigt werden, wie sie die kleinen betreuen und wie sie überall nach dem Rechten sehen, und wie auch unsre großen Jungen anfangen sich verantwortlich zu fühlen für das, was andre tun. Der bei einem frischen Kinde so natürliche Standpunkt des Kain: „Soll ich meines Bruders Hüter sein?", ist bei uns allgemein verlasen worden, jeder fühlt sich verpflichtet, um dem Gemeinschaftsgedanken immer mehr dienen zu können, sich

---

^h Siehe zu diesem Thema auch 9. Demokratie in der Schule in diesem Band.

für alles zu interessieren und um alles zu sorgen, was dem Wohle der Schule nur dienen kann. Wir sind überzeugt, daß wir durch unsre Erziehung zum Gemeinsinn gegen den häßlichsten und abschreckendsten Zug unsrer Zeit ankämpfen, gegen die Rücksichtslosigkeit, die heute das Leben der Erwachsenen so unerfreulich macht. Wir wollen keine Ellbogenmenschen erziehen, keine Schieber und Wucherer, die ohne Rücksichtnahme auf das Wohl ihrer Nebenmenschen nur ihren eignen egoistischen Interessen dienen.

[...]

Es gibt keine allgemein verbindliche, für alle Zeiten gültige Erziehung- und Unterrichtslehre, auch mit diesem Dogma haben wir vollständig gebrochen. Wir wissen, daß jede Zeit ihr besonderes Erziehungs- und Unterrichtsziel haben muß, und für unsre Zeit scheint uns die Erziehung zur Gemeinschaft die notwendigste Aufgabe zu sein. Neu ist das Programm der Gemeinschaftsschule in bezug auf ihre Ziele, auch in bezug auf ihre Wege und Methoden. Doch sind wir noch zu sehr im Angriff begriffen, um unsre Schuleinrichtungen, wie wir sie bis heute geschaffen haben, schon nach jeder Richtung hin rechtfertigen zu können. Was gut ist an dem, was wir wollen und erstreben, das wird die Zeit schon lehren. Wir haben den festen, unerschütterlichen Glauben an unsre Sache, wir haben ebenso die feste Hoffnung, auf dem einmal betretenen Wege vorwärtsschreiten zu können, und wir fühlen in uns die brennende Liebe zum Kinde. Und so meinen wir, daß auch für uns das Wort gilt, das unausgesprochen von Anfang an unser Motto war: So aber bleiben: Glaube, Hoffnung, Liebe, diese drei, aber die Liebe ist die größeste unter ihnen!

5. Fritz Karsen:
Sinn und Gestalt der Arbeitsschule (1930)

Der im folgenden wiedergegebene Auszug aus dem Text Fritz Karsens[a] über „Sinn und Gestalt der Arbeitsschule" (S. 100 f., S. 112-119) wurde in dem von Adolf Grimme, damals preußischer Minister für Wissenschaft, Kunst und Volksbildung, herausgegebenen Sammelband „Wesen und Wege der Schulreform" bei der Weidmannschen Buchhandlung, Berlin 1930, publiziert. Er charakterisiert die Entwicklung des Arbeitsschulgedankens und seine spezifische Ausprägung an dem von Fritz Karsen geleiteten koedukativen Schulenkomplex, der Karl-Marx-Schule, in Berlin-Neukölln.[b]

[...] Die Neuordnung des preußischen Schulwesens beginnt mit den Richtlinien zur Aufstellung von Lehrplänen für die Grundschule. Schon der zweite Absatz enthält die grundlegende Einführung des Prinzips der Arbeitsschule: „Im gesamten Unterricht der Grundschule ist der Grundsatz zur Durchführung zu bringen, daß nicht Wissensstoffe und Fertigkeiten bloß äußerlich angeeignet, sondern möglichst alles, was die Kinder lernen, von ihnen innerlich erlebt und selbsttätig erworben wird ... Die Selbstbetätigung der Schüler im Spiel, im Beobachten von Natur- und Lebensvorgängen, namentlich auf Lehrspaziergängen und Wanderungen, ferner in der Ausübung von Handtätigkeiten, wie Formen in Plastilin

---

[a] Fritz Karsen (1885-1951) studierte an der Universität Breslau Germanistik, Indologie und Philosophie, promovierte 1908 und schloß das 1909 das Studium mit dem Staatsexamen für das höhere Lehramt in den Fächern Deutsch, Englisch, Philosophische Propädeutik ab. Nach verschiedenen Oberlehrer-Anstellungen kam er 1918 nach Berlin, war kurzfristig Oberstudiendirektor an der Staatlichen Bildungsanstalt in Berlin-Lichterfelde, Wissenschaftlicher Hilfsarbeiter im preußischen Ministerium für Wissenschaft, Kunst und Volksbildung, bevor er 1921 zum Oberstudiendirektor am Kaiser-Friedrich-Realgymnasium ernannt wurde, das ab 1930 den Namen Karl-Marx-Schule erhielt. Durch die Angliederung von Aufbauklassen (ab 1922) und Arbeiter-Abiturientenkursen (ab 1923), die Eingliederung der Deutschen Oberschule (ab 1927) und den Zusammenschluß mit einer Volksschule (1927) enstand ein Gesamtschulmodell, für das ein von Bruno Taut entworfener Schulneubau geplant wurde (siehe 12. Quellentext in diesem Band), der wegen der Weltwirtschaftskrise nicht realisiert werden konnte. Im Februar 1933 wurde Fritz Karsen wegen „politischer Unzuverlässigkeit" beurlaubt und konnte sich und seine Familie rechtzeitig durch die Emigration in die Schweiz retten. Der Emigrationsweg ging dann über Frankreich, Kolumbien in die USA mit verschiedenen Lehr- und akademischen Tätigkeiten, schließlich war er Associate Professor für Erziehungswissenschaft am Brooklyn College, NY. Er starb in Ecuador, wo er im UNESCO-Auftrag das Universitätswesen reorganisieren sollte; zu Leben und Werk Fritz Karsens siehe die Monographie von Gerd Radde 1973, erweiterte Neuausgabe 1999.

Karsens bekanntesten Publikationen sind u.a.: Die Schule der werdenden Gesellschaft (1921), Deutsche Versuchsschulen der Gegenwart und ihre Probleme (1923), Die neuen Schulen in Deutschland (1924) sowie zahlreiche Beiträge in Sammelbänden und Zeitschriften (siehe Bibliographie in: Gerd Radde 1999, S. 300-306).

[b] Zu dieser Schule siehe auch den 7., 12., 22., 32., 33. und 34. Quellentext in diesem Band.

oder Ton, Stäbchenlegen, malendem Zeichnen, Ausschneiden ist ausgiebig für die Zwecke des Unterrichts nutzbar zu machen."

Noch deutlicher drücken sich die Richtlinien für die Lehrpläne der höheren Schulen aus. In den allgemeinen Richtlinien erscheint ausdrücklich ein Abschnitt unter der Überschrift Arbeitsunterricht. „Der Unterricht ist grundsätzlich Arbeitsunterricht." Hier findet man dann alle jene Züge des Arbeitsunterrichts vereint, die in der pädagogischen Diskussion heute immer wieder vorkommen, den Gegensatz von Stoffübermittelung und Kräftebildung, die Spannung zwischen Individualität des Schülers und Bildungsziel der Schule, die organisierte Zusammenarbeit der Gruppen und der Klasse und die Individualisierung in der Arbeitsteilung, schließlich die methodisch technische Durchführung der verschiedenen Arbeitsverfahren. Mit diesem zentralen Grundsatz hängen aber auch alle die anderen Gesichtspunkte der Allgemeinen Richtlinien zusammen. Man kann den Arbeitsunterricht ohne Berücksichtigung des Gesamtunterrichtes, der andersartigen Durchführung der häuslichen Arbeiten und der schriftlichen Arbeiten, sowie ohne die freien Arbeitsgemeinschaften der Lehrer und Schüler überhaupt nicht denken.

Wenn die preußische Schulreform zunehmend diesen Grundsatz des Arbeitsunterrichtes betont, so führt sie den Artikel 148 Absatz 3 der Reichsverfassung durch: „Staatsbürgerkunde und Arbeitsunterricht sind Lehrfach der Schule." An dieser Stelle muß eine entscheidende Bemerkung gemacht werden. Es dürfte kein Zweifel sein, daß diese Betonung des Arbeitsunterrichts, der in der Zusammenstellung mit der Staatsbürgerkunde nur als ein besonderes Fach gedacht sein kann, nicht in die Verfassung gekommen wäre, wenn sie nicht unter der maßgebenden Mitarbeit der Arbeiterparteien entstanden wäre. Darin, daß die Verfassung den Arbeitsunterricht so ganz besonders in den Vordergrund rückt, liegt eine neue Wertung der Arbeit vor, insbesondere der Handarbeit, die nicht aus der Sphäre des demokratischen Bürgertums, auch nicht aus der Sphäre der neuen Psychologie, sondern aus der Ideologie jener Klasse stammt, deren Lebens- und Bildungsweg der Weg der gesellschaftlichen Arbeit ist. *Es wird also behauptet, daß Arbeitsschule und Arbeitsunterricht nur von einer arbeitenden Gesellschaft getragen und völlig durchgeführt werden kann.* Immer hat die Schule die Bedürfnisse der Gesellschaft erfüllt oder erfüllen müssen, deren Kinder ihr zur Erziehung übergeben wurden. Eine unter feudalem Einfluß stehende Gesellschaft verlangt anderes von ihrer Schule, als eine solche, die unter dem entscheidenden Einfluß einer Mußeklasse steht. Daher meint Arbeitsschule im Grunde gar nichts anderes, als die Schule der arbeitenden Gesellschaft. Es ist leicht, den Nachweis zu führen, daß, wo immer eine Arbeitsschule entstanden ist, dieser Einfluß der Arbeiterklasse, mindestens unbewußt, gewirkt hat. Und umgekehrt: daß sie ohne diesen nicht entstanden ist, wenn es auch so scheinen sollte.

[...]

Zwischen Pestalozzi[c] und uns liegt mehr als ein Jahrhundert industrieller Entwicklung. Die differenziertesten Arbeitsmittel und Arbeitsmethoden sind unter dem Namen der Rationalisierung ausgebildet. Aus den ausgebeuteten, in elenden Verhältnissen lebenden Arbeitern des Frühkapitalismus ist eine organisierte klassenbewußte Arbeiterschaft geworden, die auch bei uns einen mächtigen Einfluß durch ihre wirtschaftlichen und politischen Organisationen ausübt und Anerkennung für den sozialen Wert ihrer Arbeit erzwungen hat. Mit dem industriellen Arbeitsverfahren, das mehr und mehr auch in die ländliche Wirtschaft einzieht, breitet sich die Bedeutung dieser Klasse aus. Gegen die kapitalistischen Mächte strebt sie bei *uns* auf dem demokratischen Wege des Stimmzettels zur Vergemeinschaftlichung der Produktion, zur Umbildung der Gesellschaft auf genossenschaftlicher Grundlage.

Die Schule, hinter der diese demokratischen Massen stehen, in die sie ihre Kinder schicken, muß soziale Arbeitsschule werden. Auch für sie gilt, genau wie für die allerdings unter unendlich viel primitiveren Verhältnissen und unter der kommunistischen Diktatur sich entwickelnde russische Schule, die Beziehung auf die *Umformung der Gesellschaft, auf ihre Hebung durch gesellschaftliche Arbeit,* als der *zentrale Project.*

Mit anderen Worten: Der *Lehrplan* dieser Schule kann nicht eine Sammlung von mehr oder weniger interessanten Stoffen oder Stoffkomplexen sein, die für die verschiedenen Reifestufen interessant oder wenigstens verständlich sind, von Stoffen, deren Wert als sogenanntes Kulturgut durch die verschiedensten Gesichtspunkte bestimmt wird. Dieser Lehrplan geht von *Lebensgebieten* aus, in die den Schülern jetzt oder später aktives Eingreifen möglich ist. Die Frage ist: Wie findet man diese Lebensgebiete, wie findet man eine Art Lehrplan einer solchen Arbeitsschule? - Dabei ist zuerst zu bedenken, daß diese Lebensgebiete nicht nur örtlich verschieden sind, sondern daß sie auch in unserer schnellebigen Zeit schnell wechseln. Wenn man einige Jahre lang die Umstände verfolgt, die auf die Jugend dieser Kreise einwirken, und die Art, wie sie darauf reagieren, so erweist sich die Veränderung, außer einigen konstanten Grundlinien, als außerordentlich stark. Um ein Beispiel für viele zu nennen: Welche lebenswichtige Stellung hatte der kleine Schrebergarten mit seinen Erzeugnissen für die Proletarierfamilie während der Zeit der Inflation! Wir konnten damals mit unseren neu eintretenden Aufbauschülern von diesem Projekt ausgehen, von hier zu Siedlungs- und Herrschaftsformen in der Geschichte, zu der Äußerung und Spiegelung solcher Lebensformen in der Sprache, der Dichtung, der Kunst überhaupt, zu anschließenden

---

[c] Zu Johann Heinrich Pestalozzi (1746-1827) siehe Fritz Osterwalder 2003, Gerhard Kuhlemann / Arthur Brühlmeier 2002.

naturwissenschaftlichen und mathematischen Erörterungen übergehen und sie alle letzten Endes in den Dienst aktiver sozialer Arbeit stellen. Heut kann davon keine Rede mehr sein. - Wie also entsteht der Lehrplan?

Wir sind von Anfang an bei unserem Versuch so verfahren, daß wir die Lebensgebiete, die unsere Schüler interessierten und die tatsächlich fast restlos aus ihrer gesellschaftlichen Lage entsprangen, durch die verschiedenen Jahre hindurch gesammelt haben. Selbstverständlich konnte man nicht darauf warten, ob den Schülern etwas einfiel, ob vielleicht zufällig ein Aussprachebedürfnis über ein einschneidendes Erlebnis vorlag. Der Lehrer mußte auch anregen und dafür sorgen, daß vom engsten Kreis der Familie bis zum weitesten des Volkes und der Völkervereinigungen Verständnis und vernünftig geleitete Aktivität erzielt wurde. Trotzdem waren wir auf ein gewisses Tasten für diese sozial gerichteten Projekts angewiesen. Die in den später zu schildernden Berichten niedergelegten Erfahrungen bilden eine Art, wie man heute sagt, dynamischen Lehrplan, einen solchen, der sich mit der Veränderung der Schüler und der sie umgebenden Welt ständig wandelt, natürlich unter möglichster Wahrung der in den amtlichen Richtlinien gegebenen großen Einteilungsprinzipien. Heute ist der Anfang des Schuljahres Besprechungen gewidmet, an denen die Lehrer und die Vertreter der einzelnen Klassen teilnehmen. Hier erfolgt die Auseinanderlegung des Gesamtprojekts der Schule, das oben dargestellt wurde, in die einzelnen Teile und auf die einzelnen Klassen auf der Grundlage der gesammelten Erfahrungen.

Die nächste Stufe ist folgerichtig die Auseinanderlegung in den Klassen, wo sämtliche Lehrer mit sämtlichen Schülern unter Führung des Klassenleiters über die zugeteilte Aufgabe und über die Bearbeitung in den einzelnen Fächern beraten. Hier sind natürlich schon inhaltliche Hinweise auf mögliche Interessenpunkte, auf mögliche Einzelaufgaben zu geben, hier kann eine anders als die früheren Jahrgänge geartete Klasse andere Vorschläge für die Arbeit des kommenden Jahres machen. Und diese können, jedoch nur innerhalb eines gewissen, freilich weit gespannten Rahmens und auf Grund einer sachlichen Untersuchung, angenommen werden. Man braucht kaum zu sagen, daß das Alter der Schüler sehr stark für den Grad der ihnen gegebenen Entscheidung mitspricht, daß es ebenso die Zeitdauer bestimmt, für die ein Arbeitsplan der Gemeinschaft aufgestellt wird. Die *Arbeitspläne* werden nun für die einzelnen Fachgebiete ausführlich aufgestellt. Die Gesichtspunkte dafür sind ebenso objektiver wie subjektiver Art; objektiv insofern, als aus dem Projekt in gewisser logischer und historischer Reihenfolge eine Anzahl von Unterthemen entspringt. Ob sie aber behandelt werden und welche behandelt werden, hängt entscheidend von dem Ausgleich ab, der zwischen diesen objektiven Notwendigkeiten und den subjektiven der Schülerpersönlichkeiten einer Arbeitsgruppe gefunden wird. Das ist nicht etwa so gemeint, daß jedes kleine Interesse die Annahme oder Ablehnung einer im Zusammenhang der Arbeit notwendigen Aufgabe herbeiführen darf. Vielmehr steht jeder *unter* der sachlichen Gesamtaufgabe, und er hat einfach den Teil zu erledigen, für dessen Bearbeitung er befähigt und geeignet ist; diesen Anspruch erhebt die Arbeitsgemeinschaft an ihn. Es fallen also nur die Unteraufgaben aus, für die ein geeigneter Bearbeiter nicht vorhanden ist. In einer Klasse, die einige Jahre zusammen gearbeitet hat, sind die Begabungen der einzelnen Individualitäten so klar geworden, daß die Aufteilung der Arbeit sich fast automatisch vollzieht. Bei solch gegliederter Zusammenarbeit, die den einzelnen Individualitäten als Differenzierungen der zusammengehörigen Klasse gerecht wird, kann man bis fast zum Ende der höheren Schule ohne abgesonderte Abteilungen für die Spezialbegabungen auskommen. Mehr noch: die Anschaulichkeit, mit der die verschiedenen Spezialisten sich hier bei sachlicher Arbeit aufeinander bezogen fühlen, ist von stärkster sozialer Bedeutung.

Der Arbeitsplan enthält also unter einer gemeinsamen Überschrift auf der einen Seite die Themen der Arbeit und auf der anderen Seite die Namen sämtlicher Schüler und die Termine, zu denen sie ihre Arbeit leisten zu können glauben und dann unter dem Zwang der Gemeinschaft leisten müssen.

Wie wird die in dieser Weise aufgestellte Arbeit im einzelnen erledigt? - Mit anderen Worten: Wie spielt sich der sogenannte *Unterricht* ab? - Man gestatte mir einen Vergleich mit der modernen Werkstatt. Ist der spezielle Auftrag einem Werksaal innerhalb einer großen Fabrik erteilt, so ist es Aufgabe des Werkmeisters, die Bereitstellung der Materialien, ihre sparsamste Ausnutzung, die richtige Anordnung und den richtigen Gebrauch des maschinellen Apparats, und schließlich die richtige Ansetzung der einzelnen Arbeiter zu veranlassen. Er ist mit anderen Worten der Organisator der für die Erledigung des Auftrages nötigen materiellen und personellen Kräfte. Auch die Klasse in einer modernen Schule wird mehr und mehr zum Werkraum. Der Auftrag kommt zwar nicht von außen, von der autoritativen (Fabrik-)Leitung, sondern aus dem gemeinsam aufgestellten Arbeitsplan. Aber auch hier muß das von Stufe zu Stufe differenzierter werdende Arbeitsmaterial bereitgestellt werden; die Werkräume müssen sich also von Stufe zu Stufe differenzieren, damit ihre sparsamste und zweckmäßigste Ausnutzung möglich, damit unter Schonung der Kräfte der Schüler der höchste Arbeitseffekt erreicht wird. In diesem Sinne kann man von Rationalisierung der Schule und des neuen Schulbaues sprechen, der dieser Forderung genügen muß. Der Lehrer hat in dieser Klasse die Funktion des Werkmeisters. Seine Wirksamkeit wird eine indirekte; an Stelle des Spiels von Frage und Antwort, das *er* einseitig leitet, steht seine Aufgabe, alle Mittel der Arbeit so bereitzustellen und alle Kräfte so einzusetzen, daß der beste Erfolg garantiert wird.

Darin liegt die unstreitig große Leistung der Montessori[d] und des unmittelbar von ihr beeinflußten Dalton-Plans[e], daß dieser Wandel begriffen ist. Der Lehrer tritt in Wirklichkeit nicht zurück; das ist ein naiver Trugschluß des Augenscheins. Der Lehrer wirkt, abgesehen von dem, was er als Persönlichkeit ist und was *immer* wirkt, durch die nur ihm mögliche zureichende Ausstattung des Arbeitsraumes je nach der Aufgabe und durch die Anweisung für seine Benutzung. Es ist der Fehler der Montessori, daß diese Ausstattung starr und der Lehrer dadurch zur Puppe unter der Diktatur des Materials wird. - Man denkt auch an Gaudig[f], der gerade das Wort von der Organisation der Kräfte der Schüler geprägt hat. Aber ihm kam es nie darauf an, die Kräfte für die Lösung einer sachlichen Aufgabe einzusetzen, sie unter die sachliche Aufgabe zu stellen, sondern die Absicht dieses Pädagogen der aktiven Schule richtete sich allein auf das arbeitende Individuum, auf Schaffung einer Arbeitsdisposition in diesem als Erfolg der Schule.

Wer in eine wirkliche Arbeitsschulklasse kommt, wundert sich meist darüber, daß er nur dem Ablauf einer gemeinschaftlichen Arbeit beizuwohnen scheint; er kann des Rätsels Lösung nicht finden. Es ist eben nichts unvorbereitet. Die nach dem Arbeitsplan über eine längere Zeitperiode gespannte Erledigung der Aufgabe geht in dieser Arbeitseinheit nur eine Etappe weiter. Am Anfang steht das *Protokoll,* das von einem Schüler geführt wird und die Zusammenfassung des erreichten Standes der Arbeit gibt, dann wird die Arbeit planmäßig, entweder unter Leitung der für diese Arbeitsperiode angesetzten Berichterstatter oder eines neutralen Schülers fortgesetzt. Die Schüler beherrschen nach und nach die Technik der in diesem Fachraum zur Verfügung stehenden Arbeitsmittel und bedienen sie gruppenweis. Entweder ermitteln sie in dieser Weise mit den verschiedenen technischen Methoden die Lösung einer im Verlauf der Arbeit unvermutet auftretenden Aufgabe und vergleichen die so erlangten verschiedenen Lösungen bis zur Einstimmigkeit. Dann hat man den Eindruck der längere Zeit still arbeitenden und sich dabei im technischen Gebrauch der Arbeitsmittel vervollkommnenden Schüler. Man hat bei der Schlußbesprechung die Sicherheit, daß technische Fehler durch die Korrektur der mit anderen Arbeitsmitteln vorgegangenen anderen Gruppen gefunden werden. Oder sie kontrollieren an der Hand der zur Verfügung stehenden Instrumente, Bücher, Karten usw. die Angaben des Vorarbeiters, wenn ich mich einmal so ausdrücken darf, und geben dieser sachlichen Nachprü-

---

[d] Zu Maria Montessori (1870-1952) siehe Winfried Böhm 2003, zur Montessori-Pädagogik siehe Inge Hansen-Schaberg / Bruno Schonig 2002d.

[e] Zum Dalton-Plan, der von Helen Parkhurst (1886-1973) entwickelt wurde und eine Reform der Lehr- und Lern-Organisation ist, nämlich „ein materialgestützes Individualisierungskonzept für die Freiarbeit" (Popp 1996, S. 270), siehe Susanne Popp 1995.

[f] Siehe den 3. Quellentext in diesem Band.

fung in der Diskussion Ausdruck. Dasselbe gilt für die Arbeit im handwerklichen wie im geistigen „Werkraum".

Man hat von einer sogenannten Vortragsmethode geredet, man hat das Schülergespräch methodisch gegliedert: beides gibt es nicht. Der Schülervortrag hat keinen Sinn, wenn er nicht im Zusammenhang dieser kollektiven Arbeit begriffen wird und wenn er nicht in der angegebenen Weise kontrolliert werden kann. Das Schülergespräch wird zerfahren und wertlos, wenn es nicht ebenfalls auf der Basis der einfachen oder technisch verfeinerten Beobachtung den Sinn der kontrollierenden Aussprache über geleistete Arbeit hat oder anschließend zu leistende Arbeit vorbereitet, also Entwurf des Gemeinschaftsplans für diese bedeutet.

Das *Ergebnis* der Gemeinschaftsarbeit wird wie erwähnt, zunächst in dem Protokoll über die einzelne Arbeitsperiode festgehalten. Die Protokolle, die von der Gemeinschaft anerkannt sind, werden das ganze Jahr hindurch gesammelt und geben ein objektives Bild, gewissermaßen einen Ausweis über die Durchführung der Aufgabe im einzelnen. Zwei andere Berichte treten ergänzend hinzu. An der Hand der Einzelprotokolle wird von einem gerade in diesem Fach leitenden Schüler ein zusammenfassender Bericht zusammengestellt. Auch dieser bedarf der Anerkennung durch die Klasse, die von diesen kritisch gewordenen jungen Menschen durchaus nicht schnell erteilt wird. Diese Fachberichte werden ebenfalls klassenweise zusammengestellt und geben eine Art Querschnitt durch die Arbeit. Und schließlich macht jeder Schüler einen eigenen Bericht über seine Erfahrungen, über seine Leistungen während des Jahres. In diesem gibt er ganz sachlich an, welche Arbeiten er während des Jahres gemacht hat, möglichst auch die Quellen, die er benutzt hat, und die Schwierigkeiten, die ihm entgegengetreten sind. Darüber hinaus ist es erwünscht, wenn darin subjektive Angaben enthalten sind, Selbstkritiken geübt werden – deren Bedenklichkeit durch die Freiwilligkeit zum großen Teil überwunden wird – Kritik auch an der Schule und an den Lehrern, deren Sachlichkeit und Offenheit im Interesse der Gemeinschaftsarbeit liegt. Auch diese Einzelberichte werden der Klasse vorgelegt, deren Kontrolle jede Selbstunterschätzung und Selbstüberschätzung auf das richtige Maß zurückführt. Sie werden schließlich zusammengebunden und geben eine Art subjektiven Längsschnitt durch die Gesamtarbeit. Sie sind auch die einzige Form der Zeugnisse, die in einer Gemeinschaftsschule möglich ist. Denn hier ist eine viel bessere Feststellung dessen gegeben, was der einzelne tatsächlich geleistet hat und was er an dieser Stelle seines Lebens im ganzen bedeutet, als es durch irgendein Lehrerzeugnis geschehen könnte. Vor allem: Diese Feststellung geschieht unter der kritischen Mitwirkung der Arbeitsgemeinschaft. Wichtiger als alle Berichte über das Ergebnis und die Ergebnisse der Arbeit sind natürlich diese selber. Legt man sachgemäß einen Garten an und breitet am Ende die Ernte aus, zugleich mit einer Übersicht über den ganzen Arbeitsprozeß, oder hat man in den Werkstätten arbeitsteilig für die Schulgemeinde eine Zeitung hergestellt, oder einen Ausstellungsschrank, so ist das Ergebnis leicht vorzuweisen. Aber auch alle andere Arbeit muß der Gemeinschaft anschaulich gemacht werden. Darum werden alle die schriftlichen Arbeiten der Mitglieder einer Klasse, die immer die verschiedenen Seiten eines Gesamtthemas bearbeiten, sauber zusammengefügt als sichtbares Zeichen der gemeinsam erarbeiteten Erkenntnis. So erscheint als Schlußstein, als höchste Gemeinschaftsleistung am Ende des Schuljahres, die sorgfältig organisierte Ausstellung. Hier sind alle die genannten Ergebnisse der Arbeit der Schulgemeinde vereinigt, folgerichtig aber tritt auch diese Ausstellung wieder in den Dienst der produktiven Arbeit. Sie wird nicht dazu gemacht, um vor Eltern oder Außenstehenden mit Leistungen zu glänzen. Hier können vielmehr die einzelnen Klassen an ihren Leistungen gegenseitige Kritik üben und dadurch die ganze Schule, wie es sein soll, aus ihrem gegenseitigen Verantwortungsgefühl heraus auf ein höheres Niveau heben. Kein Direktor und kein Lehrerkollegium könnte vollbringen, was das Interesse der Gesamtschülerschaft in dieser Richtung leisten kann.

In dieselbe Linie, ja schon als eine Art vorausgenommene Erfüllung des in solcher Schulgemeinde Gewollten, stellt sich die organisierte künstlerische Schlußveranstaltung, auf deren Einzelbeschreibung hier verzichtet werden muß. Wie hier die einzelnen Gruppen von den verschiedensten Seiten her zusammen wirken können, ist oft genug dargestellt worden. Eine solche Veranstaltung, wenn sie nicht der indirekten Bildung und klassischen Belehrung dient, sondern der Selbstdarstellung der Schulgemeinde auf einer erhöhten Ebene seelischer Konzentration, wenn sie als solche hinüberwirkt in die soziale Umwelt, ist ein wahrhaft idealer Project. Wer jetzt noch einmal versucht, sich die geschilderten Vorgänge einer kollektiven, sozial-aktiv gerichteten Arbeit einer Schule an einem Beispiel anschaulich zu machen, der denke etwa an einen Project, der die geistige Eroberung eines Landes, einer Stadt durch Studienfahrten betrifft. Hier gibt es zunächst eine instruktive Ausstellung von Musterbeispielen früherer Studienfahrten in bezug auf Organisation und Ergebnis, hier ist die gemeinschaftliche Aufteilung der Ziele auf die einzelnen Gruppen, dann die systematische gemeinschaftliche Vorbereitung in den einzelnen Klassen mit der Differenzierung der Aufgaben, die der einzelne unterwegs zu erfüllen hat, dann die sachgemäße Durchführung dieser Arbeit selber. Schließlich die Vereinigung der Einzelergebnisse und am Schluß die Ausstellung mit der anschließenden gegenseitigen Kritik!

Die geschilderte *soziale Arbeitsschule* wächst also – im Gegensatz zu der manchmal unvermittelt daneben stehenden „alten Schule" – aus der demokratisch gesinnten westeuropäischen Arbeiterklasse hervor, am klarsten in Deutschland seit dem Umsturz, der der Arbeiterschaft ausschlaggebenden politischen Einfluß einräumt. Die von der Arbeiterschaft getragene Bewegung der Gemeinschaftsschulen hat seit den Hamburger Anfängen unter vielen Irrungen – man denke an die Wendeschule[g], an Krohn[h], an Vogeler[i] – sich nach und nach zu dieser Stufe der sozialen Arbeitsschule entwickelt. Aber die Arbeiterbewegung ist in Deutschland nicht die Gesellschaft überhaupt, wie sie es in Rußland zu sein vorgibt, wie es das demokratische Bürgertum in Amerika ist. Infolgedessen kann sich die Form ihrer Schule nicht rücksichtslos rein ausprägen, unbeeinflußt durch alle Tradition und durch das Bedürfnis, sich mit den anderen Volksklassen zu verständigen; reiner aber selbstverständlich, als irgendwo in England, da hinter der deutschen Arbeiterschaft ein sicheres Bewußtsein ihrer Bestimmung steht. Annähernd rein kann sie nur in Arbeiterbezirken entstehen, wo Arbeiterkinder sie besuchen, in denen jener Trieb zur sozialen Umgestaltung als Erfolg der Arbeit lebendig ist, der das Wesen der Arbeiterbewegung und der echten Arbeitsschule ausmacht. Man muß das Beispiel einer bürgerlichen Schule und einer von den Kindern des Proletariats besuchten Schule nebeneinander sehen. Wenn diese Schulen selbst in genau denselben Formen arbeiten, ja gerade dann, ist der Unterschied schlagend. Dieselben Sozialformen der Arbeit und eine ganz andere soziale Triebkraft, die dahinter steht! Dieselbe demokratische Grundhaltung, in der sich doch ein Stück aktive Schule Amerikas und ein Stück sozialer Arbeitsschule ähnlich derjenigen Rußlands (ohne die kommunistische Vergewaltigung und viel differenzierter, daher weniger erdnah, viel geistiger in seinem sozialen Bezug!) gegenüberstehen!

Mir scheint der Weg klar vorgezeichnet. Je enger der Raum der Betätigung im alten Europa wird, je mehr auch die bürgerliche Welt in die kollektive Wirtschaftsweise einbezogen wird, je mehr sich die werdende Gesellschaft kollektivistisch ordnet, um so mehr wird auch die soziale Arbeitsschule sich ausbreiten und die bloß aktive Schule in ihrer höheren Form aufheben. Wenn heute soviel von einer neuen europäischen Erziehungsbewegung geredet, wenn eine neue Erziehungsbewegung überhaupt mit übereinstimmenden Zügen von dem Orient (z. B. Tagores Schantiniketan!)[j] bis zum Okzident festgestellt wird, so soll unsere Betrachtung das eine klar machen: Die übereinstimmenden Formen decken nicht denselben

---

[g] Zur Wendeschule siehe 5. Konzeptionen in diesem Band.

[h] August Krohn gründete 1919 eine Heimschule in Bergedorf bei Hamburg, die laut Theodor Gläß Ähnlichkeiten mit der Wendeschule hatte, „Hilfe für die sog. Unbegabten" geben wollte und die „Bildung von Familiengruppen im Rahmen eines landwirtschaftlichen Betriebes" vorsah (Gläß 1932, S. 111).

[i] Zu Heinrich Vogeler und die Arbeitsschule Barkenhoff in Worpswede siehe Ilse Rohde 1997.

[j] Zu Rabindranath Tagore (1861-1941) und die von ihm gegründete, indische und europäische Erziehungsmethoden vereinende Schule in West Bengal siehe W.W. Pearson: Shantiniketan: the Bolpur School of Rabindranath Tagore. New York 1916.

Gehalt, der vielmehr durch den gesellschaftlichen Hintergrund bestimmt wird. Selbst Arbeitsschule und Arbeitsschule ist nicht dasselbe. Darum unterscheiden wir im Gegensatz zu einer heut beliebten Terminologie (Ferrière!)[k] die bürgerlich bestimmte aktive Schule von der Arbeitsschule der werdenden Gesellschaft!

---

[k] Adolphe Ferrière (1879-1960) spricht von der „L`ècole active"; siehe den Quellentext in: Albert Reble 1964, S. 130-139.

3 Lehrplankritik und Lehrplanentwicklung

„Der Unterricht auf der Grundstufe ist Gesamtunterricht. Die stundenplanmäßige Einteilung fällt darum weg; nur da soll sie erfolgen, wo mehrere Lehrer in einer Klasse beschäftigt werden müssen. Die beiden ersten Schuljahre bleiben in der Hand ein und desselben Lehrers.
1. und 2. Schuljahr:
1. Im Mittelpunkte steht der Anschauungsunterricht. Seine Stoffe entnimmt er der Dingwelt der engeren Umgebung des Kindes (Haus, Hof, Straße).
2. Planmäßige Übungen finden statt im Lesen, Schreiben und Rechnen. [...]
5. Der mündliche Ausdruck wird gepflegt durch Gespräche, Erzählen und Beschreiben am beobachteten Ding, die sprachliche Richtigkeit durch Lautbildung und Sprechübungen. [...]
7. Durch Beobachten, Formen, Stäbchenlegen, Ausschneiden und malendes Zeichnen sind die Anschauungen zu vertiefen und die körperlich darstellenden Kräfte des Kindes zu entwickeln." (Vogel 1922, S. 118 f.)

Dieser Auszug aus dem Ostern 1920 eingeführten Lehrplan für die Leipziger Volksschulen basiert auf den Vorkriegsversuchen der Methodischen Abteilung des Leipziger Lehrervereins in 23 Reformelementarklassen, in denen arbeitsunterrichtliche Prinzipien (siehe 2. Arbeitsschule in diesem Band) erprobt wurden (Vogel 1922, S. 111 ff.). Eine ähnliche Festlegung für die ersten vier Schuljahre fand mit der Einführung der Grundschule 1920 in allen Richtlinien und Lehrplänen der deutschen Länder statt.[1] So heißt es beispielsweise in den „Richtlinien zur Aufstellung von Lehrplänen für die Grundschule und die oberen Jahrgänge der Volksschule mit dem Lehrplan für die Volksschulen der Stadt Berlin" (1924): „Der Unterricht im ersten Schuljahr ist Gesamtunterricht im Sinne der Richtlinien zur Aufstellung von Lehrplänen für die Grundschule, d.h. ein Unterricht, der von einer strengen Scheidung nach Fächern absieht, vielmehr die Unterrichtsgegenstände zwanglos abwechseln läßt und die Lehrstoffe aus den verschiedenen Fächern in lebensvolle Verbindung miteinander bringt." (Richtlinien 1924, S. 25). Spätestens vom 5. Schuljahr an sollte aber „der nach Fächern gegliederte Unterricht die Regel" sein (ebd., S. 26), während in den Versuchsschulen der Gesamtunterricht als unterrichtliches Prinzip auch auf der Oberstufe beibehalten wurde (siehe 6. Didaktisch-methodische Überlegungen in diesem Band).

Darüber hinaus weisen die preußischen „Richtlinien zur Aufstellung von Lehrplänen für die Grundschule" darauf hin: „Im gesamten Unterricht der Grundschule ist der Grundsatz zur Durchführung zu bringen, daß nicht Wissensstoffe und Fertigkeiten bloß äußerlich angeeignet werden, sondern möglichst alles, was die Kinder lernen, von ihnen innerlich erlebt und selbsttätig erworben wird." (Zit. nach: Pretzel / Hylla 1929, S. 6) Die „Richtlinien" sind demzufolge ein Dokument dafür, wie reformpädagogische Elemente in die Lehrplangestaltung und die Zielsetzung des Unterrichts eingegangen waren; allerdings fehlten didaktisch-methodische Hinweise für ihre Umsetzung (Schonig 1997, S. 29 f.). Das schuf eine gewisse Freiheit, aber auch Verunsicherung oder Verweigerung: „Diese zwiespältige curriculare Ausgangssituation der 'Normalschulen' kann als wichtiges Strukturmerkmal für die Widersprüchlichkeit – oder auch das gänzliche Ausbleiben – ihrer inneren, von reformpädagogischen Zielsetzungen bestimmten Reform angesehen werden." (Ebd., S. 30). Dabei hat es an „Winken", wie die Lehrplanrichtlinien umgesetzt werden können, nicht gefehlt. Carl Louis Pretzel und Erich Hylla legten bereit 1923 eine auf alle Fächer der Volksschule bezogene Zusammenstellung dessen vor, „was in den letzten Jahren auf dem Gebiet des Lehrens als richtig und erstrebenswert von der mit der Zeit und der Wissenschaft fortschreitenden Lehrerschaft erkannt worden ist und gepflegt wird." (Pretzel / Hylla 1929, Vorwort) Die beiden Autoren interpretieren die Richtlinien dahingehend, „daß Stoffmaß, Stoffauswahl und Stoffverteilung nach der Losung: 'Vom Kinde aus!' erfolgen sollen, und zwar für die gesamte Volksschule." (Ebd., S. 11) Sie weisen aber darauf hin, daß die Richtlinien nicht so verstanden werden sollen, „als könnte das kindliche *Belieben* dabei ausschlaggebend sein", vielmehr muß „das kindliche *Vermögen* entscheidend sein" (ebd., S. 11, Hervorhebung i.O.).

Insbesondere die Kollegien der anerkannten Versuchsschulen nutzten den Gestaltungsspielraum, der innerhalb der durch ministerielle Richtlinien formulierten allgemeinen Bildungsziele der jeweiligen Schulstufen bestand, z.B. verständigten sich die Lehrerinnen und Lehrer der 20. Schule in Spandau, einer Lebensgemeinschaftsschule, darauf: „Verbindliche Lehr- und Stoffpläne sind der Eigenart unserer Arbeit und unseren Zielen wegen unmöglich. Zur Weckung schöpferischer Kräfte sind Freiheit und Geduld Notwendigkeiten. Wichtige von den Kindern verlangte Stoffe müssen eingehende Behandlungen finden und bilden Hauptpunkte des Unterrichts. (Lebensnähe!)" (Konferenzprotokollbuch 20. Schule, 16. 8. 1927, zit. nach Hansen-Schaberg 1999a, S. 102). Das bedeutete in den ersten Schuljahren vor allem einen heimatkundlich ausgerichteten Unterricht im großstädtischen Milieu und im Berliner Umland, in dem Anschauung, Selbsttätigkeit und Selbständigkeit der Schülerinnen und Schüler entwickelt werden sollten: „Im Vordergrund steht die Übung der geistigen und manuellen Kräfte; die Kinder sollen geistig beweglich werden, sich im Leben zurecht finden, Selbstvertrauen und innerer Arbeitswillen zur freien Entfaltung der eigenen Persönlichkeit sind die Ziele." (Ebd., 17. 6. 1927, zit. nach Hansen-Schaberg 1999a, S. 102 f.)

Damit fand eine radikale Umkehr im Curriculum, in der Methodik und Didaktik und Zielsetzung des Volksschulunterricht statt, der im Kaiserreich von den sog. „Herbartianer" geprägt worden war (siehe auch 6. Didaktisch-methodische Überlegungen in diesem Band). Ausgehend von der Auffassung, daß die gesamte Menschheitsgeschichte in jedem Individuum noch einmal durchlebt wird, also daß sich seine Entwicklung in kulturhistorischen Stufen vollzieht, wurde der Unterrichtsstoff vom einfachsten zum komplizierten Inhalt aufgebaut. Insbesondere Tuiskon Ziller[2] und dann Wilhelm Rein[3] entwickelten auf dieser Basis die „historisch-genetische" Lehrplantheorie, d.h., sie stellten einen allgemeinverbindlichen Lehrplan für die achtklassige Volksschule auf, in dem „Apperzeptions- bzw. Entwicklungsstufen" parallel zu den Stufen der Kulturgeschichte gesetzt wurden (Werth 1985, S. 40). Für die acht Jahre der Volksschule sah der Lehrplan folgendermaßen aus: Beginnend mit Märchen (1. Schuljahr), dann gefolgt von der Robinson-Geschichte (2. Schuljahr), den Thüringischen Sagen (3. Schuljahr) und den Nibelungen (4. Schuljahr) setzte im 4. Schuljahr die intensive Unterweisung der biblischen Geschichte ein, ab dem 5. Schuljahr begann der Unterricht über die deutsche Geschichte vom Mittelalter bis zur Reichsgründung (Rein et al. 1898). Im Zentrum ihres Lehrplans stand der Gesinnungsunterricht, wie die Herbartianer ihn ohne Scheu oder Skrupel nannten und auch meinten. In jedem Schuljahr wurde demnach ein Themenkreis behandelt, der von besonderer Bedeutung für die angestrebte Moral- und Gesinnungsbildung, nämlich nützlich für die Untertanenerziehung, war. Nicht nur die Fächer Religion, Deutsch und Geschichte dienten diesem Ziel, sondern auch die andere Fächer wurden auf das Gesinnungsziel hin „konzentriert" und trugen damit zur Vertiefung bei. Intendiert war ein „erziehender Unterricht" – wir würden heute wohl eher von indoktrinierendem Unterricht sprechen –, der die Vorstellungen der Kinder bleibend prägen und einen wesentlichen Einfluß auf das Gefühl und Wollen, auf den Charakter des Kindes gewinnen sollte. Die sittlich-religiösen Vorstellungen Zillers und Reins mit ihren moralisierenden Sentenzen in den Unterrichtsbespielen entsprechen, wie Bernhard Schwenk analysiert, einer „Pädagogik der geistig-seelischen Gewaltanwendung" (Schwenk 1963, S. 251).

Demzufolge war die Emanzipation von der Schule des Kaiserreiches die zentrale Aufgabe, die nach 1918 zu bewältigen war. Wie so ein Prozeß der Loslösung von vorgegebenen Lehrplänen und autoritären Unterrichtsstrukturen erfolgen konnte, erläutert Alfred Domdey[4] in seinem Text „Erfahrungen zum Problem der Stoffgewinnung" (1928): Man habe zunächst nur den gebundenen Unterricht aufgegeben, aber weiterhin nach festen Stoffplänen unterrichtet. Durch die freie Lehrweise sei der Bereich der kindlichen Aktivität jedoch stetig gewachsen, so daß im nächsten Schritt eine Stoffplanaufstellung mit Hilfe der ganzen Klasse erfolgen mußte: „Der Vorgang der Stoffgewinnung verlief nunmehr folgendermaßen: Zunächst wurde nach einer umfassenden Idee Ausschau gehalten, wie sie sich aus der zurzeit vorhandenen seelischen Lage der Gemeinschaft ergab." (Domdey 1928, S. 1) Nachdem der „zentrale Gesichtspunkt" gefunden war, wurden „Anschlußstoffe" aus den einzelnen Fächern darum gruppiert, so daß „Ideenkreise" entstanden (ebd., S. 1). Durch „Erlebnisgänge" wurde das „heimatkundliche Prinzip" ebenfalls zum „Prinzip der Stoffgewinnung" gemacht, wodurch „die Vorherrschaft der rein geistigen Fächer – der Gesinnungsfächer Herbartscher Schule – gebrochen" wurde und Naturkunde und Heimatkunde in den Vordergrund rückten (ebd., S. 1). Die letzte Konsequenz in diesem Prozeß war, wie Alfred Domdey schreibt, „das *Interesse des Kindes*, ganz gleich, ob es durch einen heimatkundlichen Erlebnisgang oder auf Grund eines anderen Eindrucks geweckt wurde, *zum alleinigen Vermittler von Stoffen zu erheben.*" (Ebd., S. 2, Hervorhebung A.D.) Da es sich aber um einen Gemeinschaftsunterricht handelte, differenzierte er nach Stoffzielen, die die Gesamtheit der Klasse interessieren, und besonderen Interessen, die nur durch Einzelarbeiten berücksichtigt werden können (ebd., S. 2).

Die Kritik an den Lehrplänen des Kaiserreiches hatte also zum einen die Hinwendung zu den Interessen und Themen der Kinder zur Folge, zum anderen aber, und das kann in den ausgewählten Quellentexten deutlich werden, die Entwicklung von Lehrplänen, die den neuen Anforderungen entsprechen. Der Auszug „Die neue Lehrverfassung" aus Wilhelm Paulsens Abhandlung „Grundsätze und Richtlinien für den Ausbau des Schulwesens" (1930, siehe 6. Quellentext in diesem Band) benennt die Bildungsaufgaben der einzelnen Lehrgebiete auf arbeitsunterrichtlicher Basis. Während Wilhelm Paulsen eine Lehrplanreform für eine „Volkseinheitsschule" entwarf und auf Stoffreduzierung und auf die Befreiung von „nutzlos angehäuftem Wissen" zielte (Paulsen 1930, S. 38), bezog sich der Leiter des Neuköllner Schulenkomplex, der Karl-Marx-Schule, Fritz Karsen, direkt auf seine Schule. Nach seinen Vorstellungen sollte der soziokulturelle und sozioökonomische Hintergrund, nämlich die Unterrichtung von Kindern und Jugendlichen aus dem Industrieproletariat eines Vororts Berlins, Eingang in die Lehrpläne der einzelnen Fächer finden. Ausgehend von einer marxistisch orientierten Analyse der kapitalistischen Gesellschaft wollte er Form und Inhalt der Lehrpläne entsprechend dem „Bedürfnis der in der geschichtlichen Dialektik heranwachsenden und von ihr bestimmten Jugend" gestalten (Karsen 1931, S. 37).[5] Das bedeutete für ihn, anstelle eines statischen Lehrplans einen dynamischen Arbeitsplan aufzustellen, der aus „sogenannten *Projects*" bestehen sollte (ebd., S. 38, Hervorhebung F.K.). Die nach den Interessen der Schüler zusammengestellten „Lebensgebiete" listete Fritz Karsen 1928 auf: „ 1. Das Haus (Familie und persönlicher Lebensbezirk, Werkstatt, Fabrik und Heimarbeit). 2. Die Stadt (Straße mit ihrem mannigfaltigen Leben, Handel, Verkehrsmittel, öffentliche Einrichtungen, Polizei, Wohlfahrtseinrichtungen u. dgl.). 3. Der Staat (staatliche Einrichtungen, die ins Leben dieser Neuköllner Proletarier speziell und ihr Leben als Staatsbürger eingreifen: Rechtspflege, Gesetzgebung und gesetzgebende Körperschaften, Wahlen und bürgerliche Rechte überhaupt, Steuerwesen, Eisenbahn, Post, Verkehrswesen, die Organisation des Wirtschaftslebens, die moderne Technik, Staat und Wirtschaft). 4. Die Schule (mit ihren Einrichtungen: Konferenzen, Selbstverwaltung, Schulgarten, Bibliothek, Sammlungen, Feste und Aufführungen). 5. Erwanderte Lebensgebiete (Heimat, Provinz, Mittelgebirge, Hochgebirge, See, fremde Städte). 6. Das Gebiet des Phantasielebens, wobei es sich zum großen Teil um Umgestaltungen aus den erwähnten Lebensgebieten vielfach mit sehr deutlicher Tendenz handelte." (Karsen 1928b, S. 302).

Die Konkretisierung der thematischen Ausführungen Fritz Karsens erfolgte in dem von Karl Sturm konzipierten Geschichtsplan der Karl-Marx-Schule (1931, siehe 7. Quellentext in diesem Band) und auch durch Alfred Ehrentreich für den Deutschunterricht (1928, siehe 22. Quellentext in diesem Band). Karl Sturm ging davon aus, daß die in den Richtlinien für den Geschichtsunterricht[6] vorgegebene chronologische Bearbeitung einzelner geschichtlicher Epochen einem modernen Unterricht nicht genügen könne und daß ein „Verständnis der gesellschaftlichen Verhältnisse und Zusammenhänge unserer Zeit [...] allein der Sinn des Unterrichts" sei (Sturm 1931, S. 366). Die in den „Richtlinien für die Lehrpläne der höheren Schulen Preußens" vorgeschriebene staatsbürgerliche Belehrung wurde für ihn der Ansatzpunkt für die thematische Zuordnung, die, reformpädagogisch umgesetzt, mit Studienfahrten in jedem Jahrgang einherging.

---

[1] Siehe hierzu den Beitrag von Margarete Götz „Die innere Reform der Weimarer Grundschule in der Widerspiegelung der zeitgenössischen Richtlinien" (2000).

[2] Tuiskon Ziller (1817-1882), lehrte an der Universität Leipzig; siehe 0. W. Beyer 1910; zum Kulturstufenplan Zillers siehe Josef Dolch 2. Auflage 1965, S. 354 ff.

[3] Wilhelm Rein (1847-1929), Professor für Pädagogik an der Universität Jena, zu Leben und Werk siehe Horst-Erich Pohl 1972.

[4] Zu Alfred Domdey siehe 17. Quellentext in diesem Band.

[5] Dieser Text von Fritz Karsen findet sich als Wiederabdruck im von Inge Hansen-Schaberg und Bruno Schonig herausgegebenen Sammelband (2002a, S. 128-138).

[6] Im Geschichtsunterricht sollte von der Quinta bis zur Untersekunda ein erster Durchgang von der Antike bis zur Gegenwart erfolgen, dann war eine Vertiefung derselben epochalen Aufteilung von der Obersekunda bis zur Prima vorgesehen (siehe Richtlinien für die Lehrpläne der höheren Schulen Preußens 1925, 2. Teil, S. 238 ff.).

Quellentexte

6. Wilhelm Paulsen:
Die neue Lehrverfassung (1930)

Der Textauszug wurde der Abhandlung „Das neue Schul- und Bildungsprogramm", S. 38-47, von Wilhelm Paulsen[a] entnommen, die 1930 im A.W. Zickfeldt Verlag Osterwieck am Harz und Leipzig publiziert wurde. Er benennt die Grundsätze und Richtlinien für die Lehrplanreform der von ihm angestrebten „Volkseinheitsschule".

Der Arbeitsunterricht, mit welchem Wort gemeinhin das Wesen der neueren Schularbeit – nicht erschöpfend – gekennzeichnet wird, legt auf die eigene Aufgabenstellung, die selbständige Verarbeitung, Formung und Eroberung des Stoffes, auf die Durchführung umfänglicher Gemeinschaftsarbeiten größeres Gewicht, als auf den prüfungsmäßigen Nachweis singulärer Kenntnisse und Fertigkeiten. Voraussetzung zur allgemeinen Durchführung dieser Arbeitsweise ist die rücksichtslose Säuberung der Lehrpläne von allem nutzlos angehäuften Wissen, die Verminderung der zeitweilig bestimmten „Fächerzahl", der tatsächliche Bruch mit jeder Form zusammengeraffter Warenhausbildung. Der Ruf „Weniger Stoff" ist eine alte Grundforderung der Pädagogik, die stets überhört wurde, da man in der *Auslese* des Stoffs eine Gefährdung des „allgemeinen" Bildungszieles erblickte. Heut aber, da das Verständnis für die neue Bildungsauffassung erwacht ist, da wir wissen, daß das Vorhandensein *innerer Formkräfte* den Wert oder Unwert des Menschen bestimmt, über seine Bedeutung im Leben letzthin entscheidet, werden wir endlich zu einer Lösung kommen, kommen *müssen*. In einer Schule, in der das *Können* des Menschen in lebendige Wechselbeziehung zur Umwelt tritt (wie das des Erwachsenen zu Staat und Gesellschaft), werden Schultechnik und Buchwissen ihre überragende Stellung verlieren und auf ihren wahren Anwendungswert zurückgeführt. Sie sind Mittel und Voraussetzung zur *Gestaltung* eines Inhalts, nicht Inhalt selbst. Sie werden nicht der Geringschätzung verfallen. Persön-

---

[a] Wilhelm Paulsen (1875-1943) war bis Ende 1920 Leiter der Hamburger Gemeinschaftsschule Tieloh Süd, wurde 1921 in das Amt des Stadtschulrats von Groß-Berlin gewählt, das er bis 1924 innehatte. Von seinen umfassenden Reformplänen konnte er die Einführung der Lebensgemeinschaftsschulen, das sind Versuchsvolksschulen, in Berlin durchsetzen; von 1929 bis zu seiner Entlassung Ende 1932 durch den nationalsozialistischen Kultusminister Dietrich Klagges war er Professor für Pädagogik an der Technischen Hochschule Braunschweig; siehe Gerd Radde 1999, S. 335 f.; zu den Lebensgemeinschaftsschulen siehe Inge Hansen-Schaberg 1999a, S. 67 ff.

liche Anlagen, Wünsche und Neigungen, notwendige Berufsinteressen, entgegengesetzte Denk- und Charaktertypen werden sie immer unterschiedlich werten. Den rezeptiven Menschen beglückt das Wissen um die Dinge, er analysiert die Welt und fügt sie zusammen; der Synthetiker ergründet das Wesen der Dinge und baut die Welt neu. Oft auch bestimmen intellektuelle und intuitive Kräfte mit wechselnder Priorität den Rhythmus des geistigen Schaffens. Es ist die Aufgabe der Schule, durch Wechsel und Wahl ihrer Studienpläne, durch die Anwendung dem Individuum gemäßer Arbeitsmethoden, den natürlichen Ausgleich herbeizuführen und Schematismus, Zwang, Unterdrückung und Vergewaltigung, wie sie heute eine Folge uniformierter Schulbildung sind, Persönlichstem gegenüber auszuschalten.

Die durch den Stoffabbau gewonnene Zeit kommt der Totalität des Arbeitsprozesses, der Materialbeschaffung und dem eigentlichen Verarbeitungs- und Gestaltungsvorgang zugute. Das mehr passive Verhalten des Schülers springt in höchste Aktivität um. *Was an Breite der Gedächtnisarbeit verloren geht, wird an Intensität und Qualität der Arbeitsleistung wieder gewonnen.* Es ist erstaunlich, welch technisches, künstlerisches und wissenschaftliches Können in der freien Schule, deren Lehr- und Stundenpläne gelockert oder aufgehoben sind, geweckt wird, welch beachtenswerte Denk- und Phantasieleistungen hervorgebracht werden, wieviel Entdecker- und Forscherarbeit geleistet wird. Man ist gleichzeitig erstaunt darüber, mit welcher Ausdauer mechanische, statistische und ordnende mühselige Arbeit bewältigt wird, um das Material reiner Zweckarbeiten zusammenzutragen, um Teil- und Unteraufgaben einer kooperativ zu leistenden Arbeit zu lösen – die bisherige Schule hat kaum ein Beispiel dafür. Nicht selten verwischen sich die Altersunterschiede, treten beispielsweise Leistungen einer aktiven Obertertia denen der Prima vollwertig zur Seite. Der erziehliche Wert freiwillig geleisteter Arbeit, ob der persönlichen Initiative entsprungen oder durch die Klassen- und Arbeitsgemeinschaft angeregt, wird hier offenbar. Die Schule ist nicht mehr anordnende Autorität, sie ist in den Willen der Jugend aufgenommen. *Sie ist Lebensbestandteil der Jugend geworden.* Es bedurfte dreier Jahrzehnte des „Jahrhunderts des Kindes", einer Zeit voll schweren Kampfes und unermüdlicher Aufklärungsarbeit, um der Schule die primitive Erkenntnis zum Bewußtsein zu bringen, daß sinnloses intellektuelles Training die schaffende Intelligenz zerstört.

Zugleich mit dieser Erkenntnis kam die andere: daß individuelle Arbeit nur sinnvoll sein kann, wenn sie für die *Gemeinschaft*, für die Gesellschaft Sinn und Wert hat; wenn sie das Lebensniveau der Gesellschaft hebt, ihre innere und äußere Kultur bereichert. Wirkung und Auslösung individueller Kraft werden also wesentlich bestimmt sein müssen durch den Akzent, den sie in der Schule als *sozialer Arbeits- und Lebensform erfahren (in der Gruppe, Arbeitsgemeinschaft, Kameradschaft, Schulgemeinde).*

Der dynamische Bildungsbegriff wandelt grundsätzlich die *Bildungsaufgabe aller lehrplanmäßigen Unterrichtsgebiete*. Diese Wandlung vollzieht die Schule nicht von heut auf morgen, es muß zunächst genügen, daß sie den ernsten *Willen* in ihre Arbeit aufnimmt, die inneren Bildungswirkungen den äußeren vorzuziehen. Wie in der Wirtschaft die Qualität der Ware siegt, wie auf den Gebieten der geistigen Kultur (Literatur, Musik, Malerei, Architektur) „Schund", Mittelmäßigkeit, Gedankenlosigkeit, Schein und Oberflächlichkeit verworfen werden, so wird die Schule dem Seichten, Äußerlichen und Unwahrhaftigen entfliehen und zur ehrlichen Sachlichkeit zurückkehren. Erhöhte Verantwortlichkeit wird im allmählichen Anstieg die Umkehrung der Bildungsaufgabe vollbringen helfen. Ein grundstürzender Wandel vollzieht sich in unserer Kultur, innerhalb unseres gesamten sozialen Lebens. Die Schule wird in diesem Umformungsprozeß mit der Macht eines Naturgesetzes, aus der Bedingtheit ihres gesellschaftlichen Wesens unwiderstehlich hineingezogen.

In programmatischer Kürze seien die neuen Grundsätze und Richtlinien für die Lehrpläne wiedergegeben:

1. Bildungsaufgabe des deutschsprachlichen Unterrichts

Weckung der sprachlichen Formkraft, der Ausdrucks- und Gestaltungsfähigkeit im Kinde durch natürliche Nötigung zur sprachlichen Bewältigung der Welt seiner inneren und äußeren Erfahrung. Bildung des sprachlichen Stilgefühls, des Sprachsinns, Pflege des literarischen Geschmacks. Das Verhältnis zur deutschen Dichtung kann nur von einem *eigenen* Sprachleben und Spracherleben aus begründet werden.

Sprachwissenschaft (Sprachkunde, Sprachlehre) und *Sprechtechnik* (Stimmbildung, Vortragskunst) sind Hilfen zur Vervollkommnung des sprachlichen Ausdrucks. Sie nehmen eine durchaus *dienende* Stellung ein. Aufdringlich und zu früh an das Kind herangebracht, vernichten sie sprachliches Eigenleben, lähmen sie die sprachlich schöpferische Kraft.

Rechtschreibung ist kein Teil der Sprachbildungsaufgabe, ist schriftliche Verkehrstechnik. Ihre Erlernung erfolgt zwanglos mit dem Fortschritt des schriftlichen Ausdrucks. Als isolierte Zweckmäßigkeitsübung gehört sie auf höhere Stufen, wo ein sachliches Interesse des Schülers bereits besteht oder wachgerufen werden kann. Gründliche, auf Zeit beschränkte orthographische Übungen können im reiferen Alter die Sprachbildungsaufgabe nicht gefährden. Das heutige, über die ganze Schulzeit verteilte Verfahren zerstört das Sachinteresse im Kinde, läßt ein wirkliches Bildungsbedürfnis nach Rechtschreibung nicht entstehen.

Die Überwindung erster mechanischer *Leseschwierigkeiten* darf nicht vor dem Ende des zweiten Schuljahres erstrebt werden. Dem Arbeitstempo und Entwicklungsrhythmus des Kindes ist auch später Rechnung zu tragen. Ziel des *Lese-*

unterrichtes ist das *gestaltende* Lesen, nicht das „fließende, richtige" Lesen, das selbstverständlich ist.
Ziel des *Schreibunterrichts* ist *charaktervolle* Schrift, persönliches Schriftwerk*.

2. Bildungsaufgabe der handgestalteten Arbeit
Weckung aller formzeugenden und formbildenden Kräfte, der zeichnerischen und malerischen, der modellierenden und bauenden.

---

* Als Beispiel und Erläuterung der oben aufgestellten Grundsätze und Richtlinien für den Deutschunterricht diene der gleiche Abschnitt aus meinem Lehrplanentwurf vom Jahre 1922 (abgedruckt in der Allgem. Deutschen Lehrerzeitung) [*Wilhelm Pausen: Lehrplan für die Grundschule und Grundsätze für die Schularbeit überhuapt. In: Allgemeine deutsche Lehrerzeitung 51 (1922), S. 289-291*]:

Ziel jeder sprachlichen Erziehung ist Belebung des Sprachgefühls und Weckung sprachschöpferischer Kraft. Sprachkraft wird erzeugt durch Nötigung zur sprachlichen Bewältigung der Umwelt, ihrer Dinge und Erlebnisse. Je kräftiger der Lebenswille in einer natürlichen Umwelt einsetzt, desto kräftiger und gesunder der Sprachantrieb. Sandkiste, Wiese und Arbeitsbank sind sprachbildnerisch unendlich viel wertvoller als die Schulbank.

Ursprung der Sprache liegt in der Gemeinschaft. Der Zwang, auszudrücken, mitzuteilen, was in uns ist, was vorgeht in uns und außer uns, ist sprachzeugend schlechthin. Eine eigenlebige Gemeinschaft (Mutter und Kind, Familie, Klasse, Gesellschaft), in der der eine sich abhebt vom andern, ist die natürliche Sprachumwelt. In der sprachlichen Selbstbehauptung liegt der unabweisbare Sprachanreiz. Das Geheimnis der Sprachbildung ruht daher vornehmlich in der Ausnutzung der sprachbildenden Kräfte der Klassengemeinschaft.

Gemeinschaft bildet sich nur bei gemeinsamem Tun, um das Spiel, um die Arbeit, um ein Werk. Je williger und freudiger die Gemeinschaft geistig und körperlich tätig ist, desto kräftiger wird die Sprachentwicklung einsetzen. Wie der Rhythmus an der Arbeit erwacht, so der Sprachrhythmus am Ablauf der Dinge. Ohne inneren Sprachantrieb bleibt die Sprache Schall, Wort, Rede. Sprachnötigungen und Sprachveranlassungen zu schaffen, ist darum die bewußte Aufgabe des Sprachunterrichts. Das mündliche und schriftliche Mitteilungsbedürfnis, wie es in Vortrag, Brief und Aufsatz methodisch genutzt werden kann, bleibt somit ein hervorragendes Mittel der Sprachbildung und der Sprachbelebung. Nur darf das, was literarisches *Eigenwerk* des Kindes sein sollte, nicht zur Nachahmung und zur leblosen Übung erniedrigt werden. Unmittelbarkeit, Unbefangenheit, Formgestaltung müssen jeder schriftlichen Arbeit erhalten bleiben. Wer gegen Grundgesetze bildender Arbeit verstößt, vernichtet die Kraft, die das Werk erzeugt, hier die Sprache selbst.

Unschätzbaren Sprachantrieb erhält das Kind durch das Lesen der Werke deutschen Schrifttums. Ausdrucksvolles Lesen gibt dem Worte Klang, Rhythmus, Empfindung, Seele, all das zurück, was zu seiner Formung und Setzung führte. Ersteht es im Lesenden neu, so hat es die Sprachenergien ausgelöst, die ursprünglich zum Schaffen drängten. Ein solches Lesen ist kein „fließendes, richtiges Lesen", sondern ein gestaltendes Lesen. Es gibt kein anderes Lesen.

Der Zwang zum Lernen ist ausgeschlossen, Gedichte dürfen gedächtnismäßig nur freiwillig erworben werden. Eine Klasse wird um so mehr Gedichte „beherrschen", als sie starkes sprachliches Eigenleben entwickelt und schaffende Sprachkraft in ihr entfesselt wird. Das Kind muß überall sprechen wollen. Sprache ist die vollendetste Befreiung des Menschen von sich selbst. Kein ähnliches Ausdrucksmittel steht ihm zur Formung seines Seins so schnell und natürlich zur Verfügung. Darum ist die Sprache des Kindes so restlos gleich seinem Wesen. In ihr wirkt es sich aus. Ihre wesensursprüngliche Kraft und Schönheit gilt es zu erhalten.

Zeichnen und Malen ist formendes Vermögen, Ausdruck und Sprache in Farbe, Linien und Flächen (im zwei-dimensionalen Raum).

Modellieren, Basteln und Bauen ist formendes Vermögen, Ausdruck und Sprache im raumerfüllenden Material (im dreidimensionalen Raum).

Was vom sprachschöpferischen Vorgang gilt, von Formung und Gestaltung, von Stil und Geschmack, gilt, wie von jeder anderen schöpferischen Leistung, auch von der handgestalteten Arbeit. Das Kind muß sich mit ihr identifizieren, muß sich restlos in ihr verwirklichen, muß seine jeweilige höchste Ausdrucksform in ihr gefunden haben.

Die geschickte Bewältigung des *technischen* Vorgangs ist auch hier, obwohl Voraussetzung für die Vollendung der Handarbeit, kein wesentlicher Bestandteil der Bildungsaufgabe. Technik darf nicht getrennt vom Arbeitsvorgang in sinnloser, mechanischer Übung voreilig erzwungen werden. Der *Weg* zum fertigen Produkt mit seinen Erfahrungen und Enttäuschungen ist für die kindliche Entwickelung bedeutungsvoller als das reife Produkt selbst. Form- und Stilerlebnisse sind wichtiger als äußerlich angeeignete Technik. Facharbeit gehört in die Werkstätten der Oberstufe.

3. Bildungsaufgabe des mathematischen Unterrichts

Weckung der mathematischen Grundkräfte, des Zahlensinns, der Zahlanschauung, der Raumanschauung, der inneren Raumschau, der begrifflichen Durchdringung des Gesetzes von Zahl und Raum, des funktionalen Denkens, der Wertung des Zahlensymbols.

Rechenfertigkeit und Rechengeschicklichkeit sind auf die Bedürfnisse des praktischen Lebens unbedingt zu beschränken. Unsere Rechenbücher können 50-75% ihres Stoffes entbehren, müssen als Übungsbücher aber um das Zehn- und Zwanzigfache ihres Umfanges zunehmen. Erhöhte mathematische Bildung gehört in den Fachunterricht.

4. Bildungsaufgabe des erdkundlichen, naturkundlichen und geschichtlichen Unterrichts

Weckung aller forschenden Kräfte im Kinde, der analytischen und synthetischen. Wo immer möglich, muß das Kind Beobachter, Erkunder, Forscher, Entdecker, Statistiker und Sammler sein. Selbständigkeit und Selbsttätigkeit in Aufgabenstellung und Aufgabenlösung ist beherrschender Grundsatz aller Arbeit. Natur, Werkstatt, Laboratorium und Bibliothek sind die Quellbezirke persönlicher Erfahrungen

---

Wo starkes Sprachleben ist, kann Sprachbewußtheit es nicht unterdrücken. Sprachwissen, Grammatik, Orthographie, Sprechtechnik sind Hilfen zur Verfeinerung des Ausdrucks und zum Gestalten der Sprachformen. Aus dieser Aufgabe ergibt sich ihre *dienende* Stellung. Wo sie herrschen, zerstören sie sprachliches Leben oder lassen es unentwickelt.

und Erlebnisse, die Arbeitsstätten zur Gewinnung von Kenntnissen und Erkenntnissen. Von der Eroberung der *Heimat* in ihren natürlichen, gesellschaftlichen, wirtschaftlichen, kulturellen, geographischen und geschichtlichen Zusammenhängen führt der Weg zur Welt und Menschheit. Heimatanschauung wird Weltanschauung. Auf nutzloses, lückenlos angehäuftes Wissen wird grundsätzlich verzichtet. Natur- und Heimatliebe, wahrhaftige staatsbürgerliche Gesinnung (Gemeinschaftsbewußtsein) kann nur der *suchende*, sich einfühlende, nicht der unterrichtete Mensch gewinnen.

5. Bildungsaufgabe im Musikunterricht
Entfachung musikalischen Lebens, Weckung musikalischen Sinns und musikalischen Geschmacks. Die Jugend muß Lieder „finden" und singen, Musik „machen" und hören, um die musikalische Unkultur zu überwinden.

Stimmbildung und *Musiktheorie* haben nur insoweit Bedeutung, als sie die musikalische Eigen- und Nachschöpfung fördern.

6. Bildungsaufgabe der Körperkultur
Kraft, Gesundheit, Beherrschung des Körpers. Erhöhung des Lebensgefühls. Körperkultur ist Ausdruckskultur, Offenbarung menschlichen Wesens in Haltung, Gebärde und Bewegung, körperliche Manifestation des Geistes. Tanz, Spiel und Gymnastik erreichen ihre höchste Wirkungsmöglichkeit nur dann, wenn sie sich dieser letzten Zusammenhänge bewußt sind.

7. Bildungsaufgabe des Religionsunterrichts
Die religiöse Bildungsaufgabe wird von der zuständigen Glaubensgemeinschaft gesetzt.

8. Bildungsaufgabe des Moralunterrichts
Moral kann durch Sittenkodexe nicht übermittelt werden. Sittlichkeit will *gelebt* sein. Ein sittlicher Mensch bildet sich in der sittlichen Gemeinschaft. Die Unterrichtsgemeinschaft muß darum zur Lebensgemeinschaft werden. Dieser innerlich verbunden, wächst der jugendliche Mensch als verantwortliches Glied der Gesellschaft eigenwertig heran. Eines gesonderten Moralunterrichts bedarf es nicht, zumal jedes Unterrichts- und Arbeitsgebiet an der Formung des sittlichen Menschen regsten Anteil hat.

9. Bildungsaufgabe des staatsbürgerlichen Unterrichts
Der staatsbürgerliche Unterricht darf vom übrigen Unterricht nicht gesondert werden, er ist vor allem notwendiger Bestandteil des Geschichtsunterrichts. Die Schule hat nicht die Aufgabe, *Politiker* zu bilden, wohl aber *politische Menschen*, die

gewohnt sind, die individuelle und gesellschaftliche Situation ihrer Gemeinschaft zu überdenken, Gesetze zu finden und das Eigenrecht mit dem Gesamtrecht in willige Übereinstimmung zu bringen. Politisches Denken und Fühlen zu wecken (im unbefangenen, kritischen Sinne des Worts), ist die praktische Bildungsaufgabe der Schule. Lebensbedürfnisse zeitigen Bildungsbedürfnisse. Nur aus dem realen Lebensbedürfnis heraus können staatsbürgerliche Theorien begriffen werden.

10. Bildungsaufgabe eines weltanschaulichen Unterrichts
Die Schule hat nicht die Aufgabe, fertige Ideologien zu übermitteln. Sie hat der Jugend die *Mittel* zum Aufbau ihrer Welt zu reichen, vollendete Bildungs- und Erfahrungshilfe auch hier zu leisten. Nur so entsteht ein persönliches Weltbild. Weltanschauungen müssen im *Leben* erkämpft und erarbeitet werden.

*

Wesentlich in diesen Richtlinien ist die *Umkehrung* der Bildungsaufgabe: *Durch Bildung zum Wissen*. Wohl ist Wissen eine Macht, aber *Können* erst gestaltet die Welt.

Wesentlich in ihnen, nach der praktischen Seite, ist die scharfe Trennung zwischen *Bildungsaufgabe* und *Bildungstechnik*. Aus der Verletzung der Grundbeziehungen beider zueinander ergab sich der bisherige pädagogische Konflikt.

7. Karl Sturm:
Der Geschichtsplan der Karl-Marx Schule (1931)

Der von Karl Sturm[a] entworfene Geschichtsplan der Karl-Marx-Schule[b] wurde in der Zeitschrift „Aufbau" 4 (1931), S. 366-370, veröffentlicht. Er beinhaltet konkrete Vorschläge für Projekte in den einzelnen Klassenstufen.

Der moderne Geschichtsunterricht kann sich nicht mehr begnügen mit einer Bearbeitung der einzelnen Epochen der Weltgeschichte in chronologischer Reihenfolge. Ein Wissen von der Vergangenheit ohne lebendige Beziehung zur Gegenwart ist überflüssig. Verständnis der gesellschaftlichen Verhältnisse und Zusammenhänge unserer Zeit kann allein der Sinn des Unterrichts sein. Dadurch wird Geschichte zum zentralen Fach der modernen Schule.

Die amtlichen Richtlinien weisen bekanntlich jeder Klassenstufe eine bestimmte Geschichtsepoche zur Behandlung zu, verlangen dabei allerdings, jede Möglichkeit staatsbürgerlicher Belehrung auszunützen. Das letztere scheint uns der einzig mögliche Anknüpfungspunkt für einen Lehrplan zu sein, der wirklich produktive Arbeit gewährleistet.

Die Arbeit des ersten Vierteljahres wird sich im wesentlichen um die Studienfahrt konzentrieren. Die auf der Fahrt gemachten Beobachtungen und Arbeiten werden in vielen Fällen den Ausgangspunkt für die planmäßige, erweiterte und vertiefte Arbeit des Jahres bilden.

*

Der Geschichtsunterricht auf der *Unterstufe*, vor allem in Quarta[c] , wo Geschichte zuerst als besonderes Fach auftritt, kann natürlich nur von der Umgebung des Kindes ausgehen und der Klärung einfacher Verhältnisse und staatsbürgerlicher Begriffe dienen und wird sich von dem Unterricht in den entsprechenden Stufen der Volksschule nicht unterscheiden.

Wir haben an der Karl-Marx-Schule auf Grund langjähriger Erfahrungen folgende allgemeine „Projects" für den Geschichtsunterricht auf den einzelnen

---

[a] Karl Sturm (1892-1968) war stellvertretender Schulleiter am Neuköllner Schulenkomplex, der ab 1930 den Namen Karl-Marx-Schule erhielt. 1933 wurde er dieses Amtes enthoben, konnte aber als Studienrat weiterarbeiten. Ab 1946 war er zunächst in der Schulverwaltung tätig; 1949 wurde er Professor für Geschichte und Direktor der Pädagogischen Hochschule Groß-Berlin, mußte jedoch aus Krankheitsgründen 1952 ausscheiden; siehe Ursula Basikow 1993, S. 237 ff.

[b] Zur Karl-Marx-Schule siehe auch den 5., 12., 22., 32., 33. und 34. Quellentext in diesem Band.

[c] VI (Sexta) = 5. Schuljahr, V (Quinta) = 6. Schuljahr, IV (Quarta) = 7. Schuljahr, U III (Untertertia) = 8. Schuljahr, O III (Obertertia) = 9. Schuljahr, U II (Untersekunda) = 10. Schuljahr, O II (Obersekunda) = 11. Schuljahr, U I (Unterprima) = 12. Schuljahr, O I (Oberprima) = 13. Schuljahr.

Klassenstufen aufgestellt. U III: das Land; O III: die Stadt; U II: der Staat; O II: das Agrarproblem, Staat und Kirche; U I: der bürgerliche Staat; OI: die Weltmächte, die Weltwirtschaft, die Arbeiterbewegung.

*

Auf der *Mittelstufe* liegt das Hauptgewicht auf der Erarbeitung des rein Tatsächlichen und der Erkenntnis der einfachen Zusammenhänge. Besonders sollen die Schüler vertraut werden mit der besonderen Arbeitsweise und den Arbeitsmitteln des Faches. Abgesehen von der Auswertung von Beobachtungen aus ihrer nächsten Umgebung oder auf Wanderungen und Studienfahrten, sollen sie lernen mit Atlanten, statistischen Jahrbüchern, Handbüchern, Darstellungen, Quellen usw. umzugehen. Es würden also etwa folgende Pläne für die einzelnen Klassen in Betracht kommen:

U III. 1. Vorbereitung der Studienfahrt. (Ziel möglichst ein Gebiet mit ausgeprägter landwirtschaftlicher Eigenart, etwa der Oder- und Warthebruch, Mecklenburg, die Lüneburger Heide.)
2. *Die landwirtschaftliche Produktion in Deutschland.* Unter den Gesichtspunkten: Besitzverhältnisse, Bearbeitung, Ertrag, Verwaltung, könnte man behandeln:
a) Garten und Siedlung in der Nähe der Stadt,
b) Bauerndorf,
c) Gutsdorf,
d) staatlicher und städtischer Grundbesitz.
Dabei müssen zum Verständnis der heutigen Zustände eine Reihe von historischen Fragen gründlich behandelt werden, z. B. die Kolonisation des Ostens, um die verschiedenen Siedlungsformen zu verstehen, oder Grundadel und Rittertum usw.

O III. 1. Studienfahrt in ein Gebiet, das das Studium frühkapitalistischer Produktionsformen ermöglicht, etwa das Heimindustriegebiet Thüringens oder des Erzgebirges, wobei gleichzeitig die Möglichkeit gegeben ist, Anlage, Verwaltung, soziale Gliederung kleinerer Städte kennenzulernen.
2. *Die heutige Großstadt, ihre sozialen Verhältnisse, ihre Verwaltung und geschichtliche Entwicklung.* Dabei wäre auszugehen von den Wohnverhältnissen der Schüler, von den sozialen Einrichtungen, die sie oder ihre Eltern in Anspruch nehmen, von der Arbeit und Organisation der Wohnungs- und Wohlfahrtsämter, der Verkehrsbetriebe, der Schulen, der Krankenhäuser usw. Ein anderer Ausgangspunkt wäre die berufliche Gliederung der Elternschaft der Klasse, der Schule, eines größeren Bezirks. Daran könnte sich eine Besprechung der Arbeitsmöglichkeiten,

der wichtigsten Betriebe usw. anschließen. Die Behandlung der Anlage der Stadt ergibt natürlich die Notwendigkeit der Erörterung historischer Fragen, z. B. das mittelalterliche Berlin, der Kampf zwischen städtischer und fürstlicher Macht, die Stadt der absoluten Fürsten usw.

U II: 1. Studienfahrt in ein Grenzgebiet oder in eine Stadt mit lebhaftem internationalem Handel, etwa Hamburg, Stettin oder Danzig.

2. *Aufbau, Verfassung und internationale Beziehungen des modernen demokratischen Staates.* Ausgangspunkt für die Aufstellung eines detaillierten Planes sollte stets ein aktuelles politisches Ereignis sein, also etwa die Aufrollung der Korridorfrage, wobei das Problem der deutschen Ostgrenze seit den Teilungen Polens, die Verträge in Versailles und Locarno behandelt werden müßten. Oder es ließe sich ausgehend von den neuesten deutsch-französischen Verhandlungen ein Plan über die Entwicklung der deutsch-französischen Beziehungen aufstellen. Innenpolitische Ereignisse, wie Wahlen, Volksentscheid, Regierungsrücktritt, Notverordnung geben Anknüpfungspunkte, um lebendige Staatsbürgerkunde zu treiben und die Schüler mit Verfassung, Gesetzgebung, Verwaltung des Staats bekannt zu machen.

O II: 1. Studienfahrt in ein Gebiet mit möglichst hochentwickelter Landwirtschaft, um Betriebsformen auf wissenschaftlicher Grundlage kennzulernen, wenn möglich nach Dänemark oder Holland, sonst nach Schleswig-Holstein oder Oldenburg.

Wenn das Problem Staat und Kirche zunächst im Vordergrund steht, Studienfahrt in eine katholische Gegend, etwa Köln-Trier oder Bamberg-Würzburg.

2. *Die heutige Agrarkrise und ihre Ursachen.* Die Lage der Landwirtschaft in Deutschland im Vergleich mit anderen wichtigen Agrarländern. Die Mittel zur Bekämpfung der Krise. Osthilfegesetz. Umschuldung. Schutzzoll. Umstellung auf Erzeugung von Edelprodukten (Dänemark, Holland), Kollektivierung (Rußland). Die wirtschaftliche und politische Organisation der Landwirtschaft. Agrarkrisen in der Vergangenheit. Solon. Die Gracchen. Die Latifundienwirtschaft der römischen Kaiserzeit. Die Bauernunruhen im 16. Jahrhundert. Die Stein-Hardenbergische Gesetzgebung. Die Umwälzungen in den Agrarverhältnissen Englands (Enclosures, Pachtsystem, Kornzölle, Freihandel). Die russische Revolution und die Umstellung der Landwirtschaft.

3. *Staat und Kirche.* Die kirchlichen Verhältnisse in Deutschland. Schule und Kirche. Die Kirche in der Reichsverfassung. Die Konkordate mit

der evangelischen und katholischen Kirche. Die Stellung der politischen Parteien zur Kirche. Die Auseinaussetzung zwischen Staat und Kirche im Mittelalter und in der Reformationszeit. Die englische Staatskirche und die Freikirchen. Die Verhältnisse in den romanischen Ländern, besonders in Frankreich. Die jüngste Entwicklung in Spanien.

U I:
1. Studienfahrt in eine der großen Städte, die ein lebendiges Bild von der Kultur des Absolutismus vermitteln, wenn möglich nach Paris oder Wien, sonst kämen etwa München oder Dresden in Frage.
2. *Der bürgerliche Staat. Seine wirtschaftlichen und politischen Grundlagen. Seine Staatstheorie.* Ausgangspunkt der Arbeit sind auch hier aktuelle Fragen, wie z. B. Notverordnung und Verfassung oder das parlamentarische System in den west- und mitteleuropäischen Staaten. Es käme nun darauf an, die gesellschaftlichen Kräfte zu untersuchen, die ihren Ausdruck in den modernen Vcrfassungsurkunden gefunden haben. Es ließen sich also folgende Themenreihe aufstellen: Das Bürgertum im Kampf gegen Absolutismus und Feudalismus. Die englischen Revolutionen. The Bill of Rights. Der amerikanische Unabhängigkeitskrieg. Declaration of Independence. Die französische Revolution. Die verschiedenen Revolutionsverfassungen. Die Revolution von 1848 und die Frankfurter Verfassung. Schließlich wäre festzustellen, welche Grundsätze dieser Verfassungen noch in der Weimarer Verfassung enthalten sind und welche gesellschaftlichen Kräfte dafür maßgebend sind. Das würde weiter zu einer Behandlung der bürgerlichen Parteien und ihrer Stellung zum Staat und zur Verfassung und zur Erörterung der Ideologie vor allem des Liberalismus führen, etwa: Locke, Montesquieu, Rousseau, Fichte, W. v. Humboldt, Treitschke, Friedrich Naumann, Hugo Preuß.
3. Ebenso kann man von einem *wirtschaftlichen Gesichtspunkt* ausgehen, z. B. dem Prozeß der Vernichtung des Mittelstandes. Dabei wäre, ausgehend von der heutigen wirtschaftlichen Lage der Gewerbetreibenden, ihrer politischen Vertretung und der entsprechenden Gesetzgebung die geschichtliche Rolle der Manufaktur zu untersuchen, also: der Merkantilismus in Frankreich und Preußen, die industrielle Revolution in England und die Wirtschaftskrise in Deutschland nach 1815. Die Entwicklung der Gewerbeordnung. Das Wirken Friedrich Lists. Die Lektüre des „Geschlossenen Handelsstaates" von Fichte, einiger Schriften von List und vor allem der Kapitel des Marxschen „Kapital" über die Manufaktur könnten zu einer gründlichen Erörterung der Probleme führen.

0 I. 1. Studienfahrt, wenn irgend möglich, nach London, um die Zentrale des britischen Weltreiches und einen der wichtigsten internationalen Börsen- und Handelsplätze kennenzulernen.
2. In dieser Klasse drängt sich eine besonders große Anzahl von Themen zur Behandlung auf. Das Hauptthema wird heute natürlich die *Weltwirtschaftskrise* sein. Ein sehr wichtiges Arbeitsmittel wird dabei der Handelsteil der großen Tageszeitungen sein. Als besondere Themen würden sich etwa ergeben: die Kapitalkonzentration, die Währungsfrage, die Arbeitslosigkeit, Freihandel – Schutzzoll, die Reparations- und Kriegsschuldenfrage, die Rationalisierung u. a. Bei Behandlung dieser Fragen ist die Lektüre entsprechender Kapitel des „Kapital" oder von Hilferdings „Finanzkapital" für das Verständnis der Probleme sehr förderlich.
3. Als Hauptthema nach der politisch-historischen Seite hin käme in Frage: *Die imperialistische Politik der Großmächte in der Vor- und Nachkriegszeit*. Hierbei ist natürlich Beschränkung auf einige der wichtigsten Probleme notwendig, z. B. Dreibund – Entente – Kriegsausbruch – Kriegsschuld – Sicherheits- und Minderheitenfrage; die deutsche Ost- und Westgrenze; die Großmächte und der Ferne Osten; die Spannungen innerhalb des britischen Reiches, mit besonderer Berücksichtigung Indiens; die Vereinigten Staaten und Europa; Rußland und seine Stellung zu den Großmächten; Friedensschlüsse und Bündnissysteme seit dem Wiener Kongreß usw.

Der vorliegende Plan soll weder Maximal- noch Minimalplan sein. Er soll lediglich die Richtung zeigen, in der gearbeitet werden kann. Es kommt nicht auf die Menge des Stoffes an, der durchgearbeitet wird, sondern darauf, daß der Schüler Einblick in die Dialektik der Geschichte gewinnt, daß er kritisch und sachlich zu dem historischen Geschehen unserer Zeit Stellung zu nehmen vermag.

4 Schulorganisatorische Rahmenbedingungen

„Die Volksschule ist nach dem Reichsgrundschulgesetz in den vier untersten Jahrgängen als die für alle gemeinsame Grundschule einzurichten, auf der sich auch das mittlere und höhere Schulwesen aufbaut. Die Volksschule ist also der übergeordnete, der die Grundschule mitumfassende Begriff." (Kaestner 1928, S. 105)

Die sei Anfang des 20. Jahrhunderts formulierte Forderung der Sozialdemokratie nach einer nicht konfessionellen Einheitsschule[1] ließ sich in der Weimarer Reichsverfassung von 1920 nur im Artikel 146, 1 mit der Verpflichtung zum Besuch der Grundschule für alle Kinder[2] und im Artikel 149, 2 mit dem Recht realisieren, eine konfessionelle Erziehung ablehnen zu dürfen. Damit war dann die Notwendigkeit entstanden, sogenannte Sammelklassen und -schulen für die Kinder einzurichten, die vom Religionsunterricht abgemeldet wurden. Diese „weltlichen Schulen" waren oftmals „der Hort und die Stützpunkte der *Schulreform*", wie der Berliner Stadtschulrat Jens Nydahl[3] konstatierte (Nydahl 1928, S. 49, Hervorhebung J.N.).

Für den Aufbau der Republik wurde eine größere Autonomie für die Schulen, mehr Selbständigkeit für die Lehrkräfte, mehr Freiheit für die Schülerinnen und Schüler und die Beteiligung der Eltern als notwendig erachtet. Auch die herkömmliche Organisation des Unterrichts mit festen Lehr-, Stunden- und Raumplänen, mit Jahrgangsklassen und Geschlechtertrennung, mit einer auf den Frontalunterricht ausgerichteten Sitzordnung, mit streng hierarchischen Abläufen und Ritualen sowie die Schulordnungen waren erneuerungsbedürftig. Diese Schulreform wurde „von oben" durch bildungspolitische Entscheidungen und administrative Verfügungen herbeigeführt und sah in der Grundschule einen Gesamtunterricht mit heimatlichem Anschauungsunterricht im Mittelpunkt und in allen Schulen Arbeitsunterricht, staatsbürgerliche Erziehung und die Förderung der künstlerischen und körperlichen Erziehung vor (Messer 1926, S. 174 ff., S. 196 ff.). Während die Umsetzung der Reformgedanken in der höheren Schule in den Jahren der Weimarer Republik die Ausnahme blieb, hat sich vor allem auf der Volksschulebene vieles konkretisiert (siehe 5. Schulkonzeptionen in diesem Band). Am Beispiel der von Wilhelm Paulsen erstellten „Richtlinien und Grundsätze, nach denen die Versuchsschulen (Lebensgemeinschaftsschulen) einzurichten sind", die vom Provinzialschulkollegium am 8. 6. 1923 - II Nr. 2183/23 - verfügt wurden,[4] kann das verdeutlicht werden. Neben den allgemeinen Vorschriften und der Verfassung der Lebensgemeinschaftsschule mit der Einrichtung von Gremien für Lehrer, Eltern und Schüler befaßte sich ein Abschnitt mit der pädagogischen Arbeit dieser Schulen, die eine relative Freiheit in der Unterrichtsgestaltung und eine besondere Prägung jeder einzelnen Schule ermöglichten: Gesamtunterricht, „schöpferische Arbeit der Hand und des Geistes", keine verbindlichen Stoffpläne, stattdessen Arbeitspläne der Lebens- und Arbeitsgemeinschaften, jedoch keine Stundenpläne, denn: „Für den Fortgang der Arbeit ist das wechselnde Bedürfnis der Gemeinschaft und der natürliche Ablauf der Arbeit selbst, d. h. der aller wissenschaftlichen, künstlerischen und technischen Arbeit innewohnende gesetzmäßige Zwang zur Vollendung, entscheidend." (Zit. nach: Hansen-Schaberg / Schonig 2002a, S. 126) Die einzelnen Schulen konnten eigene Formen entwickeln, wie sie die für die Volksschule vorgeschriebene Stundenzahl verteilen wollten, mußten jedoch die allgemeinen Bildungsziele auf der Unterstufe nach 4 Jahren, auf der Oberstufe nach 6 und 8 Jahren erfüllt haben (ebd., S. 126).[5] So wurden die Stunden z.B. auf die sogenannten Arbeits- und Lebensgemeinschaften verteilt, wobei die letzteren „Stätten des gemeinschaftlichen Lebens und der gemeinschaftlichen Arbeit, Stätten der Allgemeinbildung" sein sollten, während in den Arbeitsgemeinschaften eine Vertiefung der besonderen Begabungen und Neigungen der Kinder in den Gebieten des Wissens, der Kunst, der Handarbeit, der Leibesübungen und für fremde Sprachen je nach Wunsch der Schulen erfolgen sollte (ebd., S. 126).

Konkret sah das so aus: Nach der Anerkennung als Lebensgemeinschaftsschule wurde die Auflösung des bisherigen Stundenplans und an seiner Stelle ein Arbeitsplan beschlossen. An der 20. Schule (Spandau) sah er für die Schuljahre 1-4 Gesamtunterricht und ab dem 5. Schuljahr wöchentlich 18 Stunden Gesamtunterricht und mindestens 12 Stunden Kursunterricht[6] vor, so daß jedes Kind die gesetzlich vorgeschriebene Stundenzahl an Unterricht erhielt (Konferenzprotokollbuch 20. Schule, 15.5.1923, zit. nach Hansen-Schaberg 1999a, S. 97). Die Stunden der Klassenlehrerin bzw. des Klassenlehrers wurden nicht fachspezifisch festgelegt, sondern als Gesamtunterricht eingesetzt, was die Untersuchung eines Unterrichtsgegenstandes z.B. unter geschichtlichen, geographischen, naturwissenschaftlichen und deutschkundlichen Aspekten ermöglichte (siehe 6. Didaktisch-methodische Überlegungen in diesem Band). Die Kurse, die zunächst in reicher Zahl für wissenschaftliche und technische Aufgaben geplant wurden, sollten besondere Interessensgebiete berücksichtigen und wurden „für Befähigte" und „für weniger Begabte" eingerichtet (ebd., S. 97 f.). Über die einzelnen Kurse, anfangs Musik / Chorgesang, Chemie, Englisch, Algebra, Stenographie, Gymnastik, Turnen, Modellieren, Skizzieren, Rundschrift, wurden – laut Protokoll – regelmäßig Arbeitsberichte gegeben (Konferenzprotokollbuch 20. Schule, 29.9.1923, ebd., S. 98). Jedoch wurden die Kursstunden schnell zugunsten der Lebensgemeinschaftsstunden, nämlich für Literatur, Rechnen, Erdkunde und Geschichte, körperliche Ausbildung und Ertüchtigung vermindert, da sich eine Anzahl von Kindern den Kursen entzog und unbeschäftigt lärmte (Konferenzprotokollbuch

20. Schule, 14.6.1923, ebd., S. 98).[7] In einigen Versuchsschulen wurden jahrgangsübergreifende Gruppen gebildet, z.b. in der Humboldtversuchsschule in Chemnitz (Pehnke 2002) und in der Universitätsübungsschule in Jena (Petersen 1930; siehe Hansen-Schaberg / Schonig 2002c).

Ein „Sitzenbleiben" war grundsätzlich ausgeschlossen, Zensuren wurden nicht gegeben, die Erteilung von Zeugnissen wurde prinzipiell abgelehnt und in der üblichen Form nur bei der Schulentlassung für Bewerbungen um Lehr- oder Arbeitsstellen bzw. für die Aufnahme an weiterführende Schulen ausgestellt; ansonsten bekamen die Eltern zum Schuljahresende einen ausführlichen mündlichen und kurzen schriftlichen Bericht, der sich auf die Mitarbeit und den Leistungsstand beschränkte (Organisation und Arbeit, o.J., Bl. 13, siehe 11. Quellentext in diesem Band). Die Beurteilung der Arbeiten wurde gemeinsam durch die Lehrerin oder den Lehrer und die Kinder vorgenommen; in der Auseinandersetzung sollte die Relativität jedes Urteils erkannt werden, damit Schwächen in der Leistung nicht zur Entmutigung und Trägheit führen (31. Schule, Unsere Auffassung, 1929, S. 13, zit. nach Hansen-Schaberg 1999a, S. 99).

Im Fall der Lebensgemeinschaftsschulen und der Sammelschulen trafen sich die Initiativen einer „Schulreform von unten", von der Basis her, und einer „Schulreform von oben" (Haubfleisch 1994, S. 125). Auswirkungen hatten diese Bestrebungen auf die Volksschule insgesamt, wie anhand des Berichts über den 1. Kongreß der „Internationalen Vereinigung der Lehrkräfte" in Berlin zum Thema „Die neuzeitliche deutsche Volksschule" (1928) und des Führers durch die gleichnamige Schulausstellung (1928) abzulesen ist, in denen die Innovationen im Schulwesen, in einzelnen Fächern, in Schulreformversuchen und Versuchsschulen vorgestellt werden.

Auf das höhere Schulwesen bezogen, barg vor allem die Form der Aufbauschule die Chance in sich, reformpädagogische Unterrichtsorganisation und Inhalte aufzunehmen, wie es für die von Fritz Karsen geleitete Schule (Radde 1999, S. 72 ff.) und auch für die Berliner 1. Studienanstalt für Mädchen mit angeschlossener Aufbauschule nachgewiesen wurde (Haubfleisch 1994, S. 120 f.). Für den Neuköllner Schulenkomplex gilt, ebenso wie für die Lebensgemeinschaftsschulen, daß das Reformwerk von „unten" initiiert und von „oben" sanktioniert wurde, vor allem durch den Kultusminister Carl Heinrich Becker (Radde 1999, S. 89; siehe 12. Quellentext in diesem Band). Aber es gab auch eine kleine Reform der Oberstufe des höheren Schulwesens in Preußen, nämlich den Erlaß vom 24.1.1922, der die Möglichkeit einräumt, den starren Bau der Oberstufen durch eine beschränkte Wahlfreiheit innerhalb einiger Fächer aufzulockern: *„Gruppenbildung* innerhalb der einzelnen Klassen, Einrichtung eines *Kernunterrichts,* um den sich frei gewählt Fächer gruppieren, wahlfreie *Arbeitsgemeinschaften,* endlich die Möglichkeit des Übergangs von einer Schulart zur anderen, wo zwei Schularten zu einer Doppelanstalt vereinigt sind" (Messer 1926, S. 192, Hervorhebung A.M.).[8] Franz Hilker[9] begriff dies als Chance zur Anbahnung eines innerlich differenzierten Einheits- und Volks-Schulwesen und entwickelte im Anschluß an einen Entwurf von Paul Oestreich[10] für das Werner-Siemens-Realgymnasium ein elastisches System für die Kern-, Ergänzungs- und Neigungsfächer (Hilker 1922, S. 146 ff.). Er regte zum Zwecke der Einfachheit und Wirtschaftlichkeit an, möglichst viele Oberklassen zusammenzulegen und sich zur Koinstruktion und Koedukation zu entschließen, kritisierte aber gleichzeitig die Vorläufigkeit derartiger Reformen: „Auch in ihrer freiesten Gestalt ist *die elastische Oberstufe nur Etappe*, nicht Endziel der organisatorischen Bestrebungen der entschiedenen Schulreform. Im Längsschnitt verlangt sie den *Ausbau der Mittelstufe* als einer experimentellen Arbeitsschule zur Feststellung der Begabung, im Querschnitt die fächerartige *Entfaltung eines allgemeinen Berufsschulwesens* künstlerischer, werktätiger, technischer und kommerzieller Art, dem sie selbst als wissenschaftliche Spezialität gleichberechtigt – nicht vorberechtigt – angehört." (Ebd., S. 149, Hervorhebung F.H.)

Hinsichtlich der praktischen Erprobung von Ansätzen zum Aufbau einer „elastischen Einheitsschule" kann die Lübecker Schulverwaltung zwei Versuche aufweisen: Erstens wurde an der als Versuchsschule anerkannten Oberrealschule zum Dom ab 1922 ein System der Kernfächer und Kurse entwickelt und praktiziert (Bader / Schwarz 1922, Schwarz 1924, Wiederabdruck in: Dieter Hoof 1969, S. 112-117, Schwarz 1933a, S. 286 ff.). Zweitens wurde ab 1929 eine „Vereinigte Volks- und Mittelschule mit angeschlossenen höheren Schulzügen" (Schwarz 1933a, S. 291 ff., Schwarz 1933b) für das 5. bis 7. Schuljahr erprobt, denn: „Wer will denn wirklich sagen, wohin das Kind von 10 Jahren gehört? Als 'geistig veranlagt' auf die höhere Schule, als 'leidlich begabt, aber nach der praktischen oder geschäftlichen Seite hin' auf die Mittelschule, als 'unbegabt' auf die Volksschule?" (Schwarz 1933b, S. 185) Zum Bedauern von Sebald Schwarz war es nicht gelungen, auch die Unterstufe des Gymnasiums in dieses System einzubeziehen (ebd., S. 189), aber die Ergebnisse der elastischen Schulform bewertete er als richtungsweisend für eine gerechtere Auslese (Schwarz 1933a, S. 294 ff.).

Die beiden ausgewählten Quellentexte beziehen sich auf die Organisation der Versuchsschularbeit einer Volksschule, nämlich einer geplanten Gemeinschaftsschule in Neukölln (1922, siehe 8. Quellentext in diesem Band), und einer höheren Schule, nämlich der Lichtwarkschule in Hamburg (1921, siehe 9. Quellentext in diesem Band). Gemeinsam ist ihnen die Koedukation, ein neuer Aufbau der Schule und des Unterrichts, die Entwicklung eines Schullebens und die Installierung von Mitbestimmungsmöglichkeiten (siehe auch 9. Demokratie in diesem Band).

[1] Zur Geschichte und Entwicklung der Einheitsschule siehe Helmut Sienknecht 1968.
[2] Zur Bedeutung dieses Gesetzes siehe Bernd Zymek 1989, S. 165 ff.
[3] Zu Jens Nydahl (1883-1967) siehe Michael-Sören Schuppan 1993.
[4] Die „Richtlinien und Grundsätze, nach denen Versuchsschulen (Lebensgemeinschaftsschulen) einzurichten sind" (1923) wurden publiziert in: Karsen 1924, S.177 ff., Nydahl 1928, S. 53 ff.; Wiederabdruck des Quellentextes in dem von Inge Hansen-Schaber und Bruno Schonig herausgegebenen Sammelband (2002a, S. 125-127).
[5] Die Überprüfungen des Erreichens der Allgemeinen Bildungsziele, die nach dem Ministererlaß vom September 1927 - A III 1836 - auch die „Kenntnisse" und „Fertigkeiten" der Normalschule umfaßten, stellten sich dabei als Hemmnis für die Versuchsschularbeit heraus (Domdey 1929, S. 290).
[6] Zum Kursunterricht in den Lebensgemeinschaftsschulen siehe Gerd Radde „Ansätze eines Kursunterrichts an Berliner Lebensgemeinschaftsschulen" (1987).
[7] Diese Problematik wird beispielsweise auch von Kurt Zeidler (1921) für die Hamburger Wendeschule; siehe Quellentext in: Dieter Hoof 1969, S. 61-64; und von Philipp Schönherr 1924, S. 213 f., für die Leipziger Versuchsschule geschildert.
[8] Der Gedanke der Bewegungsfreiheit durch Wahlmöglichkeiten in der Oberstufe der höheren Schule wurde bereits ein Jahr später mit dem Erlaß vom 14.2.1923 beschnitten (Messer 1926, S. 192).
[9] Zu Franz Hilker siehe Gerd Radde 1995, siehe auch die Einleitung zu 1. Pädagogik „Vom Kinde aus" in diesem Band.
[10] Zu Paul Oestreich (1878-1959), Vorsitzender des Bundes Entschiedener Schulreformer, siehe Wolfgang Ellerbrock 1992; siehe auch die Quellentexte in: Dietrich Benner/ Herwart Kemper 2001, S. 465-502.

Quellentexte

8. Richtlinien für die Organisation der Gemeinschaftsschule in Neukölln (1922)

Ohne Autorenangabe wurden die Richtlinien für die Organisation der Gemeinschaftsschule in Neukölln 1922 als Anlage 5 (S. 35 f.) in der von Ernst Engel verfaßten Schrift „Die Gemeinschaftsschulen (Hamburg und Berlin)" im Schulwissenschaftlicher Verlag A. Haase Prag, Leipzig, Wien 1922 veröffentlicht. Es handelt sich bei der 31. Schule um eine Knabenschule, die mit der benachbarten 32. Schule, einer Mädchenschule, zu einer koedukativen Gemeinschaftsschule ausgebaut werden sollte. Sie wurde am 10. 4. 1923 als Lebensgemeinschaftsschule anerkannt.[a]

Die von den Vertretern der Elternschaft und den Lehrerkollegien der 31./32. Gemeindeschule in Neuköln eingesetzte Kommission hat in Ausführung ihres Auftrages, Maßnahmen zur sofortigen Organisation einer Gemeinschaftsschule vorgeschlagen, folgende Richtlinien dafür aufgestellt:

Der Lehrkörper der Gemeinschaftsschule
1. Da für eine Gemeinschaftsschule ein pädagogisch einheitlicher Lehrköper Grundbedingung ist, so ist die Aufstellung eines Wahlkollegiums notwendig.
2. Die Elternschaft ersucht deshalb die Schulverwaltung des Bezirks 14[b], bei der Auswahl der Lehrer für die neue Schule namentliche Vorschläge von seiten der Elternschaft zu berücksichtigen.
3. Die Schulverwaltung unterstützt das Bemühen zur Sammlung von Lehrern, die zur Mitarbeit bereit sind, durch einen Aufruf an alle Lehrer Neuköllns.

Schulorganismus der Gemeinschaftsschule
A. Der Aufbau der Schule
1. Die 31./32. Gemeindeschule werden verschmolzen. Knaben und Mädchen werden gemeinsam erzogen. Für die Übergangsjahre gilt auf der Mittel- und Oberstufe der Wille der Eltern.
2. Aus pädagogischen und technischen Gründen wird der gesamte Schulkörper in Einklang mit den Reifungsstadien des Schulkindes in einen Unter-, Mittel- und

---

[a] Zur organisatorischen Realisierung der Koedukation an dieser Schule siehe Inge Hansen-Schaberg 1999a, S. 93-97.
[b] In Berlin waren die Bezirke numeriert: Der Bezirk 14 ist Neukölln.

Oberbau gegliedert. Der Schule vorausgehen soll ein Kindergarten, ihr nachfolgen eine Aufbauschule bis zum 18. Lebensjahr.
Angestrebt wird die Weiterführung der Aufbauschule in eine Volkshochschule oder Hochschule.

B. Die Lebensgemeinschaften
1. An Stelle der starren Klassenverbände nach Jahrgängen tritt der bewegliche Zusammenschluß der Kinder nach Gemeinschaftsrücksichten.
2. Die Kinder schließen sich aus freier Wahl an einen Lehrer an und bilden so eine Lebensgemeinschaft. Umgruppierungen sind jederzeit zulässig.
3. Um die Neugliederung der Schülerschaft möglichst reibungsvoll sich vollziehen zu lassen, bilden sich Lebensgemeinschaften tunlichst im Anschluß an eine schon bestehende Klassengemeinschaft, bei der Prinzip der Unveränderlichkeit von nun an wegfällt.
4. Im allgemeinen soll eine Lebensgemeinschaft aus psychologischen Gründen nur Kinder einer Reifungsstufe umfassen, jedoch werden Kinder auf besonderen Wunsch in ihrer Freizügigkeit über das ganze Schulsystem hin nicht behindert werden.
5. Ziel der Lebensgemeinschaften ist die Entwicklung des Kindes zur kulturell ausgeprägten Persönlichkeit durch das Mittel des Gemeinschaftserlebnisses und der wechselseitigen Förderung durch Lehrer und Mitschüler.

C. Die Arbeitsgemeinschaften
1. Weil der Mensch nur Kultur entwickeln kann, indem er auch mit der Gesamtkultur in einen lebendigen Zusammenhang tritt und weil ferner dieser Zusammenhang nur durch Erarbeitung der Kulturtradition erzeugt werden kann, treten die Schüler unabhängig von den Lebensgemeinschaften zu besonderen Arbeitsgemeinschaften zusammen, deren Aufgabe die Vertiefung in bestimmte Kulturprobleme ist.
2. Auch hier erfolgt die Verbindung nach freier Wahl, jedoch wird um der Arbeitsfähigkeit dieser Vereinigungen willen die Freizügigkeit nach erfolgter Entscheidung erheblich eingeschränkt werden müssen.
3. Die Anregung zu bestimmten Stoffen erfolgt durch Schüler und Lehrer. Die Auswahl der Stoffe ist nur begrenzt durch ihren Kulturwert und durch die Fassungskraft der Kinder.

D. Die Kurse
Damit die Kinder auch mit den lebensnotwendigen Kenntnissen und Fertigkeiten ausgerüstet werden, richtet sich die Gemeindeschule, namentlich auf Unter- und Mittelstufe, Kurse für Lesen, Schreiben und Rechnen ein, an deren Teilnah-

me die Kinder verpflichtet sind. Es sollen zum mindesten die Erfolge der Volksschule erreicht werden.

Die Verwaltung der Gemeinschaftsschule
1. An der Spitze der gesamten Schule steht ein von der Schulgemeinde auf Widerruf gewählter Schulleiter. Er vertritt die Schule nach außen hin und hält den Verkehr mit der Behörde aufrecht. Sein Verhältnis zu dem Kollegium wird im Sinne des Gedankens der kollegialen Schulleitung geregelt.
2. Die Gemeinschaftsverbände (Unter-, Mittel- und Oberstufe) sind relativ selbständig. Die Verbandsgemeinde, vertreten durch Eltern, Schüler und Lehrerkollegium, wählt einen Vertrauensmann, der die einheitliche pädagogische Arbeit des Verbandes verbürgt.
3. Jeder Lehrer ist in seiner Arbeit absolut selbständig. Das Kollegium erstattet der Schulgemeinde Bericht über seine Arbeiten und Absichten.
4. Die Vertreter der Schulgemeinde bilden zusammen mit dem Lehrerkollegium den Schulrat, der die beschließende Instanz für die Gesamtschulangelegenheiten ist.

Zum Zwecke einer gedeihlichen Zusammenarbeit erstattet das Kollegium der Schulgemeinde Bericht über seine Arbeiten und Absichten.

9. Die Lichtwarkschule in Hamburg (1921)
Erreichtes und Gewolltes

Der Lehrkörper der Lichtwarkschule[a] verfaßte den im folgenden abgedruckten Textausschnitt über die Konzeption ihrer 1921 gegründeten höheren koedukativen Versuchsschule, die in dem von Gustav Porger herausgegebenen Sammelband „Neue Schulformen und Versuchsschulen" 1925 (S. 148-154) im Verlag Velhagen & Klasing Bielefeld und Leipzig veröffentlicht wurde.

1.
Die Lichtwarkschule, aus der früheren Realschule in Winterhude hervorgegangen, ist eine *staatliche höhere Schule* mit festen wissenschaftlichen Lehrzielen und planmäßigem Unterricht, die zur Hochschulreife führt und Ostern 1924 die ersten Primaner zur Hochschule entlassen wird.

Sie trägt den Namen Alfred Lichtwarks[b], um damit zu bekunden, daß sie Unterricht und Erziehung auf heimatlicher Grundlage und mit besonderer Berücksichtigung der kulturellen Aufgaben der Zeit lebensvoll gestalten will.

2.
Die Lichtwarkschule öffnet sich entschlossen dem Geiste der neuen Schulreform, die nach den ernst und eindringlich erhobenen pädagogischen Forderungen der Gegenwart sich nicht – wie die Reformen der Jahre 1890 und 1900 – darauf beschränken darf, eine paar äußere Formen zu verändern, sondern das ganze Schulleben ergreifen muß.

a) Aufbau der Schule
3.
Vom Leben – von seinen objektiven Gemeinschaftswerten wie von seinen mannigfaltigen seelischen Kräften – aus versuchen wir, dem Aufbau des Unterrichts, der den Mittelpunkt unserer wie jeder Schule darstellt, eine den verschiedenen Begabungsrichtungen möglichst angenäherte Biegsamkeit zu geben.
4.
Dies geschieht durch die *Kurse*, welche aus einem für alle verbindlichen, die Grund-

---

[a] Zur Lichtwarkschule siehe „Die Lichtwarkschule in Hamburg" (1928), Reiner Lehberger 1996 und Joachim Wendt 2000.

[b] Alfred Lichtwark (1852-1914), Kunsthistoriker und Kunstpädagoge, Direktor der Hamburger Kunsthalle und einer der Initiatoren der Kunsterziehungsbewegung; siehe die von Hermann Lorenzen herausgegebene Quellentextsammlung „Die Kunsterziehungsbewegung" (1966).

lage schaffenden „Kernunterricht" von der Untertertia an *planmäßig* entwickelt werden – sofern sie nicht ein im Kernunterricht fehlendes Gebiet behandeln – lediglich der Vertiefung des bereits Erarbeiteten dienen. Erkannte Begabung und starke Neigung erhalten rechtzeitig, im Einverständnis mit dem Elternhause, freie Bahn. Dabei ist vorgesehen, daß die gewährte Freiheit keinen Schüler sich vorzeitig auf einer bestimmten Bahn festfahren läßt. Bei einem zwölfjährigen Untertertianer, der zwei Jahre hindurch Unterricht im Englischen als einziger Fremdsprache gehabt hat, läßt sich erkennen, ob er sprachlich begabt ist. Nur bei erkannter Anlage wird er daher von Untertertia an Französisch treiben. Stellt sich aber nun in späteren Jahren Neigung zu Sprachen heraus, dann kann der Schüler noch als Obersekundaner Latein und Spanisch wählen.

5.
Es tritt demnach als erster Kurs Französisch in Untertertia auf, und die Kursteilnehmer sind in entsprechender Stundenzahl entlastet. Die Schule sucht es streng durchzuführen, daß keine Kurs zu einer Mehrbelastung der Teilnehmer wird, indem sie im ganzen Unterrichtsplan auf einen steten Ausgleich zwischen dem Kurs- und dem allen gemeinsamen Kernunterricht hält.

6.
Von der Untersekunda an bietet der Unterrichtsplan dem Schüler die Möglichkeit, seine Schulbahn während der vierjährigen Oberstufe aus drei Zügen (naturwissenschaftlich-mathematischer, deutschkundlicher, fremdsprachlicher Zug) frei zu wählen. An jeder anderen höheren Schule wäre der Schüler gezwungen, acht bis neun Jahre lang einen Lehrplan hinzunehmen, ohne daß sich je ein Zeitpunkt einstellt, an dem er sich seiner geistigen Entwicklung gemäß, ohne erheblichen Zeitverlust, neu entscheiden kann. Jede Entscheidung führt dabei unsere Schüler zu einer Schulbahn, die in ihrer Gesamtheit vollwertig neben der jeder entsprechenden höheren Schule steht. Die Ausbildung, die unsere Schüler sich erwerben, entspricht derjenigen, welche ihnen eine Oberrealschule, ein Realgymnasium oder eine Deutsche Oberschule[c], die nur eine verbindliche Fremdsprache lehrt, vermitteln würde. [...]

7.
Die Kurse der Lichtwarkschule gleichen in ihrem wissenschaftlichen Wert und pädagogischen Ernst durchaus den seit Jahrzehnten an zahlreichen preußischen höheren Lehranstalten, besonders an Gymnasien eingerichteten, die dort in den beiden obersten Klassen (Unter- und Oberprima) die sogenannte „freiere Ge-

---

[c] Oberrealschule, Realgymnasium, Deutsche Oberschule und Gymnasium waren die Typen der höheren Schule in der Zeit der Weimarer Republik.

staltung des Unterrichts" ermöglichen. Was aber dort nur einen Anfang, bisweilen nur Nebenwerk bedeutet, das ist – es sei nochmals betont – an der Lichtwarkschule planvoll in den Dienst einer wahren „Bewegungsfreiheit" gerückt.

8.
Der *Kernunterricht*, der vom Grundunterricht der ersten Jahre aus bis in die höchste Stufe fortgeführt wird, soll dem Schüler die Grundlage schaffen, auf welcher er sich, seiner Begabung gemäß, frei entfalten kann. Wir wollen nicht nur Stoffbewältigung, sondern vor allem Entwicklung der Kräfte – der Urteilskraft, der Phantasie, des Willens usw., natürlich auch – nur nicht lediglich – des Gedächtnisses – , und da wir im Schüler den Mittätigen und womöglich Selbsttätigen erblicken, so erscheint es uns als dringliche Pflicht, den Lehrstoff zugunsten wirklicher Verlebendigung, Durchdringung, Vertiefung auf das Wesentliche und Wichtigste zu beschränken und, soweit und auf welche Art wir nur immer können, Verbindung zwischen den verschiedenen „Fächern" herzustellen.

9.
Unser neues Schulhaus wird sich – so hoffen wir – in nicht allzu langer Zeit unmittelbar am bewaldeten Teil des *Stadtparkes* und in größter Nähe seiner weiten Spielflächen erheben.

10.
In der langen Zeit des Wartens auf das neue Haus kamen wir immer deutlicher zu der Einsicht, daß eine derart günstig gelegene Schule die Möglichkeit biete und demnach die Verpflichtung auferlege, höhere erzieherische Ziele zu stecken, als es sonst der Großstadtschule möglich ist.

11.
Zunächst in der körperlichen Erziehung: *freiwillige Gruppen* unserer Schüler können mittags in der Schule gespeist werden, um nachmittags zu Sport und Spiel beisammen zu bleiben. Die Führung dieser Gruppen übernehmen neben Lehrern der Schule Studierende, die den Lehrerberuf wählen und sich in dieser Tätigkeit als Gruppenführer auf ihre Eignung zum Umgang mit Kindern und Jugendlichen erproben wollen. Eine feste Beziehung zur Universität an diesem Punkte und die Einfügung der praktisch-erzieherischen Probezeit in den Studiengang der künftigen Lehrer werden sich herstellen lassen. Die Gruppenführer gehören während der Zeit ihrer Tätigkeit der Schulgemeinde (Abs. 19) als ordentliche Mitglieder an.

12.
Natürlich soll es sich nicht nur um Spiel- und Sportgruppen handeln; den Neigungen und Fähigkeiten der Gruppenführer gemäß werden wissenschaftliche, handwerkliche, künstlerische Absichten zur Gruppenbildung führen.

13.
Aufsicht und Pflege des nachmittäglichen Gruppenlebens übernehmen die Lehrer.

14.
Es ist aus diesem Grunde wie überhaupt für die Verlebendigung des Schullebens von entscheidender Wichtigkeit, daß ein beträchtlicher Teil des Lehrkörpers unmittelbar an der Schule wohnt. Je früher begonnen werden kann, die Vorbedingungen dazu für die neue Schule zu schaffen, umso besser.

15.
Ansätze zu solchem Gruppenleben zeigen sich schon jetzt in Handwerk, Gartenbau, Musik; sie werden sich entwickeln, sobald wir im neuen Bau aus der Raumbeschränkung befreit und dicht an den Stadtpark gerückt sind; sie müssen zu großer Blüte gelangen, wenn es uns gelingt, neben der Einrichtung der mittäglichen Speisung die Zahl der vormittäglichen Unterrichtsstunden einzuschränken und die bisherigen „häuslichen Arbeiten" im wesentlichen den Schulvormittag einzufügen, womit zwei allgemeine Forderungen der Zeit entsprochen wäre.

16.
Es eröffnet sich dann auch die Möglichkeit, Gruppen aus Schülern anderer Schulen der Schulgemeinschaft Winterhude dem Gruppenleben der Lichtwarkschule einzugliedern.

17.
Wir unterscheiden also:
1. für alle verbindlichen *Kernunterricht*,
2. wahlfreie *Kurse*,
3. völlig frei entstehende (Nachmittags-) *Gruppen*.

18.
Das Schulleben soll für uns erfüllt sein vom Geiste des Gemeinsinns, der Eltern, Schüler und Lehrer zu einer tätigen Einheit verbindet. Darum erscheint uns seine Pflege als die wichtigste erzieherische Arbeit der Schule. Der eigentliche Erzie-

her ist nach unserer Auffassung das Ganze des Schullebens selbst, sobald man es als Lebendiges ansieht, das der steten Pflege und Mitarbeit aller bedarf, um nicht der Mechanisierung zu verfallen, als Lebendiges dann aber auch seine Wirkungen auf alle Gemeindemitglieder ausstrahlt. Wie die Schüler mit fortschreitender Reife zu immer größerer Verantwortung am Gang und Gelingen des Unterrichts geführt werden sollen, so lernen sie ebenfalls, die Ordnung des Schullebens nicht einfach hinzunehmen, sondern selbst mit hervorzubringen. Solange Lehrer und Schüler gemeinschaftlich daran arbeiten, die Schule zur natürlichen Stätte ihres Zusammenlebens zu gestalten, so lange wird ein freudiger Geist das Ganze der Schule durchziehen, der seinen Ausdruck auch in der Teilnahme aller an der äußerlichen Ausgestaltung der Schule und seine Steigerung in den Schulfesten findet.

19.
Die Gemeindeidee, an der sich das Schulleben fortwährend orientiert, tritt am sichtbarsten in die Erscheinung in der *Schulgemeinde*, einer Versammlung aller Schüler und Lehrer, in der allgemeine Schulangelegenheiten zu geordneter Besprechung kommen. An dieser Besprechung kann jedes Mitglied der Schulgemeinde teilnehmen. Wenn es der Gegenstand erlaubt, so wird durch Abstimmung entschieden.

Die Schulgemeinde ergreift jede Gelegenheit zu innerer Sammlung und Erbauung.

Der Tag der Schulgemeinde wird im Sinne eines Gemeinschaftstages ausgestaltet. Die Stunden, die sonst dem lehrplanmäßigen Unterricht gewidmet sind, dienen Unternehmungen, welche sich den gewöhnlichen Schultagen nur mit Schwierigkeiten einfügen lassen (Besuchen von Museen usw., zusammenhängender Lektüre, Arbeit aus der Ausgestaltung der Schulräume u. dgl.). Unsere Gemeinschaftstage sind verwandt mit den Studientagen an den Fürstenschulen und anderen höheren Schulen Sachsens und des Rheinlands.

20.
In den Klassen obliegt die Pflege von Gemeinsinn, Verantwortungsgefühl und Sinn für Selbstregulierung dem Klassenleiter. Die Klassen entsenden je einen Vertreter in den *Schulgemeindeausschuß*, der häufiger zu Besprechungen zusammenkommt. Der Schulgemeindeausschuß wählt zurzeit aus dreien vom Lehrköper vorgeschlagenen Lehrern den *Schulgemeindeleiter* auf die Dauer eines halben Jahres.

21.

Der Schulgemeindeleiter ist für Gedeihen und Zusammenhang der Schulgemeindearbeit verantwortlich. Er leitet auch die Zusammenkünfte des Schulgemeindeausschusses und vertritt die Schülerschaft in allgemeinen Schulangelegenheiten bei der Konferenz.

b) Grundsätzliches

22.

Die Lichtwarkschule will nicht Berufsvorbildung, sondern Allgemeinbildung geben, sofern man darunter das Ziel versteht, die Kräfte des Schülers in der Richtung seiner vorherrschenden Anlagen dermaßen zu entwickeln, daß der Schüler Verständnis für das reichgegliederte Leben der Gegenwart, Neigung zu tätiger Teilnahme an den kulturellen Bestrebungen unserer Zeit gewinnt und nach gewonnener Erkenntnis seiner Fähigkeiten seinen Platz zu produktiver Mitarbeit in der Volksgemeinschaft findet.

23.

Da unsere Schule eine Jugendstätte vor allem des jungen Menschen ist, der in seinem künftigen Beruf vorwiegend geistige Arbeit zu leisten hat, soll dem natur- und geisteswissenschaftlichen Unterricht der wissenschaftliche Charakter gewahrt bleiben, der in keinem Gegensatz zu lebendiger und jugendgemäßer Unterrichtsweise zu stehen braucht.

24.

Wie wir den Schüler zu tätiger Anteilnahme am Schulleben führen wollen, so muß auch im eigentlichen Unterricht die Aktivität des Lernenden den Ausgangspunkt bilden. Hand, Auge und Ohr sollen, wo es nur möglich ist, sich üben. Der Ausdruck erfährt seine Pflege in freien Niederschriften, freier Rede, dramatischen Spielen, Zeichnen und Gesang. Naturkundliche Unterweisung und Gartenbau werden in Zusammenhang gebracht. Nicht das Fertige soll vor den Schüler gestellt werden; er soll vielmehr in den ihm gesteckten Grenzen das Schulgerät selbst bauen und formen helfen und so die Arbeit des Forschers, Gestalters und Erfinders im kleinen wiederholen. Auf diese Weise sollen die Kulturkräfte in Wissenschaft, Kunst und Technik in unserer Jugend bewußt und lebendig werden.

25.

Nur das Wertvolle kann wahrhafte Mittelpunkte im Gemeinschaftsleben schaffen. Wir streben danach, reine Werte in Dichtung und Musik, Forschung und

Lehre lebendig mit der Jugend zu erleben. Dabei halten wir uns natürlicherweise vor allem an unsere deutsche Überlieferung. Besonders sei bemerkt, daß wir bestrebt sind, der Musik in unserem Schulleben die Stellung zu verschaffen, die ihrer Bedeutung innerhalb der deutschen Geistesgeschichte entspricht. Strenge Auswahl und Aufrechterhaltung einer geistigen Höhenlage sind uns wichtiger als das Ziel, allen alles verständlich zu machen.

26.

Die körperliche Erziehung an unserer Schule macht es sich zur Aufgabe, den einzelnen Schüler anzuleiten und zu veranlassen, das Maß körperlicher Kraft und Rüstigkeit zu erwerben, zu dem er seiner besonderen körperlichen Veranlagung nach imstande ist. Diese soll Grundlage und Ausgangspunkt aller körperlichen Erziehung sein. Auf diese Weise wollen wir versuchen, auch bei den körperlich weniger Veranlagten das Vertrauen zu sich selbst und auf die eigene Kraft zu heben, Zähigkeit und Festigkeit durch nicht ermüdendes Anstreben des gesteckten Zieles zu stärken und durch straffen Spielbetrieb den Geist der Zusammengehörigkeit und der willigen Unterordnung unter den Gesamtwillen und die Erfordernisse des Gesamtwohles zu fördern. Die letzte und höchste Aufgabe der Körpererziehung in der Schule wird sein, durch sie die Einsicht in die Aufgaben und den Nutzen der Leibesübungen bei der Jugend selbst so tief zu gründen, daß sie auch späterhin es für eine selbstverständliche Pflicht gegen die eigene Gesundheit und die des Volksganzen ansieht, in irgendeiner Form und in irgendeiner sportlichen und turnerischen Gemeinschaft Stählung und Übung des Leibes fortzusetzen. [...]

5 Schulkonzeptionen

„Das Wesen der Gemeinschaftsschule ist mit Schlagworten schnell umrissen. Sie will sein:

Organisatorisch	–	Einheitsschule
Methodisch	–	Arbeitsschule
Pädagogisch	–	Gemeinschaftsschule." (Gläss 1932, S. 60)

Die in den Konzeptionen jeweils formulierten pädagogisch-politischen Ziele zur Schulentwicklung, nämlich die „weltliche" Einheitsschule vom Kindergarten bis zur Hochschule mit demokratischem Charakter, ohne Auslese und Privilegien, die Abschaffung verbindlicher Lehrpläne und die Erprobung neuer Methoden und Arbeitsformen zielten faktisch auf die Umgestaltung der Gesellschaft durch Erziehung und Unterricht. Wie beispielsweise in dem Text von Tami Oelfken deutlich wird, sollte durch eine kindgemäße Schule der „neue Mensch" hervorgehen, der den „freien Volksstaat" gestaltet (1922, siehe 10. Quellentext in diesem Band). Aloys Fischer[1] merkt dazu 1924 an: „Die Erziehung soll gewissermaßen das entscheidende Wort über die Zukunft Europas sprechen, und die Pädagogik als das theoretische Gewissen der Erziehungsbewegung wird mit der höchsten Verantwortung für die politischen, sozialen, wirtschaftlichen und kulturellen Verhältnisse der Menschheit belastet." (Fischer 1924, in: Reble 1964, S. 20)

Bis zur Weimarer Republik war die Entwicklung von Schulkonzeptionen die Sache von Schulgründerinnen und -gründern, die in Privatanstalten Unterricht und Erziehung anboten, z.B. in höheren Bildungsanstalten für Mädchen und in den Landerziehungsheimen.[2] Nun aber begannen von Eltern, Lehrkräften und politischen Parteien initiierte Debatten um Schulreformen, vereinzelt auch Schulstreiks, zur Durchsetzung von pädagogischen Forderungen. Mit der Abmeldung vom Religionsunterricht wurde die Notwendigkeit erzwungen, „Sammelklassen" und „Sammelschulen" für diese Kinder einzurichten (siehe 4. Schulorganisatorische Rahmenbedingungen in diesem Band). Der Text von Tami Oelfken „Grundschulversuche" (1922, siehe 10. Quellentext in diesem Band) gibt Zeugnis von einer solchen Schule, die als „Freie Schulgesellschaft Spandau" gegründet wurde.

Alle Versuchsvolksschulen entwickelten ein einzigartiges Profil bei der Ausprägung der Pädagogik „Vom Kinde aus", denn die Interpretation des Postulats und die pädagogische Umsetzung waren abhängig vom jeweiligen Kollegium und einzelnen Persönlichkeiten, die die Schulentwicklung beeinflußten. In der Humboldtversuchsschule in Chemnitz z.B. wurde der Unterricht in jahrgangsübergreifenden Gruppen (Uhlig 1924, Die Chemnitzer Versuchsschule 1928,

Pehnke 2002) sowie im Kern- und Kursunterrichts praktiziert (siehe Quellentext in: Hoof 1969, S. 108-112); in der Geraer Gemeinschaftsschule wurde das produktive Arbeiten der Schülerinnen und Schüler und die Integration schwererziehbarer Kinder erprobt (Die Geraer Gemeinschaftsschule 1925); in der Versuchsschule Helgolanderstraße in Bremen wurde die programmatische Leitvorstellung „KinderSchule – ZukunftsSchule" mit der Betonung der ästhetischen Erziehung umgesetzt (Nitsch / Stöcker 1993, Stöcker 1997); die Versuchsschule in der Theodorstraße in Bremen verstand sich als Arbeitsschule (Avermann 1924; siehe Quellentext in: Hoof 1969, S. 73-81); die 32. Schule in Berlin-Neukölln legte größten Wert auf die Entwicklung einer Ausdrucks- und Erlebnispädagogik, vor allem im Deutsch-, Kunst- und Musikunterricht (Radde 1993, S. 98 f.); die 45./46 Schule in Berlin-Neukölln setzte ihre Schwerpunkte in Erdkunde, Biologie, Physik, Chemie, Photographie und Werken (Radde 1993, S. 98); die 8. Volksschule in Berlin-Oberschöneweide stellte die Natur- und Heimatkunde in den Vordergrund des Unterrichts, der sich nach dem „Interesse des Kindes" richtete (Hansen-Schaberg 1999a, S. 85 f.); in der 308. Schule im Wedding wurde als Leitgedanke der neuen Schule formuliert, daß die einzelnen im Dienste der Gemeinschaft als tätige, sozial sich verantwortlich fühlende Glieder der Gesellschaft heranwachsen sollten (o.J., siehe 11. Quellentext in diesem Band, Radde 1993, S. 99 f.), und dementsprechend prägten sozialpädagogische, fürsorgerische Aspekte das Schulleben (Hansen-Schaberg 1999a, S. 88 f.);[3] in der Hamburger Schule Berliner Tor unterblieb jegliche Formulierung von Lehrzielen und Lehrplänen (Gläss 1932, Rödler 1987, Lehberger 2002, S. 101 f.); die Wendeschule Breitenfelder Straße in Hamburg war von der Jugendbewegung geprägt (Hennigsen 1921, S. 220 ff., siehe Quellentexte in: Hoof 1969, S. 56-64, Messer 1926, S. 156 ff.),[4] während die ebenfalls in Hamburg in der Telemannstraße ansässige Schule einen Arbeitsunterricht realisierte (Hennigsen 1921, S. 217 ff., Lehberger 1988).[5]

Da die Entwicklung der Konzeptionen den einzelnen Kollegien zukam, sind diese als Träger der Schulentwicklung in einem ständigen Arbeitsprozeß der Planung, Erprobung, Diskussion, Reflexion, Aus- und Weiterbildung begriffen gewesen.[6] Die Arbeit des Kollegiums wurde z.B. in einer Konferenz der 20. Schule in Spandau zum Thema „Sinn und Aufgaben einer Gemeinschaftsschule" auch dementsprechend definiert: „Das Kollegium muß der geistige Mittelpunkt des Schullebens sein, von dem die Anregungen ausgehen oder wirksam verarbeitet werden. Es muß über Triebkraft und Besinnlichkeit verfügen... Die Aufgabe ist a) ein rein menschliches Miteinanderlebenkönnen, b) eine pädagogisch-psychologische, c) eine methodische, d) eine organisatorische, e) eine schulpolitische, f) eine agitatorische." (Konferenzprotokollbuch 20. Schule, 23. 4. 1929, zit. nach Hansen-Schaberg 1999a, S. 91). Eine ständige Überprüfung der geleisteten Arbeit, die Einbeziehung der philosophischen, psychologischen, pädagogischen und soziologischen Erkenntnisse der jüngsten Zeit und die Fortbildung der methodischen Kenntnisse und Fertigkeiten, aber auch die „Abgrenzung des Rechtes der Gemeinschaft gegen das der Persönlichkeit" (ebd., S. 91) wurden als Notwendigkeiten für die Versuchsschule angesehen.

Als Merkmale der pädagogischen Arbeit in allen diesen Schulen und in den Berliner Sammelklassen und Sammelschulen können Arbeitsunterricht in Werkstätten und Schulgärten, Gesamtunterricht, Jugendbühnenspiele, Schülerorchester, Wanderungen, Unterrichtsgänge, Besichtigungen, Ferienwanderungen, Volkstanz, Unterricht in rhythmischer Gymnastik, Schwimmunterricht, Schulfeste und Schulfeiern, Selbstverwaltung der Schüler und Koedukation sowie eine umfassende Fürsorgetätigkeit, z.b. Wascheinrichtungen für die Kinder und Schulspeisung, gelten (Nydahl 1928, S. 50 ff.). Aber auch in Regelvolksschulen sind Schulreformbestrebungen zu finden, wie die Untersuchung Bruno Schonigs über die von Willy Gensch geleitete Mädchenvolksschule in Berlin-Friedrichshain deutlich macht, wo der Schulleiter dem Kollegium eine pädagogische Neuorientierung nahebringt bzw. verordnet (Schonig 1995).[7]

Der von Hanno Schmitt konstatierte „Einzug der Reformpädagogik in schulische Wirklichkeit" (Schmitt 1993a, S. 21) traf in Berlin also vor allem auf Volksschulen und nur auf wenige „normale" höhere Schulen zu. Aus der Durchsicht der Jahresberichte der höheren Schulen Preußens 1927/28 hat Hanno Schmitt die folgenden Indikatoren gewonnen, die auf reformpädagogische Einflüsse hinweisen: „Schulgemeinde, Schülerselbstverwaltung, arbeitsunterrichtliche Lehr- und Lernformen, Schulgarten, Schülerwerkstätten, Gesamtunterricht, Gruppenunterricht, Arbeitsgemeinschaften, Studientage, gegenseitige Unterrichtsbesuche von Lehrern, schülernahe Architektur, Schulfeste und Monatsfeiern, Schülerzeitung, Schülertheater, Wandertage, Schullandheimaufenthalte, Auslandsstudienreisen." (Ebd., S. 22). Ein Vergleich dieser Kriterien mit den oben genannten Merkmalen der Berliner Sammelschulen ergibt eine weitgehende Übereinstimmung der schulreformerischen Bestrebungen im Volksschulbereich und in der höheren Schule in didaktischer und methodischer Hinsicht. Der entscheidende Unterschied bestand jedoch darin, daß diese weder von der Elternschaft noch von den Kollegien der höheren Schulen insgesamt getragen wurde und somit als pädagogische Einzelinitiativen oder evtl. auch als „Schulreform von oben" zu lesen und zu bewerten sind. Eine Gewähr für eine demokratische Entwicklung und pädagogische Erneuerung der Schule insgesamt war damit nicht gegeben.

Die öffentlichen höheren Reformschulen der Weimarer Republik lassen sich an zwei Händen abzählen:[8] Die Schulfarm Scharfenberg in Berlin-Tegel (Blume 1924, Haubfleisch 2001), Dom-Schule in Lübeck (Schwarz 1924, siehe Quellentext in: Hoof 1969, S. 112 ff., Schwarz 1933a, b), die höhere Mädchenschule („Gaudig-Schule") in Leipzig (Bleckwenn 1990, siehe auch 3., 19. und 20. Quellentext in diesem Band), die Karl-Marx-Schule in Berlin-Neukölln (Radde 1999, siehe 12. Quellentext in diesem Band)[9], die Lichtwark-Schule in Hamburg (Die Lichtwark-Schule in Hamburg 1929, Lehberger 1996, Wendt 2000, siehe 9. Quellentext in diesem Band), die höhere Waldschule (Krause 1929), Berthold-Otto-Schule in Magdeburg (Aus Arbeit und Leben der Magdeburger Versuchsschule am Sedanring 1927, Bergner 1999) und die Dürer-Schule in Dresden (siehe Karstädt 1928, S. 360), von denen alle, bis auf die drei erstgenannten, koedukativ waren.

Für die höheren Schulen wird der Schulenkomplex in Neukölln in seiner Konzeption und Programmatik von Fritz Karsen vorgestellt (1928, siehe 12. Quellentext in diesem Band). Auf Betreiben von Kurt Löwenstein[10] bekam er im Mai 1930 den programmatischen Namen Karl-Marx-Schule und hatte den Charakter einer koedukativen, additiven Gesamtschule. Offiziell hatte die Einrichtung nicht den Status einer Versuchsschule, wurde jedoch von Fritz Karsen „als Musterschule der künftigen (demokratisch-sozialistischen) Gesellschaft" (Radde 1999, S. 62) angesehen. Die Reformen wurden „mit Einverständnis des Ministeriums beziehungsweise Duldung des Provinzialschulkollegiums, aber mehr noch mit Unterstützung des Bezirksamts Neukölln" durchgeführt (ebd., S. 62). Der Schulenkomplex bestand aus einer Aufbauschule in Form der Deutschen Oberschule, einer Deutschen Oberschule, einem Reformrealgymnasium,[11] den seit Juni 1923 angegliederten Arbeiter-Abiturienten-Kursen und der seit dem 1. 4. 1927 ebenfalls angegliederten 53./54. Volksschule inklusive vierklassiger Grundschule, die unter Leitung von Karl Linke[12] als Versuchsschule der Schulaufsicht von Fritz Karsen unterstellt wurde. 1930 kam ein von Fritz Karsen geleitetes Versuchsseminar für Studienreferendare hinzu. Der Schulenkomplex, für den Karsen nach der Grundschule einen gemeinsamen Unterbau (Sexta bis Quarta) und Mittelbau (Untertertia bis Untersekunda) mit Binnendifferenzierung und einen differenzierten Oberbau vorsah, sollte in der vom Architekten Bruno Taut entworfenen „Schulanlage am Dammweg" (Taut 1928) räumlich, organisatorisch und pädagogisch zusammengefaßt werden. Der geplante vom Kindergarten bis zum Abitur führende Gebäudekomplex von 400 Metern Länge für über 3000 bis 3500 Schülerinnen und Schüler wurde im Zuge der Sparmaßnahmen nach der Weltwirtschaftskrise nicht gebaut.[13]

---

[1] Zu Aloys Fischer (1880-1937) siehe Karl Odenbach 1970, S. 169 f.

[2] Zu den Konzeptionen der frühen Mädchenschulen siehe Elisabeth Blochmann 1966, zu den höheren Mädchenschulen siehe Elke Kleinau 1997, zu den Konzeptionen der Landerziehungsheime siehe die Quellentexte in dem von Inge Hansen-Schaberg und Bruno Schonig herausgegebenen Sammelband (2002b).

[3] Für die Berliner Lebensgemeinschaftsschulen ist eine Zusammenstellung der Schulprofile erarbeitet worden, siehe Inge Hansen-Schaberg 1999a, S. 77-90.

[4] Zum Wendekreis siehe den von Fritz Jöde herausgegebenen Band „Pädagogik deines Wesens"

(1919). 1921 wurde Kurt Zeidler Schulleiter der Wendeschule. Er wandte sich in der Schrift „Die Wiederentdeckung der Grenze" (1926) von den eigenen radikalen Ansätzen ab. Zu Kurt Zeidler siehe Christine Hofer / Jürgen Oelkers 1998, S. 180 ff.

[5] Zu den Hamburger Gemeinschaftsschulen siehe auch die Quellentexte in: Dietrich Benner / Herwart Kemper 2001, S. 313-350, und zu den Lebensgemeinschaftsschulen in Berlin-Neukölln siehe ebd., S. 351-401.

[6] Siehe zur selbstorganisierten reformpädagogischen Fortbildung in Berlin-Spandau den Beitrag „Auch in der alten Schule wurde gearbeitet und in der neuen Schule muß auch gelernt werden" von Inge Hansen-Schaberg und Bruno Schonig 1997.

[7] Nachdem Willy Gensch einen Konsens über die Wichtigkeit sozialpädagogischer Hilfsmaßnahmen erzielt hatte, versuchte er eine schulspezifische Lehrplanreform durchzusetzen und erreichte schließlich eine schulinterne Selbst-Fortbildung sowie eine Vorbildfunktion der Schule für den Bezirk Friedrichshain (Schonig 1995, S. 114 ff.).

[8] Allerdings muß davon ausgegangen werden, daß es eine Reihe bislang nicht bekannter höherer Reformschulen noch zu entdecken gilt.

[9] Zur Karl-Marx-Schule siehe auch die Quellentexte in: Dietrich Benner / Herwart Kemper 2001, S. 403-464.

[10] Kurt Löwenstein (1885-1939) war Stadtrat für Volksbildung in Neukölln, siehe zu Leben und Werk die von Ferdinand Brandecker und Hildegard Feidel-Mertz 1976 herausgegebene Auswahl seiner Schriften.

[11] Zu den einzelnen Schulformen siehe August Messer 1926, S. 185-190. Wie Fritz Karsen den organisatorischen Ausbau am Kaiser-Friedrich-Realgymnasium im einzelnen durchführte, ist bei Gerd Radde 1999, S. 64 ff., nachzulesen.

[12] Zu Karl Linke (1889-1963) siehe Gerd Radde 1999, S. 334; zum Zusammenschluß mit einer Volksschule siehe ebd., S. 82 ff. Die Protokolle der 53./54. Schule von 1928-1930 befinden sich im Archiv zur Berliner Schulgeschichte an der FU.

[13] Im Januar 1930 wurden in der Stadtverordnetenversammlung die Gelder für den Taut-Bau gesperrt (Radde 1999, S. 85), zum Entwurf etc. siehe ebd., S. 188 ff. Vgl. hierzu auch die Untersuchungen von Werner Korthaase in dem Beitrag „Schule der Zukunft" (1993b, S. 213-217).

Quellentexte

10. Tami Oelfken: Grundschulversuche (1922)

Auf der Delegiertentagung des Bundes Entschiedener Schulreformer stellte Tami Oelfken[a] 1922 das Konzept der Freien Schule Spandau[b] vor. Ihr Beitrag wurde unter dem Titel „Grundschulversuche" in dem von Gerhard Danziger und Siegfried Kawerau herausgegebenen Sammelband „Jugendnot" im Oldenburg Verlag Leipzig 1922, S. 141-145, veröffentlicht.

		planmäßiges (zum versuch einer umgestaltung des volksschulwesens zur einheitsschule)			
1. Schuljahr	gesamtunterricht	spiel, spielsack, fibel erarbeiten, rechnen, märchen erleben, gymnastik. anbahnung *des arbeitsprozesses*, zeichnen, gestalten, kneten (psch. bogen . des lehrers)			
2. "					
3. Schuljahr	gesamtunterricht	heimatkunde, familie, ort, markt, personen und ihre charakteristik. ausbau des kasperletheaters. handfertigkeit. dramatisieren des erlebnisses. klassenlektüre. *arbeitsprozeß bis zur arbeitsteilung vorgeschritten*			
4. "					
		arbeitsfamilien, gruppgruppierung. bibliothek, deutsch, dramatisieren, gedichte, literatur, gymnastik, tanz rechnern, naturlehre kulturgeschichte, bilderbücher, auf fahrt gehen, gegenseitige hilfe. schauen, volkslieder, sagen. boden und mensch. zeitung, lesen, tanzen, feste feiern. sprechchor, singchor	arbeitsgemeinschaften		
			technischer art	künstlicher art	wissenschaftlicher art
5. "	gesamtunterichtals erziehungzum kulturbetontenmiteinander		möbel kleider entwerfen nähen basteln garten buch einbinden ortopädie turnen leichtathletik	musik tanz malen zeichnen literatur gymnastik	englisch französisch mathematik soziologie staatsbürgerkunde kulturgeschichte
6. "					
7. "					
8. "					
9. "					

Dieser Wegweiser zur neuen Schule ist besonders für alle Lehrkräfte, Eltern und Kinder der Volksschule bestimmt, für alle Menschen in Stadt und Land, die längst um die vollständige Unzulänglichkeit und das Versagen der heutigen Volksschule

---

[a] Tami Oelfken (1888-1957) war seit 1908 als Volksschullehrerin im Bremer Umland tätig und beteiligte sich am Aufbau der reformpädagogischen Schule in Berlin-Spandau (20. Schule). Sie gründete 1928 eine private Schule in Berlin, die Tami-Oelfken-Schule, die 1934 verboten wurde. Ihr Versuch einer Neugründung dieser Schule in Paris schlug fehl, und sie wurde nach Deutschland abgeschoben. Zu Leben und pädagogischem Werk Tami Oelfkens siehe Inge Hansen-Schaberg 1997. Seit 1930 wirkte sie als Schriftstellerin, hatte aber während der NS-Zeit Publikationsverbot.

[b] Zur 20. Volksschule in der Neustadt in Spandau (Bezirk 8), Mittlelstr. 20, siehe auch den 2., 29. und 30. Quellentext in diesem Band.

wissen und denen die heutigen Verhältnisse (Schulaufsicht, reaktionäre Elternschaft usw.) bei der Umgestaltung hemmend im Wege stehen. Ich lege hier die Ergebnisse gemeinsamer Arbeit in Spandau an einer weltlichen Schule dar, es ist alles im Werden, alles angefangen mit dem Mute, es nicht damit bewenden zu lassen, daß die neue Schule (die Produktionsschule[c]) noch nicht möglich ist, sondern unter dem Stern, daß endlich irgendwo angefangen werden muß.

Die Aufgabe der alten Schule bestand darin, gute Untertanen zu erziehen, die möglichst widerstandslos Pflichten und Aufgaben der bestehendes Staates als Arbeiter und Bürger im Leben erfüllten. Die Lehrer verwalteten den großen Schatz der Wissenschaft, von dem, je nach „Höhe" der Schule größere und kleine Portionen weitergegeben wurden. Wir alle kennen die krampfhaften Versuche einer geängstigten Zeit, diese Portionen wenigstens schmackhafter zu gestalten. Die erdrückende Flut methodischer Lehrerbücher (s. Bücherschatz des Lehrers![d]) beweist das. Da endlich, wo selbst in der Schule freudiges bewegtes Zueinander lebte, da war es nicht, weil ein Lehrer da war, sondern daß sich irgend ein warmer Mensch *trotz* Schule durchsetzte. Ganz verschwindende Oasen in der Wüste des Schullebens.

Das *Leben* der Kinder hat mit der Schule nichts zu tun; es spielt sich – so vergewaltigt – immer hinter den Kulissen der Schule ab und erschreckt die Lehrerschaft ab und zu in plötzlich hervorbrechenden Äußerungen, die man Unarten nennt. Und gerade, weil das Leben, die im Kinde wohnende, wirkende Kraft in der Schule langsam und sicher im Laufe der Jahre erdrückt, nivelliert und geschwächt wird, waren ja alle Menschen, die aus dieser Schule hervorgegangen, so unfähig, das Leben der Katastrophen neu zu gestalten, Beziehungen zu sehen, klar zu werden über alle Zusammenhänge von Leben und Wirtschaftsform – von Wirtschaftsform und Familie, von Familie und Jugend.

Wer erkannt hat, daß viel des Chaotischen unsrer heutigen Gesellschaft im Unkindgemäßen unsrer Schule begründet liegt, wird mit uns endlich anfangen, die Schule zu schaffen, aus der die Menschen hervorgehen, die aus eigner, ungebrochener Kraft die Umwandlung zum wahrhaft freien Volksstaat gestalten können. Der Umbau unserer heutigen *Volksschule* muß aus verschiedenen Gründen der Ausgangspunkt zur Schulreform sein. Ich hebe hier nur zwei hervor: 1. sie ist die Schule, durch die der größte Teil des Volkes geht; 2. in ihrem ist Unterbau die

---

[c] Die Bezeichnung „Produktionsschule" sollte den Unterschied zur traditionellen Schule und zur Arbeitsschule verdeutlichen und der wirtschaftlichen Entwicklung Europas Rechnung tragen. Man könnte also sagen, die Produktionsschule ist eine Sonderform der Arbeitsschule unter Berücksichtigung der industriellen Arbeitsformen (siehe 2. Arbeitsschule in diesem Band).

[d] Der „Bücherschatz des Lehrers" ist ein „wissenschaftliches Sammelwerk zur Vorbereitung und Weiterbildung", herausgegeben von K.O. Beetz und Adolf Rude, Osterwieck; zahlreiche Bände erschienen in den Jahren 1900-1932.

beste Möglichkeit der weiteren Kindmäßigkeit dadurch gegeben, daß nicht ein bestimmtes materielles Bildungsziel angestrebt wurde.

In Spandau haben wir reformfreudigen Menschen uns zusammengefunden. Das Ziel unserer Arbeit möchte ich kurz in zwei Sätzen fixieren. Wir wollen mit Kindern, Eltern und Gemeinde zum kulturbetonten Miteinander. Wir vermitteln nicht Kenntnisse, sondern fördern in Kindern und uns die Fähigkeit zum Erkennen, wir erhalten die Kraft, die Dinge der Umwelt nicht als gegeben hinzunehmen, sondern immer Ursachen und Zusammenhänge im Wirtschaftlichen nachzuspüren und letzten Endes die Kraft, aus körperlicher und geistiger Bedarfswirtschaft, das Leben zu formen.

Die Schule ist nicht eine Anstalt, Wissen zu vermitteln, sondern sie ist die Lebensstätte der Jugend beiderlei Geschlechts überhaupt. Der Lehrer als Freund seiner Gemeinschaft muß die Möglichkeit haben, mit seiner Klassengemeinschaft zusammen zu bleiben, soviele Jahre ihn Freude und Freundschaft trägt. Freundschaft und Gemeinsamkeit braucht Zeit, braucht Ruhe, braucht Bewährung auch in kritischen Zeiten. Die Arbeit der Unterstufe steht ja durchaus im Zeichen des Gesamtlebens (Gesamtunterricht). Spiel ist intensive Arbeit. Es würde zu weit führen, hier die Erkenntnisse dieser ersten Schuljahre zu skizzieren, ein Helfer in den Nöten dieser Zeit ist Karl Rößgers lebenswarmes Buch: Freier Elementarunterricht[e]. Das Grundsätzliche in diesem Buche befreit uns von vielen Skrupeln.

Ein Blick in die Klasse. Bänke und Tische (leider kein kindgemäßes Format! s. Montessorikindergarten!) stehen rund an den Wänden. Die Kinder wollen doch sehen. In der Mitte ein Spielteppich. An den Bänken hie und da ein Spielsack. Das ist ein Leinenbeutel, in den die Kinder alles sammeln, was für sie wertvoller ist als Lesefibel und Griffelkasten: leere Garnrollen, buntes Papier, Brettchen und Streichholzschachteln, Bilder und Puppe, Schere und bunte Glasscherben. Es werden Eisenbahnen gebaut, Fahrkarten geknipst, Schienen gelegt, kurz alles das aus dem intensiven Leben und der Phantasie der Kinder gestaltet. Die Arbeit entwickelt sich in diesem Miteinander ganz von selbst. Je öfter ein Arbeitsprozeß, und sei er noch so kurz, in seinem geistigen oder handwerklichen Ausmaß in Ruhe sich abwickelt, je mehr Gewähr haben wir, daß im Verlauf der ersten Jahre schon aus den Kindern heraus die Arbeitsteilung beginnt. In den ersten beiden Schuljahren wurde etwa (nur als Beispiel genannt für Hilflose!) die Fibel in Antiqua[f] erarbeitet, gelesen, gebaut, gerechnet, gesprochen, Wortschatz erweitert, ein sicheres Körpergefühl erzeugt durch Gesang, Spiel und Tanz, die Ausdrucksmöglichkeit in Stimme, Wort, Geste und Zeichnung gehoben.

---

[e] Karl Rößger: Freier Elementarunterricht. Leipzig 1919
[f] Antiqua: Bezeichnung für die heute allgemein gebräuchliche Buchschrift.

Vom Anfang des 3. Schuljahres an bis zum Schluß des 4. wird vermutlich Heimatkunde im Mittelpunkt des Erlebens stehen. Verfeinerung der Sinne, Schauen, Anschauen, Phantasie, Märchen selbst schreiben und illustrieren, Dramatisieren, Aufbau des Kasperletheaters. Daneben hat der Lehrer die Aufgabe, an der Hand seiner Beobachtungen, immer klarer durch die Arbeitsteilung der Kinder selbst Begrenzung und Belastung der einzelnen zu erkennen und nun am Schluß des 4. Schuljahres etwa an der Hand seiner psychologischen Erkenntnisse, die Kinder von sich aus zur Gemeinschaft zu ordnen. Die Schultische werden neu gruppiert. Immer zwei Tische mit dem Rücken aneinander, so daß auf jeder Bank drei Kinder sich gegenübersitzen in ihrer Stube. Davor eine Hütsche oder ein kleiner Schemel. Darauf sitzt das siebente. Der Spielsack ist verschwunden, dafür hängen an den Wänden selbstgemalte Bilder, im Bord stehen selbstgeschriebene, illustrierte Bücher, es gibt Handwerkskästen, Nähbeutel und Kleistertöpfe im Schrank, es blühen Blumen auf den Fensterbrettern und es lebt ein frohes, lachendes Kinderdasein in der alten grauen Kaserne.

Die Zusammensetzung geschieht unter folgenden Gesichtspunkten: Von jeder Sonderbegabung, zeichnerisch, sprachlich, technisch oder was es auch sei, kommt je einer in eine Familie und jede Familie kriegt noch einen „Schleppkahn". Die Kinder fühlen sofort, wo jedes Aufgabe liegt, es ist auch nach ganz kurzer Zeit an jedem Tisch einer, der die Arbeit organisiert (wobei ich bemerkt habe, daß die Arbeitsorganisation bis zum 11. Jahre von Knaben, vom 11. – 13. aber vom Mädel eher in die Hand genommen wird!)

Das Ziel der wissenschaftlichen Bildung ist der preußische Lehrplan. Das ist wenig, wenn man nicht den Stoff, sondern eben die Bildung als Hauptsache nimmt. Nur derjenige, der immer wieder in gemeinsamer Aussprache mit den Kindern alle Dinge klärt, wird spüren, daß die Kraft zum Erkennen alles Wissen spielend bewältigt, indes man mit einem bestimmten Wissen, als Stoff übernommen, wenig anfangen kann. Aus dieser Erkenntnis heraus lehnen wir auch einen Stundenplan und einen ins einzelne gehenden Stoffplan ab. Grundlage ist *allen* Stufen der Gesamtunterricht, der etwa bis zum 15. Jahre die allgemeine Bildung vermittelt. Die Gruppierung des Stoffes ergibt sich aus dem Arbeitsprozeß. Sie ist als Ergebnis zu fixieren. Der Unterricht wird nicht in Einzelfächer aufgeteilt. Es ist eine durchaus überflüssige Bureauarbeit, vorher einen genauen, ins einzelne gehenden Stoffplan auszuarbeiten. Er kann ja auf das lebendige Auswirken von Lehrern und Kindern keine Rücksicht nehmen. Immer mehr tritt das Betonen einer neuen Kultur in den Vordergrund des Gesamtunterrichts. Die Umstellung der Bänke aus dem starren Hintereinander fordern wir nicht deshalb mit solcher Heftigkeit, weil es uns eine Unterminierung der alten Zucht erscheint. Da, wo alte *Zucht herrscht*, sollen sie ja so stehen bleiben. Nur wer miteinander leben will, muß Worte und Stimmungen vom Gesicht lesen, muß Ausdruckskultur in Geste und Wort immer mehr zum Ausgangspunkt menschlichen, gegenseitigen Erkennens machen. Die ganze Lieblosigkeit (sich nicht helfen wollen, sich nicht verstehen, sich freuen, wenn andre mehr „Fehler" haben, schlechtere Zensuren usw.) liegt zum Teil in diesem Hintereinander mit begründet. Der Lehrer fordert: Sieh mich an! (Der Lehrer sollte endlich auch die Konsequenzen ziehen!) Der Mittelpunkt des Gesamtunterrichts vom 5. – 9. Schuljahr wird meistens der Deutschunterricht sein! 1. Lektüre, an die sich alles in der Aussprache schließt, was in der heutigen Volksschule eben die Einzelfächer umfassen. Nur daß wir immer bewußter zu einer Verbundenheit des Wissens streben. Wir haben schon ganze Komplexe von Wissensstoff auf diese Art erarbeitet und sind gern bereit, Einsicht in die Schultagebücher und diese Ergebnispläne zu geben. 2. Freie Arbeiten, aus denen wir Charakter und Anschauungsvermögen des einzelnen erkennen; wir alle, nicht nur der Lehrer, und aus denen wir vor allen Dingen auf dieser Stufe die Sonderbegabungen klar sehen, die dann die Grundlage für die Zusammensetzung der unverbindlichen Arbeitsgemeinschaften sind. Es würde in diesem Rahmen viel zu weit führen, auch nur annähernd zu fixieren, was in diesem gemeinsamen Leben, draußen im Schulgarten, auf gemeinsamen Gängen mit der Unterstufe, auf längeren Fahrten ins Wanderheim, auf Festen, in der Gymnastik, bei Spiel und Tanz erarbeitet wird. Wie sich durch Lektüre und Zeichnen, durch Musik, Besuch von Konzerten, das Anlegen von Bilderbüchern (guten Reproduktionen), das Aussuchen von Gedichten immer mehr das Bild rundet zum kulturbetonten Menschen. Wie besonders als Ausgangspunkt die Kritik an den freien Arbeiten, in der Gymnastik die Kritik an der verlogenen Geste – immer sauberer und klarer das Bild des neuen Menschen heranwächst, der aus dem großen erstaunten Warum? zur Ablehnung aller bürgerlichen Scheinkultur, des Muschelaufsatzes auf dem roten Plüschsofa, der Bibliothek, die man nie gelesen, des guten Zimmers mit Schondeckchen, das man nie bewohnt, indes zwei und drei Kinder in einem kleinen Raum mit Vater und Mutter ihre Nächte durchstöhnen, kommt. Dem Stoffplan dieser Stufe gliedert sich im letzten Schuljahre das Zeitungslesen an. Die rote Fahne[g] *und* Die Tägliche Rundschau[h] – als weiter Spannbogen zur Kritik. Fragen der Wirtschaft und des Berufs treten immer mehr nach vorn, werden in gemeinsamer Aussprache geklärt. Neben diesem Gesamtunterricht ist jedem Kind die Möglichkeit gegeben, sich seiner Begabung gemäß einer oder auch mehreren Arbeitsgemeinschaften anzuschließen. Da nicht der

---

[g] „Die Rote Fahne" war das Zentralorgan der KPD und wurde 1918 von Rosa Luxemburg und Karl Liebknecht gegründet.

[h] „Die Tägliche Rundschau" war eine nationalkonservative Tagungszeitung, die im Berliner Ullstein-Verlag publiziert wurde.

Ehrgeiz der Eltern, sondern lediglich psychologische Erkenntnis des Lehrers ausschlaggebend für diesen Anschluß an eine Arbeitsgemeinschaft ist, sind schon wohl dadurch viele Bedenken über zu große Bewegung in der Umgruppierung hinfällig. Versetzung im Sinne der alten Schule gibt es nicht. Selbstverständlich kann nach Rücksprache mit den Eltern oder von den Eltern ausgehend mit dem Lehrer, ein Kind einer anderen Gruppe zugeteilt werden. Sollten im Rahmen unseres Gesamtunterrichts Kinder in den Elementarwissenschaften des preußischen Lehrplans nicht weit genug gefördert werden, ist es selbstverständliche Pflicht des Klassenlehrers, verbindliche Kurse für die Kinder einzurichten, die fern von jedem Vorwurf (für Lehrer oder gar Kinder) eine Nachhilfe darstellen.

Zu der Leitung der Arbeitsgemeinschaften melden sich alle Lehrer und Lehrerinnen mit Sonderbegabungen. An unsrer Schule ist die Möglichkeit folgender Arbeitsgemeinschaften gegeben: Englisch, Französisch, Esperanto, Kunstgeschichte, Literatur, Zeichnen, Malen, Rechnen, Raumlehre, Mathematik, Erdkunde, Naturlehre, Naturkunde, Tanz, Musik, Anatomie, Gymnastik, Leichtathletik, Schwimmen, Staatsbürgerkunde, Soziologische Weltgeschichte. Daneben ist ein Nähnachmittag (Kleider und Wäsche nach eignen Entwürfen), ein Singchor und ein Sprechchor vorgesehen. Die Lehrer sind durch eine Arbeitsgemeinschaft in Gymnastik und für neue Erziehung aufs engste verbunden, regeln alle Fragen der Schule gemeinsam. Es würden der Entwicklung der Schule alle Möglichkeiten abgeschnitten, wenn eine einsichtslose Behörde Lehrkräfte versetzen oder unsre Freiheiten beschneiden würde. Wir verpflichten uns, alle Ergebnisse des Unterrichts und der Erziehung der Gemeinschaft zugänglich zu machen, damit endlich erwiesen wird, daß eine Umstellung der heutigen Schule zur Produktionsschule möglich ist, wenn weitere Volkskreise immer mehr zur Einsicht kommen, daß wir zur Neugestaltung des Lebens überhaupt den neuen produktiven Menschen brauchen. Wo wir heute vereinzelt diese Menschen haben, sind sie geworden *trotz* Schule, Familie und Umwelt und nicht ohne in der Reibung und der Abwehrstellung ihr Bestes eingebüßt zu haben. Eine Lebensstätte, in der die produktive Kraft wachsen kann, sich abgrenzen und klären kann, das ist's, was wir brauchen.

Hinter uns Lehrern in Spandau steht eine auf erziehlichem Gebiete reformfreudige Elternschaft, der durch den harten Schulkampf sich immer mehr das Bild der Zukunftsschule klärte und die mit uns gewillt ist, sich hinzugeben an unser Werk. Immer mehr von Woche zu Woche klärt sich uns in der Arbeit und allein durch sie das Bild, das wir bilden. Immer deutlicher werden die Wege, die uns aus dem Leben des Scheins und des passiven Nachmachens in das Morgenrot des neuen Menschen hinausheben.

Noch sind wir vereinzelt; aber immer mehr wächst in uns der Glaube, daß nur durch Arbeit und durch Sein Bahnen frei werden können für die endliche Erlösung vom *menschen*unwürdigen Leben.

11. Organisation und Arbeit der 308. Volksschule in Berlin (o.J.)

Der Text „Organisation und Arbeit der 308. Volksschule in Berlin" ist ein unveröffentlichtes, undatiertes Dokument aus einer reformorientierten Weddinger Volksschule[a] (Sammlung Nele Güntheroth).

Milieu: Die Schule liegt auf dem Wedding und wird ausschließlich von Arbeiterkindern besucht. Sie kommen aus rein proletarischen Wohnungsverhältnissen. Vorderwohnungen sind eine Seltenheit. Die meisten Kinder stammen aus engen, lichtlosen und schmutzigen Höfen. Nur wenige Eltern verfügen über zwei Zimmer. Die Regel ist die Einzimmerwohnung. In vielen Familien schlafen Eltern und Kinder oder Geschwister zusammen in einem Bett. Der Spielplatz der Kinder ist die Straße; der Arbeitsplatz ist der schlecht beleuchtete Küchentisch. Die unzureichenden Wohnungen lassen zum Teil jede Hygiene vermissen. Die Aborte teilen mehrere Familien; Badeeinrichtungen sind unbekannt. Die Ernährung und die Kleidung der Kinder sind vollkommen unzulänglich. Der Gesundheitszustand ist dementsprechend mangelhaft. Von den Schulanfängern werden vom Schularzt ca. 10 % zurückgestellt; bei einem großen Teil der übrigen werden gesundheitliche Mängel festgestellt, die eine Berücksichtigung im Unterricht erfordern. Zur Zeit sind nur wenige Väter voll beschäftigt, einige sind Kurzarbeiter, die meisten arbeitslos und somit auf die Erwerbslosen-, bzw. Krisenfürsorge oder Wohlfahrtsunterstützung angewiesen. In verschiedenen Fällen ernährt die Mutter die Familie durch Heimarbeit (Konfektion u.a.). Die größeren Kinder müssen hierbei behilflich sein, wenn sie nicht irgendeine Arbeitsstelle außer dem Hause haben.

Ziel: Der kulturbewußte und kulturwillige, der gemeinschaftsbewußte und gemeinschaftswillige Mensch der werdenden Gesellschaft. Ihn kennzeichnen undogmatisches, kritisches Denken und selbständiges Handeln, freiwilliges Ein- und Unterordnen aus der Erkenntnis sachlicher Notwendigkeiten, gemeinsamer Verpflichtungen und gemeinsamer Haftung.

---

[a] Die 308. Volksschule am Leopoldplatz im Wedding (Alt-Berlin) war ab 1. 4. 1923 Sammelschule und erreichte den Status einer Lebensgemeinschaftsschule erst 1930, wurde aber in der Zeit zuvor von der Schulverwaltung und den Stadtschulräten Wilhelm Paulsen und Jens Nydahl bereits als der Reformbewegung zugehörig angesehen, siehe Inge Hansen-Schaberg 1999a, S. 88 f. In den Räumen der Schule waren auch das erste 1924 eingerichtete Volkskinderhaus, nämlich ein Montessori-Tagesheim für 30 Kinder, und zwei Montessori-Klassen untergebracht, zu den Berliner Montessori-Einrichtungen siehe Inge Hansen-Schaberg 2004; siehe zur 308. Schule auch den 25. und 26. Quellentext in diesem Band.

Das gesteckte Ziel und das dargelegte Milieu sind entscheidend für die grundsätzliche Einstellung der Schule.

Lehrer, Kinder und Eltern entfalten alle Kräfte in der Gemeinschaft und im Dienste an der Gemeinschaft.

Der *Lehrer* muß sowohl theoretisch als auch praktisch (Hausbesuche) die Gedankenwelt und die Lebensverhältnisse der Kinder erkunden und verstehen lernen. Seine Aufgabe darf sich nicht darauf beschränken, den Kinder Kenntnisse und Fertigkeiten zu vermitteln. Neben allem erziehlichen Unterricht pflegt und fördert er alle Maßnahmen, die die Schule für die körperliche, geistige und sittliche Erziehung des Kindes als geeignet erkennt: Waschen und Baden, Zähneputzen, gemeinsames Frühstück, Mittagessen, Aufenthalt im Schullandheim, ständige Fühlung mit der Schulfürsorge (Gesundheitsamt, Schularzt, Schulzahnklinik) und der Familienfürsorge (Jugendamt). Dazu zählt nicht zuletzt die schriftliche Niederlegung alles dessen, was für die Entwickelung des Kindes wesentlich ist. Der Lehrer sichert sich Erziehungserfolge nicht durch fragliche Erziehungsmittel (Prügelstrafe); er muß vielmehr den Kindern ein Führer sein, „dessen Erziehungsmaßnahmen den Freund und Helfer verraten, und der sich bewußt ist, durch seine Haltung und seine Leistung die Achtung der Kinder immer neu erwerben zu müssen."

Die *Kinder* müssen heranreifend mehr und mehr an der Gestaltung des Schullebens teilnehmen und so lernen, sich „gleichzeitig als Objekt und Subjekt der Lebensregelung zu betrachten".

Die *Eltern* stehen nicht außerhalb der Schule. Der Einklang aller Arbeit am Kinde ist nur gesichert, wenn sie sich als mitarbeitende und mitverantwortliche Erzieher fühlen und als solche anerkannt und herangezogen werden.

Auf dieser grundlegenden Einstellung basiert die Schule – ihre *Organisation* und ihre *Arbeit*.

Die Schule baut sich in Jahresklassenverbänden auf. Knaben und Mädchen werden gemeinsam unterrichtet. Eine Trennung findet nur in den Leibesübungen auf der Oberstufe statt. Im Werkunterricht einerseits und in Nadelarbeit und Hauswirtschaft andererseits wird von einer strengen Scheidung Abstand genommen. Der Werkunterricht ist für die Knaben, der Nadelarbeits- und Hauswirtschaftsunterricht für die Mädchen verbindlich, doch dürfen Mädchen an dem Knabenfach und Knaben an den beiden Mädchenfächern teilnehmen, wenn Anlage und Neigung eine Sonderentwicklung bedingen.

Jede Klasse wird nach Möglichkeit alle acht Schuljahre hindurch von einem Klassenlehrer geführt. Er übernimmt in der Regel den gesamten Unterricht.

Der Unterricht in allen Klassen ist Gesamtunterricht. Stundenplanmäßig losgelöst von dem Gesamtunterricht, aber inhaltlich so weit als möglich mit ihm verbunden sind Werkunterricht und Nadelarbeit, Hauswirtschaft, Leibesübungen und Übungen in den Kulturtechniken (Lesen, Schreiben, Rechnen, Rechtschreibung und Richtigsprechen).

Jede weitere stundenplanmäßige Gliederung des Unterrichts fällt fort, es sei denn, daß organisatorische Notwendigkeiten (Physikraum) u.a.) eine solche Gliederung bedingen.

Die Arbeitsmethode bleibt dem Lehrer überlassen, soweit nicht für bestimmte Gebiete (Musik) die Anwendung besonderer Methoden beschlossen wird. Selbstverständliche Voraussetzung ist, daß er die Grundsätze der Arbeitsschule bejaht und praktisch anwendet.

Die Arbeit aller Klassen zielt auf die Aneignung und sichere Benutzung von Arbeitsmethoden, auf Selbständigkeit in der Arbeitseinteilung und selbständiges Erkennen und Lösen von Problemen. Die notwendige Voraussetzung hierzu ist die planmäßige Erwerbung elementarer Fertigkeiten (Kulturtechniken und ihre regelmäßige Übung.

Die Arbeitspläne aller Jahrgänge stellen den arbeitenden Menschen der Großstadt - seine leiblichen, geistigen und kulturellen Bedürfnisse, vor allem aber seine Arbeit – in den Mittelpunkt und suchen ihn in seiner gesellschaftlichen Bedingtheit zu erfassen, um so dem Kinde die soziale Bedingtheit seines Werdens und seiner Zukunft bewußt zu machen.

Die Arbeitspläne der unteren Jahrgänge lehnen sich an die „Richtlinien zur Aufstellung von Lehrplänen für die Grundschule"[b] an.

Die Arbeitspläne der oberen Jahrgänge wählen zur Durchforschung die wichtigsten Lebens-, Arbeits- und Kulturstätten der Großstadt. Sie gehen aus von dem Erreichbaren und vermitteln von hier aus Kenntnis und Verständnis des Fernen; das Heutige ist Ausgangspunkt für das Kennen und Verstehen des Vergangenen.

Die Arbeitspläne werden von den Grundschulklassen als Jahrespläne aufgestellt. In den oberen Jahrgängen liegen der Arbeit Vierjahrespläne zu Grunde, die jeweils von jeder 4. Klasse festgelegt werden. Als solche sind sie bei einem Lehrerwechsel auch für die neue Lehrkraft verbindlich. Sie zeigen in großen Zügen klar die Arbeitslinie und werden von Jahr zu Jahr inhaltlich gegliedert und zeitlich aufgeteilt.

Bei der Aufstellung der Arbeitspläne für die oberen Jahrgänge wird darauf Bedacht genommen, daß sie ständig zu ergänzen sind durch neue Arbeitsthemen, der sich aus den Ereignissen der Zeit (Wahlen u.a.) mit Notwendigkeit ergeben.

---

[b] Es handelt sich um die „Richtlinien zur Aufstellung von Lehrplänen für die Grundschule und die oberen Jahrgänge der Volksschulen mit dem Lehrplan für die Volksschule der Stadt Berlin vom Jahre 1924", Berlin 1924.

Bei der Aufstellung der Arbeitspläne ist abhängig von der geistigen Haltung der einzelnen Klassen. Aus diesem Grunde wird die Zahl und die Verteilung der Arbeitsthemen in den Klassen des gleichen Jahrgangs verschieden sein.

Die allgemeinen Bildungsziele der „Richtlinien zur Aufstellung von Lehrplänen für die Grundschule" und der „Richtlinien zur Aufstellung von Lehrplänen für die oberen Jahrgänge" gelten als verbindlich.

Die besonderen Stoffziele der genannten Richtlinien werden auf allen Gebieten erreicht, jedoch weder in der Überhöhung, noch in der Verteilung auf die einzelnen Jahrgänge, wie sie der „Grundlehrplan für die Volksschulen der Stadt Berlin"[c] fordert. Die arbeitsschulmäßige Durcharbeitung bedingt mit Notwendigkeit eine Stoffbeschränkung; der Gesamtunterricht hat zur Folge, daß eine systematische Aufgliederung der Stoffe unterbleibt.

Die sich etwa ergebenden „Stofflücken" erschweren nicht das Mitkommen des Kindes in einer anderen Volksschule und verschließen ihm keineswegs die weiterführenden Bildungsmöglichkeiten, wenn das verminderte „Wissen" durch vermehrtes „Können" ausgeglichen wird.

Die Arbeit in den Klassen zielt weiterhin auf die Erziehung des Kindes zu sozialem Denken und Tun.
A. Das Kind muß sich verbunden fühlen mit der Klassengemeinschaft; darüber hinaus muß es sich einleben in den Lebens- und Arbeitskreis der Schule.

Die Planung der Arbeit erfaßt daher alle Einrichtungen der Schule, die aus der Not der Zeit und aus der baulichen Eigenart der Schule heraus entstanden sind, und die bewußt gehalten werden als Mittel der Gemeinschaftsbildung und als Quelle sozialer, wirtschaftlicher, arbeitstechnischer und kultureller Erkenntnisse.

1. Schulspeisung.
Die sich mehr und mehr verschlechternde wirtschaftliche Lage der Elternschaft zwang dazu, dem Gedanken der Schulspeisung erhöhte Beachtung zu schenken. Zudem bietet sich hier die Gelegenheit, Lücken der häuslichen Erziehung in bezug auf Haltung und Hygiene zu füllen (Eßkultur).
a. Frühstücksspeisung.
Bis zur 2. Klasse bereits ist die Frühstückspeisung in der Weise aufgebaut, daß jede Klasse für alle Kinder das Frühstück (Kakao, Brühe u.a.) selbst herstellt. Die Arbeit leisten in den unteren Klassen die Mütter in planmäßigem Wechsel. In den oberen Klassen unterstützen die Kinder die Mütter bei der Arbeit.
b. Mittagsspeisung.
In der von uns eingerichteten Schulküche wird von einer Arbeitsgemeinschaft von Eltern (Väter und Mütter) das Mittagessen für die bedürftigsten Kinder der

---

[c] Grundlehrplan für die Volksschule Groß-Berlins. Berlin, Bielefeld, Leipzig 1914.

Schule zubereitet. Die Schulküche ist für eine bestimmte Zeit Aufgabengebiet einer der oberen Klassen. Die Kinder leisten im Bedarfsfalle praktische Mitarbeit (Einkauf, Vor- und Zubereitung, Tischdecken, Abwaschen u.a.). Berechnungen, Abrechnungen, Buchführung, weiterhin aber die Durcharbeitung der mit Küche und Ernährung zusammenhängenden Fragen sind Aufgabenbereich der Klasse.

Im Zusammenhange mit Schulspeisung steht die Beschaffung von ausreichendem Waschgerät und Handtüchern, die Beschaffung von Zahnputzmitteln (Bürsten, Becher) und ihre tägliche vom Schulzahnarzt überwachte Benützung durch zwei Klassen.

2. Schulgarten.
Er steht im Dienste
a. der Erarbeitung naturkundlicher, wirtschaftlicher und arbeitstechnischer Erkenntnisse,
b. der Gemeinschaftsbildung, indem die praktische Arbeit von Eltern und Kindern gemeinsam geleistet wird, die Erträgnisse (Gemüse, Obst, Blumen) der Schulküche und den Klassen zugute kommen.

3. Kleinkinderzimmer.
Zu seiner Einrichtung führte die alltägliche Erscheinung, daß Kinder mit der Entschuldigung fehlten, die Mutter sei beschäftigt, und sie müßten die kleinen Geschwister beaufsichtigen. Das Fehlen wirkt sich selbstverständlich auf die Arbeit der betreffenden Klasse, vor allem aber auf das Kind selbst aus. Die Kinder, die sonst gefehlt hätten, bringen die kleinen Geschwister mit zur Schule, und in einem besonderen Raum (kleine Tische und Stühle, Schränke für das Eßgeschirr und Spielzeug, Waschgerät) werden die Kleinen von den Kindern einer oberen Klasse betreut. So übernehmen diese Kinder eine Aufgabe, die für sie selbst von erziehlichem Wert ist; andererseits wachsen für die Arbeit der Klasse Aufgaben heran (Märchenerzählen, Kindergedichte, Kasperltheater – Berichte, Listenführung, Benachrichtigungen an die Eltern u.a.m.).

Die Planung der Arbeit erstreckt sich ferner auf alle Feste und Feiern der Schule.
Eine festliegende Veranstaltung der Schule ist das
Sommerfest.
Es findet alljährlich an einem Sonntage vor den Sommerferien statt, und zwar unter einem bestimmten Thema, das bereits am Anfang des Schuljahres festliegt.
1923: Laternenfest
1925: Erntefest
1926: Sängerwettstreit

1928: Völkerschau
1929: Volkstänze und Wandertrachten
1930: Jahrmarkt in Leopoldsgrün
1931: Es war einmal ...
1932: Stralauer Fischzug

B. Das Kind muß sich hineinfinden in fremde Lebens- und Arbeitskreise. Die Planung der Arbeit berücksichtigt daher neben den größeren Wanderfahrten die Aufenthalte in Schullandheimen. Da gerade hier eine vertiefte erzieherische Einwirkung gegeben ist, wird der alljährliche Aufenthalt recht vieler Klassen in solchen Heimen angestrebt und durch besondere Spareinrichtungen der Schule ermöglicht.

In den letzten drei Schuljahren werden die Klasseverbände in wöchentlich vier Stunden aufgelöst und die Kinder mit möglichst gleicher Begabungs- und Neigungsrichtung und annähernder Begabungshöhe zu Arbeitsgemeinschaften (Kurse) zusammengefaßt. Sie sind eine notwendige Ergänzung des Gesamtunterrichts nach der fachlichen Seite und zugleich eine bewußte Durchbrechung des Klassenprinzips.

1. Aufgabe der Kurse.
Sie dienen
a. der Pflege und Förderung der besonderen Anlagen und Neigungen der Kinder,
b. der Vertiefung und Erweiterung der Volksschulbildung in der Richtung neuzeitlicher Schularbeit. (Mehr noch als in der Klassenarbeit soll hier die Fähigmachung zu selbständiger Arbeit durch Aneignung von Arbeitsmethoden das Ziel sein.)

2. Aufstellung der Kurse.
Nach Feststellung des Kursbedarfs werden die Kurse nach Ziel und Dauer, besonderen Arbeitsgebieten und etwaigen besonderen Bedingungen für die Teilnahme festgelegt.
Beispiel: Kursus für angewandte Physik.
a. Ziel: Es soll an die gebräuchlichsten Einrichtungen der Technik die Anwendung physikalischer Gesetze erkannt und durch Bau von Apparaten und Modellen zur Anschauung gebracht werden. Es kommen nur Gebiete in Frage, die allgemein in der Wirtschaft eine Rolle spielen, und wo sich bei der Lösung der Probleme Handbetätigung in größerem Umfange anwenden läßt. Jede Arbeit soll nach Möglichkeit ein neues Problem bilden, dessen klarste Lösung die praktische

Darstellung bringt.
b. Arbeitsgebiete: Elektrizität, Wärmelehre, Mechanik.
c. Dauer: 2 Jahre – 4 Wochenstunden
d. Bedingungen für die Teilnahme: Kinder mit technischem Interesse, kausalem Bedürfnis und Handgeschick.

3. Auswahl der Kinder für die Kurse.
a. Es ist in erster Linie zu versuchen, die Veranlagung des Kindes festzustellen.
b. Es ist die Neigung des Kindes in Betracht zu ziehen.

Die Auswahl wird dadurch vorbereitet, daß in den früheren Jahrgängen in ständiger Verbindung mit dem Elternhaus Beobachtungen in bezug auf Begabung und Neigung des einzelnen Kindes angestellt und schriftlich niedergelegt werden.

Wünsche der Kindes und der Eltern sind zu berücksichtigen, wenn der Klassenlehrer Veranlagung und Neigung für den selbst gewählten Kursus als vorhanden erkennt.

Die Kinder, bei denen weder eine besondere Anlage noch eine wirkliche Neigung festzustellen ist, werden in Restgruppen zusammengefaßt, in denen versucht wird, sie mit einfachen Arbeitsinhalten (Lektüre u.a.) für selbständige Arbeit zu gewinnen.

4. Teilnahme der Kinder an den Kursen.
Die Kinder sind für die ganze Dauer eines Kurses zur Teilnahme verpflichtet. Ein Wechsel tritt nur dann ein, wenn infolge verkannter oder mangelhafter Anlage die weitere Mitarbeit unmöglich ist. Die Entscheidung darüber liegt beim Kursuslehrer.

In den Kursen wird der Unterricht von Fachlehrern erteilt. In den Klassen werden nur dann Fachlehrer eingesetzt, wenn notwendige Aufgaben anders nicht zu lösen sind.

Alle Arbeit an der Schule findet ihre grundsätzliche Regelung in Beratungen, an denen die Lehrer und Elternvertreter der einzelnen Klassen teilnehmen (Teilnahmepflicht!), und die regelmäßig an jedem Montag (abend 6 – 8 Uhr) stattfinden.

In längeren Zeitabständen findet sich die gesamte Elternschaft der Schule zusammen. In diesem Gesamtelternversammlungen stehen einerseits Schul- und Erziehungsfragen allgemeiner Art im Mittelpunkt, andererseits fallen hier Entscheidungen, für die die gesamte Elternschaft die Verantwortung zu übernehmen hat.

In jeder Klasse kommen alle Eltern regelmäßig am ersten Montag im Monat (abends 8 – 10 Uhr) zu einer Klassenelternversammlung zusammen, um mit dem

Lehrer gemeinsam Fragen der Erziehung und des Unterrichts, die sich aus dem Leben der Klasse und ihrer Arbeit ergeben, zu besprechen.

In den Klassenelternversammlungen im Juni jeden Jahres wählen die Eltern die Elternvertretung der Klasse (Obmann und Stellvertreter). Die Gesamtheit der Elternvertreter der Klassen bildet die rechtliche Elternvertretung der Schule.

An den versammlungsfreien Montagen (abend 8 – 10 Uhr) oder sonst nach Vereinbarung stehen sich Eltern und Lehrer zu Verfügung, soweit Aussprachen irgendwelcher Art notwendig sind.

Die Teilnahme der Eltern an den Unterrichtsstunden ist eine Notwendigkeit. Diese Unterrichtsbesuche erwecken das Verständnis für die Arbeit der Schule und fördern die Einheitlichkeit der Arbeit am Kinde.

Die enge Zusammenarbeit zwischen Eltern- und Lehrerschaft ist entscheidend für die Stellung der Schule zur Zeugnisfrage. Da jedem Vater und jeder Mutter die Möglichkeit gegeben ist, sich jederzeit über die geistige und sittliche Haltung des Kindes zu unterrichten, lehnt die Schule im Prinzip die Erteilung von Zeugnissen ab. Da aber die Öffentlichkeit – Lehrstellen, Arbeitsstellen, weiterführende Schulen usw. – auf die Zeugnisse nicht verzichtet, gilt folgende Zwischenregelung:

1) Am Schlusse eine jeden Schuljahres erhalten die Eltern des Kindes
a. einen *ausführlichen mündlichen* Bericht,
b. einen *kurzen schriftlichen* Bericht, der an die Stelle der bisherigen Nummernzeugnisse tritt. Er wird sich im wesentlichen auf die Kennzeichnung der Mitarbeit und des Leistungsstandes beschränken.

2. Am Schlusse der Schulzeit erhält jedes Kind ein Schulentlassungszeugnis, wie es allgemein an den Volksschulen der Stadt Berlin erteilt wird.

Die Eltern sind verpflichtet, sich tätig in den Dienst der Schule zu stellen, und zwar
1. der gesamten Schule: Schulspeisung, Schulgarten, Schulfeste u.a.
Organisiertes Mitwirken: Schulküchengemeinschaft, Schulgartengemeinschaft, Elternchor.
2. der einzelnen Klassen: Klassenfrühstück, Klassenfeiern, Klassenwanderungen u.a.

Die Zusammenfassung der Eltern zu Gruppen mit dem Ziel geistiger und körperlicher Bildung (Lesegruppe, Gymnastikgruppe u.a.) ergibt sich aus dem jeweiligen Bedürfnis.

Die Kinder werden so weit wie möglich zu verantwortlicher Betätigung im

Klassen- und Schulleben (Lehrmittelzimmer, Bibliothek, Werkstatt usw.) herangezogen.
Die Vertrauensschüler der 1. bis 5. Klasse treten wöchentlich einmal zusammen, um im Beisein eines Lehrers ihnen wichtig erscheinende Angelegenheiten zu erörtern, Wünsche und Anregungen laut werden zu lassen und Arbeits- und Haltungsregeln selbst aufzustellen.
Gesamtschülerversammlungen werden nur nach Bedarf einberufen.

Um den Zusammenhalt zwischen Schule und schulentlassenen Kinder aufrecht zu erhalten, ist jedem Schulentlassenen die Möglichkeit gegeben, sich an jedem Montagabend in der Schule einzufinden, an den Festen und Feiern teilzunehmen und sich tätig in die Dienst der Schule zu stellen (Schulorchester, Elternchor u.a.).

12. Fritz Karsen:
Die einheitliche Schule in Neukölln (1928)
(Pädagogik und Schulhaus)

Fritz Karsen[a] veröffentlichte den Text „Die einheitliche Schule in Neukölln (Pädagogik und Schulhaus)" in der Broschüre „Die Dammwegschule Neukölln" 1928 im Comenius-Verlag Berlin, S. 3-25, in der auch der Architekt Bruno Taut[b] seine Pläne darlegte (Taut 1928). Der Text verbindet pädagogische und konzeptionelle Überlegungen mit architektonischen und räumlichen Voraussetzungen zur Programmatik der neuen Schule.[c]

I. DIE ENTSTEHUNG DES PROGRAMMS

Vor 6½ Jahren übernahm ich die Leitung des Kaiser-Friedrich-Realgymnasiums in Neukölln. Es handelte sich um ein sogenanntes altes Realgymnasium, das in Sexta mit Latein als erster Fremdsprache begann. Es war die älteste und größte Schule des Arbeitervorortes. Der Bau war auf die Bedürfnisse einer normalen Doppelschule um das Jahr 1900 zugeschnitten. Er war also rein von dem Gedanken aus aufgeführt: Wieviel Klassen werden vermutlich in dieser Schule untergebracht werden? – Eine entsprechende Anzahl von Räumen wurde dafür vorgesehen, und dazu kamen dann die damals üblichen Nebenräume, einer für Physik, einer für Chemie, mit je einem Sammlungsraum, einer für Zeichnen, die Turnhalle und die sogenannte Aula. Aber keiner der zu bauenden Räume bot eigentlich ein Problem. Eine Klasse mußte soundso viel Sitzplätze haben je nach der Höchstzahl von Schülern, die nach den damaligen Bestimmungen gefordert wurde, dann Raum für ein Katheder, dazu die genügende Höhe, eine linksseitige Belichtung für eine stillsitzende, hörende, lesende und schreibende Klasse und eine recht fragwürdige Lüftungs- und Entlüftungsanlage. Wenn man dann noch jeder Klasse einen gebrechlichen Schrank und eine Vorrichtung zum Aufhängen einer Karte gab, so hatte man alles getan, was man damals für ihre Ausstattung für nötig hielt. Genau so äußerlich, nur vom Gesichtspunkt der Belegung durch eine gewisse Schülerzahl aus behandelte man die Nebenräume, die ich oben nannte. Solch eine Schule konnte nach demselben Schema überall hingebaut werden, wenn die Anzahl der Klassen feststand. Man konnte sie geradezu normen und hat das auch gelegentlich getan. Für ihre *Lage* kam dann ebenfalls nur der äußere Gesichtspunkt in Betracht, daß sie leicht erreichbar war. Dazu legte man sie gern an

---

[a] Zu Fritz Karsen siehe 5. Quellentext in diesem Band.
[b] Bruno Taut (1880-1938), Architekt, Stadtbaurat a.D., Erbauer der Hufeisensiedlung in Berlin-Britz, hatte eine Professur für Architektur an der TU Berlin, 1933 Exil.
[c] Zum Neuköllner Schulenkomplex siehe auch den 7., 22., 32., 33. und 34. Quellentext in diesem Band; zum Raumkonzept der geplanten Schule siehe Heidemarie Kemnitz 2003.

eine Hauptstraße wie eben meine jetzige Schule, ohne auch hier zu fragen, ob das der inneren Bestimmung des Gebäudes gemäß sei. Ich kenne Schulen aus jener Zeit, denen jeder Hof für die Pausen, für Spiel und Sport gänzlich fehlt. Aber die meisten haben einen solchen, der wieder nur in Rücksicht auf die Zahl der Schüler angelegt ist, die sich dort aufhalten, aber beileibe nicht bewegen sollen.

Man fragt sich, wenn man sich alle diese Unmöglichkeiten einmal vor das Auge rückt: Wie waren sie dennoch möglich? – Und man findet darin ein Symbol des damals üblichen Lehr- und Erziehungsverfahrens. Der musterhafte Unterricht mußte es verstehen, eine Klasse körperlich und geistig in Reih' und Glied zu bringen. Dazu brauchte der Lehrer einen erhöhten Platz, damit er alle Schüler übersehen, damit diese durch Hinaufschauen ihre Aufmerksamkeit zeigen konnten. Ich werde es nie vergessen, wie mein erster Direktor mir eine tiefgründige Abhandlung über die Fälle hielt, in denen ein Lehrer die Klasse in der Diagonale, von der Mitte, von hinten beaufsichtigen dürfe, ja sogar müsse. Eine derartige Beziehung von lehrendem Lehrer und hörendem oder unter Kontrolle wiederholendem Schüler war in der Normalklasse vorzüglich geregelt. Jeder einzelne wurde gesehen und konnte durch Fragen oder Ermunterungen wieder in die Reihe gebracht werden, wenn er vom Gedankenpfade des Lehrers abirrte oder abzuirren schien. Die Katechese konnte in diesem Raum musterhaft vonstatten gehen. Außer der Beziehung des Schülers zum Lehrer kannte die damalige Schule im wesentlichen nur diejenige zum Lehrbuch, das in die Schule mitgebracht wurde. Man mußte darin lesen, es unter die Bank legen, man mußte stets nach Diktat schreiben können. Und das konnte man ohne Schwierigkeit. Auch die wenigen Fachräume brauchten keine andern unterrichtlichen Bedürfnisse zu erfüllen. Höchstens mußte der Lehrer, wenn er in Physik, in Chemie nicht bloß vortrug, sondern auch vormachte, noch besser sichtbar sein. Wenn dann die Bänke nach hinten aufsteigen, so ist grundsätzlich am Sinn des Klassenraumes nichts geändert. Dann ging der Schüler mittags nach Hause und erledigte am Nachmittage seine Aufgaben. Dazu brauchte er nur seine Schulbücher, aber keine weiteren Hilfsmittel, die etwa nur in der Schule zu finden gewesen wären. Arbeitsräume, in denen er diese hätte gebrauchen können, waren in der Schule nicht nötig. Das Ziel der Erziehung war damals *zunächst* Ordnung und Gehorsam. Ein Raum, der es dem Lehrer ermöglichte, jede Abweichung von der Norm sofort zu übersehen, war wie geschaffen dafür. Mußten die Kinder früh gewöhnt werden, gegebene Anordnungen zu halten, nun, so könnte man paradox sagen, daß der Bau die Gelegenheit geben sollte, recht viel Anordnungen zu erlassen, in deren Erfüllung sich die Schüler zu üben hätten. Dunkle Gänge, in denen sich die Schüler vor dem aufsichtführenden Lehrer verstecken können, enge Korridore, die sie dazu anreizen, aus Versehen und doch mit Absicht aneinander anzurennen, unzureichende Treppen, auf denen man zur Vermeidung eines Unfalls gezwungen werden muß, fein sittsam zwei und zwei zu gehen, ein zu kleiner Hof, der nur einen ruhigen Spaziergang im Freien gestattet, sind ebenso viele Gelegenheiten für den Schüler, seine angeborenen Triebe aus Angst vor Strafe zu zügeln, ebenso viele Gelegenheiten für den Lehrer, unter schwierigsten Umständen zu zeigen, daß er Respekt einzuflößen weiß. Solange man die Tugend der Unterordnung bei dem Schüler, die Sicherheit des autoritativ auftretenden Lehrers so hoch schätzte, war wirklich ein Bau von der Art des Kaiser-Friedrich-Realgymnasiums gar nicht unzweckmäßig.

Nun aber haben sich unsere pädagogischen Anschauungen seit der Jahrhundertwende erheblich gewandelt. Die pädagogische Praxis ist eine andere geworden. Die Arbeitsschule verlangt das schaffende Kind und den suchenden Lehrer. Aber die festen, in Reih und Glied aufgestellten Bänke sind keine Arbeitsplätze, und das Katheder ist kein Ort für die Anweisung der verschiedenartig mitarbeitenden Kinder. Nun mag man die Bänke noch so sehr im Kreise rücken, das Katheder aus der Klasse entfernen, ja, man mag so weit gehen, anstelle der Bänke Tische und Stühle in die Räume zu stellen, man mag versuchen, die Wände durch Tafeln, durch Bilder, durch Schränke in die Reihe der Arbeitsmittel einzubeziehen, man kommt darüber nie hinweg, daß dieser Raum als Hörraum für eine stillsitzende Klasse gebaut wurde. Selbst dann nicht, wenn man ein gewisses Chaos, das aller früher üblichen Ordnung Hohn spricht, als Nervenbelastung ersten Grades willig erträgt. Denn immer bleibt die unzweckmäßige Belichtung und Lüftung, immer der für diese freie Bewegung zu kleine oder falsch eingeteilte Raum, immer die falsche Unterbringung der Arbeitsmittel. Nirgends ist mir dieses peinliche Mißverhältnis zwischen innen und außen mehr aufgefallen als seinerzeit in Seinigs[d] Schule in Charlottenburg. Was hatte er nicht alles getan, um Arbeitsplätze an den Stellen zu gewinnen, wo früher ein hörender Schüler saß, um für jedes Kind das nötige Arbeitsgerät zu beschaffen, um jedes Stück Mauer und Hof als Arbeithelfer mit einzustellen, wie weit hatte er die ganze Klasse aufgelockert – und doch war am Schluß der Eindruck wahrhaft tragisch. Hier kämpfte ein Mann unter Anwendung einer riesenhaften Energie, die an glücklicherer Stelle das Zehnfache hätte schaffen können, einen Kampf gegen einen für ganz andere Bedürfnisse errichteten Bau, in dem er schließlich an unüberwindbare Grenzen stieß. Man hat das viel zu wenig beachtet. Dasselbe gilt mehr oder weniger von all unsern Versuchsschulen, ja selbst noch von denen, die neue Schulhäuser erhielten. Denn auch diese sind, soweit ich sie kenne, nach dem Schema der Vorkriegsbauten ausgeführt.

---

[d] Oskar Seinig, Rektor, entwickelte an der vom ihm geleiteten Volksschule in Charlottenburg einen eigenständigen Ansatz des Arbeitsunterricht, publizierte u.a. „Die redende Hand" (1920). Zu Oskar Seinig siehe Dieter Hoof 1969, S. 47 ff., sowie die Quellentexte ebd., S. 144-151.

Männer wie Lietz und Wyneken[e] erweiterten die Arbeitsschule zur Lebensschule. Die Bewegung der Landerziehungsheime und freien Schulgemeinden, die sie in Deutschland begründeten, gewann immer mehr Anerkennung. Die Schule wird, anstatt nur Unterrichtsanstalt zu sein, *sozialer Lebensraum*, Heim des heranwachsenden Menschen und übernimmt zu einem hohen Maße erziehliche Pflichten, die bisher allein den Eltern überlassen waren. Freilich hier nur für den geringen Kreis derer, die mit genügend Glücksgütern gesegnet waren, um ihren Kindern eine so erfreuliche Schule auf dem Land in gesunder Umwelt zu bezahlen. Aber die neuen Gedanken greifen über auf die allgemeine Schule. Wyneken baut die neue Schule Wickersdorf auf dem Gedanken der *Gemeinschaft* gleichstrebender Jugendlicher beiderlei Geschlechts auf, die hier mit ihren Führern, den Lehrern, verantwortlich ihr ganzes Leben formen. Für Wyneken war die Gemeinschaft der Schüler in ewigen Werten gegründet, nach denen sie in ihrer Arbeit zusammen strebten. Eine solche transzendente Begründung der Gemeinschaft hebt diese über Raum und Zeit hinaus. Sie kann auch gepflegt werden, ohne daß besondere räumliche Bedingungen hergestellt werden. Die Bewegung der Geister ist in einem hohen Grade darüber erhaben. Höchstens wird sich dieser Gedanke äußerlich dort manifestieren, wo ein besonderes Symbol der empfundenen Gemeinschaft oder ein Mittel zur Erregung einer gewissen Gemeinschaftsstimmung gesucht wird: in Versammlungs-, in Musikräumen. Nicht aber in den Klassen. Und so war es ja auch in Wickersdorf. Die Lietzschen Heime waren von vornherein mehr erdgebunden. Sie legten großen Wert auf die Arbeit der Hand in Werkstatt und Feld. Aber sie sahen sie wesentlich unter dem Gesichtspunkt der körperlichen Betätigung, der Auslösung, der Verbindung mit dem übrigen Unterricht, nicht unter dem der gesellschaftlichen Arbeit und ihrer spezifischen Form. So führten auch sie nicht zu einer neuen, allein dem Sinn und der Form einer neuen Arbeit entsprechenden Raumgestaltung, nicht einmal in den Werkräumen.

Als nach der Revolution die Arbeiterschaft – für den Augenblick siegreich und für die Dauer einflußreicher als je zuvor – neue Schulen verlangte, geschah es ebenfalls unter der Parole der *Gemeinschaft*. Aber Gemeinschaft besagte hier: Solidarität der am gleichen Werk arbeitenden Menschen. In dem überfliegenden Idealismus der ersten Zeit sah man dieses Werk auch zunächst noch sehr allgemein als Schaffung einer neuen sozialen Zukunft, die als Wert und Wirklichkeit Ausdruck des arbeitenden Menschen zu sein hätte. So blieben die ersten Gemeinschaftsschulen in einer gewissen Gemeinschaftsromantik stecken, die viel mit der Wickersdorfer Stimmung gemein hatte und ebensowenig wie diese an die

---

[e] Hermann Lietz (1868-1919) und Gustav Wyneken (1875-1964) waren Schulgründer und Pädagogen in der Landerziehungsheimbewegung, siehe Ulrich Schwerdt 2002, S. 71-87, und die von Theo Dietrich herausgegebene Quellentextsammlung „Die Landerziehungsheimbewegung" (1967).

Umformung der Realitäten des Baus dachte. In den letzten Jahren aber wurde man immer klarer darüber, daß die neue Schule nicht in erster Linie Gemeinschaftsempfindungen zu pflegen und zu wecken, sondern nüchterne Gemeinschaftsarbeit zu leisten habe. Das aber geht nur an klar bestimmten und differenzierten Aufgaben.

Diese Entwicklung haben wir mit allen Einzelheiten an der von mir geleiteten Schule durchgemacht. Das alte Realgymnasium mußte zunächst in den gewohnten Formen weiterlaufen, auch nachdem es sich rein organisatorisch in ein Reformrealgymnasium verwandelt hatte. Jeder radikale Wechsel der Methode an einer so großen Anstalt hätte nur Beunruhigung in die Elternschaft getragen, die nach ihrer sozialen Zusammensetzung solchen Gedanken durchaus fernstand, und nicht minder in die Lehrerschaft, die schließlich keinen Grund hatte, das, was bisher als richtig gegolten hatte, nun zugunsten einer andern noch durchaus nicht klar gesehenen Unterrichtsform aufzugeben. Es hätte nicht Fortschritt, sondern nur Verwirrung hervorgerufen. Da ermöglichte uns 1922 der Neuköllner Stadtrat Dr. Löwenstein die Errichtung einer *Aufbauschule*. Hier waren keinerlei Traditionen zu wahren. Diese Schule war rein aus ihrem Milieu und den neuen pädagogischen Gedanken zu entwickeln. Zwischen beiden war kein Gegensatz. Denn die Hamburger Gemeinschaftsschulen, an denen zuerst die neue Pädagogik Wirklichkeit wurde, waren ja eben aus demselben Milieu hervorgewachsen. Es galt nur, die dort entdeckten Prinzipien praktisch zu klären und auf die weiterführende Schule anzuwenden. Also mußten wir die Eltern zur positiven, ja sogar bestimmenden Mitarbeit an den Aufgaben der Schule heranziehen, also mußten wir die arbeitende Umwelt mit ihren wirtschaftlichen und sozialen Kämpfen in der Schule gewissermaßen durch Klärung abreagieren lassen. Und dabei stießen wir auf das tote, anschauungsarme und die Tätigkeit wirklich nicht anreizende rote Backsteingebäude. Das *Gemeinschaftsleben* der Schüler selber organisierte sich unter ungeheuren Schwierigkeiten. Aus einer im Anfang einmal nötigen und in diesem Bau schwer zu ertragenden völligen Freiheit, durch die allein die Notwendigkeit einer Bindung an bestimmte Formen erst einmal empfunden wurde, entwickelte sich die immer besser funktionierende Schülerselbstverwaltung mit ihren Komitees für die verschiedenen Richtungen der Arbeit und die verschiedenen Versammlungen und Feste. Trotz der nichtvorhandenen Räume, trotz der jede Gemeinschaft zerstörenden Räume unter einer Aufopferung, die man wahrhaftig nicht verlangen und jeden Tag von neuem auf die Probe stellen sollte.

Nach jahrelangen Mühen bildeten sich *Betriebsformen der Klassenarbeit* heraus. Immer beginnen wir unsere Arbeitseinheit mit einem genauen Gemeinschaftsplan, der kleinere Arbeitseinheiten unter die Mitglieder der betreffenden Gruppe verteilt, dabei natürlich die besonderen Kräfte der einzelnen berücksichtigend – und schon dazu brauchen wir eine Fülle von Material. Wo haben wir es? – Gibt es

Betriebform der Klassenarbeit im Geschichtsunterricht

eine übersichtliche Bücherei, gibt es Sammlungen für die verschiedenen Gebiete, die gleichsam einen ersten schematischen Überblick gewähren? – Dann aber treten wir in die Einzeldurcharbeitung ein. Der Vorbereitungsraum ist entweder zu Haus, wo nicht weniger als alle Arbeitsmittel fehlen, die nicht notdürftig als Bücher angeschleppt werden, oder in der Schule, wo ein uniformer Klassenraum auch nicht mehr bietet. Im Unterricht selber werden die vorhandenen Arbeitsmittel für die gruppenweise zusammensitzenden Schüler notdürftig zusammengeholt und dabei trotz aller Vorsicht außerordentlich abgenutzt. Die wenigen Spezialräume für die Naturwissenschaften sind für die starke Belegschaft der Schule völlig unzureichend und für eine selbsttätige Arbeit nicht eingerichtet; Arbeitsstellen und Arbeitsmittel fehlen. Wir haben trotzdem gelernt, wie ein Werk einer Klasse in sachgemäßer und personengemäßer Arbeitsteilung am Ende kooperativ entsteht, wie es in seinen einzelnen Etappen durch exakte Wiedergabe festgehalten, wie jedes Teilergebnis in parlamentarischer Diskussion geklärt und solange weiter untersucht wird, bis die endgiltige Leistung als geschriebener Band, als Hand-Werk der Gesamtheit gegeben und sichtbar wird. Wieviel von dieser Arbeit, die der Gesamtheit dienen kann, geht einfach dadurch verloren, daß es keine Möglichkeit gibt, sie in der Form ständiger Revue der Schulgemeinschaft zur Kritik vor Augen zu rücken, die nacheifern, Fehler finden und von Fehlern lernen kann, die vor allem den wirksamsten Zwang: den der Öffentlichkeit, ausüben würde! Eine mehr oder weniger bruchstückartige Ausstellung am Schluß des Jahres kann eine solche ständig wechselnde Schau über Arbeitswege und Arbeitsleistung nie ersetzen. Was heut für die Kameraden verloren geht, könnte so fein weiterwirken: also z. B. eine geschichtliche Arbeit über die Großstädte Deutschlands; sämtliche Schüler einer Klasse haben daran gearbeitet; sie bedeutet bei Ausstellung aller Arbeitsmittel und der Angabe, wie sie verwandt worden sind, bei genauer Darstellung der einzelnen Etappen der Arbeit eine praktische Anleitung, wie man zu den Quellen steigt, oder anderseits eine Möglichkeit der Kontrolle nach Erfahrungen anderer Gruppen.

Es blieb nicht bei der Aufbauschule mit ihren andersartigen Lebens- und Arbeitsformen. Schon etwa ein Jahr später gab uns Dr. Löwenstein eine *neue Bildungsaufgabe*, die ebenso wie die Aufbauschule eine dringende soziale Not befriedigen sollte. Die vielen jungen Arbeiter, die in früherer Zeit keine Gelegenheit gehabt hatten, eine weiterführende Schule zu besuchen, sich aber nun im Leben in ihrem Beruf auszeichneten, sollten noch einen Weg zur Hochschule finden. So eröffneten wir für sie *dreijährige Kurse*, die wieder unter besonderen Bedingungen standen. Diese Menschen, die aus dem praktischen Leben kamen, waren geradezu geschaffen zu einem aktiven Lernen durch weitgehende Betätigung der Hand. Aber wo waren die Vorrichtungen in dem dazu nötigen Ausmaß? – Was für ein Mißverhältnis zwischen ihnen und den Lernräumen! Sie brauchten mehr als alle Schüler, die doch immer noch ein Zuhause haben, Arbeitsstellen in der Schule, bequem erreichbare Arbeitsmittel, die ihnen den Zeitverlust des Zusammensuchens ersparen, den sie sich bei der kurzen ihnen zur Verfügung stehenden Zeit wirklich nicht leisten können. Sie brauchten Aufenthalts- und Gemeinschaftsräume, in denen sie ihre geselligen Bedürfnisse befriedigen könnten. Stärker als bei der eigentlichen Schule stießen wir hier an die Grenzen des Normalbaus. Freilich wurde auch so das gesteckte Ziel erreicht. Wie aber hätte es erreicht werden können, wenn – ? Wieviel Kraft konnte gespart werden? –

Je sicherer sich die Arbeitsweise der neuen Schulen ausbildete, um so mehr färbte sie auf die ursprüngliche Schule ab. Es gelang, neben dem bisher bestehenden Realgymnasium noch eine grundständige deutsche Oberschule aufzubauen, die den Beweis erbrachte, daß die neuen Arbeits- und Lebensformen durchaus nicht, wie man uns oft entgegenhielt, nur bei *den* Kindern mit Erfolg sich ergeben könnten, die wie unsere Aufbauschüler dem proletarischen Milieu entstammten und allerdings einen außerordentlichen Hunger nach Wissen mitbrachten. So können wir wohl auf Grund einer mehr als sechsjährigen Arbeit behaupten, daß es kein vorzeitiger und unbegründeter Versuch ist, wenn wir einen neuen Schulbau ersehnen, der sich ganz als Gewand für diese Lebens- und Arbeitsformen hergibt.

Doch rein vom pädagogischen Standpunkt aus war noch *ein weiterer Schritt* zu tun. Wir konnten nicht bei dem fünften oder achten Schuljahre beginnen, nachdem die Kinder schon jahrelang in anderen Schulen gewesen waren, die meist keine Gelegenheit gehabt haben, so voraussetzungslos von vorn anzufangen wie wir mit der Aufbauschule. Es war nicht nur die Schwierigkeit der Umgewöhnung nach 7 Jahren, die ja einen großen Kraftverlust bedeutete, und zwar für Lehrer und Schüler, sondern vor allem die Erkenntnis, daß es möglich sein müßte, auch mit dem unausgelesenen Schülermaterial[f] der gewöhnlichen Volksschule zu neuen Formen einer geregelten kooperativen Arbeit zu kommen und nun von unten auf, ja sogar vom Kindergarten an, eine Schule als pädagogische und organisatorische Einheit herzustellen. War es für uns auch eine Selbstverständlichkeit, daß wir auf allen Stufen immer wieder Kinder resp. junge Leute aufnehmen mußten, die an anderer Stelle vorbereitet waren, so rechneten wir doch mit einem Kern und mit der angleichenden Wirkung, die eine sich ihrer Eigenart bewußte Schule auf ihren Umkreis erfahrungsgemäß ausübt. Und so beantragten und erlangten wir die Verbindung mit einer Volksschule. Jetzt stehen wir vor der großen Aufgabe, diese verschiedenen Schulen als innere Einheit aufzubauen. Das eine ist uns

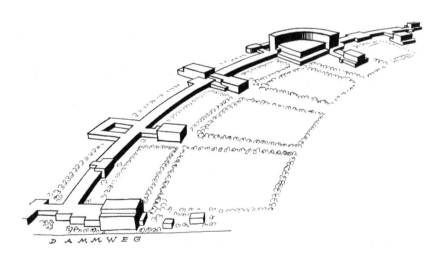

---

[f] Das Wort „Schülermaterial" klingt besonders befremdlich angesichts der pädagogischen Reformideen und trifft ebenso auf mein Befremden wie das Wort „Kindermaterial", auf das Dieter Hoof 1969, S. 107, kritisch hinweist.

WERKHOF

von vonherein klar gewesen, daß hier die unser ganzes Schulwesen zerreißende Zweiheit von Volks- und höherer Schule überwunden werden müsse. Auch hier wird der Bau die Überwindung alter und in einer Demokratie sicher falscher dualistischer Form ermöglichen müssen.

II. DAS EIGENTLICHE PROGRAMM

Es ergaben sich drei verschiedene Aufgaben: Der Bau soll das Gewand für eine einheitliche Schule sein, er soll kooperative, sachliche Arbeit in ihrer auf den verschiedenen Altersstufen und auf den verschiedenen Gebieten sehr verschiedenen Form gestatten, ja befördern, er soll ferner Lebensraum der Schüler und aller zur Schule gehörigen Personen sein, und das ohne künstliche Abtrennung von der Umwelt, aus der ihr Leben die besten Kräfte zieht.

A. Einheitliche Schule.

Es ist an anderer Stelle in Berlin, in Wilmersdorf, der Plan entworfen worden, eine Art Schulkonzern zusammenzubauen, der aus Volksschule, Mittelschule und höherer Schule besteht, die wieder die verschiedenen Typen in sich vereinigt, um so der Gesamtschülerschaft eines Schulbezirks die verschiedenen Aufstiegsmöglichkeiten gleichsam an Ort und Stelle zu geben. Dabei bleiben aber die alten Schularten mit ihren verschiedenen Kollegien nebeneinander bestehen. Es ist dann nur eine notwendige Folgerung aus diesem Gedankengang, daß auch drei

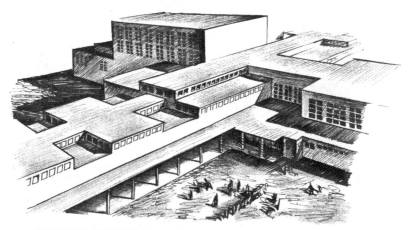

BAUGRUPPE DER MITTELSTUFE

verschiedene Gebäude aufgeführt werden. Wenn aber im Gegenteil bei uns ein einheitlich arbeitendes Kollegium geschaffen wird, das sich untereinander austauscht, so daß sogar Zug um Zug Lehrer der höheren Schule an der Volksschule und umgekehrt unterrichten, soweit das innerhalb der uns gewährten Rechte möglich ist, wenn Volks- und höhere Schule nicht mehr unterschieden werden und die Mittelschule als besonderer Bildungsweg ganz ausfällt, so ergibt sich auch für den Bau eine solche Trennung der Häuser als falsch. Nicht einmal eine Gliederung innerhalb des einen Baues in Räume, die der Volksschule, in solche, die den höheren Schulen zustehen, wäre irgendwie sinnvoll. Die Gliederung kann nur nach Altersstufen erfolgen, die psychologisch bedeutende Knotenpunkte der jugendlichen Entwicklung darstellen und bei denen durchschnittlich eine veränderte Form der Arbeit und des Lebens einsetzt. Stufen also, auf denen, vom individuellen Standpunkt gesehen, bereits eine gewisse Scheidung der Geister eintritt. Läßt man die Welt der Kinder im grundschulpflichtigen Alter auch noch für alle gleich sein, läßt man sie in der ihnen irgend zugänglichen Gesamtheit auf sie einwirken, so ist doch bis zum 10. Jahr schon eine freilich nicht ganz zuverlässige Klärung dahin eingetreten, ob ein Kind mehr der theoretischen oder mehr der praktischen Seite zuneigt. Und wiederum kommt mit ca. 15 Jahren der Zeitpunkt, wo sich sehr deutlich die praktische, künstlerische oder wissenschaftliche Befähigung betont. Die letzte Gruppe wendet sich verstärkt entweder dem wirtschaftlich-sozialen Fragenkreis oder dem mathematisch-naturwissenschaftlichen oder

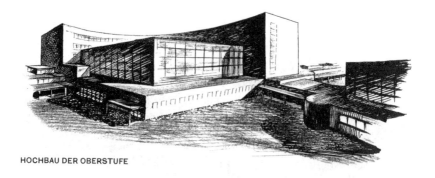

HOCHBAU DER OBERSTUFE

dem philologisch-fremdsprachlichen zu und den entsprechenden Berufen. Demnach halten wir einen Bauteil für die Unterschule für nötig, der abtrennbar, aber nicht abgetrennt von dem übrigen Bau ist, einen Bauteil für die Mittelstufe, der deutlich die Differenzierung nach der wissenschaftlichen und nach der praktischen Seite hervortreten läßt, und einen dritten für die Oberstufe, der der künstlerischen Begabung in Musik- und Zeichenräumen ihr Betätigungsfeld gibt und für die wissenschaftliche Arbeit jene Dreiteilung betont, von der oben die Rede war. Ein Kind, das in dieser Schule, vielleicht nach vorherigem Durchlaufen des Kindergartens, der ja ebenfalls durch einen breiten Gang damit verbunden ist, seine Laufbahn beginnt, wird nach 4 Jahren entweder in den mehr wissenschaftlichen Kurs mit der ersten Fremdsprache eintreten oder, da seine Fähigkeiten mehr nach der praktischen Richtung zu liegen scheinen, ohne diese auskommen, sich besonders viel im Werkunterricht betätigen, für den hier musterhaft Sorge getragen wird, und auf diese Weise bis zur mittleren Reife gelangen. Sollte sich später ein Umschwenken der Veranlagung zeigen, so wird der Übergang von der einen zur andern Gruppe, da ja das Niveau im deutschkundlichen Kern jederzeit in beiden Gruppen übereinstimmt, ohne Schwierigkeiten vollzogen werden können, nach unserem jetzigen Schulsystem am besten nach 7 Jahren. Aber auch zu anderen Zeiten dürften in dieser einheitlichen Schule nicht jene Schwierigkeiten entstehen, die eine ängstliche Bureaukratie gern sieht. Die beiden Gruppen sind natürlich nicht auf bestimmte Teile des Mittelbaues festgelegt, etwa in der Weise, daß die eine links, die andere rechts vom Gang ihr Domizil aufschlägt, sondern die Räume haben, wie später gezeigt werden wird, ihre Zweckbestimmung, der gemäß sie von beiden Gruppen in gleicher Weise benutzt werden. Soweit es irgend geht, sollen sie auch zusammenarbeiten, um sich in ihren verschiedenen Vorzügen kennen und schätzen zu lernen. Weder die große Werkunterrichtsanlage noch die wissenschaftlichen Räume sind also auf die eine oder die andere Gruppe beschränkt. Jene Schüler, die die mittlere Reife erlangen, werden uns dann verlassen müssen, um entweder ins berufliche Leben einzutreten oder eine der höheren praktischen Schulen für Industrie, Handel und Gewerbe zu besuchen. Die künstlerischen (Zeichen-, Musiklehrer, Künstler, Schauspieler) und die wissenschaftlichen Arbeiter treten in den letzten Bauabschnitt ein, wo der Grad der Differenzierung, der ihnen zugebilligt werden kann, durch die Reifeprüfungsbestimmungen begrenzt wird. Auch hier sollte nach meinem Willen dafür gesorgt werden, daß unter dem Gesichtspunkt der Berufsbegabungen größtmögliche Beweglichkeit geschaffen wird, auch auf Kosten der sogenannten, nach Kulturkreisen abgegrenzten Typen. Die Idee dieser Oberstufe negiert eben den Gedanken der auf vier typischen Wegen zu erlangenden *Allgemeinbildung* und faßt sich auf als *Vorberufsschule* der akademischen Berufe.

In diesen Einheitsbau werden dann die scheinbar verschiedenen Schulen, die jetzt unter meinerLeitung stehen, sich außerordentlich leicht einordnen und selber zur organischen Einheit zusammenwachsen. Auch die Schüler, die später hinzukommen, die Aufbauschüler nach 7 Jahren und die sogenannten Arbeiterkursisten. Diese jungen Leute, die meist Volks- und Berufsschule hinter sich haben, machen die besonders große Anlage der Oberstufe ebenso nötig wie die Aufbauschüler die Ausgestaltung der Mittelstufe. Sonst müßte dieser Einheitsbau sich von unten nach oben verjüngen, wenn er nur auf die von der achten Klasse der Volksschule aufgestiegenen Schüler angewiesen wäre. Und damit würde die Oberstufe, auf die gerade eine wissenschaftlicheSchule den größten Wert legt, eine besondere Ausgestaltung nicht lohnen.

Gegenüber diesem ersten Teil des Programms sind *Einwände* erhoben worden, auf die ich nur kurz eingehe.

Bedeutet nicht die Zusammenfassung der verschiedenen Schulformen in einem Gesamtorganismus das Wiederaufleben der glücklich überwundenen Vorschule? – Darauf ist zu antworten, daß die Vorschule unter den Bedingungen der höheren Schule stand, während hierfür die Gesamtschule die Bedingungen der Volksschule im wahren Sinne als der Schule des gesamten Volkes bestehen. Das ist im wirtschaftlichen, sozialen und pädagogischen Sinn verstanden. Die Vorschule schloß die wirtschaftlich Schwachen von ihrem Besuch aus. Die Gesamtschule dehnt Schulgeld- und Lehrmittelfreiheit auf alle Bedürftigen aller Schulstufen aus. Die Vorschule bedeutete daher eine einseitige soziale Auslese nach dem Geldbeutel, die Gesamtschule läßt alle Kinder des Einschulungsbezirkes mit gleichen Rechten zu. Die Vorschule hatte in einer pädagogisch nicht zu rechtfertigenden Weise bereits über den künftigen Bildungsweg des Schülers entschieden, ehe er selber Leistungen zeigen konnte, die Gesamtschule läßt die größte Möglichkeit der Entscheidungen offen. Eine falsche Schulbahn wird durch sie und in ihr fast ausgeschlossen.

Aber ist nicht eine solche Anhäufung von Kindern an einer Stelle und unter einer Leitung pädagogisch falsch? – Eine Schule ist doch keine Fabrik, die sich beliebig vergrößern ließe. Sie ist auf Persönlichkeitswerte gestellt.

Interessant ist, daß Berlin jetzt an verschiedenen Stellen große Plätze für Schulbauten reserviert hat, auf denen dann drei bis vier Schulen gebaut werden, die im Grunde gar nichts miteinander zu tun haben. Ihr Zusammensein ist im höheren Sinne zufällig. Und dennoch hat es einen Sinn, nämlich einen wirtschaftlichen für die Stadt, die diesen einen Bauplatz und den Hof wesentlich besser ausnutzen kann, wenn sie verschiedene Schulen auf dieselbe Stelle baut.

Die sachlich wirtschaftliche Rationalisierung leuchtet noch ganz anders ein, wenn hier eine große *einheitliche Schule* hingestellt wird. Die Gemeinschaftsräume, die teuren Fachräume können in viel höherem Umfange ausgenutzt werden. Umgekehrt entspringt der große Vorteil, daß infolge der größeren Schülerzahl für vergleichsweise dieselben Mittel pro Schüler wie an einer kleineren Schule hier wesentlich bessere und mehr Spezialräume eingerichtet werden können. Welche normale Schule wird sich diese naturwissenschaftlichen Fachräume, solche Gemeinschaftsräume wie die hier geplanten, z. B. die Speiseräume, die Bibliothek, die Versammlungsräume, ein solches Schwimmbad leisten können, ohne den Bau bis zur Unmöglichkeit zu verteuern? – Während hier vergleichsweise keine Verteuerung entsteht! –

Die wirtschaftlichen Vorzüge einer solchen Schulanlage wird man denn auch nicht leugnen. Aber damit sind doch die pädagogischen Bedenken keinesfalls aus dem Wege geräumt. Man hat mir oft entgegengehalten, daß ich doch dann unmöglich noch jedes Kind kennen könnte. Hier liegt noch immer die merkwürdige Vorstellung einer patriarchalischen Zeit zugrunde, in der es solche wundervollen Direktoren gab, die sich einbildeten, wirklich alle ihre Schüler zu kennen, oder über die andere eine derartige Legende bildeten. Welcher Direktor dürfte es wagen, auch nur über 300 Schüler ein wirklich verläßliches Urteil abzugeben! Vielmehr wird auch jetzt derjenige, der den Schüler wirklich kennt, der ihn als Erzieher führt, der Klassenlehrer sein. Was ändert sich daran, wenn eine Schule mehr Erziehungsgruppen enthält? – Offenbar doch gar nichts! Aber, so sagt man dann, wo bleibt die Einheit der Arbeit in einem so großen Kollegium von fast 100 Lehrern, die ja allein beinahe eine Schule füllen könnten? – Wo ist die Einheit, mit Verlaub, bei den meisten der heutigen kleineren Schulen? – Man wende sich nur getrost an die Schüler, die ihre Lehrer wechseln, und man wird die nötigen Aufschlüsse erhalten. Man verlange also zunächst einmal nicht von dieser Gesamtschule etwas, was an den anderen Schulen nur sehr selten vorhanden ist. Trotzdem kann sie zeigen, daß bei ihr die Einheit viel besser gewahrt werden kann als in einem kleinen Kollegium, wenn nur die Organisation richtig ist. Unsere jetzigen höheren Schulen sind ja überhaupt nicht organisiert. Sie sind Anhäufungen von Klassen, die mehr oder weniger schematisch unter ein Kollegium aufgeteilt werden, ohne abgestufte Verantwortung verschiedener Lehrer, unter der alleinigen Leitung des Direktors, der für alles die Verantwortung übernehmen soll: Tatsächlich von der richtigen Frankierung eines die Schule verlassenden Briefes und der Aufbewahrung der Akten bis zu den sublimsten Fragen des Unterrichts und der Erziehung! Nun lasse man in dieser Großschule den Rektor und einen Studienrat, der dafür besonders geeignet ist, die erste Verantwortung für die Unter- und Mittelstufe übernehmen, lasse durch einen Oberstudienrat den größten Teil der äußeren Verwaltung und den terminmäßigen Schriftwechsel führen, durch vier weitere führende Fachlehrer die drei wissenschaftlichen Abteilungen und die künstlerische der Oberstufe leiten, vertraue einem Lehrer die Leitung der Körperpflege (Turnen und Sport, Hygiene) an, und man hätte bereits eine sehr übersichtliche Ordnung der Dienste, in der dem Direktor die wahrhaft leitende Befugnis bliebe, die Einheit der in der Gesamtschule anerkannten und von allen zu verfolgenden Richtlinien zu wahren. Zu den bisher von einer Schule erfüllten Aufgaben aber könnte diese Gesamtschule noch andere nehmen, die bisher nirgends erfüllt wurden und wegen Überlastung auch nicht erfüllt werden konnten: Die wirklich wissenschaftlich einwandfreie Auswertung der Fülle von pädagogischem Material, das in einer solchen neuen Schule auftritt, durch einen besonders geschulten Lehrer, ebenfalls die praktische Auswertung für die Beratung der Schüler und Eltern, dann die besondere Verfolgung und sachgemäße Behandlung erziehlich schwerer Fälle durch einen andern, sicher Aufgaben, die über die Fähigkeiten und über Zeit und Kraft des heutigen, viel zu universell angespannten Lehrers hinausgehen. Wir gehen heute aus organisatorischem Unvermögen und aus der Angst, dem Lehrer etwas von seiner wissenschaftlichen oder erzieherischen Aufgabe zu nehmen und ihn dadurch zu degradieren, den ganz verkehrten Weg, immer mehr an Kenntnissen und Fähigkeiten von ihm zu verlangen, als ob wir nicht im Zeitalter der Spezialisierung lebten. Für den rein menschlich erziehlichen Vorteil, den eine solche sinngemäße Aufteilung der bisher ungeteilten Funktion eines Direktors bietet, bedarf es kaum noch eines weiteren Beweises. Auch der wissenschaftliche liegt auf der Hand. Jene Fachbeiräte der Oberstufe werden mit ihrem Fachkollegium, das sie wirklich beraten können, ganz etwas anderes leisten, ganz andere Freudigkeit auslösen, als ein Direktor, der als Neusprachler offiziell für den mathematischen Unterricht, ja für den künstlerischen verantwortlich ist, darin glaubt dilettieren zu müssen und oft genug nicht die Zurückhaltung hat, den ihm fachlich überlegenen Mitarbeitern seinen Rat, zu dem er tatsächlich offiziell verpflichtet ist, zu ersparen. Bei einer solch großen Anstalt ist eine solche Verteilung der Dienste wieder ohne Mehrkosten möglich. Die vorhandenen Mittel werden nur differenzierter verwandt. So birgt die Großschule alle Vorteile des Großbetriebes und der Rationalisierung. Durch wahrhaft sachgemäße, nur in dieser Zusammenlegung mögliche Organisation der Räume und Arbeitsmittel, durch personengemäße Verteilung der Funktionen, der Arbeiten in Unterricht und Erziehung werden menschliche Kräfte frei, die dem hier herzustellenden Werk, der Menschenerziehung, zugute kommen.

Diese Schule, die durch die in der rationellen Anordnung der Menschen und Arbeitsmittel gegebene Hilfe durch sinngemäße Differenzierung Lehrern und Schülern von der heut üblichen Überlastung ein gut Teil nimmt, mordet nicht die Persönlichkeit, sondern gibt ihr überhaupt erst Gelegenheit, frei zu werden. Zur Erleichterung eines reibungslosen, Zeit und Kraft sparenden Betriebes in den einzelnen organisatorisch abgegliederten Teilen, ferner zwischen diesen Teilen und mit der Zentrale soll der Baumeister die zusammengehörigen Teile zusammenordnen, sie im einzelnen genau nach den im schulischen Interesse liegenden Verkehrsregeln ausstatten, soll er jedes Hilfsmittel der Technik anwenden, um den Zusammenhang zu wahren und gleichsam anschaulich werden zu lassen. Das ist in dem Tautschen Bau so weit gelungen, daß man geradezu das Programm der Schulorganisation aus ihm ablesen kann.

B. Arbeitsschule.

Für unser früher kurz geschildertes Verfahren kooperativer Arbeit brauchen wir den Arbeitsraum, gleichsam die Urzelle der Arbeitsschule. Die Klasse wird zur Werkstatt der handwerklichen oder geistigen Arbeit. In der allgemeinen Anordnung, die sie bieten wird, ist kaum ein nennenswerter Unterschied zwischen den Räumen. Diese Anordnung ist bei uns zunächst im Verfahren der geistigen Arbeit entstanden. Es gab eine Zeit, wo man glaubte, daß sich diese im wesentlichen in der Diskussion über gegebene Themen erschöpfe. So spielte bei Gaudig[g] die Analyse der zu bearbeitenden Aufgaben, ihre Dispositionierung durch die Gesamtklasse eine entscheidende Rolle. Wir sind ebenfalls von der Diskussion ausgegangen, aber diese hatte bei uns eine andere Bedeutung. Fragen des Alltags, die aus dem lebendigen Interesse der Schüler hervorwuchsen, sollten nicht in erster Linie intellektuell gegliedert, sondern nach Möglichkeit unter stärkster innerer Anteilnahme geklärt werden. Hier schon war die Anordnung der Schüler im Kreise gegeben, da man dem leidenschaftlich seine These vertretenden Gegner ins Auge sehen mußte. Aber mit der fortschreitenden geistigen Entwicklung der Schüler stellte sich die Notwendigkeit der Arbeit am Material immer mehr heraus, da es ja nicht darauf ankommt, Ansichten zu vertreten und zu überreden, sondern zu einer Erkenntnis zu kommen, die auf Grund aller zur Verfügung stehenden Beobachtungen und Arbeitsmittel erreicht werden kann. So müssen etwa im Ge-

---

[g] Zu Hugo Gaudig siehe den 3. Quellentext in diesem Band.

schichtsunterricht die verschiedenen Hilfsmittel verteilt werden, Karten, Statistiken, Tabellen, wissenschaftliche Werke usw., und um diese Hilfsmittel findet sich eine Gruppe, die aufeinander eingestellt ist. Jetzt spielt die Diskussion in der Förderung der Arbeit eine sekundäre Rolle. Denn die kooperative Arbeit am verschiedenen Material gilt der Ermittlung einer Tatsache. Der Glaube an allgemeine Wahrheiten, die man sich gewissermaßen aus dem Verstand ziehen könnte, wenn man nur heftig nachdenkt und dialektische Kunststückchen macht, ist endgültig erschüttert. Daher kann die Arbeit oft scheinbar aussetzen, weil eben kein Wort geredet wird, aber Arbeitsmittel werden von allen lebhaft benutzt; einer berichtet unter der Kontrolle der andern, die dieselben Quellen der Kenntnis haben, andere vergleichen von ihrer Seite aus, fügen hinzu, so daß schließlich das Ergebnis zusammenkommt. Da ergibt sich als die praktische Anordnung in den meisten – nicht in allen Fächern die gruppenweise an festen Arbeitsplätzen, also etwa an Tischen für ca. 6 Schüler, auf denen die Arbeitsmittel niedergelegt werden. Damit unnötige Wege vermieden werden, müssen in der Nähe der Tische die nötigen Arbeitsmittel aufbewahrt werden. Das ist bis jetzt mit außerordentlichen Hindernissen verbunden. Nicht nur, weil die Raumgrößen, die Tischgrößen und die geforderte Schülerzahl nicht zusammen passen wollen, sondern vor allem, weil es wirkliche Arbeitsplätze mit der gleichmäßigen Belichtung nicht gibt. So wurde es für uns ganz klar, daß der richtige Arbeitsraum Oberlicht fordert. An den Wänden sind entweder eingebaute Schränke für Material und Arbeitsmittel, die auf die Tische bewegt werden können, oder fest angebrachte Arbeitsmittel wie Karten, Epidiaskop usw., die der Arbeit von vornherein ihre Stelle anweisen. Ein solches Klassenzimmer ist selber ein Apparat, dessen kooperative Handhabung gelernt werden muß, das, ohne daß sie es merkt, die arbeitende Gruppe zur sachlich zweckmäßigsten Form der Arbeit geradezu zwingt. Die Notwendigkeit der Sache spricht, soweit ihre Notwendigkeit überhaupt ergründet ist, nicht aber der nicht immer sachlich begründete, unnötige Energie verzehrende und unnötige Hemmungen bei dem Schüler auslösende Befehl des Lehrers.

Damit sind schon zwei Umstellungen gegeben: Da die Sache, das Arbeitsgebiet, für das die Klasse gestaltet wird, immer verschieden ist, so wird sie zum *Fachraum*, und in ihm wird der Schüler zum produktiven Arbeiter, der Lehrer zum organisierenden, mit den Lehrlingen planenden, auf den richtigen Gebrauch des Materials und der Instrumente haltenden Werkmeister.

Die Klassen als Werkstätten tragen einen einfachen, nur wenig differenzierten Charakter auf der *Unterstufe*, denn die Welt des Kindes ist noch wesentlich ungeteilt. Zu ihrer Eroberung bedarf es noch nicht der differenzierten Werkzeuge, deren Gebrauch später nötig wird. Da wir jedoch mit je drei Parallelklassen der Grundschule rechnen, wäre es sinnlos, die Möglichkeit der Differenzierung ungenützt zu lassen, die Lehrern und Schülern zugute kommen kann. Selbst auf

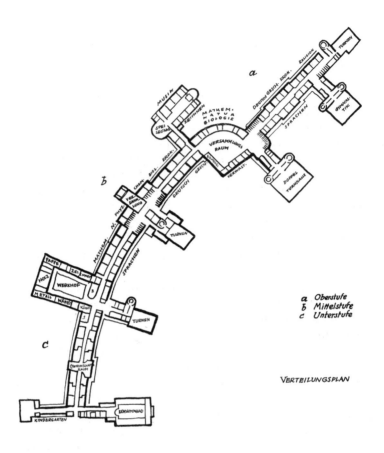

a Oberstufe
b Mittelstufe
c Unterstufe

VERTEILUNGSPLAN

dieser Stufe des Gesamtunterrichts ist es ein Unding, von dem Lehrer zu verlangen, daß er ein Universalgenie sei. Jeder Lehrer ist nun einmal mehr künstlerisch, mehr technisch-praktisch, mehr erzieherisch-sozial oder mehr theoretisch veranlagt. Selbst solange wir noch mit Rücksicht auf die ungegliederte Dorfschule den undifferenzierten Lehrer ausbilden, sollte man, um höchste Leistung und höchste Berufsfreude zu ermöglichen, dem Lehrer, wo es irgend angängig ist, eine spezialisierte Betätigung nach seinen Veranlagungen ermöglichen. Sind also drei Parallelklassen da, so werden sie als in sich differenzierte Einheit behandelt. Sie werden verschieden groß gemacht. Zwei größere und ein kleinerer Raum bilden eine Einheit, oder umgekehrt zwei kleinere und ein größerer. Ebenso bilden dann die drei dazugehörigen Lehrer und die etwa hundert Kinder eine Einheit. Der größere Raum zwischen zwei kleineren erhält die Bestimmung, dem sozial-künstlerischen Leben zu dienen, hier wird gebaut, gezeichnet, geformt, gesungen, gespielt. Er enthält an verschiedenen fest dafür eingerichteten Stellen das dafür nötige Material und ist so angelegt, daß sich besondere Arbeits- oder Spielplätze und -gruppen leicht abgrenzen. Er steht unter der Leitung eines für diese Beschäftigung besonders befähigten Lehrers. In dem einen kleineren, durch Tür verbundenen Raum befindet sich in geschlossener Anordnung alles, was der Bildung des Zahlenbegriffes dient, alles, was an Apparatur, an Spielen zur Selbstbeschäftigung herausfordert und die Betätigung in Gruppen ermöglicht; in dem anderen wird all das erreichbar und zur Benutzung aufgestellt, das in ähnlicher Weise das Lernen des Lesens und Schreibens und die Übung in diesen Kulturtechniken befördert. Prinzipiell bleibt diese Teilung der Räume auch in den ersten vier Jahren dieselbe. Aber die Einzeleinrichtung mit Arbeitsgerät wird selbstverständlich veschieden. Bei dieser Differenzierung der Räume wird nicht die Idee des Gesamtunterrichts, die gleiche Sachbezogenheit in allen verschiedenen Betätigungen aufgehoben, vielmehr wird nur der autoritative Drill in den Kulturtechniken durch „individualisierende Arbeit" überwunden; es wird im Interesse der wirklichen Bedürfnisbefriedigung der eine schlecht ausgestattete Raum entsprechend der vorher entwickelten Grundidee der sachlichen und persönlichen Rationalisierung in drei verbundene und sachlich richtig ausgestattete erweitert, der eine unmöglich voll zureichende Lehrer gleichsam in eine Dreieinigkeit zerlegt. Die Bewegung der Kinder aber, die im ersten Jahr, in der ersten Einheit noch möglichst frei ist und so schon zu einer ersten, sehr primitiven Selbstentdeckung der Veranlagung führt, wird nach und nach starrer und leitet zu einer zweckentsprechend dreimaligen Teilung des Vormittags und ebensolchem Wechsel des Raumes über. Schon hier sei ein naheliegender und immer wiederholter Einwand widerlegt: Wem von den dreien sind die Kinder anvertraut? – Allen drei Lehrern und doch einem jeden eine Gruppe im besonderen. Sie werden in diesen Gruppen früh zusammenkommen, um ihre allgemeinen Angelegenheiten zu besprechen, später auch, um ihre besonderen Arbeitsprobleme zu lösen, nachher sich in der besprochenen Weise trennen und sich vor dem Verlassen des Gebäudes wieder zu einer abschließenden Übersicht zusammenfinden. So ist auch die persönliche Führung gewährleistet.

In der Mittelstufe, wo wir mit einer bestimmten Anzahl von parallelen Gruppen nicht von vornherein rechnen können, ist die hier beschriebene Teilung aufgegeben. Wir bauen nur eine gleiche Anzahl größere und kleinere Räume. Und allen geben wir eine Fachzweckbestimmung, doch so, daß immer Gruppen von Räumen unter sich wieder ganz gleich ausgestattet werden, und zwar vorläufig noch mit verhältnismäßig geringen Mitteln. Wir haben also mehrere gleiche Räume für Erdkunde, Geschichte, Raumlehre usw. und nehmen die größeren für größere Gruppen und für die Fächer, wo sehr verschiedenes Arbeitsgerät und demgemäß viel Platz für die Betätigung darin gebraucht wird. Das gilt etwa für

Erdkunde; zwei besonders große sind notwendig für Physik und Chemie, und die kleineren werden etwa für den Sprachunterricht verwandt, der verhältnismäßig wenig verschiedenartige Hilfsmittel benötigt und ja für besondere Aufführungen die Gemeinschaftsräume zu Hilfe nehmen kann. Als Beispiel, wie die Arbeit in solch einem Raum gedacht ist, möge die Ausstattung für Erdkunde auf dieser Stufe und ihre Benutzung kurz dargestellt werden. Man denke sich, wie vorstehende Tafel und die Bilder der errichteten Probeklasse zeigen, vier verschiedene Gruppen: Der ersten liegt die räumliche Darstellung ob. Sie hat Sandkasten (durch Aufhebung der Tischplatte), Schülergloben, Relief und andere Mittel für morphologisch-geologische Experimente zur Verfügung. Die zweite leistet die flächenhafte, zeichnerische Darstellung, also Analyse und Synthese vorhandener Karten, Entwerfen von Kartenskizzen, bildlichen Darstellungen, statistischen Tafeln. Die dritte stellt schriftlich dar, wertet in Niederschriften persönliche Beobachtungen, Beschreibungen, Bücher aller Art aus. Die vierte betätigt sich in den verschiedenen Methoden der Messung an Karten, Bildern, statistischem Material und leistet damit Vorarbeit für die zeichnerische Darstellung. Man versteht diese Einteilung der Arbeitsgruppen als erwachsen aus der Verschiedenheit der Arbeitsmittel, deren methodischer Gebrauch gelernt werden muß. Sie müssen alle zusammen an den meisten Aufgaben angewandt werden, damit wirklich wissenschaftliche Arbeit geleistet werden kann. Die Gleichzeitigkeit ihrer Anwendung in den Gruppen erspart Zeit und Kraft. Alles benötigte Material befin-

det sich praktisch an den für die Gruppen bestimmten Stellen. Dazu kommt dann das Epidiaskop an einen festen Platz in der Wand, wo es stets ohne zeitraubende Vorbereitung gebrauchsfertig steht, ohne den Blick der Klasse zu behindern und ihre Einheit zu zerstören, und die Bildwand als ein Mittel, das alle Gruppen zur einheitlichen Betätigung zusammenfaßt.

Man kann sich bei jedem gegebenen Thema die Durcharbeitung in Gruppen sehr leicht vorstellen, an deren Ende die Zusammenfassung zum sichtbar gemachten Werk unter Beschreibung des in Protokollen und schematisch festgehaltenen Arbeitsweges steht.

Die *Oberstufe* geht nun in der Differenzierung der Räume, und das heißt der Arbeitsmittel und Methoden entsprechend der größeren Reife und der erlangten Betontheit der Schüler dieses Alters, noch weiter. Sind jetzt drei Erdkunderäume vorhanden, so werden sie verschiedenen Gebieten der Erdkunde reserviert, also gemäß den Richtlinien der Länderkunde, der Wirtschaftsgeographie und der allgemeinen Geographie. Und in ihnen finden sich dann die spezielleren Arbeitsmaterialien, die wieder in ähnlicher Weise gruppenweise bearbeitet werden. Eine entsprechende weitere Aufteilung und Arbeitsausstattung der Räume gilt für alle natur- und geisteswissenschaftlichen Gebiete. Ebenso für die Kunstabteilung.

Die auf der Unterstufe noch verhältnismäßig einfach gelöste Frage, wohin gehören die Schüler, wohin gehören in diesem Betrieb der Fachräume die Lehrer, wird noch dringender auf der Mittel- und gar auf der Oberstufe. Sind die Lehrer als Werkmeister ihrer Räume meistens dort zu finden, gehen die Schüler, umgekehrt wie es heute üblich ist, zu ihnen, wo ist dann ihr *Heim*, wer nimmt sich ihrer erziehlichen Nöte an? Denkt man an unsere heutigen Schulen, so würde die Frage einfach dadurch gelöst, daß man nun außerdem noch Heimräume für jede Klasse baut, die dann, wie wir das ja schon heute haben, bis zu 50 Prozent unbenutzt sind. Baut man doch heut für eine Schule, die etwa 20 Klassen hat, etwa 50 Räume und beweist eben dadurch den *unglaublich unrationellen* Betrieb, der vielleicht in mancher Hinsicht bequemer ist, nämlich für denjenigen, der den Stundenplan macht. Hier in der neuen Schule ist es im höheren Sinne dafür einfacher. Heimraum, in dem also am Anfang und am Schluß die allgemeinen Besprechungen der Erziehungsgruppe stattfinden, ist, wenn es nicht aus mancherlei Gründen (etwa bei Chemieräumen) anders bestimmt wird, derjenige, in dem der die Gemeinschaft führende Lehrer sich aufhält, besser, in dem er hauptsächlich arbeitet. Und der *Stundenplan*, der heute nach Gott weiß welchen Gesichtspunkten – z. B. möglichste Ausschaltung von Hohlstunden für die Lehrer – eher einem Schachbrett als einer sinnvollen Verteilung des Unterrichts ähnelt, wird nun, da ja der Bau nach inneren Gesichtspunkten der Arbeit gestaltet ist, diesem nur zu folgen brauchen. Er kennt halbe und vielleicht drittel Tage, aber nicht Kurzstunden als Arbeitseinheiten. *Nach* diesen wird gewechselt, also höchstens dreimal am Tage, der als Arbeitstag, wie später noch zu erörtern ist, über Mittag ausgedehnt werden soll. Dann wird etwa anderthalb Arbeitstag der Oberstufe im naturwissenschaftlichen, ebensoviel im deutschkundlichen, ebensoviel im fremdsprachlichen und schließlich ebensoviel im sportlichen und künstlerischen Teil unserer neuen Schulanlage erledigt werden. Viele Wege von einem Raum zum andern gibt es dann nicht, und der Heimraum dürfte als Ruhepunkt nicht vermißt werden.

Man hat mich einmal auf die Ähnlichkeit der von mir geplanten Anlage mit dem sogenannten Daltonplan[h] hingewiesen. Richtig ist, daß auch dieser die Arbeitsräume an die Stelle der Klassen setzt. Aber das ist nicht ihm wesentlich, sondern findet sich in allen neueren amerikanischen Schulen. Wesentlich ist ihm wie ganz ähnlich dem Winnetkaplan die individuelle Arbeit der Schüler in diesen Arbeitsräumen, also die bequeme Erledigung der mit allen Einzelheiten erteilten Schulaufgaben, die wir als Hausaufgaben kennen. Der Daltonplan bedeutet weder eine innere Umstellung der Schule aus neu erfaßten Bildungsaufgaben noch aus einer neuen Einstellung zum Arbeitsverfahren. Und darum ist der eigentliche Unterricht gar nicht reformiert, darum sind auch die Arbeitsräume ganz äußerlich nach den herkömmlichen Fächern differenziert und mit Schulbüchern aus-

---

[h] Zum Dalton-Plan, der von Helen Parkhurst (1886-1973) entwickelt wurde, siehe Susanne Popp (1995).

gestattet, aber von gar keiner neuen Idee geformt. Nichts liegt dem Daltonplan ferner als eine Ausstattung der Räume unter dem Gesichtspunkt der kooperativen Arbeit; diese habe ich in keiner der vielen Daltonschulen in Amerika oder in England je auch nur dem Begriffe nach gefunden. Ebenso wird auf Montessori[i] hingewiesen, die ja schon durch Miß Parkhurst, ihre ehemalige Assistentin und Verfasserin des Daltonplanes, auf den Daltonplan entscheidend eingewirkt hat. Richtig ist wieder nur daran und richtiger als in bezug auf den Daltonplan, daß dort die Bedeutung der räumlichen Gestaltung für die Entwicklung des Kindes erkannt ist. Aber der Sinn der räumlichen Gestaltung der Montessori ist ein fundamental anderer als bei uns. Sie gilt dort der Förderung des individuell kindlichen Geistes, nicht der beinahe zwangsmäßigen Einstellung auf zweckmäßigste Arbeitsmittel und ihre kooperative Benutzung.

Noch ein Einwand wird erhoben. Wo bekommt man die Lehrer, die einen solchen Apparat zureichend spielen können? – Man könne doch nicht, so heißt es, plötzlich mit lauter Genies rechnen. Eben deswegen, muß man antworten, weil man es nicht kann, ist diese Schule, die den Lehrer bindet, innerhalb eines freilich sehr weiten Rahmens von möglichen Aufgaben methodisch in bestimmten Formen zu arbeiten, sich auf die in den von ihm benutzten Räumen vorgesehenen Fachmittel zu beschränken und seine Arbeit in ihnen genau vorzubereiten und zu organisieren, ein so ungeheurer Fortschritt. Daß hier zunächst einmal jeder Lehrer angelernt werden muß, ist klar. Aber was sollte einen Fachmann mehr freuen als die äußere Möglichkeit, seine Arbeit wirklich in der Vollendung auszuführen!

C. Die Schule als Lebensraum.

Neukölln, wo diese Schule gebaut wird, ist ein meistens von Arbeitern bewohnter Vorort von Berlin. So werden auch unsere höheren Schulen zu einem sehr hohen Prozentsatz von Arbeiterkindern besucht. In der Aufbauschule besonders finden sich nur vereinzelt Kinder aus einem anderen Milieu. Die Eltern können sich, da sie fast sämtlich den größten Teil des Tages außerhalb tätig sind, so gern sie es möchten, ihrer Kinder wenig annehmen. Der Arbeits- und Lebensraum zu Haus ist völlig unzureichend. Es ist der übliche Einzimmerhaushalt, in dem sich nicht ganz selten bis zu 6 Personen behelfen müssen. Körper, Geist und Seele kommen da zu kurz. Darüber bedarf es keines Wortes der Erklärung. Straße, öffentlicher Spielplatz und Jugendverein bieten hier keinen vollen Ersatz. Also muß die Schule eintreten und in einem ganz anderen Umfang als bisher die erzieherischen Pflichten übernehmen und für die Einführung des werdenden jungen Menschen ins Leben sorgen.

---

[i] Zu Maria Montessori (1870-1952) siehe Winfried Böhm 2003, Horst Speichert 2002.

Wir denken an die engen, kalten Räume unserer alten Schule, an die dunklen Gänge mit dem eigentümlichen und scheinbar unausrottbaren Schulmodergeruch. Hier bleibt niemand gern länger als er muß. Und dennoch zwingt das Bedürfnis nach Arbeitsraum unsere Schüler, selbst diese Zimmer nachmittags für die Anfertigung ihrer Arbeiten aufzusuchen. Die eingerichteten Arbeitsräume der neuen Schule fordern geradezu zur Benutzung auf. Die große Arbeitsbücherei mit Lesesaal richten wir gerade unter diesem Gesichtspunkt mit fachmännischer Beratung ein. Wie schon vorher bemerkt, wird sich der „Unterricht", mindestens teilweise auf der Mittelstufe, ganz auf der Oberstufe, in den Nachmittag hinein erstrecken. Denn er ist eben Arbeit mit den dazwischenliegenden Erholungen für Körper und Geist und nicht der bisherige, einseitig die Kräfte des Aufnehmens anspannende Unterricht. Sollte es da nicht eine logische Folge sein, daß auch für die Lehrer die Schule in höherem Grade Lebensraum wird? – Daß auch sie ihre Arbeit der Vorbereitung mit den zureichenden Mitteln der neuen Schule in dieser vornehmen und die Angst vor Hohlstunden verlieren? – Vielleicht täte es auch ihnen sehr gut, das wirkliche Schulleben an einem größeren Teile des Tages mitzumachen und sich mindestens am Sport zu beteiligen. Daß für Arbeitsplätze auch für sie gesorgt ist, wurde vorher aus dem in dieser Schule vor sich gehenden Arbeitsprozeß begründet.

Damit Erholung möglich ist, braucht die Schule ausgedehnte Flächen für Sport. Das ganze Terrain ist 56 Morgen (14 Hektar) groß. Hier werden, soweit der Platz nicht zu Unterrichtszwecken gebraucht wird, Sportplätze jeder Art angelegt, die den einzelnen Teilen des Baues zugeteilt werden. Es ist selbstverständlich, daß für kein Kind ein Tag vorübergeht, ohne daß es sich da getummelt hat. Ob es sich empfiehlt, früh damit zu beginnen, wie das die Landerziehungsheime tun, oder im Laufe des Vormittags eine größere Unterbrechung für diesen Zweck eintreten zu lassen, bleibt der späteren Erprobung überlassen. Turnhallen sind in ausreichender Anzahl vorhanden, sie können weit geöffnet werden, so daß sie den Charakter des Exerzierraums verlieren, sie sind mit Bädern versehen. Mehr noch, der weiteren Belebung der Schulgemeinde dient das Schwimmbad, das jede Stunde von etwa 100 Schülern besucht werden kann.

Eine solch ausgedehnt schulpflegerische Aufgabe kann die Schule nur übernehmen, wenn sie auch für die Verpflegung der Schüler in der Mittagspause sorgt. Wir haben nur eine Wärmküche auf der Unterstufe, da diese Kinder im allgemeinen um Mittag die Schule verlassen und kaum mehr als warme Milch am Vormittag brauchen – in der Art unserer heutigen sogenannten Quäkermahlzeiten[j] –,

---

[j] Quäker, englisch: Quakers, sind im 17. Jahrhundert in England als christliche Gemeinschaft entstanden, die auf den Grundsätzen Gewaltfreiheit, Gleichheit und Toleranz beruht und z.B. nach den Weltkriegen in Deutschland die „Quäker-Speisungen" für die notleidenden Kinder in den Schulen durchführte.

aber ausreichende Speiseräume auf der Mittel- und Oberstufe, bei der auch an die Lehrer gedacht ist. Dort bietet der Eßraum Platz für zirka 200 Personen. Für seine Einrichtung wird man am besten die amerikanischen Vorbilder verwenden können. Liegt dort doch eine lange Erfahrung über die beste Betriebsanordnung vor. Wir haben die Zuversicht, daß es auch an den Betriebsmitteln nicht fehlen wird. Soweit die Schüler selbst nicht bezahlen können, wird eine bescheidene Speisung sich auch für sie ermöglichen lassen.

Aber, so wird jeder erfahrene Lehrer einwenden, es ist doch völlig unmöglich, den Schülern so weit die freie Bewegung in der Schule zu gestatten. Schon der Betrieb dieser mit Arbeitsräumen ausgestatteten Schule und das notwendige Hin- und Herlaufen zwischen ihnen wird Störung über Störung verursachen, zu Zerstörung des Materials führen und Disziplinarfälle in Masse erzeugen, die den Schülern den Aufenthalt in der Schule verleiden. So hoch ich selber von Selbstverwaltung denke, so hoch ich insbesondere unsere Selbstverwaltung werte, ich will mich nicht darauf berufen, da sie ja unserer Schule nicht allein eigentümlich ist und auch sie Disziplinlosigkeiten und Zerstörung nicht immer verhüten kann. Aber das möchte ich dem Einwand entgegenhalten, daß er aus den Erfahrungen unserer alten Schulhäuser stammt. Hier gibt es keine dunklen Korridore, sondern nur weite, belichtete Hallen, hier keine engen Klassen, in denen man hockt, ohne für die überschäumende Jugendenergie einen Ausfluß zu haben, so daß diese Kräfte allzu leicht zerstörende Kräfte werden, sondern helle Räume, die schon durch ihre Einrichtung die Energie auf nützliche Ziele lenken, Räume, *über* denen niemand durch Lärm stören kann, aus denen man entweder durch die Schiebetüren unmittelbar ins Freie, in die davor liegende Pergola geht oder auf der anderen Seite in den Korridor. Und die Pergola gestattet, die Klassen auch bei Regen zu verlassen, der weite Hof gestattet, daß man sich austobt, die Eingänge und Ausgänge sind so zahlreich, daß nie ein Gedränge entsteht, das zu einer Zwangsordnung im Gänsemarsche zwingen würde. Man braucht kaum zu erwähnen, daß auch die Anordnung der Garderoben, der Fahrradräume, der Aborte nur dem einen Gesichtspunkt dienen will, einen reibungslosen Betrieb zu ermöglichen. Immer wieder ist der Plan daraufhin geprüft worden. Man nehme als Beispiel der Betriebsordnung die Schwimmhalle. Wenn die Schüler durch die nach festgelegter Zeit automatisch erfolgende Öffnung der Tür aufgefordert werden, sich aus dem Umkleideraum in den Waschraum zu begeben, wenn die Tür sich ebenso nach Zeit automatisch schließt und nun die Beregnung aller von warm nach kalt nach Zeit erfolgt, wenn bei Schluß der Beregnung die Tür zur Halle alle Schüler zum Bad entläßt, wenn der Rückweg über den Trockenraum ebenso übersichtlich ohne störende bauliche Zwischenteile wie Treppen u. dgl. erfolgt, wenn die Ablösung der Klassen ohne gegenseitige Berührung und die bekannten Gegenströme vor sich geht, so braucht sich weder der Lehrer über die Schüler zu ärgern, die zu lange an den Brausen spielen, sie zerstören, zu spät in die nächste Stunde kommen, noch wird der Schüler sich über den scheltenden Lehrer ärgern müssen und versuchen, ihn durch Schabernack zu necken. Gegen sachliche Betriebsordnung hilft keine Verärgerung. Ähnliches gilt von den nach Altersstufen und für Gymnastik und Spiel resp. Geräteturnen differenzierten Turnhallen.

Welcher Unterschied gegenüber unseren heutigen Schulen, wo niemand vor dem Bau danach gefragt hat, wo niemand es hätte wissen können, wie der Betrieb in ihnen laufen wird!

Dieser Bau eignet sich nicht nur darum zum Lebensraum, weil er Unordnung durch seine stabilisierte Ordnung fast völlig ausschließt, sondern aus einem viel positiveren Grunde. Unsere Schüler müssen alle einmal in das heutige Leben eintreten. Darum wäre es unsinnig, sie von diesem abzuschneiden. Immer noch hört man den Gedanken, daß eine Schule eine Art stiller Klause sein muß, wo den jungen Menschen Gelegenheit gegeben werden soll, abseits vom Lärm des Alltags sich in ihre Arbeit mit der nötigen Konzentration zu versenken. Die Erfahrungen in den Internaten alter und leider auch neuer Art sollten jedem Einsichtigen gezeigt haben, daß eine solche Abgeschlossenheit entweder den Geist kastenmäßiger Absonderung züchtet, dessen Ausartungen wir aus unserm politischen Leben zur Genüge kennen, oder eine gemeinsame Phraseologie, hinter der sich leider nicht bloß Hohlheit, sondern gelegentlich auch positiver Mißbrauch verbirgt. Wir leben in einer demokratischen Zeit öffentlicher Kontrolle. Und gerade die Jugenderziehung muß unter dem größtmöglichen Einfluß der Öffentlichkeit stehen. Darum kennt diese Schule keine Abgeschlossenheit durch hohe Mauern. Sondern das Leben der Umwelt soll nach Möglichkeit hier hineinströmen. Seine Anregungen sollen gerade die Schule befruchten. Die Eltern und Freunde sollen an der Offenheit des Baues sehen, daß sie eingeladen sind, zu uns zu kommen.

Auch in der Schule selber wollen wir nicht jene sogenannte Konzentration, die den Besuch eines anderen Lehrers als Störung der Intimität empfindet. Wurzelt diese Ablehnung gegenseitiger Besuche nicht oft genug in Unsicherheit und Furcht vor Kritik? – Was sagt man dazu, daß wir die Öffentlichkeit bis zu dem Grade stabilisieren, daß wir an Stelle der ausschließenden Holztüren Glastüren haben wollen? – Wir wollen sagen: Hier gibt es keine Heimlichkeit. Diese Lehre wird jeder verstehen und im späteren Leben beherzigen. Unser heutiges Leben spannt uns überall in Massenorganisationen ein, im Beruf und außerhalb des Berufs. Uns Älteren, die wir in einer von rein individualistischen Idealen getragenen Zeit groß geworden sind, ist die Einordnung und die Gewöhnung an diese Notwendigkeit nicht immer leicht geworden. Wer aber durch eine solche Schule hindurchgeht, wo er auf Schritt und Tritt diese geregelte Ordnung des Massenbetriebes empfindet, und zwar aus der Sachlichkeit der Aufgabe, der auch der Lehrer sich unterordnet, und nicht aus dem Befehl des zwingenden Schulmeisters, der wird sich in diesem Leben, in das er eintritt, sehr leicht zurechtfinden. Man soll überall die wohltuende Sachlichkeit fühlen und später selber bezeugen, die hier aus jeder Einrichtung spricht, und soll die Ursachen des Versagens auch später nicht in der so üblichen Weise in Sentiments böser Mitmenschen, sondern in der eigenen mangelnden Fähigkeit suchen, den Apparat verstehend zu beherrschen, in den man verantwortlich eingestellt ist.

Und schließlich: erst in diesem Bau wird die positive Übung in der Übernahme von Verantwortung wirklich möglich. Die sogenannte Selbstverwaltung unserer jetzigen Schulen besteht entweder nur auf dem Papier, z. B. in der berühmten Schulgemeinde-Verfügung, oder sie besteht unter Umständen, die es ihr ebensowenig ermöglichen zu leben wie zu sterben. Sie hat wenig Verpflichtungen über äußere Ordnungsfunktionen hinaus, höchstens kann sie bei Festen entscheidend mitwirken, aber das Schulleben, das sie organisieren will, hat keinen Raum zur Entfaltung und ist deswegen kaum vorhanden. Hier lag immer der Grund des Vorsprungs, den die Landerziehungsheime haben. Hier sind Aufgaben, die sich nicht abweisen lassen. Und das gilt nun auch von diesem Großbetrieb. Hier werden sich so viele Ausschüsse bilden für alle die Gebiete des ausgedehnten Schullebens, Ausschüsse mit wirklicher Verantwortung, hier wird in ebensolchen mit den Schülern zusammenwirkenden Lehrerausschüssen endlich eine sachlich begründete Selbstverwaltung der Lehrer möglich, hier erfolgt durch ihre notwendige Zusammenarbeit, nicht durch Phrasen die Bildung gegenseitigen Vertrauens als einer selbstverständlichen Realität. Hier sind die Gemeinschaftsräume vorhanden, die kleineren auf den einzelnen Stufen und der große Versammlungsraum, der im Zentrum des gesamten Baues liegt, hier ist im weitesten Umfang und im wahrsten Sinn das Feld da, auf dem gemeinsam geplante Veranstaltungen vor sich gehen können. Kann man sich für die heranwachsende Jugend einen positiveren Lebensraum denken?

6 Didaktisch-methodische Überlegungen

„In der Entfesselung schöpferischer Kräfte im Kinde liegt eine neue Idee. Aus dem Wissensspeicher soll ein Energiereservoir werden. Der 'Lehrer' wird zum Mitarbeiter, die uniforme Masse der Aufnehmenden löst sich nach Anlagen und Neigungen in vielfache Sondergruppen auf, verbunden durch das gemeinsame Band des gegenseitigen Helfens und Ergänzens, das aus jeder lustbetonten Arbeit erwächst und die Einseitigkeiten mildert." (31. Schule, Unsere Auffassung, S. 12, zit. nach Hansen-Schaberg 1999a, S. 110 f.)

Die reformpädagogische Unterrichtspraxis sollte nach dieser Auffassung durch ein arbeitsteiliges und gemeinschaftliches Lernen und Handeln und durch die Kreativität des Kindes bestimmt sein. Dazu gehörte als erster Schritt die äußere Umgestaltung der Schule. Die Unterrichtsräume wurden von der starren Bankreihe befreit; an ihre Stelle traten Gruppentische oder die kreisförmige Anordnung, damit die Kommunikation der Kinder untereinander möglich wurde. Das „fragend-entwickelnde Lehrverfahren" wurde verbannt: „Es ist der Tod jeglicher Produktivität, untergräbt jegliche Selbständigkeit im Denken und Urteilen." (Ziechert 1925, S. 104). An seine Stelle wurde die Kinderfrage als Unterrichtsprinzip gesetzt (siehe 7. Unterrichtsbeispiele in diesem Band). Im folgenden sollen die didaktisch-methodischen und pädagogischen Überlegungen, wie sich „das geistige Leben der Jugend – einerlei ob es sich um die intellektuelle oder ästhetische oder praktische Produktivität handelt" am besten entwickeln könne (Jensen 1925, S. 114), idealtypisch anhand der in reformpädagogischen Texten aufgestellten Prinzipien beschrieben und analysiert werden.

Der Ausgangspunkt der Bildungsarbeit war das einzelne Kind: „Unser Persönlichkeitsideal war der singuläre Mensch, der in seiner Form durch sein ureigenstes Wesen bestimmte Mensch, dessen Vollkommenheit wir in der Harmonie seines Wesens und Ausdrucks sahen [...]. Wir sahen also die Aufgabe unserer Unterrichtsarbeit darin, der Bildung des Kindes den Boden zu bereiten, indem wir das Kind in ein ihm gemäßes Leben stellten." (Denkschrift in: Fechner 1935, S. 30). Die Unterrichtsgegenstände sollten nicht künstlich von außen hereingetragen, sondern Impulse sollten möglichst aus vorhergehenden Arbeiten oder Interessen der Klassengemeinschaft kommen: „Alle Stoffe wurden dabei willkommen geheißen, die den Kindern Gelegenheit gaben, ihre Kräfte zu stärken und zu entwickeln. Es kam uns also dabei nicht so sehr auf das erlernte stoffliche Wissen an, als vielmehr auf die Erkenntnis, wie Kräfte einzusetzen sind, auf die entdeckten Arbeitsmittel und Wege, die dann später von den Kindern in ähnlicher Weise benutzt werden konnten." (Ebd., S. 31 f.). Exemplarisches Lernen und Techniken der Informationsbeschaffung und selbständigen Erarbeitung traten an die Stelle des kanonisierten Lernens, um die Kinder unabhängiger vom Wissensmonopol der Lehrerin bzw. des Lehrers zu machen.[1] Der selbsttätige Erkenntnisgewinn an ausgewählten Gegenständen sollte die Fähigkeit zur Verallgemeinerung oder zu einem Transfer ermöglichen. Der im folgenden abgedruckte Text von Ernst Hylla setzt sich kritisch mit den Ansprüchen und der Umsetzung des Lehrverfahrens auseinander, das die selbständige geistige Erarbeitung der Unterrichtsstoffe durch die Kinder intendiert, und mahnt an, die Übung nicht zu vernachlässigen, sondern sie ebenfalls nach dem Prinzip der Selbsttätigkeit zu entwickeln (1931, siehe 16. Quellentext in diesem Band).

Die reformpädagogische Unterrichtspraxis wandte sich gegen die Didaktik und Methodik des Kaiserreiches, die von den sogenannten „Herbartianern" geprägt worden waren (Schwenk 1963) und schon zu Beginn des 20. Jahrhunderts einer immer stärker werdenden Kritik unterzogen wurden: „Der Kampf begann mit der heftigen Kritik des offiziellen Unterrichts, wie er durch Tradition, Seminar und Lesebuch allgemein vorgeschrieben war. Ganz zu Anfang richtete er sich gegen die Frage- und Antwortmethode unserer Arbeitsbücher. Das war nicht etwa kleinlich, sondern hier wurde unter einer Äußerlichkeit gleich das Wesentliche getroffen: die unwürdige Gängelung der Schüler durch den Lehrer und dieser wiederum durch die geheiligten Vorbilder [...]. Nicht sein Verbalismus war das Schlimmste, sondern daß der Zwangsdialog jede selbständige Regung im Kinde systematisch ersticken und erdrücken mußte." (Gansberg 1911, S. 234)

Die Herbartianer bezogen sich auf Johann Friedrich Herbart,[2] der in seiner „Allgemeinen Pädagogik" (1806) lernpsychologische Überlegungen formuliert hatte, die insbesondere von Tuiskon Ziller[3] und Wilhelm Rein[4] für die schulische Praxis fruchtbar gemacht wurden. Während Herbart davon ausgegangen war, daß jeder Erkenntnisprozeß die Stufen der Klarheit, der Assoziation, des Systems und der Methode durchlaufe, ohne damit jedoch eine bestimmte Reihenfolge oder gar eine zeitliche Begrenzung dieses Vorganges auf eine Unterrichtsstunde zu implizieren, war das Bestreben der Herbartianer, den Unterricht im Klassenverband effektiv zu planen und durchzuführen.[5] Dafür entwickelten sie das Konstrukt der Stufen der Unterrichtsstunde. Diese Stufen wurden Formalstufen genannt, weil sie sich „ohne Rücksicht auf die Inhalte stets nur auf die geistige Tätigkeit beziehen" (Schwerdt 1952, S. 47). Das führte zu einem festgelegten Schema: Alle Stoffe mußten so geplant werden, daß sie in einer Unterrichtsstunde - in der Terminologie von Wilhelm Rein - die Stufen der Vorbereitung, Darbietung, Verknüpfung, Zusammenfassung und Anwendung durchlaufen (siehe auch Glöckel 1986); methodisch wurde mit dem fragend-entwickelnden Verfahren und mit Anschauungsmaterial, z.B. Wandbildern, gearbeitet (siehe Stach / Müller 1988). Das von Herbart aufgestellte Gesetz der „Apperzeption", also der

Verknüpfung neuer Unterrichtsinhalte mit schon vorhandenen Gedankenkreisen, bezog sich bei Ziller und Rein aber nicht nur auf die Formalstufen des Unterrichts, sondern führte auch zur „historisch-genetischen" Lehrplantheorie (siehe 3. Lehrplankritik und Lehrplanentwicklung in diesem Band). Insbesondere durch eine Vielzahl von Unterrichtspräparationen und das von Wilhelm Rein mit den Seminarlehrern Pickel und Scheller herausgegebene achtbändige Werk über die „Theorie und Praxis des Volksschulunterrichts", das seit 1878 erschien und bis 1926 neun Auflagen erlebte, wurde der Volksschulunterricht des Kaiserreiches in großem Maße herbartianisch geprägt und verstand sich als „erziehender Unterricht". Die dezidierte Gesinnungsbildungsintention der Herbartianer und der immanente Untertanengeist wurde schon durch die unantastbare Autorität des Lehrers, des alleinigen Herrschers über den Stundenablauf, verkörpert und ließ eine Eigentätigkeit des Kindes nicht zu.

In der Schulpraxis sind aber vermutlich fließende Übergänge zwischen herbartianischem Unterricht und der „neuen Schule" vorhanden gewesen, die durch die Lehrerinnen und Lehrer mit der Erprobung innovativer Ansätze geschaffen wurden.[6] Wenn man z.B. die Ausführung des Lehrplans für das 2. Schuljahr in dem von Rein, Pickel und Scheller herausgegebenen Werk näher untersucht, kann man feststellen, daß parallel zum Gesinnungsunterricht, in dessen Zentrum „der Robinson" stand, bereits Formen des Unterrichts vorweggenommen wurden, wie sie später in der reformpädagogischen Bewegung praktiziert werden, z.B. heimatkundliche Exkursionen, naturkundliche Beobachtungen, Besuch von Handwerksbetrieben (Rein et al. 1887, S. 31 ff.).

In der Zeit der Weimarer Republik wurden zumindest in den Versuchsschulen reformpädagogische Prinzipien des Unterrichts, wie die Öffnung des Unterrichts, die Lebensnähe, der Erkenntnisgewinn durch Anschauung, Erlebnis und Erfahrung, die handwerkliche Betätigung, die Selbsttätigkeit und die Selbstbestimmung, praktiziert. Wichtig für die Umsetzung in der Volksschule war, daß die Stunden der Klassenlehrerin bzw. des Klassenlehrers nicht fachspezifisch festgelegt, sondern als Gesamtunterricht[7] eingesetzt wurden. Dieser Begriff, der ursprünglich von Berthold Otto[8] in seiner privaten Hauslehrerschule in Berlin-Lichterfelde benutzt wurde, charakterisiert bereits seit dem ersten Jahrzehnt des 20. Jahrhunderts die von Wilhelm Wetekamp und vom Leipziger Lehrerverein erprobte Reformierung des Elementarunterrichts.[9]

Die Schulausstellung anläßlich des Kongresses „Die neuzeitliche deutsche Volksschule" (1928) zeigte Kinderarbeiten (siehe z.B. das Foto auf dem Titelbild dieses Bandes) und gab dazu die folgende Erläuterung zum Gesamtunterricht im ersten Schuljahr: „Da erzählt ein Kleiner von seinem neuen *Trittroller*. Am nächsten Tag bringt er ihn mit in die Schule, rollt auch einmal im Zimmer entlang. Die Klasse hört und sieht, untersucht und beschreibt, was vor ihren Augen und ihren

Ohren sich zutrug! Dann erzählt der Lehrer eine *Geschichte* vom kleinen Jungen, der nicht hören wollte und dem an der Ecke ein Rad seines auf das Pflaster geratenen Rollers zerstört wurde. Aus der Nachahmung des Rollens kommen wir zum Laut rrr, den wir kindlich als 'Roller' benennen. Zu der Geschichte ist eine *Lehrerzeichnung* entstanden, die zeigt, wie Heini vergeblich aus beiden Brettern und dem vom Roller übrig gebliebenen Rad einen Roller zu bauen versucht. Nun legt er die Teile so R, und wir haben den Buchstaben R, der durch die Lautgeschichte fest mit dem Laut (rrr) verknüpft ist. Aus Plastilin, drei Stäbchen und vier Scheiben werden Trittroller *geformt,* mit Stäbchen und Pappbogen wird der neue Buchstabe R '*gelegt*'. [...] Der neuerworbene Buchstabe wird in den *Lesekasten* eingeordnet und mit den andern vorhandenen Buchstaben zu Silben und Wörtern, ja vielleicht schon zu einem kleinen *Lesestück* benutzt, das sich jedes Kind mit seinem Setzkasten selbst baut. Die alles ist, da es den sehr starken Bewegungstrieb dieses Alters befriedigt, *überaus lustbetont.* Hier liegt eine Wurzel für die Tatsache, daß der neue Unterricht viel mehr Freude in die Grundklasse bringt, als es je ein Unterricht tat." (Werth 1928, S. 17 f., Hervorhebung i.O.)[10]

In den einzelnen Lebensgemeinschaftsschulen und z.T. innerhalb der Kollegien bestanden unterschiedliche Auffassungen vom Gesamtunterricht, nämlich der systematisch orientierte Unterricht der einzelnen Fächer, meist in der Hand einer Lehrerin oder eines Lehrers, bzw. der eher projektorientierte Ansatz, bei dem alle in Frage kommenden Fächer und Lehrkräfte sich um ein Gesamtthema gruppierten. Wie sich der Gesamtunterricht in der reformpädagogischen Praxis entwickelte, wird in den Textauszügen von Rudolf Lehmann „Die Leipziger Versuchsschule" (1931, siehe 13. Quellentext in diesem Band) und von Martin Weise aus der Dresdner Versuchsschule (1922, siehe 14. Quellentext in diesem Band) ausgeführt. Ein weiteres Dokument aus der Dresdner Versuchsschule befaßt sich mit lehrerzentrierten Formen, individuellen Arbeitsformen, freien Unterrichtsgesprächen und arbeitsteiligem Gruppenunterricht in der Unter-, Mittel- und Oberstufe (1922, siehe 15. Quellentext in diesem Band).

Auch für die höheren Schulen wurde angestrebt, „an Stelle des rezeptiven Wissenserwerbs die zweckmäßig geleitete, immer selbständigere *Eigentätigkeit* des Schülers zu setzen" (Messer 1926, S. 194).[11]

---

[1] Didaktisch-methodische Überlegungen, wie arbeitsunterrichtliche Prinzipien in den einzelnen Unterrichtsfächern umgesetzt werden können, finden sich in dem von Otto Karstädt herausgegebenen Sammelband „Methodische Strömungen der Gegenwart" (1919), der bereits 1922 in erweiterter 10. Auflage erschien; siehe auch die Quellentexte in: Helmwart Hierdeis 1971, S. 87-97.

[2] Zu Johann Friedrich Herbart (1776-1841), der als Professor für Philosophie in Königsberg und Göttingen lehrte, siehe Klaus Prange 2003, Gerhard Müßener 2002.

[3] Tuiskon Ziller (1817-1882) lehrte an der Universität Leipzig; zu Leben und Werk siehe 0. W. Beyer 1910.

[4] Wilhelm Rein (1847-1929) war Professor für Pädagogik an der Universität Jena; zu Leben und Werk siehe Horst-Erich Pohl 1972.

[5] Wie Bernhard Schwenk akribisch nachgewiesen hat, muß eine deutliche Unterscheidung zwischen Herbart und den Herbartianer gemacht werden. Ihre technologische Auffassung des Bildungs- und Erziehungsvorgangs und seine Mechanisierung führte zur Entstehung eines „Erziehungsapparats". Herbart dagegen bezog sich auf den individuellen Unterricht und wollte „den Menschen der ursprünglichen Autorität des in ihm selbst ergehenden 'ästhetischen Urteils' unterstellen und damit seine sittliche Freiheit, seinen moralischen Mut begründen" (Schwenk 1963, S. 250).

[6] Einen Überblick über die verschiedenen didaktisch-methodischen Ansätze im historischen Rückblick geben Theodor Schwerdt anhand von Unterrichtsbeispielen (Schwerdt 1933, 11. Auflage 1955) und Georg Geißler in der „Unterrichtsmethode in der Pädagogischen Bewegung" (Geißler 1961, 9. Auflage 1994).

[7] Zur Entwicklung und Ausprägung des Gesamtunterrichts siehe die von Franz Vilsmeier herausgegebene und eingeleitete Quellentextsammlung „Der Gesamtunterricht" (1967).

[8] Zu Berthold Otto (1859-1933) siehe Jürgen Hennigsen 1979, siehe auch die Quellentexte in: Dietrich Benner / Herwart Kemper 2001, S. 179-230.

[9] Siehe Einleitung zu 2. Arbeitsschule in diesem Band.

[10] In den 20er Jahren wurden Abhandlungen über den Gesamtunterricht in allen acht Volksschuljahren, z. B. von Karl Linke „Gesamtunterricht und Deutschunterricht" (1927), und für die Oberstufe, z.B. von W. Bünger „Gesamtunterricht und Arbeitsunterricht auf heimatlicher Grundlage" (1926), publiziert.

[11] Zur Realisierung des Unterrichts in den höheren öffentlichen Schulen mit Versuchsschulstatus siehe 7. Unterrichtsbeispiele in diesem Band und die Untersuchungen von Dietmar Haubfleisch 2001, S. 590-708, Gerd Radde 1999, S. 106-140, Inge Hansen-Schaberg 1999a, S. 146-174.

Quellentexte

13. Rudolf Lehmann:
Die Leipziger Versuchsschule (1931)
(Grundlagen und Erfahrung)

Rudolf Lehmann[a] veröffentlichte die Broschüre „Die Leipziger Versuchsschule" 1931 im Verlag des Leipziger Lehrervereins. Im folgenden wird ein Auszug, S. 18-21, wiedergegeben, der sich mit dem Gesamtunterricht in dieser Versuchsschule[b] befaßt.

[...] Die Arbeit der vergangenen Jahre ist gewiß nicht leicht gewesen. Der Hexenkessel politischer und weltanschaulicher Kämpfe, die Inflation mit ihrem sich täglich erneuernden Ringen um rein materielle Dinge und die Unterernährung vieler Kinder, die in den schwersten Jahren des Krieges geboren waren und oftmals Sinn und Segen eines geordneten Familienlebens nicht kannten – das alles waren Dinge, die eine ruhige und zielstrebige Schularbeit schwer beeinträchtigen mußten.

Trotzdem kann festgestellt werden, daß die Arbeit dieser Jahre nicht vergeblich gewesen ist. Standen im Anfang viele Eltern und Lehrer der neuen Schule abwartend, ja feindselig gegenüber, so ist es der unermüdlichen Arbeit der Lehrerschaft an der Versuchsschule doch gelungen, durch Aufklärung der Elternschaft, durch Junglehrer- und Fortbildungskurse, durch Vorträge und Öffentlichkeit des Unterrichts zahlreiche Freunde zu gewinnen. Vieles, was die Lehrerschaft der Versuchsschule erstrebte, das fand nach und nach eine Pflegstätte auch an anderen Schulen, und heute erscheint vieles selbstverständlich, was früher als utopisch bezeichnet wurde. Es sei nur auf die Praxis des Gesamtunterrichts, hauptsächlich für die Unterstufe, hingewiesen. Auch die Pflege der manuellen Ausdrucksformen hat sich durchgesetzt, und es gibt heute keine Schulausstellung mehr, auf der die Bedeutung dieser Dinge nicht deutlich zu spüren wäre. Doch auch viele andere Probleme, wie Schriftentwicklung, Sachrechnen, musikalische Erziehung, Leibesübungen, Nadelarbeiten und Zeichnen, die unter dem Leitgedanken „Vom Kinde aus" standen, wurden weiter verfolgt und brachten Ergebnisse, die oft erstaunlich waren, weil sich hier Anlagen und Kräfte entfalten

---

[a] Über Rudolf Lehmann liegen mir keine biographischen Angaben vor. Im Leipziger Stadtarchiv befinden sich zwar mehrere Personalakten mit dem Namen Rudolf Lehmann, die durchgesehen wurden, aber der Autor der Broschüre war nicht darunter.

[b] Zur Versuchs-Arbeitsschule in Leipzig-Connewitz siehe Andreas Pehnke 1993, S. 115 ff.

konnten, die in der alten Schule gehemmt waren. So ist die neue Schule den Kindern zu einem Stück sonniger Heimat geworden, und es ist für viele sehr schmerzlich, wenn die Abschiedsstunde schlägt.

Die Arbeit der Versuchsschule hat zu folgenden Erkenntnissen geführt:

a) Die Form des Gesamtunterrichts ist die natürliche und zweckmäßige Unterrichtsgestaltung für die Unterstufe.

b) Dieser Gesamtunterricht muß vom Erlebnis ausgehen, und dieses Erlebnis muß eine vielseitige Auswertung und Verknüpfung in den Kulturtechniken des Lesens, Schreibens und Rechnens erfahren, deren Übung damit zugleich sinnvoll gestaltet wird.

c) Lehrgänge und Schülerreisen sind eine unentbehrliche Grundlage jedes lebensnahen Unterrichts. Sie dienen auch der Erziehung zur Selbständigkeit und zur Gemeinschaft in hervorragendem Maße.

d) Die Pflege der manuellen Ausdrucksformen verhilft dem Kinde zu genauer Beobachtung und kritischem Denken, erzieht zur Wertschätzung handwerklichen Tuns und verhilft formal schwachbegabten Kindern oft zu einer richtigen Stellung in der Klassengemeinschaft, indem Minderwertigkeitsgefühle abgeschwächt oder beseitigt werden.

e) Für den technischen Unterricht (Musik, Turnen, Nadelarbeiten, Zeichnen) ist nicht ein systematischer Plan die Hauptsache, sondern die Freude des Kindes an der Betätigung. Dies darf nicht ohne Einfluß auf die Gestaltung des Unterrichts sein.

f) Für die Fragen der sittlichen Erziehung im Rahmen der Klassengemeinschaft sind das Beispiel und das Unterrichtsprinzip wertvoller als stundenplanmäßig erteilte Lektionen. Die bekenntnismäßige Übermittlung religiöser Stoffe soll den Vertretern der Kirche überlassen werden.

g) Angelegenheiten der Disziplin sind abhängig von der Stellung des Lehrers zu seiner Klasse. Ist er Helfer und Freund seiner Kinder, so erledigen sich diese Dinge oft unter Mithilfe der Kinder auf natürliche Weise. Freiwilliger Verzicht auf Körperstrafe und Erziehung zur Verantwortlichkeit des Kindes, Bereithaltung von Arbeitsmaterial und Schaffung von Betätigungsmöglichkeiten für das Kind sind wertvolle Hilfen für den Lehrer. Aktivität und Freude sind besser als Passivität und Furcht.

h) Die Öffentlichkeit des Unterrichts auch für Eltern, Besuch pädagogischer Tagungen und anderer Versuchsschulen, Organisation pädagogischer Ausstellungen und die Diskussion der Erziehungsprobleme in pädagogischen Arbeitskonferenzen schaffen wertvolle Maßstäbe für die kritische Einstellung zur eigenen Arbeit und stärken das Verantwortlichkeitsgefühl des einzelnen Lehrers.

i) Es gibt im Schulleben viele Dinge, die nach außen hin nicht meßbar und doch außerordentlich bedeutungsvoll sind. Sie liegen auf erziehlichem Gebiete und treten bei den kleinen Aufgaben der Selbstverwaltung, bei Festen und Feiern, bei Freundschaftsverhältnissen einzelner Klassen innerhalb der Schule und außerhalb Leipzigs (Klassenbriefwechsel, gegenseitiger Besuch) deutlich hervor.

k) Eine Schule, die in diesem Sinne arbeitet, kann viele Dinge nicht entbehren, die der früheren Schule fremd waren. Malbuch und Buntstifte, Stäbchen, Plastilina, Buntpapier und Schere für die Unterstufe, Pappe, Holz, Leim und Farbe, sowie Werkzeug und Arbeitsbuch für die Oberstufe sind unentbehrliche Dinge geworden.

Mit diesen Mitteln zu arbeiten und die Schularbeit in diesem umfassenden Sinne zu gestalten, das wurde die Aufgabe des Kollegiums, das die Lehrplanbindungen für die einzelnen Jahresstufen angenommen hatte. Dabei ist heute schon zu erkennen, daß im Rahmen des neuen Landeslehrplanes mit der Vorschrift zur Führung besonderer, sogenannter „guter" Hefte und zahlenmäßig festgelegter besonderer Arbeiten für Deutsch und Rechnen Dinge in den Vordergrund treten und Zeit für sie aufgewendet werden muß, die oft mehr der äußeren Form als dem Inhalt gilt. Dabei darf nicht unausgesprochen bleiben, daß die Überschätzung dieser Dinge ein Kennzeichen der alten Schule war.

Ungeklärt ist noch die Frage des Gesamtunterrichts auf der Oberstufe, die schon aus stundenplantechnischen Gründen kaum zu überwindende Schwierigkeiten bietet. Dazu kommt die persönliche Eignung des einzelnen Lehrers für Spezialaufgaben, die entweder mit besonderer Liebe in Angriff genommen werden oder in den Hintergrund treten. Verbundene Unterrichtsvorgänge, die den starren Rahmen des gefächerten Stundenplanes zerbrechen, sind leichter durchführbar als ein Gesamtunterricht, der alles umfaßt. Die Fragen der Koedukation und der spezifischen Mädchenerziehung, der Begabungs-, Neigungs- und Übungskurse sind ebenfalls Dinge, die noch weiterer Untersuchung bedürfen.

So ist die Aufgabe der Lehrerschaft an der ehemaligen Versuchsschule auch heute noch grundsätzlich und bedeutungsvoll. Wenn es auch schulpolitischer etwas ruhiger geworden ist, so drohen doch andere Gefahren. Die schwirige finanzielle Lage der Länder und Gemeinden ist auch im Schuletat deutlich zu spüren, und die Lehrerschaft muß alle Kraft einsetzen, das zu erhalten und auszubauen, was für die neue Schule unentbehrlich ist. Dazu gehören Werkräume, Lichtbildzimmer, Musikzimmer, Lesehallen, Horträume, Speisezimmer, Schulküchen und Bäder. Jede Klasse braucht einen Raum, der Wohn- und Arbeitsstätte für die Kinder ist und ihnen allein gehört, den sie nach ihrem persönlichen Geschmack so ausstatten können, daß er die Nüchternheit des Kasernenmäßigen verliert. Was die 54. Volksschule auf diesem Gebiete in jahrelanger Erziehungsarbeit erreicht hat, ist für Kinder und Lehrer ein Bedürfnis geworden und darf nicht wieder verloren gehen.

Das Kollegium der 54. Volksschule hat sich in den letzten Jahren besonders an der Schaffung neuer, kindesgemäßer Arbeitsbücher beteiligt und seine Gedanken und Wünsche hier zum Ausdruck gebracht. Fibel, Lesebücher und Klassenlesestoffe, wie sie in Leipzig eingeführt sind, Rechenbuch und Atlas sind notwendige Arbeitsgrundlagen der neuen Schule.

Die Lehrerschaft der 54. Volksschule blickt auf zehn Jahre unermüdlicher Arbeit und freudiger Pflichterfüllung im Dienste der neuen Erziehung zurück. Vieles von dem, was sie im Rahmen der ehemaligen Versuchsschule erstrebte, hat sich allen Anfeindungen zum Trotz durchgesetzt. Doch es konnte nur wachsen auf dem Boden einer Gemeinschaft, die zugleich Selbstverwaltung war und die jedem einzelnen das Maß von Freiheit gewährte, das für seine Arbeit unerläßlich war – dem Kollegium aber die Kollektivverantwortlichkeit für das große Ganze nicht vorenthielt. [...]

14. Martin Weise:
Dresdener Versuchsschule (1922)

Der Text von Martin Weise[a] „Dresdener Versuchsschule" aus dem Jahr 1922 wurde in dem von Gustav Porger herausgegebenen Sammelband „Neue Schulformen und Versuchsschulen" im Verlag Velhagen & Klasing Bielefeld und Leipzig 1925 veröffentlicht. Der hier ausgewählte Auszug, S. 243-246, befaßt sich mit dem Gesamtunterricht in der 46. Volksschule am Georgsplatz.[b]

[...] Was aus der neuen Erziehung- und Unterrichtsweise, aus einer neuen Einstellung zu Kind und Stoff, System und Methode, Bildungsplan und Bildungsziel von selbst herauswächst, das – so glauben wir – muß die Versuchsschule zeigen und bewältigen. Einem neuen Schultyp, einem neuen Schulversuch im großen, nicht der Durchführung einer Reihe psychologischer, methodischer, didaktischer Einzelversuche gilt die Einsetzung unserer Kraft. Diesen neuen Schultyp sahen wir am Anfang nicht so scharf umrissen, daß wir seine Entwicklung bis in Einzelheiten hinein hätten voraussagen können. Dem freien pädagogischen Werden sollte hinreichend Gelegenheit bleiben. Und dieses neue Werden zerschlug unseren Fachunterricht und führte uns mit jedem Tage mehr ins flutende Leben. Ob wir mit unserem Kindern an die Elbe, an den Hasen, auf die Brücke gingen; ob wir das Treiben auf dem Bahnhofe, auf der Post, in der Markthalle beobachteten; ob wir in der Bibliothek, im Museum, in der Gemäldegalerie, in der Druckerei, auf der Straße, in der Heide, auf froher Wanderfahrt lernten: wir erlebten, daß es ein anderes ist, an der Quelle Bildung zu erwerben, als jungen Menschen immer wieder das zu reichen, was Erwachsene schön in Fächer und Fächerchen verteilten, in diesen Fächern weise nach der Stufenleiter wissenschaftlicher Systeme schichteten und darin vertrocknen ließen. So kamen wir zu einem *Gesamtunterricht*, der seinen Ausgang nicht vom Fache nimmt, sondern vom Leben, der zwar auch immer wieder Gelegenheit gibt, heimat- und erdkundliche, geschichtliche und naturkundliche, physikalische und chemische, ethische und technische Kenntnisse zu bereichern, lesen und schreiben, sprechen und zeichnen, rechnen und zählen zu üben, sich aber weit mehr an die produktiven als an die reproduktiven Kräfte der Kinder wendet, der Menschen erzieht, die sich im Leben zurechtfin-

---

[a] Martin Weise (1891-1952) arbeitete ab 1916 an der 46. Volksschule in Dresden, die 1920 zur Versuchsschule erhoben wurde. Von 1923-1933 war er als Dozent am Pädagogischen Institut der Technischen Hochschule Dresden tätig, wurde dann vom Dienst suspendiert, 1949 wurde er Professor für Erziehungswissenschaft an der Universität Greifswald; siehe Sylvia Mebus 1999, S. 611-626.

[b] Siehe zu dieser Versuchsschule auch den 1. und 15. Quellentext in diesem Band.

den und darum das Leben meistern. Für solchen Gesamtunterricht gibt es kein Schema, keine in Formalstufen, keine in Formeln faßbare *Methode*. In solchem Gesamtunterricht wird die Methode selbst zum Problem. Sie ist nicht mehr das Ergebnis der Überlegung des Lehrers: Wie habe ich es zu machen, um die oder jene Geschichte, diese geographische Landschaft, diesen Vogel, dieses Gedicht an die Kinder heranzubringen? Sie ist das Ergebnis der Überlegung des Schülers vor der Wirklichkeit, vor der Aufgabe, vor der zu leistenden Arbeit: Was will ich? Welche Wege muß ich, der Schüler, der Arbeitende, einschlagen, um die gegebene Aufgabe zu bewältigen? Welche Mittel stehen mir hierfür zur Verfügung? Welche unter ihnen sind die zweckmäßigsten? Welche wähle ich aus? Wie bediene ich mich ihrer? – Nicht Unterrichtsmethoden, nein, Arbeitsmethoden treten in den Blickpunkt unseres Interesses. Nicht Wissen, nicht nur Kenntnisse – sicherer Besitz brauchbarer Arbeitsmethoden, sichere Beherrschung gewisser Arbeitsvorgänge ist uns der Schlüssel, die Tore der Welt zu öffnen.

Der Lehrer, der mit seinen Kinder so arbeiten will, muß zuvor eine innere Umstellung erleben. Er muß einsehen, daß er nicht mehr allein der Hüter der Weisheit ist, die er tropfenweise und in kluger Berechnung zwischen die verschlossenen Lippen nach behördlichen Vorschriften zu pressen hat. Er steht mit den Kindern fragend, suchend vor den erwachsenen oder selbstgestellten oder gegebenen Aufgaben. Nicht mehr Vorgesetzter – Mitarbeiter, Mitsucher, Kamerad, Freund! Führer seiner Kinder trotz alledem in einem viel tieferen, edleren Sinne! Eines Tages erfährt er, daß die *Disziplin*, in den meisten alten Schulen ein nach bewährten Rezepten gelöstes Problem, einer neuen, besseren Lösung harrt. Nicht mehr gegen die Kinder, mit ihnen sucht er zu regieren. Er versucht sich in die Seele seiner Kinder hineinzuversetzen, versucht aus ihren Entwicklungsbedürfnissen und Entwicklungsmöglichkeiten die Auswahl der Arbeits- und Bildungsaufgaben zu treffen, zieht seine Kinder heran, mit ihnen zu planen, mit zu überlegen und mit zu beschließen, was heute, morgen, was in den nächsten Wochen zu arbeiten ist, wie die Arbeit gegliedert, verteilt werden kann. Nicht, daß jeden Augenblick getrieben werden müßte, was die Kinder wollen. Der festgesetzte Arbeitsplan wird durchgehalten, auch wenn es einmal bitter schmeckt. Aber daß die Kinder am Plane der Arbeit Anteil haben, daß sie sich selbst Gesetze geben und über die Durchführung ihrer Gesetze wachen: das verbürgt Gehorsam aus innerer Zustimmung. Dieser Gehorsam hält sich. Er fällt nicht zusammen, wenn einmal die äußeren Stützen brechen; denn er bedurfte ihrer nie.

Disziplin in diesem Sinne führt zu innerer Freiheit. An unseren freier gewordenen Kindern machten wir bald freudige Entdeckungen. Schüler, die bisher verschlossen, teilnahmslos auf ihren Bänken gesessen hatten, wagten sich hervor mit Fragen und Anliegen, erzählten von dem, was ihr Herz erfüllte, brachten mit in die Klasse, womit sie sich zu Hause beschäftigt hatten: Zeichnungen, Bilder,

Bücher, gesammelte und selbstgebaute Gegenstände. Die Organisatoren regten sich und machten Vorschläge, wie die nächste Wanderung ausgestaltet werden könnte. Die kleinen Bastler traten hervor; die Zeichner entpuppten sich; die Musiker brachten ihre Instrumente mit und schlugen vor, eine musikalische Feier zu veranstalten, Vortragsfolgen zu schreiben und dann auf der Wenzelpresse selbst zu drucken, die Eltern einzuladen und eine Feierstunde zu bereiten, wie wir sie noch nicht erlebten. Da waren sie ans Licht getreten, alle die kleinen *Begabungen*, für die unsere Schule bisher keine Zeit und keine Gelegenheit hatte. Die Frage, wie wir diesen Begabungen besser gerecht werden könnten, als es geschehen war, mußte uns stärker beschäftigen. Wir beantworteten sie in dem Sinne, daß wir an zwei Wochentagen die vier oberen Knaben- und Mädchenklassen auflösen und ihre Glieder zu wahlfreien Arbeitsgemeinschaften vereinigten. Halbjährlich wechseln wir je nach dem Bedürfnis mit Art und Zahl der „wahlfreien Kurse". Zurzeit laufen Kurse im Rechnen, Physik-Chemie, Zoologie, Blumenpflege, Vorlesen und Vortragen, Leibesübungen, Gesang und rhythmischen Übungen, Zeichnen, Nadelarbeiten, Holzarbeiten, Papier- und Papparbeiten, Fremdsprachen, Stenographie und Zierschrift. Damit ist die Schule elastischer geworden. Wir fühlen, daß die Entwicklung in dieser Richtung weiterschreiten wird. Das Bedürfnis des einzelnen nach Selbstentfaltung muß die Altersklassenverbände sprengen. Neue Lebens- und Arbeitsgemeinschaften werden entstehen. Das Entwicklungsalter, das Intelligenzalter, die geistige Struktur der werdenden Menschen, die Richtung ihres Bildungswillens wird in der künftigen Schule die Grundlage der Gemeinschaft sein. [...]

15. Dresdner Versuchsschule:
Die Arbeitshaltung der Klasse (1922)

Der Text „Die Arbeitshaltung der Klasse" ist dem 1. Jahresbericht der Dresdner Versuchsschule[a] entnommen worden, S. 49-56, der unter dem Titel „Unterrichtspraxis und jugendkundliche Beobachtung" 1922 bei Julius Klinkhardt, Leipzig, verlegt wurde.

a) Auf der *Unterstufe,* wo das Kind stark von seinen Trieben beherrscht wird, wo sich die Mitteilungen der Kinder zumeist an den Lehrer richten, kann der Lehrer die Leitung nicht aufgeben. Vom Kinde aus ! heißt nicht, kindlicher Laune und Willkür bei jeder Gelegenheit und in jedem Augenblicke folgen. Hier gilt es vielmehr, die Kinder zum richtigen Sehen, Hören, Sprechen, Greifen, Gehen, Beobachten anzuhalten, sie in den Techniken des Lesens, Schreibens, Singens bis zum Ende des 2. Schuljahres einzuführen, sie zum Rücksichtnehmen, zur Reinlichkeit, zum Höflichsein, zum Bitten und Danken zu erziehen. Dazu bedarf es immer wieder der Anregung, Leitung, Hilfe und Korrektur des Lehrers. Trotz alledem bleibt der kindlichen Selbsttätigkeit noch weiter Spielraum. Das Kind dieser Stufe ist nicht fähig, größere Arbeitsgebiete zu überschauen, Zusammenhänge zu sehen, auf weite Sicht hin zu planen. Da aber Erziehung niemals ziellos ist, so ist dem Lehrer die Frage nach dem Woher? und Wohin? überlassen. Er muß die dem kindlichen Entwicklungsstande entsprechenden Arbeitsaufgaben sehen, auswählen, aufgreifen. Er muß durch Beobachtung der kindlichen Seele und ihrer Kräfte fühlen und wissen, wie weit und wie lange er eine Arbeitsaufgabe durchführen lassen, was er seinen Kindern zumuten kann. Er ist das Sprachgewissen seiner Kinder und neben Vater und Mutter – zuweilen allein – ihr sittliches Vorbild. Er ist selbst dann noch Leiter und Führer, wenn er es verschmäht, durch Frage- und Entwicklungskunst und schulgerechte Methode zu Ergebnissen zu gelangen, die er vorausbestimmte, oder die von außen her gefordert waren.

b) Für die *Mittelstufe* gilt zum großen Teile das gleiche. Auch hier tritt die Anregung und Leitung des Lehrers noch stark hervor. Zwei Kräfte, die später die Leitung des Lehrers mehr und mehr entbehrlich machen, fehlen auch hier noch oder sind so schwach entwickelt, daß sie nicht ins Gewicht fallen: Einsicht und Selbstzucht. Wenn es sich wirklich um Selbstzucht, von innen her wachsend, und nicht um äußeren Drill und Gehorsam handeln soll, dann bedarf es langer, geduldiger, unermüdlicher Erziehungsversuche und Einwirkungen des Lehrers. Über Anfänge der Selbstzucht und einer gewissen Arbeitsdisziplin wird aus dem 3. und

---

[a] Siehe zu dieser Versuchsschule auch den 1. und 14. Quellentext in diesem Band.

4. Schuljahr berichtet, so z.B. wenn Kinder selbst merken, daß sie sich allzuweit vom Ausgangspunkt entfernten, abschweiften; so beim Aufstellen des Arbeitsplanes für die nächsten Tage und Wochen, eine Fähigkeit, für die Kinder nach den Berichten der Lehrkräfte dieser Stufe in der 2. Hälfte des 4. Schuljahres reif wurden. Eingriffe des Lehrers waren nötig, wenn Nebensachen zur Hauptsache gemacht wurden; wenn über den augenblicklichen Erlebnisbestand der Kinder hinausführende Begriffe, in irgendeinem Zusammenhange auftraten; wenn neue Arbeitstechniken auftraten (Kartenlesen, Kartenzeichnen, Kurven lesen und zeichnen, Benutzung von Handbüchern usw.); in besonderen Fällen, wenn Stoffe, Bücher, Arbeitsmaterial zu beschaffen waren. Ja die Selbsttätigkeit der Kinder überhaupt ist nicht zuletzt eine Folge ganz bewußter Erziehungsversuche des Lehrers nach dieser Richtung hin. Schon auf der Mittelstufe, namentlich in den ersten Jahrgängen der

c) *Oberstufe*, deren Kinder noch nicht von unten herauf nach den Grundsätzen der Arbeitsschule erzogen worden waren, haben formale Hinweise des Lehrers, also eine bewußte Beeinflussung seinerseits, viel dazu beigetragen, selbsttätiges, zweckentsprechendes, zielsicheres und methodisch richtiges Arbeiten der Kinder zu fördern: Erst nachdenken, ehe ihr euch aussprecht! Fragt, wenn euch etwas unklar ist oder ihr nicht weiter könnt! Überlegt euch, was ihr über diesen Gegenstand erfahren möchtet! Erinnert euch daran, was ihr darüber schon wißt oder schon gehört habt, dann erzählt oder fragt! Überlegt euch Mittel und Wege zur Erreichung des Arbeitszieles! Tauscht eure Meinungen unter euch aus, ehe ihr mir erzählt! Zerlegt das ganze in Teilaufgaben! Verteilt die Arbeitsaufgaben ihrer sachliche Abfolge gemäß, der Schwierigkeit ihrer Lösung nach! Stellt einen Arbeitsplan auf! Stellt euch gegenseitig Aufgaben! Wenn die Lösung ohne Hilfe unmöglich ist: Seht einem zu, befragt einen, der die Arbeit kann, die ihr tun wollt! Lest in Büchern, Zeitschriften darüber nach! Sucht in Museen, Ausstellungen usw. darüber zu erfahren! Korrigiert euch gegenseitig: eure mündliche Rede, eure schriftlichen Arbeiten, eure Rechen-, Zeichen-, Werkarbeiten! Zuweilen, beim Erledigen einer Teilaufgabe: Vergleicht! Begründet! Faßt zusammen! Sucht Gleiches, Ähnliches, Entgegengesetztes! Folgt der Weiterentwicklung! Geht der Ursache nach! Am Schlusse einer Arbeitseinheit: Besinnt euch rückschauend auf den Arbeitsgang! Überschaut das Ganze! Stellt eine Übersicht auf! Berichtet über eure Tätigkeiten und über den Arbeitsverlauf in einem sachlichen Arbeitsberichte! Vielleicht führen diese Hinweise zu einem gewissen Denk- und Arbeitsschematismus! Vielleicht liegt in ihnen ein Zwang, neue Arbeiten in gewohnter Weise aufzugreifen, zu gliedern, zu lösen, so zu einer gewissen Arbeitstechnik zu gelangen. Die Erfahrung zeigte jedenfalls, daß sich absichtslos mit jedem neuen Arbeitskreise ein Teil dieser Denkanstöße und Arbeitsmethoden wiederholte, daß sie gleichsam Schlüssel nun einsetzender Selbsttätigkeit waren und dennoch nicht bei der Anwendung auf den konkreten Arbeitsfall den kindlichen Gestaltungs-, Schaffens- und Arbeitsgange bis ins einzelne die Wege vorzeichneten, daß es trotzdem noch viel zu entdecken, zu suchen und versuchen gab. Die Lehrer der letzten Jahrgänge berichten, daß sie mit ihren Hinweisen mehr und mehr zurücktreten konnten. Die Schüler richteten diese Anstöße gegenseitig aneinander, bis sei mehr und mehr überflüssig wurden. Selbstverständlich war die Leitung des Lehrers auch in den letzten Jahren nicht völlig entbehrlich. Des Lehrers Rat und Hilfe bedurfte es bei kartographischen Geländeaufnahmen, beim Abfassen von Telegrammen, bei technischen Skizzen, bei der Verwendung von Rötel, Kohle, Pastellfarben, Deckfarben beim Malen, beim Holz- und Linoleumschneiden, beim Drucken, beim Umgang mit Ton und Gips, beim Reproduktionsverfahren mit Hilfe von Gips- und Tondrucken, beim Einordnen ins System, beim Organisieren von Wanderungen, Festen, Feiern, bei der Deutung sprachlicher Bilder, Redewendungen und Ableitungen, beim Ausmerzen kindlicher Sprachfehler. Immerhin war auch hierbei der Lehrer nicht so sehr Vortragender, Belehrender, Vormacher als vielmehr Erzieher zur Arbeit, Anreger und Führer in der Kunst und Fertigkeit des Arbeitens der Schüler. Die Führung des Lehrers war zugunsten kindlicher Selbstäußerung und Selbsttätigkeit bescheiden in den Hintergrund getreten.

2. Jedes Kind ist für sich und mit sich beschäftigt.
a) *Unterstufe*: Der kleine, subjektive Mensch dieser Stufe hat ein starkes Bedürfnis, in seiner Welt solange wie möglich auch innerhalb der Schulmauern zu leben, seiner Neigung gemäß zu feiern und zu arbeiten. Darum gönnten die Lehrer der Elementarklassen ihren Kindern immer wieder Zeit für dieses ganz spontane „Fürsichseinwollen", „Mitsichbeschäftigtseinwollen". Sie unterdrückten diesen kindlichen Trieb, für sich zu zeichnen, malen, falten, schneiden, legen, bauen, sich zu bewegen und mitzuteilen nicht vom ersten Schultage ab, suchten ihn aber allmählich dem Unterrichte dienstbar zu machen und ihm einzugliedern. Sie schalteten solche Abschnitte kindlicher Selbstbeschäftigung bewußt in den Unterrichtsverlauf ein und schufen damit einen für den Unterrichtserfolg und für die Haushaltung der kindlichen Kräfte bedeutsamen Arbeitswechsel. Die Technik des Schreibens ist von den Kindern einer Mädchenschule zu Beginn des 2. Schuljahres im Sinne Kuhlmanns[b] in ganz persönlicher Weise erarbeitet worden. Die Kinder der untersten Klassen fanden außerdem im Besinnen auf oder im Erdenken von „Rechnengeschichten", im Selbstfinden von Rechenaufgaben, im Aufsuchen von Lesestücken zum Vorlesen, bei leichten Werkstattarbeiten die Mög-

---

[b] Fritz Kuhlmann: Schreiben im neuen Geiste. München 1917.

lichkeit der Selbstbeschäftigung. Für den Lehrer bedeutsame Gelegenheiten, aus dem selbstgewählten Arbeitsziele, der selbstgewählten Darstellungsform, aus der Arbeitstechnik Schlüsse auf Kraft, Begabungsrichtung und Begabungshöhe, auf die Neigungen der Kinder zu ziehen.

b) Auf der *Mittelstufe* kamen hierzu die schriftlichen Ausdrucksformen: Wiedergabe von Erlebnissen, Briefe, Berichte; außerdem neue Formen der Handbetätigung. In einer Knabenklasse erzählten naturwissenschaftlich interessierte Knaben über die Entwicklung des Schmetterlings, der Biene, der Frösche; die Zeichner unterstützten die Ausführungen ihrer Kameraden durch Zeichnungen auf Papier und an die Tafeln; die anderen machten schriftliche Aufzeichnungen. Es wird berichtet, daß viele Knaben bei diesen Einzelarbeiten im 4. Schuljahr starkes sachliches Interesse an der Arbeitsaufgabe zeigten, daß der Wille, die aufgegriffene Arbeit durchzuführen, einige ganz in der eigenen Arbeit aufgehen ließ. In der entsprechenden Mädchenklasse herrschte der Bewegungs-, der Mitteilungs- und Nachahmungstrieb so stark, war die Konzentrationsfähigkeit auf eine Sache noch so wenig tiefreichend und von so geringer Dauer, daß nur in seltenen Fällen die Einzelbeschäftigung über die auf der Unterstufe geübten Formen hinausging. Die Knaben fesselte die Aufgabe so stark, daß sie andere Neigungen vergaßen. Bei den Mädchen entsprang die Einzelbeschäftigung in der Hauptsache immer noch dem rein subjektiven Bedürfnis, sich ihrer Art gemäß auszuleben und zu betätigen. Es bleibe dahingestellt, ob damit ein allgemeiner Unterschied zwischen Knaben und Mädchen dieser Stufe erkannt ist, oder ob diese bei Knaben und Mädchen im gleichen Lebensalter so verschiedene Einstellung zur Einzelarbeit die Folge verschieden wirkender Lehrerpersönlichkeit ist, die in dem einen Falle (Knaben) öfters Aufgaben selbst stellte und deren Ausführung durchsetzte, in dem anderen Falle (Mädchen) dem Triebleben der Kinder viel weitere Grenzen steckte.

c) Auf der Oberstufe trat die Einzelbeschäftigung der Kinder mehr und mehr in Form kurzer oder längerer Einschaltstrecken in den übrigen Unterrichtsverlauf auf. Der Lehrer eines 5. Schuljahres (Knaben) berichtet, daß die Einzelbeschäftigung einer gegebenen Arbeitsaufgabe ergebnislos verlief, wenn sie – in den geistigen Arbeitsformen – länger als eine halbe Stunde dauerte: Rechnen, Selbstbesinnung vor Lösung einer aufgetauchten Frage, Kartenlesen, Bilderbetrachten. Bei Werkstattarbeiten, beim Malen und Zeichnen beschäftigen sich die Knaben 1-2 Stunden ohne Erlahmen des Arbeitseifers für sich selbst. Wo dem einzelnen Gelegenheit gegeben wurde, Neigungsarbeiten zu verrichten, zu lesen, zeichnen, schreiben nach eigener Wahl, verlängerte sich diese Zeit. Die Berichte zählen folgende Arbeitsgegenstände auf, woran kindliche Selbstbeschäftigung möglich und ersprießlich war: Vertiefen ins Nibelungenlied; Text lesen; Gedanken sammeln; Zeitung lesen auf einen gewissen Zweck hin (Abkürzungen, Reklameübertreibungen, Fremdworte suchen), Karten lesen, Bilder lesen, Blumenpflege (umtopfen, absenken), Nadelarbeit, Zeichnen, Kritik vorgelesener Berichte (Notizen!), im Museum (sehen, beobachten, vergleichen, skizzieren), Fahrplan lesen, Nachschlagewerke benutzen (Lexikon; statistische Handbücher), folgende schriftliche Formen: Brief, Bestellung, Einladung, Entschuldigung, Anfrage, Anzeige, Anmeldung, Vortagsfolge, Tagebuch führen, Erlebnisse wiedergeben, Arbeitsberichte liefern, dichten. Je selbständiger die Schüler arbeiten lernten, desto mehr Arbeitsaufgaben konnten von ihnen in stiller Einzelarbeit erledigt werden, zu desto mehr Arbeitsformen fand die Selbstbeschäftigung der Schüler Zugang.

3. Das freie Unterrichtsgespräch
a) *Unterstufe*. Der freie Unterrichtsgespräch, jene Arbeitshaltung der Klasse, wo eine Aufgabe, ein Thema von den Kindern angefaßt, in Teilaufgaben zerlegt wird, wo die Arbeitsmittel und Arbeitswege von den Kindern selbst erwogen und gewählt, geordnet herbeigetragen, Abschweifungen selbst kritisch abgelehnt werden, wo schon, rein äußerlich gesehen, die Leitung – wenn sie überhaupt nötig ist und nicht durch freies selbstdiszipliniertes Klassengespräch unnötig ist – einem Führer der Klasse obliegt, wo der Lehrer nur streckenweise als Mitarbeiter herangezogen wird, hat auf der Unterstufe keine Statt. Hier herrscht das Schüler-Lehrer-Gespräch vor. Doch sind die Anfänge eines freien Unterrichtsgespräches schon im 1. Schuljahr zu finden. Spontane Ausrufe der Kinder: „Wir wollen still sein, wenn erzählt wird! Wir wollen erst das eine fertig bringen! Erst ausreden lassen!" – sie mögen selbstsüchtiger Natur sein und mit dem Gefühl für die Bedingungen geordneter Arbeit wenig zu tun haben; Streifragen und kleine Wortgefechte, wobei Kind zu Kind spricht, Kind gegen Kind sich anklagt, verteidigt, entschuldigt; lobende oder tadelnde Bemerkungen zu Erzählungen, Darstellungen, Zeichnungen der Kameraden: „Das war schön! Das hast du schon einmal erzählt!"; Gewöhnung und Erziehung der Kinder, ums Wort bitten, sich das Wort nicht nehmen zu lassen, nicht einem anderen ins Wort fallen, aufs Wort verzichten, zur Sache sprechen („das paßt nicht"): in diesen augenblicklichen Empfindungen und Strebungen der Kinder, in diesem oft so sehr kurzlebigen Vorsätzen, von den Lehrern der Elementarklassen als besonders günstige Momente empfunden, liegen die Keime des Wollens, von sich selbst wegzukommen, dem zu folgen, was andere sagen und tun; nicht nur mit dem Lehrer, auch mit den anderen in ein Arbeitsverhältnis zu treten; sich der Gemeinschaft ein- und unterzuordnen. Eine Haltung, die auf dieser Stufe in den meisten Fällen Vorsatz bleibt, wo sie aber Tat wird, vom ersten besten Gefühlssturm bald wieder verdrängt ist.

b) *Mittelstufe*. Die Lehrer der Knabenklassen des 3. und 4. Schuljahres berichten bereits über Fortschritte in der Richtung nach dem freien Unterrichtsgespräch hin. So schreibt der Lehrer des 4. Schuljahres: „Das freie Unterrichtsgespräch war häufig die Form unserer Arbeitshaltung in dem Sinne, daß von einem Problem, einer Zielstellung (vom Kinde oder mir) ausgegangen und weitergearbeitet wurde. Die Kinder rufen sich selbst auf, verbessern, ergänzen sich und werden nur durch meine Einwürfe zum schärferen Erfassen angeleitet oder über Stokkungen hinweggeschoben. Doch es gibt Tage, wo das freie Unterrichtsgespräch versagt, wahrscheinlich eine Folge falscher Problemstellung oder die Tatsache, daß der Stoff, die Arbeitsaufgabe über den Interessen- und Erlebniskreis des Kindes hinausreicht." Abweichend berichtet die Lehrkraft der entsprechenden Mädchenklasse: „Um die Aussprache über ein Thema in die Hand des Kindes zu legen, sind die Kinder zu wenig aktiv und zu wenig sachlich. Ich muß noch oft eingreifen. Die Kinder führen das, was ein Kind gebracht hat, häufig nicht fort. Jede bringt ihre eigene Ansicht, gleichgültig, ob diese Ansicht eine Fortsetzung des Vorausgegangenen ist oder eine Wiederholung. Dann ist es meine Aufgabe, zur Sache, zur Ergänzung, zu kurzen schriftlichen Notizen über den eigenen Gedanken, der augenblicklich nicht geäußert werden kann, zu mahnen."

c) Auf der *Oberstufe*, namentlich in den letzten beiden Schuljahren, ist das freie Unterrichtsgespräch die Regel bei der Beantwortung von Fragen aus dem Fragekasten (Unterhaltungsstunde); bei der Erörterung des Arbeitszieles, -weges, der Arbeitsmittel, der Arbeitsteilaufgaben vor jedem größeren Arbeitszusammenhange; bei der Aussprache über gemeinsame Erlebnisse (Wanderungen, Sommerfest, Tellvorführung, Schülerversammlung, Weihnachtsfeier); bei der Aussprache über Gelesenes; bei Bildbetrachtungen. Über die Leitung des Gespräches wird aus einer 4. Mädchenklasse berichtet, daß nur 4-5 Mädchen mutig und geistig gewandt genug waren, das Gespräch zu leiten. Die 3. Mädchenklasse übertrug die Leitung in alphabetischer Reihenfolge jeder Schülerin. In der 1. Knabenklasse wählte die Klasse ihren Führer. Ein Lehrer schreibt: „Ich habe mich bemüht, das freie Unterrichtsgespräch in den Dienst logischer Schulung und der Erziehung zur Objektivität dadurch zu stellen, daß ich Vorbereitung und Sammlung nicht nur in sachlicher, sondern auch in sprachlicher Beziehung verlangte, ehe sich ein Schüler zum Wort meldete. Sprachlich wie gedanklich unvorbereitete Antworten wurden zurückgewiesen." Aus dem Bericht einer Mädchenklasse ein anderes Werturteil über das freie Unterrichtsgespräch: „Jede erkennt die Notwendigkeit, sich den anderen unterzuordnen. Gegenseitiges Verteidigen der Meinung zwingt zur Klarheit, zu schneller Denkfähigkeit und klärt Verschwommenheiten." In der Anerkennung des gemeinschaftsbildenden Wertes, den das freie Unterrichtsgespräch hat, stimmen Berichte überein: Der einzelne muß das, was der andere sagt, anhören, abwägen, prüfen, sich in den anderen hineinversetzen, er muß sich bereithalten, den anderen zu berichtigen, zu ergänzen, zu verteidigen. [...]

4. Der arbeitsteilige Gruppenunterricht
a) *Unterstufe*. Die Kinder überschauen den ganzen Arbeitsverlauf zu wenig, als daß sie von sich aus zur Arbeitsteilung kommen könnten. Ein Lehrer einer Elementarklasse versuchte seinerseits beim Fertigen von Tüten für die Osterlinge Gruppenteilung durchzuführen (eine Gruppe Papier brechen, eine andere reißen, eine andere drehen, eine andere kleben). Der Versuch mißlang. Im 2. Schuljahr bildeten sich in einer Knabenklasse aus Zufall ab und zu Gruppen. (Bei Tischspielen. Beim Bau eines Weihnachtsleuchters.)

b) *Mittelstufe*. Bei Gemeinschaftsarbeiten [...], beim Aufstellen einer Ordnung fürs Blumengießen, beim Aufbau des Georgplatzes aus Streichholzschachteln, beim Bau einer Brücke, bei der Auswertung von Wanderungen, beim Aufstellen der Ausstellung „Alt-Dresden", beim Planen einer Heidewanderung ergab sich ganz von selbst das Zerlegen des ganzen Arbeitsgebietes, der ganzen Arbeitsaufgabe in Arbeitsstücke und die entsprechende Zerlegung der Klasse in Arbeitsgruppen, deren jede ein Arbeitsteilstück zu bewältigen hatte. Nachdem die Arbeit erledigt war, wurden Arbeitsstücke und Arbeitsgruppen wieder zum Ganzen vereinigt. In einzelnen Fällen bot der Anlaß zur Arbeitsteilung der Stoff in seiner natürlichen Gliederung. Die Klassenaufteilung war eine Folge der stofflichen Gliederung. In anderen Fällen teilte sich die Klasse nach der personalen Neigung und Veranlagung der Schüler in Gruppen, die sich ihrerseits aus dem Arbeitsganzen die der eigenen Begabung entsprechenden Teilaufgaben auswählten (Zeichner, Rechner, Bastler). Freilich hat eine Gruppenteilung, die von der personalen Neigung ausgeht, gewisse Bedenken. In einem Berichte heißt es: „Die Gefahr besteht jedoch, daß zu oft und zu einseitig die Sonderbegabungen und Sonderneigungen zum Nachteil der anderen zu entwickelnden Kräfte im Kinde gefördert werden. So ist es mir vorgekommen, daß ein sehr guter Zeichner dauernd zeichnerische Arbeiten brachte als Ersatz für Aufsätze und Rechenarbeiten, bis sich im Rechnen und in der Rechtschreibung ein derartiges Nachlassen bemerkbar machte, daß ich zur Einführung von Übungsstunden und eines Übungstages schritt. An diesem Tage ist die Arbeitsteilung nach persönlicher Neigung ausgeschaltet." Aus dem Berichte eine Mädchenklasse: „In der Werkstatt schmücken drei gemeinsam eine Mappe. Sie müssen dabei Hand in Hand arbeiten. Zuerst will jede alles machen. Schließlich wird erkannt, daß die eine am besten den Schmuck entwirft und aufzeichnet, die zweite ausschneidet, die dritte am saubersten aufklebt."

c) *Oberstufe*. Sehr oft Arbeit in Gruppen. Auch hier wieder: Arbeitszerlegung nach stofflichen Arbeitsstücken oder auch nach personaler Neigung und Eignung. Beispiele für Gruppenbildung nach personaler Begabung [...] (Bau eines Wetterhauses; Arbeit am Nibelungenlied). Außerdem wurde die Arbeitszerlegung noch nach der Arbeitstechnik vorgenommen. Derselbe Arbeitsgegenstand wurde von verschiedenen Arbeitsgruppen nach verschiedenen Arbeitstechniken bearbeitet. *Beispiele* a) für Gruppenteilung und Gruppenarbeit nach der *stofflichen Gliederung*: Den Barockstil studierte die eine Gruppe an der Frauenkirche; eine andere am Zwinger, eine dritte vor dem Japanischen Palais, eine vierte in der Rampischen Straße. (Die Arbeitstechnik war bei jeder Gruppe gleich: Sehen, vergleichen, Verhältnisse, Gliederungen, Ornamente sehen, skizzieren. *Beispiele* b) für Gruppenbildung und Gruppenarbeit nach der *Arbeitstechnik*: Über Gehirn und Nerven suchte die eine Gruppe durch Bilder, die andere durchs Modell, die dritte durch Bücherstudium (Realienbuch. Theuermeister: Wie ich mit meinen Kindern über menschlichen Körper rede[c]), die vierte durch Selbstbeobachtung und Fremdbeobachtung, die fünfte durch Besuch der Hygieneausstellung Aufschluß zu erhalten.

Demnach wurde folgende Arbeitsteilung beobachtet:
1. Nach stofflichen Arbeitsstücken.
2. Nach personaler Neigung und Begabung.
a) Nach der stofflichen Gliederung.
b) Nach den am gegebenen Stoff möglichen Arbeitstechniken.

---

[c] Robert Theuermeister: Unser Körperhaus. Wie ich mit meinen Kindern über ihren Körper rede. Leipzig 1909.

16. Erich Hylla:
Selbständige geistige Bearbeitung und Übung (1931)
Schulleistungen und neue Unterrichtsweise

Der Text von Erich Hylla,[a] der in der Zeitschrift „Die Volksschule" 27 (1931), S. 153-162, erschien, befaßt sich mit der Notwendigkeit, auch Techniken des Lernens reformpädagogisch zu erneuern.

In der Behauptung, daß die Leistungen der Volksschule den berechtigten Anforderungen der „Wirtschaft" nicht entsprechen, schwingt nicht selten ein ganz bestimmter Unterton mit: daß diese Mängel mehr oder weniger durch die „moderne Arbeitsart" der Schule, durch das in erster Linie auf Weckung und Pflege der geistigen Selbständigkeit abzielende Unterrichtsverfahren verursacht seien. Es geht nicht an, daß diese Auffassung als völlig undiskutabel bezeichnet und behandelt wird, wie es gelegentlich geschieht. Gerade der, der von der Überlegenheit des neuen Unterrichtsverfahrens ehrlich überzeugt ist, hat keinen Grund, eine sorgfältige Nachprüfung des Tatbestandes zu scheuen; er wird sich im Gegenteil dazu verpflichtet fühlen, um der Gefährdung der Reformgedanken von dieser Seite her um so erfolgreicher und sachlicher entgegenwirken zu können.

Worin nun liegt die Eigenart dieses Lehrverfahrens? Wie die Richtlinien für die Grundschule fordern, daß „möglichst alles, was die Kinder lernen, von ihnen innerlich erlebt und selbsttätig erworben werden", so verlangen die für die oberen Jahrgänge, daß „der Unterricht auf die Eigenständigkeit der Schüler, der geistigen sowohl wie der körperlichen, aufgebaut werden müsse". Sie begnügen sich nicht mit dieser allgemeinen Formulierung, sondern fügen hinzu: „Die Mitarbeit der Schüler darf nicht in der Hauptsache im Aufnehmen der Bildungsstoffe bestehen, sondern die Unterrichtsergebnisse sind unter Führung des Lehrers durch Beobachtung, Versuch, Schließen, Forschen und selbständiges Lesen zu erarbei-

---

[a] Erich Hylla (1887-1976) war zunächst Volksschul-, dann Mittelschullehrer, Rektor, Schulrat und von 1922-1933 Mitglied der Pädagogischen Hauptstelle des Deutschen Lehrervereins, von 1930-1933 Professor an der Pädagogischen Akademie Halle (Saale); nach seiner Amtsentlassung 1933 war er Gastprofessor für Vergleichende Pädagogik an der Columbia Universität, New York, dann an der Cornell Universität, New York; 1950 baute er die Hochschule für Internationale Pädagogische Forschung in Frankfurt (Main) auf, aus der 1964 das Deutsche Institut für Internationale Pädagogische Forschung hervorging. Bis zu seiner Emeritierung 1956 war er Direktor dieser Einrichtung (siehe Werner Correll und Fritz Süllwold 1968, S. 235 ff.) Er förderte schon früh die „Neuzeitliche Volksschularbeit" (1923), war führend in den Forschungen auf dem Gebiet der Intelligenzprüfung und Leistungsmessung (Odenbach 1970, S. 184) und war der Übersetzer von John Deweys „Demokratie und Erziehung" (1930).

ten." Ferner wird auf die „in weitem Umfange nutzbar zu machende Handbetätigung", auf das Anfertigen von Skizzen, Zeichnungen, Lehr- und Lernmitteln, das Anlegen von Sammlungen, das Anstellen von naturkundlichen Versuchen, auf Tierpflege, Blumenpflege, Schulgartenarbeit, Werkunterricht, auf die Heranziehung von geeigneten Büchern als Stoffquellen und auf die zu mannigfachen Beobachtungen und Übungen auszunutzenden Schulwanderungen und „kürzeren Ausgänge" verwiesen. Hierzu kommen noch weitere Winke und Weisungen bei fast allen Fächern, so insbesondere bei Heimatkunde, Deutsch, Erdkunde, Rechnen und Raumlehre usw.

Was von diesen Forderungen findet man nun im Alltag des Schullebens verwirklicht? An einzelnen Stellen vieles, ja fast alles – an sehr vielen Stellen aber doch recht wenig! Das ist angesichts der Schwierigkeiten, die ein solches Unterrichtsverfahren bietet, und der widrigen Umstände der letzten Jahre, nur allzu verständlich – aber weder diese Hemmungen noch jene Schwierigkeiten entbinden uns davon, die Lage so zu sehen und darzustellen, wie sie ist, und nach Mitteln der Besserung zu suchen.

Von den Formen der körperlichen Erarbeitung
Zunächst muß man feststellen, daß die *körperliche* Erarbeitung in vielen Klassen gegenüber der rein geistigen, richtiger: gegenüber der Arbeit *mit dem Wort*, sehr zurücktritt. – Gewiß ist das Moment der körperlichen Betätigung im Gedanken der „Arbeitsschule" anfänglich zu stark betont worden, und man hat sich mit Recht dagegen aufgelehnt, daß eine Schule schon dann und lediglich dann als Arbeitsschule gelten sollte, wenn in ihr geleimt, gesägt, gehobelt, geklebt, gehämmert und gefeilt wurde. Mit Recht hat man darauf hingewiesen, daß diese Betätigungen ihren vollen Wert erst erreichen, wenn sie, wie es Robert Rißmann[b] einmal glücklich ausgedrückt hat, als „Willensmotor", als Mittel zum An- und Vorwärtstreiben der geistigen Arbeit benutzt werden. Der berechtigte Kampf gegen eine *Über*bewertung der körperlichen Arbeit – der übrigens, als die Richtlinien erlassen wurden, bereits ausgekämpft war, so daß ihnen Einseitigkeit in dieser Beziehung nicht vorgeworfen werden kann – im Verein mit der Überlieferung, die auch im Schulleben eine ungeheure Macht ist, und mit den mancherlei äußeren Hemmungen, die der Einführung körperlicher Arbeit in den Unterricht entgegenstanden, hat jedoch heute dazu geführt, daß in der Praxis an vielen Stellen von eigentlicher körperlicher Betätigung nicht mehr viel oder noch nicht viel zu sehen ist. Ich denke dabei nicht so sehr an handwerkliche Arbeit im engeren Sinne, die sich als Sonderfach immerhin ausgebreitet hat, sondern grade an die in den Richtlinien genannten Dinge: an Wanderungen (*nicht* Schulspaziergänge!) und

---

[b] Robert Rißmann: Die Arbeitsschule. Grundsätzliche Erörterungen. Leipzig, Berlin 1911.

Besichtigungen, an Pflanzen- und Tierhaltung,, naturkundliche Versuche, an selbständiges Herbeischaffen und Benutzen von Büchern, an das Anlegen und Ordnen von Sammlungen, ja selbst an das Zeichnen und Skizzieren und an wirklich selbständige schriftliche Arbeiten.

Von den Formen der rein geistigen Erarbeitung
1. Das freie Klassengespräch

Aber auch unter den Formen der Arbeit mit dem *Wort* ist in der Praxis eine starke Verengung zu beobachten. Selbständige geistige Erarbeitung wird allzu oft völlig gleichgesetzt mit dem „freien Klassengespräch" – von dem Paul Ficker in seiner vortrefflichen „Didaktik der neuen Schule" (Osterwieck, 1930)[c] sagt: „Beim freien Klassengespräch übernimmt die Klasse selbst als ‚handelndes Subjekt höherer Ordnung' die Führung. Die Klasse stellt das Arbeitsziel auf, entwirft für ihre Arbeit einen Plan, schafft den Stoff herbei, setzt sich mit ihm auseinander, sinnt ihm nach, gliedert ihn ein, umspielt ihn mit allerlei Fragen, Bemerkungen, Vorschlägen und bewertet ihn. Sie beurteilt die einzelnen Schülerleistungen, duldet keine Abschweifungen, ruft Passive zur Mitarbeit auf, weist Vordringende zurück und regelt so als Arbeitsgemeinschaft selbst ihr eigenes Tun." *Wenn* das freie Klassengespräch so verläuft, so ist es in der Tat eine recht wertvolle Form geistiger Arbeit – aber auch dann eben doch nur *eine* unter vielen anderen, über die man sich in dem eben genannten Buche ausgezeichnet unterrichten kann.

In der Wirklichkeit sieht das „freie Klassengespräch" nur allzu oft recht anders aus. Da findet sich doch recht oft rein äußerliche Geschäftigkeit, ein oberflächliches, planloses Hin- und Herreden, bei dem mehr geraten als geschlossen und gedacht wird, bei dem die Klasse als Ganzes zwar lebhaft ist und dem Beschauer wenigstens im ersten Augenblick ein interessantes und vorteilhaftes Bild bietet, während man bei genauerer Beobachtung bald bemerkt, daß nur wenige Kinder das Feld beherrschen, daß mit unklaren Vermutungen, halbverstandenen Begriffen und Wendungen gearbeitet wird, daß die Kinder die Äußerungen ihrer Kameraden nicht aufnehmen und verwerten, daß der Gesamtertrag einer solchen Stunde doch recht mäßig ist. „Die Lust des freien Tätigseins wird mit geordneter und beherrschter Arbeit verwechselt, und die alte Wahrheit, daß jede wertvolle Arbeit Mühe macht und nicht mit spielender Leichtigkeit bewältigt werden kann, wird vergessen." – Pestalozzi hat im Hinblick auf die Lehrform der entwickelnden Frage einmal gesagt, daß man nicht Eier aus leeren Nestern nehmen könne – für die Lehrform des freien Klassengesprächs gilt dieses Wort ebenso, und es wird auch bei ihr oft genug nicht beachtet. Am eindringlichsten erlebt man

---

[c] Paul Ficker: Didaktik der neuen Schule. [Bücherschatz des Lehrers] Osterwieck 1930.

das gelegentlich bei geschichtlichen Stoffen, wenn etwa lange darüber diskutiert wird, welche Folgen die Niederlage von Leipzig für Napoleon heraufführen mußte, oder wenn Dreizehnjährige darum streiten, wie er sich hätte verhalten sollen. Aber auch in Erdkunde, im Deutschen und selbst in der Religion kann man derartiges zuweilen finden. – Nun soll damit gewiß nicht gesagt sein, daß *Vermutungen* über eine noch nicht bekannte Tatsache niemals angestellt werden dürften; solche Vermutungen können sogar recht wertvoll sein, aber doch nur dann, wenn die Kinder einigermaßen im Besitz der Unterlagen sind, aus denen die Tatsache vernünftigerweise erschlossen werden kann.

2. Arbeitsplanung und Finden der Arbeitsmittel

Aber auch dort, wo das Klassengespräch planmäßig verläuft und gehaltvoll ist, ist die geistige Selbständigkeit der Schüler manchmal mehr Schein als Wirklichkeit. In vielen Fällen verläuft die Arbeit *allzu sehr* nach einem vorgegebenen Schema – allzu sehr, sage ich, denn in einem gewissen Ausmaße kann ein fester Arbeitsplan nützliche Hilfe bedeuten; in anderen liegt die geistige Leistung grade in der Gewinnung dieses Schemas – und sie fehlt, wenn es lediglich gedächtnismäßig herbeigebracht und angewandt wird. Außerordentlich häufig erlebt man es, daß der Lehrer an kritischen Punkten des Gespräches durch einen zwar unscheinbaren, in Wahrheit aber entscheidenden Wink eingreift und grade dadurch die Klasse die wesentliche Denkarbeit abnimmt. Am häufigsten wohl ist dieser Fall, wenn ein rechnerisches Problem in einem Klassengespräch gelöst werden soll. Nur ein Beispiel statt vieler! Es handelt sich um die bekannte Aufgabe: „Ein Becken wird von einem Wasserrohr in 3 Stunden, von dem anderen in 6 Stunden gefüllt werden: in welcher Zeit ist es voll, wenn beide Röhren gleichzeitig fließen?" „Überlegt euch, welchen Teil des Gefäßes jede Röhre in *einer* Stunde füllt", sagte der Lehrer sogleich, nachdem die Aufgabe gestellt war – und nahm damit die wichtigste geistige Leistung, die hier zu vollbringen war, der Klasse vorweg. Denn grade in der klaren Überschau über die Sachlage und im Finden des *Weges*, der hier zu gehen ist, d.h. in der geistigen Wendung, die von einer Betrachtung der Stundenzahl (3 oder 6) zu der des in einer Stunde gefüllten Gefäßbruchteiles führt, liegt die zu überwindende Schwierigkeit der Aufgabe – alles Übrige ist Schema. Damit ich nicht mißverstanden werde: gewiß muß man oft Hilfen dieser Art geben, wenn das Klassengespräch nicht weiterführt, aber doch eben *erst* dann, wenn sich gezeigt hat, daß die *selbständige* Bewältigung gerade dieser Schwierigkeit der Klasse nicht möglich ist.

3. Einzelarbeit und Gemeinschaftsarbeit

Endlich ein letzter Hinweis: auch wo eine Klasse in einem in jeder Beziehung einwandfreien Klassengespräch eine Aufgabe bewältigt, muß man sich darüber klar sein, daß es eben die *Klasse* war, während vielleicht, ja sogar wahrscheinlich, auf sich allein gestellt, kein einziger Schüler in der Klasse dazu imstande gewesen wäre. Bei aller Wertschätzung des Gedankens der *Arbeitsgemeinschaft* wird man aber doch nicht vergessen dürfen, daß im Leben der einzelne oft ohne helfende und mitarbeitende Freunde vor Aufgaben gestellt wird, die er lösen muß. Darum brauchen wir neben dieser Gemeinschaftsarbeit auch die selbständige Arbeit des ganz und lediglich auf sich gestellten Schülers. Sollten nicht die zwar für die Volksschularbeit als Ganzes gewiß nicht kennzeichnenden, aber immerhin unerfreulichen Ergebnisse bei gelegentlichen Prüfungen von Jugendlichen im Rechnen zum guten Teil darauf zurückzuführen sein, daß dies im Rechenunterricht so oft übersehen wird? – Übrigens kommt es gelegentlich auch vor, daß diesen entscheidenden Wink – und zwar verfrüht, wie nochmals betont werden muß! – ein *Schüler* gibt, so daß mindestens bei den Uneingeweihten noch stärker das Bild der „selbständigen Klassenarbeit" entsteht. Bei dieser Gelegenheit sei darauf hingewiesen, daß auch die Übertragung der *Leitung* eines freien Klassengesprächs an einen Schüler in vielen Fällen keineswegs als *echt* arbeitsschulmäßig gelten kann, nämlich jedenfalls nicht in den Fällen, wo der Schüler einfach die Rolle übernimmt, die beim fragend entwickelnden Verfahren der Lehrer hatte – und er führt diese Rolle naturgemäß meist *schlechter* durch. Daß ein Schüler vor die Klasse tritt und Fragen stellt, wie: „Was können wir von der Kultur der Ritterzeit sagen?" ist noch schlimmer, ist äußerliche *Manier*, aber keine echte Selbständigkeit!

Von der Gefahr einer pädagogischen Reaktion
Recht oft begegnet man ferner einem *weiteren* Fehler: Daß nämlich mit dem Abschluß eines solchen freien Klassengespräches – nehmen wir ruhig an; eines wirklich guten – , mit dem der betreffende Lehrstoff den Kindern – nehmen wir ruhig an: *allen* Kindern – zum Verständnis gebracht ist, dieser Stoff nun auch als *erledigt* gilt. Die „Denkleistung" ist vollbracht, die „selbständige geistige Erarbeitung" durchgeführt. Was man einmal richtig verstanden hat, das bleibt auch dauernder Besitz, so glaubt man hoffnungsfreudig, bis man eines späteren guten oder schlimmen Tages anders belehrt wird, indem man zu seinem Schrecken feststellt, daß nahezu alles, was damals gesagt und „verstanden" worden ist, wieder vergessen ist. Ist dieser „schlimme" Tag nun etwa gar noch der einer Besichtigung durch den Schulrat, dann ist die Enttäuschung um so größer, und nur allzu nahe liegt dann – auf beiden Seiten! – der Schluß: „Also ist es doch nichts Rechtes mit dem „selbständigen Erarbeiten". Da es nicht ohne festen geistigen Besitz an Kenntnissen und Fertigkeiten geht, da diese aber durch „selbständige geistige Arbeit" nicht erzielt werden, bleibt nichts übrig, als zu den „bewährten alten Formen" der Schularbeit, zum Üben, zum Drill, zum Pauken zurückzukehren.!" Alle, die, die den neuen Arbeitsformen mit Mißtrauen oder mit inneren Hem-

mungen gegenüberstehen – und es muß gesagt werden, daß deren sowohl unter den Lehrern wie in der Schulaufsicht noch gar manche sind! – finden ihr gefühlsmäßiges Urteil gerechtfertigt, gehaben sich mit überlegenen Lächeln als die, die das ja „schon immer gesagt" haben. Es scheint mir, als ob gerade im gegenwärtigen Zeitpunkt die Gefahr besteht, daß sich dieser „Ruf zur Umkehr" verstärkt und verbreitet, und daß dadurch die Front des methodischen Fortschritts ins Wanken kommt. Dabei würde es sich sehr bald zeigen, daß dieser methodische Fortschritt keineswegs nur eine Angelegenheit der *Methode* ist, sondern sozusagen nur die Außenseite der neuen pädagogischen Gesamthaltung – Reaktion in den methodischen Formen würde sehr bald auch Reaktion in der pädagogischen Grundhaltung nach sich ziehen. Darum ist die Frage des Lehrverfahrens im gegenwärtigen Augenblick sehr ernst zu nehmen – mag sein, daß das *Lehrverfahren* nur eine Außenbastion der pädagogischen Festung ist, aber die Außenbastion ist so wichtig, daß sie unbedingt gehalten werden muß, wenn die Festung nicht fallen soll!

Abwehr durch arbeitsschulmäßiges Üben und Wiederholen
Was ist zu tun? Die Verfechter des „bewährten Alten" haben recht, wenn sie behaupten, daß ein festes Können und ein vielleicht begrenztes, aber sicheres Wissen unentbehrlich sind. Sie haben recht auch mit der Feststellung, daß es in den Schulen, die das neue Lehrverfahren verwenden, zuweilen daran fehlt. Sie haben ferner recht, wenn sie dies auf einen Mangel an Übung, Befestigung und Wiederholung zurückführen, und wenn sie behaupten, daß diese unentbehrlich seien. Sie haben nicht *ganz* recht, wenn sie so tun, als ob das früher bei einem anderen Lehrverfahren immer anders gewesen wäre; *sie haben* vor allem aber *unrecht im entscheidenden Punkte: daß nämlich Wiederholung, Übung und Befestigung nur möglich seien als gedächtnismäßige Einprägung, hundertfache Wiedergabe des Gleichen in der gleichen Form*, mit einem Worte als *geistloser, mechanischer Drill.* Übrigens sind gerade in diesem Punkte auch viele Freunde eines neuzeitlichen Lehrverfahrens in dem gleichen Irrtum befangen: daß nämlich selbständige geistige Arbeit und Übung Gegensätze seien, die einander ausschlössen, so daß man sich für das eine *oder* das andere entscheiden müßte. Grade darauf ist es in erster Linie zurückzuführen, daß in vielen neuzeitlich eingestellten Schulen die Übung nicht zu ihrem Rechte kommt, daß man ihr mit einer gewissen Scheu aus dem Wege geht.

Hier aber bietet sich der *Ausweg*: Wiederholung, Befestigung und Übung muß nicht notwendig gedächtnismäßige Einprägung, Wiedergabe und Drill sein. Es gibt Formen der Übung, die durchaus selbständige geistige Arbeit darstellen, und denen darum in keiner Weise die tödliche Langweiligkeit anhaftet, die das Üben, wie wir es früher meist betrieben, für Lehrer und Schüler gleich widerwärtig machte. Allerdings muß auch zugegeben werden, daß sich bisher weder die pädagogische

Praxis, noch auch die mehr theoretische Diskussion sonderlich bemüht hat, diese Formen der Übung zu entwickeln. Das kommt z.b. auch in den bereits erwähnten guten Buche von Ficker deutlich zum Ausdruck: Von den rund 300 Seiten des Bandes steht nur ein kurzes Kapitel von etwa 17 Seiten unter dem Thema: „Arbeit in der Übung und Anwendung." Es wird eine Hauptaufgabe didaktischer Besinnung und praktischer Versuche in den nächsten Jahren sein müssen, solche Formen der Übung und Befestigung zu entwickeln, die möglichst wenig *nur* Wiederholung und in möglichst hohem Grade selbständige geistige Arbeit der Schüler bedeuten. Wir wollen und dürfen nicht die bisher für einen Teil des Lernvorganges – für die Erschließung des Verständnisses – bereits herausgearbeiteten Methoden des selbständigen Erarbeitens aufgeben, uns gleichsam wieder hinter sie zurückziehen, sondern wir müssen im Gegenteil die Entwicklung in der gleichen Richtung weiter vorwärtstreiben, indem wir *auch für Wiederholen und Üben neue arbeitsschulmäßige Formen suchen und ausprägen.*

Nun kann an dieser Stelle natürlich nicht eine ausführliche Methodik des arbeitsschulmäßigen Übens und Befestigens entwickelt werden. Aber einige grundsätzliche Bemerkungen dazu und ein paar praktische Anregungen scheinen mir deswegen schon unentbehrlich, weil der freundliche Leser sonst allzu leicht und mit einem gewissen Recht einwenden könnte, hier würden zwar Forderungen aufgestellt, aber keine Möglichkeiten zu ihrer Erfüllung gezeigt.

Vom Üben an sich

Zunächst dies: Versteht man unter „Übung" die wiederholte Ausführung erlernter Fähigkeiten in genau der gleichen Form, die Wiedergabe angeeigneter Gedanken und Begriffe in genau dem gleichen Zusammenhange, in dem sie gelernt worden sind, so kann Übung auch für den Lernenden keinen anderen Sinn haben als den, den geistigen Besitz zu befestigen. Aus dem alten und gewohnten Sinnzusammenhang ergibt sich für den Lernenden ein *Reiz* und damit ein *Motiv* zur Beschäftigung mit dem Gegenstand im allgemeinen *nicht*. Nun ist aber für den Erfolg des Übens entscheidend, daß der Lernende mit seinem eigenen *Wollen* möglichst intensiv dabei ist; insbesondere hat eine Übung einen erheblichen Einprägungswert fast nur dann, wenn der Lernende mit scharfer Anspannung einprägen *will*. Wird dieser Wille zur Sache und insbesondere zur Einprägung nicht durch die Sache selbst ausgelöst, so muß er durch irgendwelche außersachlichen Motive geweckt werden – sei es auch nur durch den Wunsch, die Billigung des Lehrers zu erlangen, seine Kameraden zu übertreffen, auf das eigene „Können" stolz sein zu dürfen und dergleichen mehr. Daß eine so motivierte, lediglich zum Zwecke der Einprägung geleistete, immer wieder in gleicher Weise ablaufende Arbeit nur sehr wenig selbständige geistige Leistung enthält, liegt auf der Hand; darum wird man die „Übung an sich", die Übung bloß um der Übung willen möglichst zurückdrängen, wenn man sie vielleicht auch nicht ganz und nicht in jedem Falle wird entbehren können. Das gilt aber vorwiegend für die unteren Stufen der Schularbeit; in den oberen Jahrgängen der Volksschule wird man sowohl die formalen Leistungen – wie Lesen, Rechtschreiben, Rechnen, Singen, Zeichnen, Hobeln, Feilen – wie auch das Sachwissen – im Deutschen, in der Geschichte, Erdkunde, Naturkunde usw. – in der Regel nicht oder nur noch selten durch solches „Üben an sich" zu befestigen brauchen. Wo es nötig ist, wird man es so mannigfach wie möglich gestalten.

Vom Üben durch Anwenden
Wo der Schüler erworbenes Können oder angeeignetes Wissen nicht lediglich um der Befestigung willen ausübt oder sich zurückruft, sondern weil er seiner zur Lösung irgendwelcher Aufgaben bedarf, da sprechen wir von einem *„Üben durch Anwenden"*, auch wohl schlechthin von einem „Anwenden". Hier liegen die Dinge für die selbständige geistige Betätigung viel günstiger: Hier handelt es sich immer um für den Schüler neue geistige Leistungen, für die die Reproduktion schon vorhandenen Materials nur hilfsweise erforderlich ist. Im Sinne der Arbeitsschule ist also das *Anwenden* des Gelernten die weitaus bessere Form des Übens, und sie wird daher grade in der Oberstufe das Feld durchaus beherrschen müssen.
Ein sehr einfaches Beispiel möge das oben Gesagte verdeutlichen! Um geläufiges und sicheres Lesen zu erzielen, muß man lesen, viel lesen. Liest man dabei wiederholt das gleiche Stück, so wird die dabei notwendige Leistung ganz wesentlich vom *Gedächtnis* und *nur* vom Gedächtnis hervorgebracht – das sogenannte „Einlesen" eines Stückes, das man in unseren Schulen noch sehr häufig findet, ist „Übung an sich" ohne wesentliche geistige Leistung. Liest man aber *recht viel Verschiedenes*, und das gleiche Stück nicht mehr als ein oder zweimal, so sind die einzelnen psychischen Akte weit weniger auf das Gedächtnis gestützt (wenn dies natürlich auch bei keiner Art von Lesen ausgeschaltet werden kann!), sondern es sind dabei viel mannigfaltigere und viel produktivere geistige Vorgänge notwendig: Es handelt sich dabei immer um ein „Üben durch Anwenden" des Gelernten. Darum wird ein verständiger Lehrer auf das immer wiederholte Lesen des gleichen Stückes verzichten und lieber recht verschiedene Texte lesen lassen – wie das übrigens in der amerikanischen Schule verglichen mit der deutschen ganz ausgeprägt der Fall ist; und die Leistungen im Lesen schienen mir in der amerikanischen Schule durchweg und merklich besser als in der deutschen.
Genau das Gleiche gilt vom Schreiben und Rechnen. Was die Rechtschreibung anlangt, so ist für die weitaus meistens Schüler reichliches und mannigfaltiges Lesen eins der besten Mittel, um sie zu fördern. Aber auch beim Schreiben selbst gilt es, daß *Anwendung* weit besser schult als „Übung an sich". – Im Rechnen tritt der Gegensatz von „Üben an sich" und „Üben durch Anwenden" in

sehr verschiedenen Höhenlagen auf. Falsch wäre es übrigens zu glauben, daß beim Rechnen mit reinen Zahlen ein „Üben durch Anwenden", bei sogenannten „angewandten Aufgaben" immer ein „Üben an sich" stattfände. Wo im Dienste der Einprägung des Einmaleins Aufgaben gerechnet werden, wie: Wieviele Drittel (oder Viertel oder Sechstel) haben 4 (oder 8, oder 7) Ganze?, da kann durchaus ein Anwenden vorliegen. Umgekehrt sind „angewandte Aufgaben" besonders dann, wenn viele genau der gleichen Art nacheinander auftreten, oft so durchsichtig, daß ein ganz schematisches Rechnen mit den in ihnen enthaltenen Zahlen stattfindet, das dann reines „Üben an sich" sein kann. – Wo ein schriftliches oder mündliches „Normalverfahren" von Anfang an durch zahlreiche Übungsaufgaben fest eingeprägt wird, da haben wir ausgesprochenes „Üben an sich"; wo die Rechenverfahren (etwa das Verfahren der schriftlichen Multiplikation) aus der Einsicht in den Stellenwert verstehend abgeleitet werden; ja wo überhaupt nicht ein „Verfahren", ein Algorithmus des Multiplizierens „eingeübt" wird, da wird erlerntes Rechnen, erworbene Kunst des Umganges mit Zahlen angewandt, und dann kann bei jeder einzigen Übungsaufgabe recht selbständige geistige Arbeit geleistet werden! – Daß in unseren neuen Rechenbüchern bei den Sachaufgaben die *Frage* weggelassen wird, ist es ein gutes Mittel, um die Schüler zu einer jeder Aufgabe gegenüber neu zu leistenden geistigen Durchdringung des Sachverhaltes zu nötigen – vorausgesetzt, daß dieser Sachverhalt nicht so einfach ist, daß sich die Rechenoperation, deren Ausführung erwartet wird, auch dem Kinde sofort und gleichsam gedächtnismäßig aufdrängt.

Die gleichen Gesichtspunkte gelten auch für die Sachfächer, wo Gegenstand der Übung und Befestigung das Tatsachenwissen und die Einsicht in Zusammenhänge und Beziehungen sein müssen. Auch hier wird gelegentlich „Übung an sich", Übung nur um der Übung willen, nicht ganz zu entbehren sein. Aber die „Übung durch Anwendung" sollte doch grade im Sachunterricht weitaus im Vordergrund stehen. Der Gelegenheiten zu solcher Anwendung gibt es unendlich viele; es kommt weniger darauf an, sie zu suchen, als vielmehr darauf, sie rasch und richtig zu erkennen und geschickt auszunützen. Es ist vorteilhaft, wenn sich der Lehrer durch eine gewisse Regelmäßigkeit zu solchen anwendenden Wiederholungen nötigt, etwa, indem in jeder Geschichts- oder Erdkunde- oder Naturkundestunde ein paar Minuten am Anfang ähnlich benutzt werden, wie es im Rechenunterricht in den „täglichen Übungen" geschieht. Wenn man sich dabei allerdings auf ein Abfragen der Tatsachen, Jahreszahlen, Namen usw. beschränkt, so ist für selbständige geistige Arbeit wenig Gelegenheit. Daß sich aber auch andere Formen solcher „täglicher Übungen" finden lassen, die dem eigenen Denken und Kombinieren weit mehr Raum geben, zeigen folgende Aufgaben, die ich nur als Beispiele herausgreife, und die der geschickte Lehrer leicht vermehren kann.

Für Geschichte: Wir nennen Gedichte, Erzählungen, Lesestoffe geschichtlichen Inhalts und stellen sie mit wenigen Worten in den geschichtlichen Zusammenhang. – Wir stellen zusammen, welche wichtigen geschichtlichen Ereignisse sich um die Jahrhundertwenden abgespielt haben (1900, um 1800, um 1700, um 1600 usw.) – Zehn verschiedene Schüler nennen zunächst geschichtliche Ereignisse (ohne Jahreszahl, wie die Jahres*zahl* überhaupt viel weniger wichtig ist als eine einigermaßen klare Vorstellung darüber, in welche Zeit*spanne* und in welche *Zusammenhänge* ein Ereignis gehört!) und ordnen sie dann nach ihrer Reihenfolge. – Wir suchen geschichtliche Ereignisse, die sich in der Nähe der Ostsee (oder auf ihr) abgespielt haben. – Wir ordnen das Aufkommen der wichtigsten Verkehrsmittel (Reitpferd, Wagen, Postkutsche, Briefverkehr, Dampfschiff, Dampfbahn, Telegraph, Elektrische Bahn, Fernsprecher, Fahrrad, Automobil, Flugzeug, Zeppelin, Rundfunk) nach zeitlicher Aufeinanderfolge. – *Frauen* von geschichtlicher Bedeutung. – Geschichtliche Bewegungen, die ganz oder teilweise religiös bedingt sind (Bekehrung der Deutschen zum Christentum, Sachsenkriege Karls des Großen, Kreuzzüge, Hussitenkriege, Reformation, Dreißigjähriger Krieg, Aufklärung). – Wir untersuchen geeignete *Bilder*, um herauszufinden, in welcher Zeit die Szenen spielen, die sie darstellen. Woran erkennen wir dies in jedem Einzelfalle? – Wir wollen die 10 wichtigsten geschichtlichen Ereignisse des 19. Jahrhunderts durch Bilder darstellen. Welche wählen wir aus, welche (möglichst bezeichnenden) Bilder kommen in Frage? – Wir nennen 10 bedeutende Persönlichkeiten des 18. Jahrhunderts! Worin liegt ihre Bedeutung? – Straßennamen unserer Stadt, die uns an geschichtliche Ereignisse, Personen erinnern! – 10 bekannte Bauten Deutschlands – aus welcher Zeit stammen sie? – Welche „Verfassungen" kennen wir? – Die Stellung der Frau in den verschiedenen geschichtlichen Zeiten, die wir kennen (bei den alten Deutschen, im christlichen Deutschland des Mittelalters, in der Ritterzeit, im städtischen Leben des Mittelalters, in der Reformationszeit, im Dreißigjährigen Krieg, um die Mitte des 18. Jahrhunderts, in der Zeit der Französischen Revolution, in der Restaurationszeit, in der 2. Hälfte des 19. Jahrhunderts, im 20. Jahrhundert). Zahlreiche andere Aufgaben besonders im Hinblick auf den abschließenden „staatsbürgerlichen Unterricht" liegen auf der Hand.

Erdkunde: Wir begleiten den Zeppelin (oder die Fliegerin Beinhorn, oder Colin Roß, von dem wir in einer Zeitung Reiseberichte finden!). – Was sehen und finden wir unterwegs? – Wir reisen von Köln nach Königsberg, aus der Ostsee ins Schwarze Meer zu Wasser, von unserem Heimatort genau nach Westen, nach Osten, nach Süden, nach Norden. – Wir stellen zusammen, welche Orte, Gebirge, Berge usw. etwa 500 km (50 km, 1000 km) von unserem Heimatorte liegen. – Wir ordnen Landschaftsbilder geographisch ein, d.h. stellen fest, welche Gegend sie darstellen! Warum? – Länder oder Gegenden mit starken Klimagegensätzen – Gebirge als Völkerscheiden – Städte in Europa nach ihrem Alter geordnet –

Deutsche (Europäische) Kohlengebiete – Die wichtigsten Ölgebiete der Erde. – Wo finden wir heute Auswanderung, Einwanderung, Saisonwanderung? – Die dichtest bevölkerten Gegenden der Erde – Länder, deren Bewohner hauptsächlich von tierischen Erzeugnissen leben – Länder mit besonders großer (oder geringer) Sterblichkeit; woher die Unterschiede? – Die Länder Europas nach der Größe geordnet (wobei es selbstverständlich nicht darauf ankommt, ob Portugal *vor* der Schweiz oder *nach* ihr genannt wird – aber Portugal dar nicht wohl vor Italien oder auch Rumänien stehen!) – Wo finden wir auf 50 km Entfernung größere Höhenunterschiede? – Wichtige Dampfschiffahrtslinien über die Weltmeere – Vergleiche die beiden wichtigsten Kanäle der Erde! – Erdkundliche Gegenstände (Erdteile, Länder, Gebirge, Berge, Flüsse, Städte, usw.), die nach Personen benannt sind; nach welchen und warum? – Die höchsten Berge der Heimatprovinz, Norddeutschlands, Deutschlands, Europa, der Erde; vergleiche ihre Höhen! usw. usw.

Naturkunde: Vögel, wildlebende Säugetiere, Schmetterlinge, Blumen, Bäume der Heimat. – Verschiedene Mittel der Pflanzen zur Sicherung der Verbreitung ihrer Samen – Windblütler und Insektenblütler – Tiere, deren Körperbedeckung (Haut, Pelz, Feder, Schale) wir verwenden – Pflanzen, die Fasern, saftige Früchte, berauschende oder anregende Stoffe, Nahrungsmittel, Riechstoffe, Klebestoffe liefern. – Woher stammen unsere Beleuchtungsmittel (Streichholz, Wachskerze, Talglicht, Öllämpchen, Petroleumlampe, Gaslampe, Elektrische Lampe)? – Wie sich die Lebewesen (die Pflanzen, Vögel, Fische, Insekten, Säugetiere des Feldes, Menschen) gegen Winterkälte schützen? – Gift als Schutz und Waffe der Lebewesen – Mittel zum Festhalten der Nahrung bei Pflanzen, Tieren und Menschen. – Ordne 6 bis 8 Tierarten nach ihrer Körperkraft! – Der *Hebel* in der Pflanzen- und Tierwelt – Pflanzen, die den Menschen bedrohen – Tier, die dem Menschen in gewissen Dingen überlegen sind; warum? – Gesundheitsregeln, die aus der Lehre von der Wärme ergeben. – Unser Spielzeug vom Standpunkt der Naturkunde (Physik) betrachtet (Ball, Würfel, Reifen, Springschnur, Kreisel, Murmel, Bogen und Pfeil, Blasrohr, Luftgewehr, Laufende Maus, Kaleidoskop, Brettschaukel, Boot, Dampfmaschine usw. usw.) – Reinigungsmittel (Reibung, Bürste, Wasser, Seife, Soda, Kali, Putzwasser, Asche, Sägespäne, Fußbodenöl, Staubsauger usw. usw.) – Antriebskräfte für Maschinen (Menschenkraft, Tierkraft, Schwere, Federkraft, Windkraft, Luftdruck, Kraft des bewegten Wassers, des fallenden Wassers, Dampfkraft, elektrische Kraft usw.).

Wiederholung und Übung in der Vorarbeit an Hausaufgaben
Vielleicht meint mancher Leser, das seien keine Aufgaben für rasche und einprägende Wiederholungen, sondern Themen, die eine mehrstündige Behandlung erfordern. Natürlich *können* sie das ein und *werden* es auch gelegentlich sein. Aber

ebensogut kann man sie benutzen, um früher behandelten Stoff rasch wieder zu verlebendigen, ihn dabei in neues Licht zu rücken, neue Beziehungen zwischen den Teilen und Seiten herzustellen und gerade dadurch selbständige geistige Arbeit auch bei der Wiederholung und Übung zu ermöglichen. Besonders fruchtbar lassen sich solche und zahlreiche ähnliche Wiederholungsübungen gestalten, wenn eine derartige Aufgabe zu jeder Stunde als Hausaufgabe vorzubereiten (d.h. im wesentlichen vorzu*überlegen* ist!) ist; dann erlebt nämlich oft der Lehrer recht interessante Überraschungen, wenn er feststellt, was alles die Schüler und Schülerinnen zusammengebracht haben. – Selbstverständlich aber soll dies nicht die *einzige* Art von anwendender Wiederholung sein; jeder neue Stoff, jedes Tagesereignis, mit dem wir uns beschäftigen, gibt Gelegenheit, früher erworbenes Wissen und Können anzuwenden und damit auch zu üben und zu befestigen. Wenn hier diese „täglichen Übungen" etwas ausführlicher behandelt worden sind, so vor allem deswegen, weil man sie leider immer noch recht selten findet und gerade deshalb immer wieder der Auffassung begegnet, daß Wiederholung Drill sei, daß Drill mit den Grundgedanken der Arbeitsschule nicht vereinbar sei, daß ohne Drill keine Kenntnisse zu erzielen wären und daß es deshalb in Kauf genommen werden müsse, wenn bei der neuen Form des Unterrichts das Wissen und das sichere Können etwas zu kurz kommen. Ich glaube gezeigt zu haben, wo in diesem Gedankengang der Fehler liegt, und was geschehen kann, um ihn zu überwinden.

7 Unterrichtsbeispiele

„Mir erscheint als der Kernpunkt der Pädagogik, daß wir unsere gesamte Schularbeit auf die *Kinderfrage* einstellen. So können wir Lehrer ja nur wissen, was wir antworten sollen; so wird der Unterricht am ehesten gefühls- und willensbetont im Sinne der *Arbeitsschule*." (Hahn 1927a, S. 478, *Hervorhebung* K.H.)

Eine Besonderheit des Berufsverständnisses einer Anzahl von Lehrerinnen und Lehrer in der Zeit der Weimarer Republik bestand darin, daß sie ihren Unterricht beschrieben, ihre Unterrichtspraxis reflektierten, Erfahrungen weitergaben und dadurch zum einen Modelle, Beispiele und neue fachbezogene Methoden veröffentlichten, z.B. die „Schülerselbstbetätigung im Biologieunterricht" von Ernst Kaehne 1930, zum anderen die eigene Praxis konzeptualisierten und theoretisierten. Es handelt sich bei den unterrichtspraktischen Publikationen also nicht mehr in erster Linie um Präparationen von Unterrichtsstoffen für die einzelnen Fächer, die im Kaiserreich in großer Zahl für den Volksschulunterricht von allen pädagogisch orientierten Verlagen vertrieben wurden.[1] Diese Präparationen basierten meist auf den herbartianischen Formalstufen (siehe Einleitung zu 6. Didaktisch-methodische Überlegungen in diesem Band) und strukturierten dementsprechend den Unterrichtsverlauf, der bis ins kleinste vorgegeben wurde, also von der Lehrerfrage bis zu den erwarteten Antworten der Schülerinnen und Schüler.[2] Diese Werke existierten zwar auch weiterhin, wurden dann aber meist in aktualisierten Auflagen den Bedürfnissen der neuen pädagogischen Vorgaben angepaßt, z.B. erhielt die 3. Auflage der 1909 von Seminaroberlehrer J. Nießen veröffentlichten „Präparationen für den Unterricht in der Naturlehre der Volksschule. Unter Zugrundelegung von Gruppen und Individuen" den Zusatz „mit Berücksichtigung der Forderungen der Arbeits- und Lebensschule" (Nießen 1924).
Während Überblicke über die Unterrichtsplanung im historischen Rückblick bis zu den reformpädagogisch orientierten Ansätzen von Theodor Schwerdt (11. Auflage 1955) und von Theo Dietrich in dem Sammelband „Unterrichtsbeispiele von Herbart bis zur Gegenwart" (5. Auflage 1980) gegeben werden, sollen an dieser Stelle anhand einiger ausgewählter Publikationen Grundlinien des reformpädagogischen Unterrichts herausgestellt werden.[3] Durch eine offene Unterrichtsgestaltung, wie sie der Lehrer Karl Hahn, beschreibt, wurde der Versuch unternommen, Interessen und Bedürfnisse der Kinder und Jugendlichen aktuell einzubeziehen und in die Pläne für den nächsten Tag zu integrieren (Hahn 1927a, S. 478). Zum Beispiel wurde im Anschluß an eine Reise in die Sächsische Schweiz gemeinsam mit den Schülerinnen und Schülern ein Arbeitsplan aufgestellt, der die Fächer Erdkunde, Geschichte, Deutsch, Naturwissenschaft und Rechnen

umfaßte und „*natürlich durchbrochen*" werden konnte, „wenn Tagesereignisse und Gemeinschaftsleben Erledigung fordern." (Hahn 1925a, S. 6, Hervorhebung K.H.). Er warf damit die Frage nach festen Stoffplänen für die Oberstufe auf und trat für eine Mischform von Planung und Spontanität ein. In Lehrberichten sollte die Struktur des Tages geplant und dann der tatsächliche Ablauf festgehalten werden, letzteres ebenfalls in Arbeitsberichten von Schülerinnen und Schülern. Für Karl Hahn lag ein Schwerpunkt seiner pädagogischen Arbeit im Literaturunterricht im weitesten Sinne. Er experimentierte bei der Behandlung von literarischen Texten und plädierte dafür, „Nicht zu gradlinig und verstandesklar beim Befassen mit Kunstwerken", so der Titel seines Beitrags (Hahn 1925b, siehe 21. Quellentext in diesem Band), vorzugehen, sondern eine gefühlsmäßige Betrachtung zuzulassen.[4] Er regte seine Schülerinnen und Schüler zur eigenen Textproduktion an und veröffentlichte eine Vielzahl ihrer Aufsätze und Gedichte, ohne an diese besondere Maßstäbe anzulegen und ohne Zensur zu üben. Entscheidend war ihm „das Inhaltliche, das Streben nach Weckung des Gemeinschaftsgeistes" (Hahn 1925c, S. 127).

Der Beitrag Alfred Ehrentreichs über die Unterrichtsarbeit in dem von Fritz Karsen geleiteten Neuköllner Schulenkomplex gibt einen Überblick über „Grundsätze und Arbeitsformen im deutschen Unterricht" (1928, siehe 22. Quellentext in diesem Band). Für die Unterstufe der geplanten Gesamtschule sah er einen Gesamtunterricht vor, der sämtliche Anregungen der Schüler aufgreifen sollte, so daß schließlich „organisch, ohne besonderen Zwang des Lehrers, aus ungegliederter, wenn auch lebendiger Wahllosigkeit der planmäßig geordnete Klassenunterricht hervor(wächst), der in der Obertertia schon die Arbeit maßgebend beherrscht." (Ehrentreich 1928, S. 313). Die Realisierung des Gesamtunterrichts in der 11. Schule in Berlin-Niederschönhausen, einer Lebensgemeinschaftsschule, wird in Arnold Ziecherts Beitrag „Produktive Arbeit unserer Kleinsten" (1925, siehe 17. Quellentext in diesem Band) deutlich. Die beiden Texte von Lotte Müller „Versuche zur Schulung im technischen Denken" (1922, siehe 19. Quellentext in diesem Band) und „Die Schere" (1922, siehe 20. Quellentext in diesem Band), die aus der von Hugo Gaudig geleiteten Höheren Mädchenschule in Leipzig stammen,[5] und die Unterrichtsmitschrift zu einer Bildbetrachtung: Hodler, „Der Holzfäller" (1930, siehe 18. Quellentext in diesem Band), die in der Berthold-Otto-Schule in Magdeburg entstanden ist, geben Beispiele für die arbeitsunterrichtliche Gesprächsführung. Die Protokollierung und anschließende Auswertung von Unterrichtsstunden wurde im besonderen Maße auch an der Universitätsübungsschule in Jena von Else und Peter Petersen als wissenschaftliche Methode im Rahmen ihrer „Pädagogischen Tatsachenforschung" praktiziert.[6]

Ein anderer Zugang zur reformpädagogischen Unterrichtsarbeit kann durch die Untersuchung der Arbeiten von Schülerinnen und Schülern gegeben sein, die als Quellen für die historische Unterrichtsforschung genutzt werden, aber den Rahmen dieser Dokumentation der von Pädagoginnen und Pädagogen gestalteten Praxis der Reformpädagogik sprengen würden. Hier soll nur die folgenden Hinweise gegeben werden: Eine große Sammlung von freien Aufsätzen und Niederschriften vor allem aus Versuchsschulen findet sich z.b. in dem Band „Vorbereitungen für den Deutschuntericht" von Otto Karstädt 1926, der schriftliche und illustrierende Arbeiten aus allen Fächern und aus dem Schulleben der Oberstufe beinhaltet, und der von Andreas Pehnke herausgegebene Band „Reformpädagogik aus Schülersicht" (2002) enthält Dokumente aus der Chemnitzer Versuchsschule.

---

[1] Aus der Vielzahl der Beispiele seien genannt: „Praktische Volksschulmethodik für Seminaristen und Lehrer (ausgeführte Lehrproben und Entwürfe aus allen Fächern)", herausgegeben von Emil Zeissig und Richard Fritzsche (1908) und zahlreiche Bände „Präparationen und Entwürfe für den Unterricht", herausgegeben im Anschluß an die „Methodik des gesamten Volksschulunterrichts" von Adolf Rude in der Reihe „Der Bücherschatz des Lehrers".

[2] Siehe z.B. die exemplarische Darstellung der herbartianischen Unterrichtsplanung des Märchens „Frau Holle", Inge Hansen-Schaberg 1998.

[3] Bezogen auf den Deutschunterricht hat Bernhard Gleim eine kritische Untersuchung des Wunschbilds „Der Lehrer als Künstler" (1985) anhand ausgewählter Hamburger und Bremer Reformpädagogen geleistet.

[4] Zur Theaterarbeit siehe 10. Schulkultur in diesem Band.

[5] Aus der höheren Mädchenschule („Gaudigschule") in Leipzig sind zahlreiche Unterrichtsbeispiele in dem von Otto Scheibner herausgegebenen Sammelband (1930, S. 281-382) publiziert worden.

[6] Die jahrzehntelang praktizierte „Pädagogische Tatsachenforschung" wurde 1965 publiziert. Zur Jenaplan-Pädagogik siehe den von Inge Hansen-Schaberg und Bruno Schonig herausgegebenen Sammelband (2002c).

Quellentexte

17. Arnold Ziechert:
Produktive Arbeit unserer Kleinsten (1925)

Der Text von Arnold Ziechert[a] „Produktive Arbeit unserer Kleinsten" erschien in der von Fritz Karsen herausgegebenen Zeitschrift „Lebensgemeinschaftsschule" 2 (1925), S. 103-105, und ist ein Dokument der pädagogischen Arbeit im ersten Schuljahr in der Versuchsvolksschule in Berlin-Niederschönhausen.[b]

Die neue Schule schaffen, heißt: sie zu einer Stätte jugendlichen Lebens zu gestalten. Spiel und Arbeit füllt das Leben unserer Kinder aus. Beiden gebührt daher in der neuen Schule ausreichender Platz. Jedoch darf die Arbeit nicht in mechanischem Drill und bloßem Nachahmen bestehen; sie muß Selbstgestalten sein. Aus selbst herbeigeschafftem Rohmaterial geistiger wie dinglicher Art wird ein Neues, Ganzes geschaffen, d. h. produktive Arbeit geleistet. Daran ist sowohl der Einzelne beteiligt, der sein Bestes zur Förderung der Gemeinschaft freudig gibt, wie auch die Gemeinschaft, die wiederum durch Gesamtarbeit das Ihre zur Kraftentfaltung des Einzelnen beiträgt. Der Lehrer als Glied der Gemeinschaft ist hauptsächlich Anreger und Organisator der kindlichen Betätigung. Schon im ersten Schuljahr, ja vom ersten Schultage an, ist das Schulleben darauf einzustellen. Der folgende Bericht möge einen kleinen Ausschnitt produktiver Arbeit aus dem 1. Schuljahr geben! Er bezieht sich auf die letzten Wochen vor Weihnachten, die selbstverständlich im Zeichen dieses Festes standen.
Eines Morgens meldet sich ein Knabe mit der Bitte, ein Gedicht der Gemeinschaft vortragen zu dürfen. Wir waren gerade in der Aula, da wir als fliegende Klasse in manchen Stunden „zimmerlos" sind. So steigt der Kleine auf die Bühne und trägt das Gedicht „Knecht Ruprecht" von A. Horst vor. Er schließt mit den Worten: „Ich habe es in der Fibel gelesen und gestern gelernt." Sogleich rufen einige Kinder: „Ich habe es auch schon gelesen, aber ich kann es noch nicht ganz." „Ich werde es morgen aufsagen." Ein anderes meint: „Knecht Ruprecht, das ist der Weihnachtsmann." Jetzt wird's lebendig. Ich muß wiederholt eindäm-

---

[a] Arnold Ziechert (geb. 1881), 1. Lehrerprüfung 1901 in Oranienburg, 2. Lehrerprüfung 1905 in Dresden, ab Oktober 1923 Rektor an der 11. Schule in Berlin-Niederschönhausen, Lebensgemeinschaftsschule, am 1.10.1933 entlassen (Personalkarte, BBF/DIPF-Achiv). Siehe auch den 28. Quellentext in diesem Band.
[b] Zu dieser Schule, die 1923 als Lebensgemeinschaftsschule erkannt wurde, siehe Inge Hansen-Schaberg 1999a, S. 87 f.

men und daran erinnern, daß immer nur einer nach dem andern sprechen kann. Eine fröhliche Plauderstunde beginnt. „Als der Weihnachtsmann kam, voriges Jahr, hatte ich noch Angst. Unser Ofen ist nicht so hoch. Da bin ich raufgeklettert. Der Weihnachtsmann hat nach mir gelangt. Er hat mit der Rute gedroht, da habe ich gelacht." (Zwischenruf: „Hast du dich nicht verbrannt?") Es war ja „in der andern Stube, die heizen wir nicht." So berichtet das eine Kind. Darauf ein zweites. „Bei uns machten sie eine Schlitterbahn. Wenn der Weihnachtsmann kommt, fällt er in den Schnee. Als er vorige Weihnachten kam, war er ganz weiß. Mein Bruder wollte kein Gedicht aufsagen, da hat er was mit der Rute gekriegt." Und ein drittes führt aus: „Als der Weihnachtsmann kam, war ich noch klein. Ich bin unters Bett gekrochen. Er hat mit der Rute darunter gestoßen. Ich habe sie weggenommen und nach ihm gehauen. Als er weg war, bin ich erst vorgekommen." „Ich habe ein Schaukelpferd gekriegt vom Weihnachtsmann, vor zwei Jahren. Im vorigen Jahre wollte er es sehen, ob es noch ganz war. Der Kopf war ab. Er hat mir doch noch was geschenkt. Erst hatte er geschimpft." So nehme ich noch viele Berichte entgegen, die alle das Thema: „Knecht Ruprecht kommt" zum Inhalte haben. Einen möchte ich noch seiner Eigenart und der neuen Anregung wegen wiedergeben. „Bei uns war auch Knecht Ruprecht voriges Jahr. Er sagte: „Wo ist Waltraut?" (Das ist der Name des erzählenden Kindes.) Mutter sagte: „Ich weiß nicht." Vater hat gesagt: „Sie wird gleich kommen." Ich war gerade in der Küche. Als ich reinkam, schenkte er mir Pfeffernüsse und Äpfel. Ich habe auch ein Gedicht aufgesagt." (Zwischenruf: „Wie sah denn der Weihnachtsmann aus?") „Er hat einen weißen Bart, so lang." (Entsprechende Handbewegung). „Er hat einen dicken Mantel an." „Und große Stiefel." „Auf dem Rücken hat er einen Sack." „Da sind Spielsachen drin." „Und Nüsse und Äpfel." „Einen langen Krückstock hat er auch." „Unterm Arm hat er eine Rute." „Ja, für die Kinder, die unartig sind oder kein Gedicht können."

In lebhaftem Zwiegespräch wird ein Bild des Weihnachtsmannes gezeichnet. Ich seh aus den Berichten und der Unterhaltung, daß die Kinder den Inhalt des Gedichtes, das ja Ausgangs- und Mittelpunkt unseres Schaffens war, völlig erfaßt hatten. Nicht eine einzige Frage seitens des Lehrers war nötig. Überhaupt das fragend-entwickelnde Lehrverfahren! Es ist der Tod jeglicher Produktivität, untergräbt jegliche Selbständigkeit im Denken und Urteilen. Weg damit in der neuen Schule! Und nun zurück zu unserer Arbeit. Etwa 1½ Stunden hatten wir uns über den Weihnachtsmann und seine Gaben unterhalten.

Dabei war auch ausführlich von den Weihnachtsgeschenken (Kaufmannsladen, Puppenküche, Puppe) geredet worden; einige geben auch Bericht von der Weihnachtsausstellung bei Tietz und den weihnachtlich geschmückten Schaufenstern unseres Wohnortes. Nun verlangten aber viele recht lebhaft nach Betätigung der Hand. „Wir wollen malen!" Flugs geht's hinunter ins Klassenzimmer.

Schon stehen einige, mit Kreide bewaffnet, an den Tafeln und Wänden und bemühen sich, unsern Ruprecht zu zeichnen. Andere nehmen Blei- und Buntstift zur Hand und stellen im Zeichenheft mit größtem Eifer Weihnachtsbäume mit Kerzen, Äpfeln und Sternen daran her. Auch ein Kaufmannsladen, ein Schaukelpferd fehlen nicht. „Zeigen Sie doch mal der Klasse, was ich gemalt habe." Es geschieht. „Ach, die Fächer sind ja ganz krumm." „Der Ladentisch steht schief." „Der Kaufmann hat ja keine Waage." So setzt die Kritik und Berichtigung ein. Ich entwerfe inzwischen an der Wandtafel eine Winterlandschaft mit einem Häuschen darauf, lasse Ruprecht erscheinen mit seinem Sack und der Rute, die nun einmal bei ihm nicht fehlen darf. Wir betrachten gemeinsam das Bild und schließen für heute. Beim Abschied rufen mir etliche zu: „O, das male ich zu Hause auch" und „heute kaufen wir einen Weihnachtsbaum."

In den nächsten Tagen und Wochen steht natürlich das nahende Weihnachtsfest weiter im Mittelpunkt unseres Interesses. Da werden Gedichte aufgesagt, die den Eltern am Heiligen Abend vorgetragen werden sollen, wie: „Wer kommt da durch den Winterwald, stipp, stopp" und „Lieb Christkind, bin ich brav gewesen" und viele andere. Von Onkel und Tante, Bruder und Schwester holen sich die Kinder das herbei, was sie dann der Gemeinschaft darbieten. Manches wird auf Wunsch von allen freiwillig und gern angeeignet. Manches taugt freilich nichts. Doch da ist auch nicht eines, das ganz teilnahmslos bleibt. Jedes will mitschaffen und mitleben in der schönen Weihnachtszeit. Auch die alten Weihnachtsklänge rauschen durchs Gemach. Einige haben sie zu Hause oder im Kindergarten gelernt oder älteren Spielkameraden und Geschwistern abgelauscht, singen sie vor, und alle singen nach. Da meldet sich ein Kleiner, der schon einigermaßen fließend lesen kann, bittet, etwas vorlesen zu dürfen und wählt dazu Scharrelmanns[c] „Wie Kinder Weihnachten spielen" aus (Fibel). „Wir wollen auch Weihnachten spielen", wünschen etliche. Natürlich sind alle damit einverstanden. „Da müssen wir aber die Stube ausputzen." So werden Tannenzweige mitgebracht, Papierarbeiten, Sterne, Ketten in der Klasse angefertigt, und nach Beendigung der Vorarbeiten beginnt das Spiel. Der Weihnachtstisch wird gedeckt, Knecht Ruprecht erscheint, Gedichte werden vorgetragen, Weihnachtslieder gesungen, die schönsten Weihnachtsgeschenke verheißen, und schließlich gibt's auch in der Aula eine schöne Weihnachtsfeier, die unsere Weihnachtsferien einleitet.

Und im neuen Jahre klingt in uns das Weihnachtsfest nach. Da werden natürlich in den ersten Tagen die Geschenke mitgebracht.. Lotte erzählt von ihrer Puppe, wie sie schlafen („Schlafpuppe", ruft ein Junge) gehen, („Laufpuppe"), sprechen kann („Sprechpuppe"). Ein anderes Mädchen läßt seine Kugelgelenkpuppe bewundern. Ein drittes berichtet von der Puppenküche und der Koch-

---

[c] Heinrich Scharrelmann, siehe 4. Quellentext in diesem Band.

maschine. (*Alle* Mädchen meiner Klasse haben Puppen bekommen.) Einige Knaben bringen ihre Bilderbücher mit, aus denen der eine und der andere bereits kleine Geschichten, die immer zu einer lebhaften Aussprache führen, vorliest. Welche Freude gewährt uns dann das gemeinsame Betrachten der Bilder! Und manche Anregung nehmen wir mit nach Haus! Ob die Zahl unserer Vorleser auch bald so groß sein wird wie die unserer kleinen Sänger, Rezitatoren, Maler, Erzähler und Schauspieler?

Ja, ja, das Lesen- und Schreibenlernen! Auch das sollte im Zeichen produktiven Schaffens stehen! Hierüber vielleicht ein andermal.

Ferdinand Hodler: „Der Holzfäller"

18. Unterrichtsnachschrift: Bildbetrachtung: Hodler, „Der Holzfäller" (1930)

Die Unterrichtsnachschrift zur Bildbetrachtung „Der Holzfäller" von Ferdinand Hodler, stammt aus einer Untersekunda der Bertold-Otto-Schule am Sedanring in Magdeburg,[1] die eine öffentliche höhere Reformschule war. Publiziert wurde der Text in dem Buch „Das freie Unterrichtsgespräch" von Fritz Braune, Fritz Krüger und Fritz Rauch 1930 im A.W. Zickfeldt Verlag Osterwieck am Harz und Leipzig 1930, S. 249-253.

Die Äußerungen der Schüler und Schülerinnen konnten an einigen Stellen der Nachschrift nur inhaltlich wiedergegeben werden. [...] (K) = Knabe, (M) = Mädchen.

1. (M): Hodler zeigt auf diesem Bild einen Holzfäller bei der Arbeit.
2. (K): Der holt aber ganz gewaltig aus.
3. (K): Was ist das eigentlich für ein blauer Fleck da links oben?
2. (K): Wolke
4. (K): Eigenartig, heller Himmel, Wolke.
3. (K): Die wirkt tatsächlich wie ein blauer Fleck, ich glaubte, es wäre irgend etwas anderes.
5. (K): Das ist doch eigentlich recht nebensächlich. Daß du das so hervorhebst!
3. (K): Na, weil ich's nicht erkennen konnte. Das Bild ist etwas zu weit entfernt.
(Die Klasse rückt zusammen.)
6. (K): Mir fällt auf, wie einfach Hodler die Bäume gezeichnet hat. Wie Pfähle beinahe. Ganz glatt hoch, ohne jeden Zweig und so.
7. (M): Auch den Himmel. Bis auf diese blaue Wolke ist er doch eigentlich schlicht hell gehalten. Ich finde übrigens, das sind gar keine Bäume. Ich meine, es sollen Bäume sein, aber einfach und glatt sehen sie denn doch nicht aus.
6. (K): Jedenfalls weißt du, was es sein soll. Und das genügt doch. Wenn er sie so zeichnet, dann ist das eben seine Sache.
7. (M) widerspricht
4. (K): Mit dem Waldboden ist es ebenso.
L: Ich muß Ihnen gestehen, daß mir das noch gar nicht so aufgefallen ist. Sicher habe ich das auch schon gesehen. Aber richtig bewußt ist mir das eigentlich jetzt erst geworden.

---

1 Zu den Berthold-Otto-Schulen in Magdeburg siehe Margarete Behrens 1924 und „Aus Arbeit und Leben der Magdeburger Versuchsschule am Sedanring" (1927), Teilabdruck in: Hoof 1969, S. 92-97; siehe Reinhard Bergner 1999.

5. (K): Ich glaube, H hat das mit Absicht so schlicht dargestellt, die Bäume, überhaupt die ganz Umgebung. Wir sollen nicht abgelenkt werden von der Hauptsache, von dem Holzfäller. Das ist doch der Mittelpunkt des Bildes. Ich finde, da liegt eine starke Bewegung drin. Und gerade diese Bewegung sollen wir sehen. – Man fühlt sie doch richtig, wenn man das Bild länger ansieht.
7. (M): Man spürt ordentlich, wie der ausgeholt hat und nun kräftig zuschlagen will.
L: Erika, was meinen Sie zu dem, was Paul Fr gesagt hat?
7. (M): Das kann so sein. Er wird das absichtlich gemacht haben, so wie Paul meinte.
4. (K) (erinnert an Richter): Wenn er da alle Äste und Sträucher und Blätter mitgezeichnet hätte, vielleicht auch Wolken am Himmel und Berge im Hintergrund, dann wäre der Holzfäller nicht so zu sehen und würde nicht so deutlich dastehen.
(Zustimmung)
8. (M): Komisch. Wenn ich so lange hinsehe, dann bewegt er sich richtig. Was ist das bloß? Das ist immer, als wenn er sich bewegt.
L: Wie ein Kinobild?
8. (M): So nicht. Er steht nur nicht still. Das Beil bleibt oben, aber der Körper bewegt sich hin und her, – rechts und links.
2. (K): Das ist ne Täuschung.
6. (K): Dir flimmerts wohl vor den Augen?
8. (M): Mir geht es aber so.
5. (K): Das ist eben die Bewegung, die in dem Bild ist, die das zum Ausdruck kommt. Man hat gar nicht das Gefühl, als ob der still steht, sondern als wenn er gerade zuschlagen will.
L: Ob man das, was Margit sagte, nicht doch irgendwie aufklären kann?
4. (K): Bei mir ist das nicht so. Das heißt, mir gelingt es, daß er ganz still steht. So wie bei Margit ist es ja bei mir überhaupt nicht. Die Bewegung in dem Bild, wie er ausholt und mit aller Wucht zuschlagen will, spüre ich auch, aber nicht so, als wenn er wackelt. Man muß mal das Augen festhalten und ganz fest auf einen Punkt setzen, dann ist das nicht so deutlich – die Bewegung. Vielleicht geht M mit den Augen hin und her, und dadurch kommt es ihr so vor, als ob das Bild sich bewegt.
8. (M) kann keine Auskunft geben und bleibt bei ihrer ersten Aussage.
L: Wie wandert eigentlich das Auge?
Es entspinnt sich eine längere Aussprache, in der die Meinungen hin- und hergehen. Einige behaupten, vom Beil aus nach unten. Die meisten fühlen eine Bewegung von unten, durch Beine, Körper, Arme nach oben und dann erst vom Beil

aus nach unten; man denkt an den Schlag, den er führen will. Der Meinungsstreit ist ziemlich lebhaft, durch rechtes oder linkes Bein? Durch beide breit gespreizte Beine, verstärkt durch den gehobenen rechten Fuß in das Beil.

L: Ich las eine Besprechung des Bildes. Der Betreffende sprach von einer Energiewelle, die von unten her in das Beil aufbrandet. Und ich möchte auch sagen, man fühlt das Ansteigen der Kraft von unter her –

4. (K) (unterbrechend): Wie ein Ein- und Ausatmen. Er atmet ein, ganz tief und holt aus – und dann der Schlag.

L: Ich möchte nicht, daß Sie dem ohne weiteres beistimmen. Ich kann mir durchaus denken, daß Sie das nicht so empfinden und sehen, oder anders. Aber lassen Sie uns das Bild nur still ansehen und versuchen Sie sich hineinzufühlen, dieser Welle nachzuspüren.

(Zustimmung)

L: Wenn Sie dem Bild eine andere Überschrift geben sollten?

Mehrere: Kraft!

Andere: Arbeit!

9. (M): Beruf.

6. (K): Beruf! Beruf! Da könnte er auch irgendein anderes Bild gemalt haben.

10. (K): Vielleicht ein Kontor und wie da nun die Buchhalter sitzen und schreiben.

11. (K) Oder irgendeine Handwerkerwerkstatt.

(Beruf wird allgemein abgelehnt.)

L: Kraft?

12. (M): Ich wäre mehr für Arbeit. Denn daß das hier einer ist, der arbeitet, das sieht man doch wirklich. Wie der sich anstrengt, wie der das Beil packt und nun mit voller Wucht zuschlägt, das ist Arbeit.

4. (K): Bei Arbeit, da denke ich mir eher so ein Zimmer, in dem einer gebückt vor dem Schreibtisch sitzt und arbeitet.

(Andere Meinungen teils für Kraft, teils für Arbeit.)

L deutet an, daß er dazu neige, das Bild „Kraft" zu nennen.

12. (M): Kraft auf keinen Fall. Ich meine, Kraft ist so etwas Rohes, so etwas – Unbestimmtes, na eben Kraft – bloß Kraft. Arbeit – so wie der Holzfäller hier – Kraft liegt auch darin. Aber diese Kraft ist fester, bestimmter. Die Kraft zielt irgendwo hin, das ist Arbeit.

L: Ich fühle das anders. Arbeit! Das ist etwas – wenn ich so an Fabrikarbeiter denke – , das auf dem Menschen lastet, was ihn drückt, ihn immer wieder zwingt. Und ich meine, um Arbeit darzustellen, hätte sich der Maler ein anderes Motiv gesucht, etwa Fabrikarbeiter oder Bergleute bei der Arbeit.

13. (K): Etwas Ähnliches wollte ich vorhin schon sagen. Arbeit! Da genügten

schon rauchende Fabrikschlote oder Maschinen.
12. (M): Ich bin doch für Arbeit. „Kraft" kann ich dies Bild nicht nennen. Die Kraft ist in dem Mann; der gebraucht sie. Und das macht ihm vielleicht sogar Freude.
Zwischenruf: Arbeit macht das Leben süß.
12. (M): Als drückend kann ich die Arbeit nicht empfinden.
L: Gut. Ich verstehe Ihre Meinung durchaus. Wenn ein Maler „Kraft" so darstellen würde: ein riesiger Büffel etwa, mit gewaltigem Nacken, Kopf gesenkt, vielleicht die Erde aufwühlend.
12. (M): Das würde ich schon eher Kraft nennen. Aber hier ist die Kraft Arbeit.
6. (K): Na das Bild hat ja auch schon einen Namen.
5. (K): Schadet doch nicht. Wir können uns trotzdem darüber unterhalten.
(Noch einige Äußerungen zu dieser Frage; dann stockt das Gespräch.)
7. (M): Ich finde, so scharf braucht der bei dem dünnen Baum nicht zuzuschlagen.
4. (K): Vielleicht sein letzter Schlag, mit dem er's schaffen will.
1. (M): Was ist denn das da an dem Baum da unten? Das ist doch unnatürlich, daß gerade da, wo er hinschlägt, auf der anderen Seite ein Ast ist.
14. (M): Das sieht aus, als ob sich der Baum da ausgebogen hat.
L: Das ist mir auch noch nicht aufgefallen. Soll das ein Ast sein?
(Bleibt ungewiß)
Einige vermuten, der Künstler habe den Baum an dieser Stelle so gezeichnet, um ihn in der Richtung des Schlages zu verdicken und die Heftigkeit des Schlages wahrscheinlicher zu machen. Sie empfinden diese dem ausgehauenen Rand parallele Verdickung anscheinend als eine letzte Verstärkung der Bewegung nach unten, formulieren es aber nicht klar.
L: Fällt Ihnen sonst irgend etwas an dem Bilde auf?
L: Stellen Sie sich einmal vor, Sie ständen da als Holzhauer und schlügen den Baum.
(Einige führen, der Klasse zugewandt, mit einem großen Lineal als Axt die Bewegung des Holzhauers aus.)
6. (K): Der schlägt ja links!
11. (K): Das habe ich vorhin schon zu H gesagt: der schlägt links.
L: Schade, daß Sie es nicht uns allen gesagt haben.
11. (K): Ich würde auch so schlagen, ich bin Linkshänder.
(Alle erkennen, nach nochmaligem Demonstrieren vor der Klasse, daß der Holzfäller links schlägt.)
L: Man hat das Hodler zum Vorwurf gemacht und behauptet, der Holzfäller sei falsch dargestellt. So schlüge kein Holzfäller.
11. (K): Es könnte doch aber ein Linkshänder sein, dann wäre es doch richtig.

9. (K): Ich finde das kleinlich.
6. (K): Warum soll er ihn nicht so darstellen? Das merkt man doch gar nicht. Wenn Sie uns nicht darauf aufmerksam gemacht hätten, hätten wir es gar nicht gesehen. Ich finde, deshalb ist das Bild doch nicht falsch.
5. (K): Worauf es ankam, die Wirkung, die Bewegung, das liegt doch darin.
9. (K): Kleinlich ist so etwas. Auseinandersetzung, ob der Vorwurf, das Bild sei nicht natürlich, berechtigt ist.
L: Ich kann Ihnen verraten, daß H auf den ersten Entwürfen den Holzfäller „richtig" dargestellt hat, als Rechtshänder. Bei der endgültigen Ausführung hat er ihm dann die Stellung gegeben, die Sie hier sehen.
5. (K): Da muß er doch seine Gründe gehabt haben.
1. (M): Es gefiel ihm so besser.
5. (K): Aber warum?
L: Freilich hat er seine Gründe gehabt.
(Wir halten das Bild gegen das Licht und betrachten das Durchscheinebild.)
7. (M): Das andere gefällt mir besser.
(Zustimmung)
1. (M): Aber jetzt schlägt er richtig.
L: Darum zeige ich Ihnen das Bild so.
8: (M): Dieses hier erscheint verschoben.
(Liegt am Halten, wird gerader gehalten. – Das Original gefällt besser, Vermutungen. Es kann aber niemand sich klar werden, warum es besser gefällt. Allgemeine Ansicht: es liegt an der größeren Deutlichkeit.)
L: Wir wollen jetzt noch einmal die Schlagbewegung ausführen, aber das Bild dabei ansehen.
Hier wird die Aussprache sehr lebhaft und geht durcheinander. Meinungsaustausch der Nachbarn, Zurufe, wiederholtes Ausführen der Schlagbewegung. Ergebnis: Auf dem Hodlerschen Bild geht die Schlagbewegung von rechts oben nach links unten, so, wie der Beschauer schlagen würde. („Daher haben wir gar nicht gemerkt, daß der links schlägt.") Beim Durchscheinebild stört uns die Bewegung von links oben nach rechts unten, weil wir anders schlagen würden. Wir vermuten, daß diese Erwägungen H zum Abgehen vom 1. Entwurf veranlaßt haben.

19. Lotte Müller:
Versuche zur Schulung im technischen Denken (1922)

Der Text von Lotte Müller[a] „Versuche zur Schulung im technischen Denken" befindet sich in dem von Hugo Gaudig herausgegebenen Sammelband „Freie geistige Schularbeit in Theorie und Praxis", der im Ferdinand Hirt Verlag in Breslau 1922, S. 179-181, erschien und den Arbeitsunterricht an der höheren Mädchenschule in Leipzig dokumentiert.[b]

Das Zeitalter der Technik stellt an die Schule die Forderung: Erziehe die Kinder zu technischem Denken! Der Lehrplan ist besonders auf der Mittelstufe viel zu wenig auf Werkzeug- und Gerätekunde eingestellt. Es genügt bei weitem nicht, wenn Hammer, Zange u. dgl. gelegentlich gezeichnet, geformt oder beschrieben werden; denn alle diese Tätigkeiten lassen die Eigenart des Dinges nicht restlos erkennen; sie geben nicht die Gewähr, daß die Schüler von sich aus die Fülle der Gegenstände, die sie täglich umgeben, erkennen. Dazu ist eine Schulung im technischen *Denken* nötig, die das Kind befähigt, ein ihm fremdes Werkzeug, weiterhin auch eine Maschine, vom *Zweckgedanken* aus zu verstehen.

Über den *praktischen Wert* hinaus (Erziehung zum richtigen Gebrauch des Dinges) bietet Technologie noch manches Wertvolle: sie fördert das *Verständnis der Gegenwartskultur*, regt an zur eingehenden *Betrachtung* der leblosen Umwelt, lehrt *Formen* erfassen und darstellen, *Rohstoffe* in ihrer Eigenart erkennen, erzieht zum denkenden Durchwandern von völkerkundlichen, vorgeschichtlichen und wirtschaftskundlichen *Museen*, endlich auch zur *Wertschätzung menschlicher Arbeit* in ihrer zwiefachen Form: Geistesarbeit des Erfinders – Arbeit am Stoff des Handarbeiters.

Zur **methodischen Gestaltung des Faches**: In freier Arbeit erwirbt sich das Kind zunächst die Kenntnis der wichtigsten *Rohstoffe* (Untersuchung über *Haltbarkeit*, Schwierigkeit der Bearbeitung, Gewicht, Preis, Widerstandsfähigkeit gegen mechanische Angriffe u. dgl.), der hauptsächlichsten *Grundformen* (Kugel, Walze, Säule usw. besonders in ihrer Verwendung am Ding), schließlich der „*Werk-*

---

[a] Lotte Müller (1893-1972) war bereits Schülerin in der von Hugo Gaudig geleiteten höheren Mädchenschule in Leipzig, dann im Lehrerinnenseminar, ab 1916 wurde sie zunächst Vorklassenlehrerin, später Oberlehrerin an der Gaudig-Schule (siehe Christine Hofer 1998, S. 177). Sie verfaßte bereits 1921 eine Abhandlung über den Deutschunterricht auf der Grundlage der geistigen Selbsttätigkeit, die im Klinkhardt Verlag erschien, 1961 in 7. Auflage. Dort gibt sie im Vorwort Auskunft über ihre derzeitige Tätigkeit: Sie war Rektorin an der Hugo-Gaudig-Schule in Berlin-Tempelhof, Dozentin in der Lehrerfortbildung und Lehrbeauftragte an der PH Berlin.

[b] Siehe zu dieser Schule auch den 3. und 20. Quellentext in diesem Band.

zeuge des menschlichen Körpers" (Hand als Hammer, Trinkgefäß, Kamm usf.). Dabei wird ein grundlegender Gedanke für die Weiterarbeit gewonnen: Unsere Werkzeuge sind in ihrer Urform Nachbildungen von Körperteilen.

Nach diesem Vorkursus setzt die *Bearbeitung einzelner Werkzeuge* und Geräte ein; in Betracht kommen Dinge, die der Mensch zur Befriedigung seiner Lebensbedürfnisse braucht (zur Nahrungsbeschaffung, -bereitung, -aufbewahrung und -aufnahme; zur Herstellung und Verarbeitung der Stoffe zur Kleidung; zur Sicherung vor Feinden; zum Wohnungsbau und zur Ausstattung des Heims; zur Beherrschung von Raum und Zeit; für Wirtschaft und Verkehr; zur Befriedigung des Kunstsinnes und zur Bewahrung des erworbenen Kulturguts). Chemische Technologie und Maschinenkunde bleibt dem Chemie- und Physikunterricht der Oberstufe vorbehalten.

Lektionsformen: Wohl die anregendste und für freie Arbeit günstigste: das *„Erfinden"*. Denkanstoß durch den Lehrer: die Klasse wird im Geist in eine Lage versetzt, in der sie ein Werkzeug braucht, es aber als „Urmensch" nicht besitzt. Diese Notlage macht die Kinder erfinderisch: zunächst wird versucht, die Werkzeuge des menschlichen Körpers zu Hilfe zu nehmen; ihre Mängel für die in Frage kommende Tätigkeit werden ermittelt; im Geist bildet die Klasse die Grundform in tauglichem Stoff nach und versucht, von der Zweckbestimmung des Dinges geleitet, die Form brauchbarer zu gestalten. Nebenbei finden die Grundsätze der Stoff- und Arbeitsersparnis bei der Herstellung, wie auch der Gesichtspunkt der Schönheit Geltung.

Diese Unterrichtsform stellt ziemlich hohe *Anforderungen an die geistige Selbständigkeit* der Kinder: die Vorstellungsbilder müssen klar, dabei beweglich sein, so daß jede Entstehungsphase des Geräts geschaut wird – Zeichnen und Formen können neben anderen Veranschaulichungsmitteln die Phantasie stützen – ; die Klasse muß das Geschaute in Worte fassen und die Beschreibung des Mitschülers in das plastische Vorstellungsbild umsetzen; sie muß auf lückenlosen Gedankenablauf achten; dazu ist hochgespannte Aufmerksamkeit erforderlich: einmaliges Abschweifen – und der Zusammenhang ist zerrissen. Die Seelenlage der Kinder kennzeichnet sich als „Erfinderstimmung" mit ihrem Ringen, Entdecken, wohl auch Verzagen. Bei aller Wahrung der Freudigkeit an solcher Arbeit muß der Lehrer seine Klasse auf ihre Beeinflußtheit durch die Umwelt hinweisen; sonst droht die Gefahr kindlicher Selbstüberschätzung und mangelnder Achtung vor dem Kulturgut.

Um der Neigung zum Festfahren in bestimmten Denkwegen vorzubeugen, werden noch andere Unterrichtsformen gewählt: Ausgangspunkt: der *fertige Gegenstand*, der exakt beschrieben (auch nachgebildet) wird und von seinem Zweck aus in allen Einzelheiten zu deuten ist.

Vergleich mehrerer Dinge, die ähnlichen Zwecken dienen oder sich unter das gleiche Thema stellen lassen. (Hilfsmittel: die Klasse trägt Gegenstände zu einer kleinen Ausstellung zusammen, die sie nach einem selbstentworfenen Arbeitsplan durchdenkt.) „Messer." – „Mißhandelte Dinge." – „Billig und schlecht, also eigentlich teuer." – „Schöner Hausrat aus früherer Zeit." – „Selbstgefertigtes Spielzeug." – „Überflüssige Verzierungen an Gebrauchsdingen." Nebenziele solcher Arbeit: Geschmacksbildung, Einblicke in das Wirtschaftsleben, Erziehung zum bedachten Einkauf.

Versuche zur *Prüfung*, wieweit der *einzelne* Schüler auf dem Gebiet der Werkzeug- und Gerätekunde selbständig zu arbeiten vermag:
1. Ein exakt beschriebener Gegenstand ist in angegebenem Maßstab zu zeichnen oder zu formen.
2. Ein aufgestellter Gegenstand ist genau zu beschreiben.
3. Beschreibungen desselben Dinges (eine phantasievolle und eine technische) sind zu vergleichen und zu bewerten.
4. Ein den Kindern fremder Gegenstand (oder dessen Nachbildung) ist in seinem Bau und seiner Verwendung zu erfassen. (Möglichst vorgeschichtliche Dinge, etwa die neolithische Steinsäge.)

Die günstigen *Ergebnisse* derartiger Versuche, wie auch die große Freudigkeit der Klasse bei technologischen Aufgaben haben mir bewiesen, daß die Anforderungen an das technische Denken den Neigungen der Kinder entgegenkamen und – nach sorgfältiger Schulung der Arbeitstechnik – nicht zu hoch waren.

Zur Vorbereitung für den Lehrer: Eine Methodik des Technologieunterrichts für die in Frage kommenden Schulgattungen fehlt meines Wissens. Das wissenschaftliche Material ist verstreut. Ich nenne: Das Buch der Erfindungen. Kosmosbände. Himmel und Erde (von der Urania herausgegeben). Schurtz: Kulturgeschichte der Urzeit. Hoernes: gleicher Titel. Feldhaus: Ruhmesblätter der Technik; Wunder der Technik. Für Schülerbüchereien: Sonnleitner, Die Höhlenkinder. 3 Bände[c].

---

[c] A. Th. Sonnleitner, Lehrer und Schuldirektor in Wien, veröffentlichte die Romantriologie: Die Höhlenkinder: Die Höhlenkinder im Heimlichen Grund 1918. Die Höhlenkinder im Pfahlbau 1919, Die Höhlenkinder im Steinhaus 1920.

20. Lotte Müller:
Die Schere (1922)
(Eine Übung im technischen Denken)

Bei dem Text von Lotte Müller[a] „Die Schere" handelt es sich um ein unterrichtspraktisches Beispiel der arbeitsunterrichtlichen Gesprächsführung in einer 5. Klasse an der höheren Mädchenschule in Leipzig.[b] Er wurde in dem von Hugo Gaudig herausgegebenen Sammelband „Freie geistige Schularbeit in Theorie und Praxis", der im Ferdinand Hirt Verlag in Breslau 1922, S. 282-284, veröffentlicht.

Die Klasse ist gewöhnt, sich bei der Bearbeitung solcher Aufgaben in frühere Zeiten zu versetzen, als es das in Frage stehende Werkzeug noch nicht gab, Stoff und Form aus dem Zweck des Dinges zu ermitteln, es also gleichsam zu „erfinden".

Eine Schülerin erhält einen kräftigen *Faden* mit der Aufgabe, ihn zu *teilen*. Sie zerreißt ihn nach größerer Anstrengung. Klasse forscht nach, wie das Ziel leichter – allerdings noch *ohne Werkzeug* – erreicht werden könnte. Drei weitere Möglichkeiten werden aufgefunden: 1. Zerfeilen mit dem Fingernagel; 2. Abreißen mit beiden Händen unter Mitwirkung des Fußes, der ein Fadenende hält; 3. Zernagen oder Zerbeißen durch die Zähne.

Es werden die Schäden für die arbeitenden Körperteile und für den Faden ermittelt und die Folgerung gezogen: Ein *Werkzeug* soll erfunden werden, das den Faden bei der Teilung schont, d. h. ihn sauber und unzerfasert erhält. Die Klasse schlägt vor, zuerst den *Stoff*, der fest und hart sein müsse, zu wählen; Stein wird abgelehnt, Eisen dagegen als tauglich angesehen. Dabei Bedingung, es vor Feuchtigkeit zu schützen. Neue Zielstellung durch die Klasse: *Form* des Werkzeugs.

1. Vorschlag: – Holzgriff mit unten befestigter Eisenschneide – wird abgelehnt, da die Vorbereitungen für das Zerteilen (Ausspannung des Fadens) zu umständlich sind.

2. Vorschlag: Nachbildung der beiden aufeinandertreffenden Zahnreihen. Erinnerungsbild der Zuckerzange taucht auf, wird als mit zwei nach innen gerichteten Schneiden vorgestellt. Ein Stück entsprechend gebogener Eisendraht veranschaulicht die Schneidbewegung. Hinweis durch die Lehrerin, daß es solche Scheren tatsächlich gab. Die Klasse prüft die Brauchbarkeit, erkennt die Kraftanspannung der Hand und die schnelle Abnutzung des Geräts.

3. Vorschlag: Schere aus zwei Eisenstreifen, die sich kreuzen und die in der Mitte

---

[a] Zu Lotte Müller siehe den 19. Quellentext in diesem Band.
[b] Siehe zu dieser Schule auch den 3. und 19. Quellentext in diesem Band.

durch Niet verbunden sind. (Zange früher besprochen.) Veranschaulichung durch zwei Pappstreifen und ein Holzstäbchen als Niet. Weitere Ausgestaltung: Herstellung der *Scherengriffe*. Dem kräftigen Daumen müssen bei der Schneidbewegung zwei Finger entgegenarbeiten: also zwei verschieden große Griffringe. Anpassung an möglichst große Hand, denn das Werkzeug soll vielen dienen. Gestaltung der *Schneiden*, nach innen zur scharfen Schnittlinie, nach außen zum breiteren Rücken.

Ein Teil der Klasse meint, die Schere sei fertig. Schnelles Bewegen der Pappstreifen in entgegengesetzter Drehrichtung läßt erkennen:
1. Die Spannweite möchte durch Erhöhung der Griffstangen oberhalb des Niets gehemmt werden.
2. (Nach einer Denkpause.) Die Schneiden müssen ein wenig hohl gekrümmt sein, so daß die Schneidschärfen aufeinandertreffen, nicht aneinander vorbeigleiten. Die Kinder stellen das neue Ziel: Wie wird eine Schere *richtig* gebraucht? An einer mitgebrachten Schere zeigen sie, wie man sie einem anderen reicht und wie man sie beim Schneiden hält. Eine Schülerin gibt neuen Denkanstoß durch die Worte: Dienstuntaugliche Scheren, die zur Aufzählung aller Mißhandlungen führen, die diesem Werkzeug widerfahren.

Hausaufgabe: Vergleichende Betrachtung von Scheren.

21. Karl Hahn:
Nicht zu gradlinig und verstandesklar beim Befassen mit Kunstwerken (1925)

Der Text von Karl Hahn[a] „Nicht zu gradlinig und verstandesklar beim Befassen mit Kunstwerken" erschien in der Pädagogischen Warte 32 (1925b), S. 1281-1283, und gibt einen Einblick in reformpädagogische Prinzipien des Literaturunterrichts.

Auf unserem Bücherbrett stehen Gedichtbände. Die Knaben und Mädchen suchen darin und treffen auf Grund unbeeinflußter Wahl ihre Entscheidung über Gedichte, die sie lernen wollen. So ist die Gewähr für Erfühlen und Verstehen der Dichtungen in den meisten Fällen schon gegeben. Sachliche Schwierigkeiten werden von der Gemeinschaft geklärt, und sinnvolles Sprechen wird in der Gemeinschaft aller Kinder geübt. In Albert Sergels „Saat und Ernte" (Die deutsche Lyrik um 1925. In Selbstauswahlen der Dichter und Dichterinnen. Mit kurzen Eigenbiographien und Angabe ihrer Werke) trat mir Otto Ernst nach längerer Zeit mit seinem „Stillen Besuch" entgegen. Wie werden sich meine 12–14jährigen Knaben und Mädchen zu diesem Gedichte stellen, fragte ich mich und beschloß, es ihnen vorzulesen.

Stiller Besuch

An einem Tag, da Haus und Heide schwieg,
lag ich auf meinem Ruhebett und schaute
verhaltnen Atems meinem Söhnlein zu,
das fromm aus Hölzern einen Tempel baute.

Am Fenster lag im Abendlich ein Buch,
versonnen beugte sich mein Weib darüber;
im Käfig saß der Vogel auf dem Stock
Und lugte dunklen Augs zu ihr hinüber.

Da wars, daß ich gewußt: das Glück ist da ....
Ein Atem ist mir übers Herz gegangen ...
Die Luft ist hell von einem goldnen Blick ...
Ein duftend Haar liegt weich auf meinen Wangen.

---

[a] Karl Hahn, geboren 1889, 1. Lehrerprüfung 1910 in Altdöbern, 2. Lehrerprüfung 1912 in Cottbus, ab 1. 4. 1927 in der 11. Schule in Niederschönhausen (Personalkarte, BBF/DIPF-Archiv), gestorben 1946.

Und flüstern wollt ich: seht, das Glück ist da!
Doch hielt gebunden mich ein ahnend Bangen –
das Vöglein sprang von seinem Stock herab –
da war der lichte, leise Gast gegangen.

Trotz geraumer Wartepause blieb gegen meine bisherige Erfahrung jede mündliche Äußerung der Kinder aus. Es mußten dem Erfühlen und Verstehen entgegenstehende Hemmungen vorliegen, die weggeschafft werden mußten. Nun ist aber unser Gedicht ein so zart Gebilde, das man sehr behutsam anfassen muß, soll der seelische Gewinn nicht zerbrechen. Wie Spinnweb zart im Funkeln des Morgentaus. Eine Blüte, die man kaum wagt, vorsichtig mit den Fingerspitzen auseinanderzubiegen. Und doch treibt es mich zu wissen, wo die Hemmungen liegen. Ich frage vorsichtig: Welche Überschrift würdet ihr dem Gedichte geben? (Ich hatte die Überschrift nicht mitgelesen.) Stockend kommen einige Antworten: Eine glückliche Stunde – Abenddämmerung – Abendstimmung – Gefundnes Glück. Diese Antworten geben nicht das Wesentliche an, das doch in dem Kommen und Gehen des Glücksgefühls liegt. Außerdem kann eine Antwort von der andern beeinflußt sein. Man ließe besser aufschreiben. – Ich gebe nun an, daß die Überschrift „Stiller Besuch" heißt. „Besuch? Besuch?" murmelt es durcheinander. Meine Frage, wer der „stille Besuch" sei, bedeutet also nur ein klares Hervorheben des Problems. Und nun die Antworten darauf: Der Lichtstreifen am Fenster – Die Stille – der Mann, der rein kam (vollends unklar) – Der Gedanke des Vaters an seinen Knaben. Dazu erklären die Kinder, daß sie gar nichts „verstanden" hätten. Ich solle das Gedicht aber noch einmal vorlesen. Ich halte inne nach der ersten Strophe, und die Kinder stellen das Bild zusammen. Ebenso geschieht es mit der zweiten Strophe. Diese Zerlegung in „Bilder" – übrigens blieb jede stilistische Prägung der Bildbezeichnung weg – können wir aber auf keinen Fall in der dritten Strophe fortsetzen. Denn nun schwebt doch nur Seele mit den Versen daher. Was tun? Da hilft mir ein Knabe: „Das ist doch gerade so, wie Sonntag nachmittag manchmal bei uns zu Hause.: meine Mutter liegt im Liegestuhl, meine Schwester auf dem Sofa, und mein kleiner Bruder baut. Alles ist ganz still." Und ein Mädchen kommt noch dazu: „Ich war doch jetzt in Thüringen. Ehe ich schlafen ging, guckte ich eine Weile zum Fenster raus. Das Land war hügelig und still." Es kommt auch noch in andern Äußerungen zum Ausdruck, daß der „stille Besuch" die Ruhe ist, in der man sich ganz zufrieden fühlt. Ich lese die dritte und vierte Strophe. Und gleich darauf sagt ein Knabe: „Der Besuch war verschwunden, als der Vogel vom Stock sprang." Ich kann nicht sagen, ob die Saiten der Kinderherzen von dem „ahnenden Bangen" vor der Flucht des Glücks auch nur hauchförmig berührt worden waren. Wagte auch keinerlei Frage mehr;

sondern gab mich zufrieden, als ein Mädchen und ein Knabe um den Text des Gedichts baten, weil sie es lernen wollen.

Da kommen einige Kinder mit der Frage, ob das auch ein lyrisches Gedicht wäre. Sie hätten vor einige Tagen in ihrer Gemeinschaft (Klasse) gelernt, daß in einem lyrischen Gedicht immer Gefühle zum Ausdruck kämen. Ist es nun notwendig, haarscharfe Definitionen mit den Kindern herauszuarbeiten? Ich denke an berühmte Definitionen der Lyrik von Novalis, Nietzsche und Georg Haar: „Das lyrische Gedicht ist der Chor im Drama des Lebens – der Welt. Die lyrischen Dichter sind ein aus Jugend und Alter, Freude, Anteil und Weisheit lieblich gemischtes Chor" (Novalis). „…Die lyrische Dichtung als nachahmende Effulguration der Musik in Bildern und Begriffen" (Nietzsche). „Die Lyrik stellt die seelische Reaktion gegen einen beliebigen Eindruck dar oder besser gesagt, eine Gemütsverfassung, die in irgendeinem Zusammenhange, sei dieser kausativ oder konsekutiv oder rein willkürlich, zu einem äußeren Einfluß gedacht werden muß oder kann." (Haar) Seit Kenntnisnahme derartiger Erklärungen habe ich mir das Definieren in künstlerischen Dingen etwas abgewöhnt. Ich fordere also auch hier in unserm Falle die Kinder nur auf, andere „Gefühlsgedichte" zu nennen. Sie bringen „Abseits" von Storm, „Frühlingsglaube" von Uhland und das Eichendorffsche „Es war, als hätt der Himmel". Ich bin überzeugt, daß hier gefühlsmäßig das Wesen des lyrischen Gedichts erkannt worden ist.

Ich fasse das Ergebnis der geschilderten 1 ½-stündigen Gedichtsstunde zusammen, wie es sich für mich ergibt: Ich kann im Unterricht niemals an den Einzelheiten meines vorgedachten Planes festhalten. Ich schaffe, wenn ich's tue, wohl ein Ergebnis meines Geistes, aber ein scheinbares für die Kinder. Durch das Land der Kindesseele muß ich mitgehen. Neben dieser Erkenntnis allgemein pädagogischer Art steht die andre kunsterziehlicher Art im besonderen: Es gibt in der Kunst augenfällige Mittel, die man zweckhaft darlegen kann. Darauf aber können wir unser Hauptaugenmerk nicht lenken; wir müssen m.E. glauben an die unbewußte Wirkung des Gefühls; denn auch vom Künstler wird das Beste stets unbewußt geschaffen.

22. Alfred Ehrentreich:
Grundsätze und Arbeitsformen im deutschen Unterricht (1928)

Der Text von Alfred Ehrentreich[a] „Grundsätze und Arbeitsformen im deutschen Unterricht" wurde in der Pädagogischen Beilage der Leipziger Lehrerzeitung 1928, S. 313-315, publiziert. Er steht in einer Serie von Beiträgen über die Reformen an dem von Fritz Karsen geleiteten Neuköllner Schulenkomplex.[b]

Wie jedem folgerechten Arbeitsunterricht entsprechen auch dem Deutschen zwei wesentliche Arbeitsmittel: Beobachtung (praktischer Versuch, Experiment) und wissenschaftliches Rüstzeug (Arbeitsbücherei). Abgesehen von Einzelbesichtigungen, vergleichenden Theaterbesuchen, eigenen Aufführungen vermitteln uns das erste vor allem die jährlichen zwei- bis dreiwöchige Studienfahrten während der Schulzeit (Mai/Juni). Ihnen verdanken nicht nur kultur- und erdkundliche Forschungen reiches Material, sondern auch das Deutsche im engeren Sinne, nach der sprachlichen wie literarischen Seite. Einige Beispiele: Immer wieder lohnt sich die Untersuchung der Ortsnamen eines Reisebezirkes, die sich mit der Wappenkunde und Volkskunde verbinden wird. Natürlich handelt es sich nicht in erster Linie um das Nachschlagen im Ortsnamenlexikon, sondern um Befragungen der Bevölkerung, die anregende Aufschlüsse darüber ergeben, ob die Urbedeutung eines Ortsnamens noch bewußt ist, ob sie Umdeutungen erfahren hat oder ganz vergessen wurde. Ähnlich läßt sich auf direktem Wege die Mundart einer Gegend in kleinem Umfange ablauschen, ein kleines Lexikon, ja ein bescheidener Sprachatlas zusammentragen, sofern die Arbeit im voraus entsprechend organisiert ist. Denn nicht auf das zufällige Erlebnis kommt es hier an, sondern auf die planmäßige Untersuchung. Das Studium von Volkstypen (gleichzeitig mit dem Zeichenstift), in seltenen Fällen von Volksbrauch und Volkstracht, gehört in diese Reihe. Ein literarisches Forschen darf sich nicht rein buchmäßig begnügen mit einem Durchlesen der regionalen Dichtung, sondern muß versuchen, den landschaftlichen Anlässen solcher Dichtung nachzugehen, könnte auch in dem Versuch eigener lyrischer oder epischer Produktion (Stimmungsbilder) liegen. Das ergibt einen neuen Zugang zur Heimatliteratur. Abgesehen davon,

---

[a] Alfred Ehrentreich (1896-1998) war zwei Jahre Lehrer an der Freien Schulgemeinde Wickersdorf, bis er 1924 Studienrat am von Fritz Karsen geleiteten Neuköllner Schulenkomplex wurde, 1933 wurde er entlassen, aber an einem Berliner Lyzeum wieder eingestellt; während des Krieges war er in der Kinderlandverschickung tätig, danach Schulleiter in Korbach/Waldeck; siehe Wolfgang Keim 1993, S. 197-200). Alfred Ehrentreich hat zwei autobiographische Bücher verfaßt: „Pädagogische Odyssee" (1967) und „50 Jahre erlebte Schulreform" (1985).

[b] Siehe zu dieser Schule auch den 7., 12., 32., 33. und 34. Quellentext in diesem Band.

führen Tagebuch, Erlebnisaufsatz, sachliche Schilderung auch gerade dem Deutschen auf einer solchen Fahrt eine Fülle von Arbeitsstoff zu. Ferner hilft die Arbeitsbücherei. Jeder Schüler muß sich in Werken wie Kluges Etymologischem Wörterbuch[c], Arnolds[d] Deutschem Drama usw. ein wenig auskennen, ganz abgesehen davon, daß er Dichtung aus dem Originalen kennen lernt, sich eine eigene (nicht angelesene) Meinung über sie zu bilden sucht, deren Begründung durch das Rundgespräch und die Klassenkritik weiterhin vertieft wird.

Der fachliche Deutschunterricht hat eine sprachliche und eine literarische Seite, von denen jene oft eine zu kurz kommt, da man sie für weniger anregend hält. Das ist keineswegs der Fall. Etwa eine Untersuchung der Etymologie der Personenname (nach Heintze-Cascorbi)[e], der Familienbezeichnungen oder der Maß- und Mengenbegriffe (mit Hilfe von Kluge) macht wirklich Freude. Ich erinnere mich an den Fall eines Jungen, der zur Begründung einiger Ergebnisse der Gaunersprache und Gaunerzeichen bis zum Polizeipräsidium um Auskunft ging. Die Frage der Berufssprache, die Verbildlichung technischer Einrichtungen (Kran, Katze, Hund, Bock usw.) erregt nicht nur Anteilnahme, sie ermöglicht auch das Zusammentragen des Materials in der Gemeinschaftsarbeit, da meist jeder Schüler darüber etwas weiß. Der Berlinismus etwa führt auf Dialektbetrachtungen und historische Erläuterungen (Lautverschiebung), ja auf die Untersuchung des Stils, nicht nur der Schülerproduktion, sondern auch des Schrifttums.

Man sieht, auch die sprachliche Arbeit ist in erster Linie von der Gegenwart und von der unmittelbaren Umgebung her bestimmt. Ein gelegentliches Eingehen auf das Mittelhochdeutsche (Nibelungenlied, Walther von der Vogelweide) hat nicht nur sprachliche, sondern auch literarische Absichten. Rein sprachlich kann aber das Mittelhochdeutsche auch im Hinblick auf den Sprachschatz Stefans Georges, Hofmannsthals und anderer betrieben werden. Ehe ich auf die literarische Seite eingehe, möchte ich einige weitere Ergebnisse der Arbeitsweise besprechen; denn es handelt sich hier um Erfahrungen, nicht um Theorien.

In den Unterklassen wird der Deutschunterricht insofern Gesamtunterricht sein, als er zunächst sämtliche Anregungen der Schüler sammelt, auch die technischen, naturwissenschaftlichen, hygienischen, sportlichen, wie es sich gerade ergibt. Neben den Erlebnisaufsätzen bildet der Fragekasten einen Hauptanziehungspunkt. In einer Quarta wurden während eines Jahres ungefähr 160 Fragen schriftlich formuliert und beantwortet. (Einige Beispiele: Woher stammen die Zigeu-

---

[c] Friedrich Kluge: Etymologisches Wörterbuch der deutschen Sprache. Straßburg 1. Auflage 1883.

[d] Robert Arnold: Das moderne Drama. Straßburg 1908.

[e] Albert Heintze / Paul Cascorbi: Die deutschen Familiennamen: geschichtlich, sprachlich. Halle 7. Aufl. 1933.

ner? Wer erfand die Eisenbahn? Welches Volk konnte sich als erstes mündlich verständigen? Woraus besteht Seife? Wie kommt es, daß so viele Wörter dieselbe Benennung haben, obwohl sie etwas ganz anderes bedeuten, wie Flur usw.? Was ist ein Freimaurer?) Mögen so die verschiedensten Dinge noch chaotisch nebeneinander liegen, es bilden sich doch sehr bald schon bestimmte Neigungsrichtungen heraus, Einzellinien inmitten dieser Fülle verschiedenster Kulturansätze. Die Schüler selbst drängen auf Zusammenfassung des Ähnlichen, und so erwächst organisch, ohne besonderen Zwang des Lehrers, aus ungegliederter, wenn auch lebendiger Wahllosigkeit der planmäßig organisierte Klassenunterricht hervor, der in Obertertia schon die Arbeit maßgebend beherrscht.

Überwiegt bis dahin in der freien Arbeitsform das Schriftliche, so tritt nun stärker das Mündliche hervor. Die Schüler haben einen natürlichen Drang zur Rede; „Vorträge" machen ihnen in diesem Alter wirklich Spaß, und in dem Augenblick tritt die Dichtung entscheidend in ihr Recht. Klassenarbeiten und –aufgaben im alten Sinne sind heute nicht mehr möglich. Auch das Lesen längerer Werke in der Klasse muß als wenig produktiv erscheinen, auch in der Form des Lesens mit verteilten Rollen wird es nur selten zu rechtfertigen sein, am ehesten im Hinblick auf eine eigene dramatische Aufführung. Auf der anderen Seite darf der Unterricht nicht in lauter Einzelreferate aufgelöst werden über Leistungen, die außer dem Referenten niemand in der Klasse gelesen hat oder beurteilen kann. Atomisierung ist nicht die Absicht eines gegliederten Arbeitsunterrichts. Vielmehr wird praktisch ein bestimmtes Arbeitsgebiet (z.B. Dichtungen über den Bauernkrieg) im Mittelpunkt zu stehen haben und ein typisches Werk (Hauptmanns Florian Geyer) allen Schülern durch eigene Lektüre bekannt geworden sein. Hinzu treten Berichte einzelner Gruppen über andere Dichtungen des gleichen Themas (Goethes Götz, Graedeners Utz Urbach, Münzerdichtungen usw.), die nun eingefügt sind in den großen Rahmen, anderseits Vergleichsmöglichkeiten zu dem Bekannten bieten.

Nun darf allerdings die Bedeutung des Referats nicht überschätzt werden. Es hat nur dann einen Sinn, wenn es bis ins einzelne unter Beratung des Lehrers vorbereitet worden ist. Denn der Durchschnittsschüler hat oft die Neigung, bei solchen Gelegenheiten den Stoff umständlich breit und ungeschickt in der Form vorzubringen. Daher: straffe Begrenzung der Aufgabe. Je kleiner die Aufgabe, desto wirksamer läßt sie sich verarbeiten. Ein Schüler, der einen Monat lang über Albrecht Schaeffers Parzival sitzt, wird weniger intensiv arbeiten und die Probleme durchdenken können als ein anderer, der Hofmillers kleine Neuformung des Meier Helmbrecht studiert. Schließlich läßt sich mit kleinen charakteristischen Quellenabschnitten auch in der Klasse nutzreich arbeiten, wie sie z.B. die kleinen Hefte der Deutschkundlichen Bücherei (Quelle & Meyer) über Barock, Aufklärung, Sturm und Drang bieten. Dabei muß nunmehr auch gesagt werden, daß für die literarische Betrachtung nicht etwa das literaturgeschichtliche Kontinuum maßgeblich ist. Wir verwerfen jede geschlossene Übersicht von Zeitaltern und begnügen uns mit der genauen Prüfung begrenzter Zeitausschnitte, für die wiederum nicht allein historischer Standort, sondern in erster Linie die lebendige Beziehung zur Gegenwart den Ausschlag gibt. Solche Umkreise sind z.b. Kapitalismus und Technik im Drama, das Bürgertum in der Dichtung (von Lessing bis Thomas Mann), die Zeit des Dreißigjährigen Krieges (Grimmelshausen, Schiller, Raabe, Flex, Löns, Döblin), das Märchen in der Dichtung usw. Bei der Behandlung dieser Werke treten die rein ästhetischen Gesichtspunkte zurück zugunsten der kulturellen und soziologischen. Der Deutschunterricht ist nicht eine Erbauungsstunde oder eine Angelegenheit des feinschmeckerischen Genusses, sondern Auseinandersetzung mit den brennenden Problemen der Zeit, wie jeder andere Unterricht. Dichtung im luftleeren Raume besteht so wenig wie eine Schule im luftleeren Raume. L'art-pour-l'art-Dichtung, Liebeslyrik werden unter diesem Gesichtspunkt bei uns nur wenig Beachtung finden. Die Themata lassen sich je nach der Zusammensetzung einer Klasse variieren; in einem stark proletarischen Milieu werden in der Untersekunda Heine, die 1848er, G. Hauptmann, Toller in den Vordergrund gerückt werden, in einem stärker bürgerlichen etwa die Dichtungen über den Weltkrieg oder solche, die auf die Problematik der modernen Jugend und des Entwicklungsalters abzielen. Durch diese Fülle der Möglichkeiten verliert der Unterricht auch für den Lehrer in jahrzehntelanger Arbeit jede Mechanisierung und Erstarrung.

Daß auch bei so entfernten Gebieten wie der Antike, dem Mittelalter und der Renaissance von der Gegenwart her der Ausgangspunkt gewonnen werden kann, möchte ich kurz an Beispielen illustrieren. Es ist ja eine eigentümliche Erscheinung, daß gerade unsere jüngsten Dichter antike Stoffe in Einzelwerken gewählt haben. Dabei denke ich weniger an Hauptmanns Bogen des Odysseus als an Hasenclevers Antigone, Hofmannsthals Elektra (mit Strauß), Jahnns Medea. Und gerade an diesen Beispielen expressionistischer Maßlosigkeit läßt sich über Goethes Iphigenie der Weg finden zu der griechischen Sophrosyne. Ähnlich gewinne ich den Zugang zum Mittelalter durch Werke wie etwa Wagners Musikdramen, Hauptmanns Armen Heinrich, Schaeffers Epen, aber auch von Novalis und Wackenroder her. Ein schönes Sonderthema bietet da die Tristandichtung, bei der einmal eine weitgehende Individualisierung der Arbeit ohne gemeinsamen Grundstoff erfolgen kann, da alle Bearbeitungen charakteristische Stoffabwandlungen sind: Gottfrieds Tristan gegenüber den Tristandichtungen von Bédier (übersetzt von Binding), Immermann, Wagner, Hart, Stucken, Kaiser, schließlich bei den Engländern Hardy und Masefield. Denn hier wird die Fachgrenze so überschritten wie in anderen Fällen. wenn etwa der Darstellung der sozialen Dichtung die Illustrierung sozialer Malerei (Kollwitz, Meunier, Baluschek, Zille,

Masereel) parallel geht oder Hofmannsthal durch Straußsche Musik sich verdeutlicht oder der neue Wille zur Sachlichkeit an modernen Siedlungs- und Industriebauten (der Holländer, des Bauhauses, Tauts und anderer) dargestellt wird. In dem an dritter Stelle erwähnten Beispiel (Renaissance) galt als Grundlage für alle Burckhardts Renaissance[f], die *im einzelnen buchweise* durchgesprochen wurde. Dazu kam an Gruppenreferaten Nietzsches Auffassung der Renaissance, dann die polar entgegengestellten Einstellungen von Benz (Renaissance und Gotik)[g] und von Burdach[h], von dichterischen Spiegelungen wie bei K.F. Meyer abgesehen. Benz und Burdach führten uns mitten hinein in heftig umkämpfte Zeitfragen, wie die der Geltung des humanistischen Gymnasiums, in die völkische Kulturauffassung u. dgl. Immer wieder ergibt sich also auch bei so zurückliegenden Zeitaltern die lebendigste Anknüpfung an die Gegenwart.

In den Primen werden sich die Sonderneigungen der Jungen für bestimmte Literaturgebiete stärker ausbilden, unter Umständen ihren Niederschlag in einer größeren Jahresarbeit (z.B. Wilhelm von Humboldts pädagogische Theorien; neueres katholisches Schrifttum) finden. Immer stärker rücken Probleme in den Vordergrund. Der Schüler lernt mehr und mehr, sich vom Stoff und dessen bloßer inhaltlicher Wiedergabe freizumachen. Er begreift den sozialen Hintergrund der Dichtungen, er spürt die Ideologie heraus. In der Oberprima werden Fragen der dramatischen Theorien, der literaturwissenschaftlichen Auffassungen, der Stil- und Formenlehre (Walzel)[i] uns näher an philosophische Fragestellungen heranbringen, die einen Vorläufer in der Tertia in einfachen Definitionsversuchen haben mögen. (Man versuche einmal in der Tertia einen „Tisch" definieren zu lassen, man wird Heiteres erleben.) Der Schüler wird schließlich gelernt haben, den Geist eines Werkes auch am begrenzten Ausschnitt deutlich zu erkennen. Innerhalb eines ihm vertrauten Ideenkreises wird er in der Reifeprüfung imstande sein, aus einem vorgelegten Gedicht, aus einem Ideenabschnitt, aus einer epischen Stilprobe die wesentlichen Merkmale so sachlich und streng abzuleiten, wie er aus einem mikroskopischen Präparat auf bestimmte biologische Beobachtungsschlüsse geführt wird. Er wird die weiteren Ideenverbindungen herstellen, die in solchem Falle wesentlich sind, ohne allgemeinen Schlagwörtern wie „die Romantik", „der Expressionismus", „das Klassische" anheimzufallen, die bei unserer früheren Primanergeneration immer als prunkendes Aushängeschild vorgehalten wurden, um sachliche und begriffliche Unkenntnis und Verschwommenheit zu verbergen.

---

[f] Jacob Burckhardt: Die Kultur der Renaissance in Italien. Leipzig, Halle 1901.
[g] Richard Benz: Renaissance und Gotik. Jena 1928.
[h] Konrad Burdach: Reformation, Renaissance, Humanismus: zwei Abhandlungen über die Grundlage moderner Bildung und Sprachkunst. Berlin 1918.
[i] Oskar Walzel: Gehalt und Gestalt im Kunstwerk des Dichters. Potsdam 1923.

Es braucht nicht viel über die *sprecherische* Erziehung hinzugefügt werden. Die Arbeitsform, bei der die Schüler den Hauptanteil des Gesprochenen tragen, sorgt selbst für die Schulung in der freien Rede, die durch Klassen- und Schulgemeinde, durch das Wortführeramt usw. überdies befördert wird. Man sieht, immer wieder greifen die verschiedensten Funktionen und Einrichtungen der Schule ineinander. Wesentlich ist hierin auch die Verbindung von Bewegung und Wort, in einfachen Klassenimprovisationen der Unterstufe (Dramatisierungen), wie in Bühnenaufführungen der Mittel- und Oberstufe, die, vom Bewegungsspiel herkommend, entweder gegebene Dichtungen (meist lustigen Gehaltes) darstellen oder eigener Produktion sind.

Wo bleibt nun die *schriftliche Arbeit* von der Mittelstufe an, wenn der Drang zum Erlebnisaufsatz nachläßt? Einmal wird auch hier wieder durch die Einrichtungen des Arbeitsorganismus für stetige schriftliche Übung mindestens einer Anzahl von Schülern gesorgt durch das tägliche Stundenprotokoll, durch die jährlichen persönlichen Arbeitsberichte und die fachlichen Jahresübersichten der Schüler. Im übrigen finden sich stets eine ganze Reihe freiwilliger Darstellungen im Anschluß an Sondergebiete oder an Beobachtungen der Studienfahrt. In gemeinsamen Arbeiten, die jedesmal Wahlgruppen zulassen, wird man versuchen, neben der lebendigen Erlebnisdarstellung auch den sachlich-gewissenhaften, phrasenlosen Stil auszubilden an engbegrenzten sachlichen Aufgaben aller Fachgebiete (so stand zur Aufgabe in einer Obertertia: ein Vergleich zweier Musikplatten, Erinnerungen aus der Grundschule, Darstellung eines Bildes von Marc oder Corinth, Beschreibung des Ultraphonapparates[j], Darlegung zweier Sprungarten usw.). Die festumrissene Stofflichkeit des Gegenstandes zwingt dann allmählich auch zu einer festen, nicht mehr ausweichenden oder gefühlsverschwommenen Sprachform. Außerdem bietet sich Gelegenheit, Probleme miteinzubeziehen, die sonst abseits stehen, aber im modernen Lebenszusammenhange von größer Wichtigkeit sind: Selbstkritiken an der sozialen und unterrichtlichen Seite der Schule, juristische Probleme, wie die Berechtigung der Todesstrafe, Kulturfragen, wie die Einflüsse des Sportlertums, des Amerikanismus, die Zukunft der Kirche, das Verhältnis von Proletariat und Bildung, die Abstinenzfrage, konkrete Probleme des Pazifismus, der Jugendorganisation.

Wir betonen zum Schluß: Deutsch ist das zentrale Fach, und der Deutschunterricht ist nicht eine Frage der bloßen Stoffhäufung und Kenntnisakkumulierung, er hat unsere Jugend aus starrer Verengung des Gesichtskreises zu befreien, hat ihre lebendigen Kräfte zu lockern und sie zu erschließen für eine intensive Kritik und ein geistig begründetes Verständnis der großen Strömungen der Gegenwart.

---

[j] Ultraphonapparat: Starktonapparat, z.B. ein Grammophon mit besonders großer Lautstärke.

8 Gemeinschaftserziehung der Geschlechter

„Unverwüstlich sind die Jungs auf großer Fahrt; ihr Mut, ihre Ausdauer, ihre Begeisterung reißen die Mädel mit. Da sind sie so richtig in ihrem Element. Sie sind die Helfer und Führer an gefährlichen Stellen, auf die Verlaß ist. Und wenn gleich tollstes Unwetter wütet und alle zu vernichten droht, sie mucken nicht, und ihr Humor erlöst die Mädchen aus ihrer Angst. Da achtet das Mädchen im Knaben den künftigen Mann, ihren Beschützer! Auch die Mädel haben ihre Gebiete, wo sie die Gebenden sind. Sie reißen sich ums Kochen. Und das ist eine bedeutsamere Sache als daheim, so für 32 hungrige Magen ohne Rezept mit bescheidenen Hilfsmitteln ein anständiges Essen zu brauen!" (Steiger 1924, S. 63).

Aus den Beobachtungen Willy Steigers,[1] Reformpädagoge der Versuchsvolksschule in Dresden-Hellerau, spricht die Annahme der „natürlichen" Geschlechtsunterschiede, und seine Äußerungen sind typisch für die koedukativen Gemeinschaftsschulen der Weimarer Republik. Die Tradierung von Geschlechterrollenstereotypen ist ein durchgängiges Phänomen der aus der schulischen Praxis berichtenden zeitgenössischen pädagogischen Publizistik. In dem Text von Friedrich Weigelt (1925, siehe 24. Quellentext in diesem Band) wird den Mädchen idealtypisch die Zuständigkeit für Gefühl, Gemüt und Genuß und eine emotionale Herangehensweise zugeschrieben, während die Jungen die intellektuelle Verarbeitung und Führung in der Klasse übernehmen. Zu ähnlichen Ergebnissen bezüglich der Interessen- und Entwicklungsunterschiede von Mädchen und Jungen und des pädagogischen Wertes der gegenseitigen Beeinflussung kam auch die Denkschrift der 20. Schule in Spandau vom 25. 1. 1933, wobei das „größere Interessengebiet" und der „größere Wille" der Jungen sowie ihre Führungseigenschaften und „das instinktive Taktgefühl" der Mädchen betont wurden (siehe 2. Quellentext in diesem Band).

Insgesamt nahmen Reflexionen über die Gemeinschaftserziehung in den Dokumenten aus der Schulpraxis wenig Raum ein, obwohl es sich dabei um eine pädagogische Innovation handelte. Im Kaiserreich gab es die gemeinsame Unterrichtung von Mädchen und Jungen in den ländlichen und kleinstädtischen Volksschulen als Notlösung, weil eine getrennte Beschulung aus finanziellen Gründen nicht in Frage kam. Als bewußte pädagogische Maßnahme wurde die Koedukation nur in der von Edith Cassirer-Geheeb und Paul Geheeb geleiteten Odenwaldschule und in der Freien Schulgemeinde Wickersdorf praktiziert,[2] jedoch unter der Grundannahme der Polarität der Geschlechter (Hansen-Schaberg 1996). Auch Anfang der 20er Jahre war die allgemeine Einführung der Koedukation abschlägig entschieden worden,[3] aber zwei Ausnahmen wurden gestattet, nämlich bei

Schulversuchen auf Volksschulebene und bei der Zulassung von Mädchen auf höhere Knabenschulen, wenn keine vergleichbare Lehranstalt für die weibliche Jugend zur Verfügung stand (Hansen-Schaberg 1999a, S. 28 ff.).

Gertrud Bäumer,[4] die es als die eigentliche Aufgabe der Gemeinschaftsschule ansah, „durch das Miteinander von Mädchen und Jungen das Wesensgemäße der Geschlechter herauszuarbeiten" (Bäumer 1922, S. 41), stellte fest: „Es ist eigentümlich, daß *diese* Aufgabe – vor die doch nun einmal *tatsächlich* die deutsche Pädagogik gestellt ist – auf den pädagogischen Konferenzen so wenig, – richtiger: *gar* nicht, besprochen wird. Denn es werden ja hoffentlich die Lehrer und Lehrerinnen, die an gemeinsamen Schulen zu unterrichten haben, nicht so von allen pädagogischen Göttern verlassen sein, daß ihnen das Problem, das der gemeinsame Unterricht stellt, nicht ebenso dringend wie verantwortungsvoll erscheinen sollte." (Ebd., S. 42, Hervorhebungen G.B.). Ihre Forderung bezog sich auf die Erarbeitung von theoretischen Grundlagen der gemeinsamen Erziehung und der bewußten Gestaltung des Schullebens, aber trotz fehlender didaktischer Konzepte für eine praxisorientierte Umsetzung wurde eigentlich in ihrem Sinne verfahren, wie im folgenden aufgezeigt wird.

Bei der Einführung der Koedukation in den Schulen standen geschlechterpolaristische Vorstellungen im Vordergrund, als neben einer äußeren Differenzierung bei einzelnen Unterrichtsfächern (Werken, Nadelarbeit, Hauswirtschaft, Sport) auch eine innere Differenzierung der übrigen gemeinsam unterrichteten Fächer erfolgte, indem geschlechtsspezifische Fähigkeiten und Fertigkeiten zugeschrieben wurden. Eine in 23 Hamburger Volksschulen mit gemeinsamer Erziehung von Albert Herzer durchgeführte und ausgewertete Umfrage über die Erfahrungen mit der Koedukation, die er in dem Text „Der heutige Stand der Koedukation und ihre Bedeutung für die Erneuerung der Schule" (1931, siehe 27. Quellentext in diesem Band) darstellt, brachte z.B. genau die zu erwartende Fixierung auf die „wesensmäßigen" Unterschiede der Geschlechter. Es wurde kein Unterschied in der Begabungshöhe, wohl aber im Entwicklungsrhythmus und in der Begabungsrichtung festgestellt, nämlich bei den Jungen eine größere Begabung für Mathematik, Naturwissenschaften, Geographie und in „Denkfächern", bei Mädchen für Fremdsprachen und Geisteswissenschaften (Herzer 1931, S. 513). Die Arbeitsweise der Jungen wurde als aktiver, selbständiger und technisch erfinderisch beschrieben, während den Mädchen Fleiß, Sauberkeit, genaue Ausführung, Neigung zu mechanischen Verrichtungen und mehr „Gemüt" zugestanden wurden (ebd., S. 513).

Einen Hinweis auf eine andersgestaltete Unterrichtspraxis, die ohne äußere und innere Differenzierung zwischen den Geschlechtern auskommt, gibt Margarete Troost. Sie stellte eigene Unterrichtserfahrungen in einer vom 2. Schuljahr an koedukativ geführten Klasse vor und trat in ihrem „Beitrag aus der Praxis zur

Frage der gemeinsamen Erziehung von Knaben und Mädchen" (1929, siehe 25. Quellentext in diesem Band) für eine Gleichstellung der Geschlechter ein.

Zusammenfassend muß festgehalten werden, daß die Untersuchung der Curricula und der Unterrichtspraxis zeigen kann, daß sich die Tendenz einer geschlechtsspezifischen Differenzierung mit der Tendenz einer geschlechtsneutralen Haltung, nämlich die Erziehung und Unterrichtung *des Kindes*, vermischte (Hansen-Schaberg 1999a, S. 102 ff.). Die vermeintliche Zentrierung auf das Kind bedeutete somit in der koedukativen Schulrealität eine unterschiedliche Behandlung *der Mädchen* und *der Jungen* und möglicherweise die Nichtbeachtung der individuellen Persönlichkeit. Wenn alle nach ihren Kräften und Anlagen in der Gemeinschaft wirken sollte, wurde die „Natur" ausschlaggebend für die Aufgabenverteilung und als nützlich für die Gemeinschaft angesehen (siehe auch 1. Pädagogik „Vom Kinde aus" in diesem Band). Interessens- und Machtgegensätze zwischen Mädchen und Jungen, zwischen Individuum und Gemeinschaft und auch zwischen Kindern und Erwachsenen wurden nicht thematisiert, und die aus der Jugendbewegung entlehnten Prinzipien der Führung und des Geführtwerdens spalteten sich in der Kinder- und Jugendgruppe in der Regel auf die Geschlechter auf. Die Ambivalenz der „Gemeinschafts"-Pädagogik in den koedukativen Versuchsschulen bestand also darin, daß sie eine Problemsicht auf das Geschlechterverhältnis verdeckte und zugleich indirekt Ansätze zur Emanzipation durch den reformpädagogisch organisierten Unterricht schuf. Denn durch den selbsttätigen Umgang mit verschiedensten Materialien, die selbständige Erarbeitung von Themen des eigenen Interesses, die Arbeit in kleinen und großen Gruppen und die Gesprächskultur bestand für Mädchen und Jungen – auch bei Dominanz patriarchalischer Strukturen – die Möglichkeit, sich mit den Inhalten zu identifizieren bzw. Nischen zu finden. Die ambivalenten Erfahrungen in der koedukativen Schule boten demzufolge Ansatzpunkte zur Identitätsfindung und zur Befreiung von einengenden Geschlechterrollenzuweisungen. Nicht nur der Zugang von Mädchen zum Werkunterricht und die von Lydia Stöcker geforderten „Besondere(n) Unterrichts-Einrichtungen für Mädchen im Rahmen der gemeinsamen Erziehung" (1922, siehe 23. Quellentext in diesem Band), sondern auch die Öffnung spezifisch weiblicher Unterrichtsangebote für die Jungen wurde z.B. in den Berliner Lebensgemeinschaftsschulen ermöglicht (siehe auch den 11. Quellentext in diesem Band). Somit war auf der Ebene der praktischen Pädagogik durch die Arbeitsformen und durch die Persönlichkeiten einzelner Lehrerinnen und Lehrer die Chance gegeben, den Widerspruch zwischen der ideologischen Orientierung am Geschlechtscharaktermodell und dem politischen Anspruch einer einheitlichen Bildung für alle aufzuheben und dadurch die Individualität der Mädchen und Jungen in besonderem Maße zu fördern. Für die Mädchen war z.B. mit den Gruppenreisen, ohne Eltern und Geschwister, in Gemeinschaft mit den Jungen und der Lehrerin bzw. dem Lehrer, eine ungeheure Erweiterung ihres sonst relativ eingeschränkten, vor allem auf das familiäre und häusliche Umfeld bezogenen Aktionsradius gegeben. Vermutlich war durch die neuen Erfahrungen, nicht nur der Mädchen, sondern auch der Jungen, in unbekannter Umgebung eine Chance zur Veränderung geschlechtsspezifischer Strukturen in der Gruppe gegeben, wenn eine bewußte Gestaltung des Gemeinschaftslebens angestrebt wurde, wie Wilhelm Weiß es in seinem Text über „Bildungswerte mehrtägiger Klassenwanderungen" (1932, siehe 26. Quellentext in diesem Band) darstellt.

---

[1] Zu Willy Steiger siehe das Vorwort von Jürgen Zinnecker in dem von ihm herausgegebenen Reprint des Textes von Willy Steiger „S' blaue Nest" (1978, S. VII-XI).

[2] Siehe zu den pädagogischen Konzeptionen dieser Landerziehungsheime die Quellentexte in dem von Inge Hansen-Schaberg und Bruno Schonig herausgegebenen Sammelband (2002b).

[3] In Berlin wäre es allerdings zur Einführung der Koedukation gekommen, wenn die politischen Weichen 1933 nicht umgestellt worden wären, denn im Zuge einer breiten öffentlichen Debatte um die Ursachen einer Schülertragödie wurde über die Einführung der Gemeinschaftserziehung in der Berliner Stadtverordnetenversammlung 1928 positiv entschieden (Hansen-Schaberg 1999b).

[4] Zu Gertrud Bäumer (1873-1954) siehe Caroline Hopf 1997 und Eva Matthes und Caroline Hopf 2003.

Quellentexte

23. Lydia Stöcker:
Besondere Unterrichts-Einrichtungen für Mädchen im Rahmen der gemeinsamen Erziehung (1922)

Der Text von Lydia Stöcker[a] „Besondere Unterrichts-Einrichtungen für Mädchen im Rahmen der gemeinsamen Erziehung" gehört zu den wenigen Beiträgen, in denen Vorschläge für die Praxis der Koedukation unterbreitet werden. Er wurde in dem von Max Epstein herausgegebenen Sammelband „Die Erziehung im schulpflichtigen Alter nach der Grundschule", G. Braunsche Hofbuchdruckerei und Verlag Karlsruhe i.B. 1922, S. 339-342, publiziert.

„In der Erziehung ist das Geschlecht etwas, das überwunden werden muß", und es wäre daher die Frage aufzuwerfen, wozu im Rahmen gemeinsamer Erziehung irgendwelche unterrichtliche Sondereinrichtungen für Mädchen treffen? Wenn hier trotzdem einige Möglichkeiten oder vielleicht sogar Notwendigkeiten angedeutet werden, geschieht das mit dem Vorbehalt täglicher Korrektur, wie sie die praktische Erfahrung immer wieder ergeben wird und stets eingedenk der Tatsache der *Bisexualität alles Lebendigen*, die den Erzieher vor ewig neue, ewig wechselnde Aufgaben stellen wird. Immerhin ist die körperliche Differenzierung der Geschlechter, bei aller Verschiedenheit im einzelnen, so unbedingt feststehend, daß von hier aus sich ganz von selbst besondere Aufgaben die körperliche Erziehung betreffend ergeben. – Unser heutiger militaristischer Turnunterricht mit seiner ganz ungeheuren Mechanisierung des lebendig bewegten Körpers ist ein typisches Gebilde jenes dahingegangenen Zeitalters der Gewalt- und rohen Kraft-Anbetung, unter dessen Druck und Einfluß wir alle heute noch stehen. Man stelle die griechische Palästra und den modernen Turnsaal einmal nebeneinander, und man wird unsere Unnatur aufs Stärkste empfinden. Diese Unnatur aber ward – fast wäre man versucht zu sagen zur Widernatur, als man dieses ganze System – wieder rein mechanisch auf die Mädchen übertrug. Wenn wir also für die Mädchen einen besonderen Turnunterricht verlangen, so soll das nicht heißen, daß wir den heutigen den Knaben neidlos gönnen. Aber seine Neu- oder Umgestal-

---

[a] Lydia Stöcker (1877-1942) war von 1904 bis Ende 1933 Studienrätin an der Schöneberger Chamisso-Schule, einem Lyzeum mit angeschlossener realgymnasialer Studienanstalt, die zum Abitur führte. Sie war Gründungsmitglied des „Bundes Entschiedener Schulreformer" 1919 und wurde in seinem provisorisch eingerichteten Zentralvorstand für die Abteilung höhere Schulen zuständig und war dann im Vorstand der Berliner Ortsgruppe und im Hauptvorstand tätig. Zu Lydia Stöcker siehe Inge Hansen-Schaberg 1995, 2002.

tung interessiert hier nicht. Jedenfalls erfordert die Frauennatur, zumal in den entscheidenden Jahren körperlicher Umbildung, stets ganz besondere Berücksichtigung. Freilich wäre nichts törichter, als – wie es in manchen amerikanischen Erziehungsinstituten Brauch ist – sämtliche Mädchen in den Tagen der Periode einfach ins Bett zu stecken oder sonst in ihnen die Vorstellung einer Krankheit zu erwecken, die es gewissermaßen zärtlich zu hegen gilt. Aber die Unsinnigkeit heutiger Turnbildung, die jede Rücksichtnahme auf den Körper als Schlappheit verdächtigt, und, wie mir aus persönlichen Mitteilungen bekannt ist, zuweilen schwere körperliche Schädigungen hervorruft, ist noch verhängnisvoller.

Fragt man uns nun, wie der neue Turnunterricht beschaffen sei, so wird sich neben dem vorher betonten Negativen positiv etwa folgendes sagen lassen: Rhythmus und Harmonie sollen ganz anders im Mittelpunkt aller körperlichen Betätigung stehen. Dabei falle man aber um Gotteswillen nicht zurück in die Methode der achtziger-neunziger Jahre des verflossenen Jahrhunderts, wo jeder kräftige Schritt beim Mädchen als unpassend galt, Turnkleidung völlig unbekannt war, und über Reigen, Armschwingen und Knixen eine Atmosphäre unergründlicher Langweiligkeit schwebte. Wo der Unterricht nicht mehr in dumpfen Schulräumen, sondern draußen vor der Stadt stattfindet, wo Wandern, Rudern, Schwimmen, Rodeln, kurz jede Art von Sport und vor allem der Tanz zu ihrem Recht kommen, ist der eigentliche Turnunterricht ja nur ein kleines Glied in der Kette neuer Formgestaltung. Noch *sucht* man nach neuen Wegen; und wollte man Namen nennen, geriete man nur in Gefahr, vielleicht über Unwesentlichem Wesentliches zu übersehen. Die Fülle neuer Ansätze ist so groß, daß selbst dem Kundigen der Weg durch dieses Labyrinth kaum möglich scheint. Noch herrscht Chaos. Das soll uns wenig kümmern. „Man muß noch Chaos in sich haben, um einen tanzenden Stern gebären zu können."

Wenn die neue Schule der werktätigen Arbeit des Kindes ganz anders als heute Raum geben soll, so erhebt sich die Frage, ob bei dieser Betätigung besondere Einrichtungen für Mädchen zu schaffen sind. Bei aller manuellen Betätigung muß hier zunächst auf eine Vorfrage hingewiesen werden, die auf den ersten Blick etwas abseits zu liegen scheint, aber eben nur auf den ersten Blick, nämlich die Frage der Linkshändigkeit. Seit den Forschungen von Vließ (Das Jahr im Lebendigen, Jena 1918, – Vom Leben und vom Tode, 4, Aufl. Jena 1918) wissen wir, daß solche Linksbetontheit – auch hier wieder begegnet das große Gesetz der Bisexualität – ein starkes Hervortreten der gegengeschlechtlichen Substanz bedeutet, dieses aber wieder sehr häufig, wenn auch nicht immer, auf hohe geistige und künstlerische Begabung hinweist. Damit gälte für das linkshändige Mädchen ein Doppeltes: selbstverständlich wird man nicht daran denken, es zwangsweise zum Rechtshänder zu machen, wenn auch die Fähigkeit, beide Hände gleichmäßig zu gebrauchen, mir eine besonders erfreuliche Lösung bedeuten würde. Auf der anderen Seite werden wir von hier aus zur Frage der sogenannten „weiblichen Handarbeit" eine etwas andere Stellung einnehmen, als die bislang übliche. Möglichst große Unabhängigkeit von fremder Hilfe ist beiden Geschlechtern zu wünschen. Daher auch der elementare Gebrauch von Nadel und Faden und ähnlichen nützlichen Dingen für beide. Andererseits ist seit den Zeiten des Rokoko die männliche Kleidung so grauenhaft ernüchtert und vernützlicht, während für die Frauenkleidung noch heute Farbe, Schmuck, Glanz, – selbst für die Arbeitskleidung – in reichem Maße ausschlaggebend ist, daß sich hier von selbst eine Trennung ergeben wird. Die große Mehrzahl der Mädchen wird keinerlei Nötigung oder Empfehlung brauchen, um mit Begeisterung „weibliche Handarbeiten" im weitesten Sinne zu treiben, immer vorausgesetzt, daß die Arbeit jenem mädchenhaften Verlangen nach Schönheit, sei es der Linie, sei es der Farbe oder der Form, entgegenkommt. Daß für die wenigen, völlig anders Orientierten, kein Zwang besteht, versteht sich von selbst. Sie werden höchst wahrscheinlich alle jene mit „Basteln" bezeichneten Tätigkeiten vorziehen, die heute als rein männlich gelten. Aber warum sollte das Mädchen daheim nicht auch einmal die elektrische Leitung in Ordnung bringen oder, je nach Bedarf, in heftigem Forschungsdrang zunächst erst einmal entzwei machen, wie es bisher der vierzehnjährige Junge totsicher tat. Man sieht: mit und ohne Linkshändigkeit ist die Grenze hier fließend, und es kann nur größtmöglichste Freiheit und weitester Spielraum für beide Geschlechter gefordert werden.

Bliebe als weiteres „weibliches Betätigungsfeld" die Hauswirtschaft. Und da sei nun ein gutes Wort für die Knaben eingelegt, die oft so schreckliche Lust am Kochen haben und sich doch auf Grund heutiger Wertung oder vielmehr Unwertung solcher Tätigkeit garnicht getrauen, diese Freude auszusprechen. Dem einen oder anderen gelingt es später, als Chemiker, seinen Jugenddrang „auszuleben". Auch der Wandervogel bietet hier für bescheidene Ansprüche Befriedigung. Die Schule der Zukunft sollte an dieser Frage nicht vorübergehen und den dafür interessierten Knaben die Teilnahme an diesen Arbeiten gestatten.

Eigentlich gibt es nur ein einziges Gebiet, wo diese ewig fließende Grenze zwischen Knaben und Mädchen zu einer festen zu werden scheint: da, wo es sich um die Pflege des jungen Lebens, des Säuglings, handelt. Sonderbar, ein Junge mag seine Kaninchen, seine Hühner oder Tauben, Meerschweinchen oder was sonst Lebendiges es sei, so rührend betreuen, wie nur denkbar, das Interesse des vierzehn- bis sechzehnjährigen Mädchens für die Säuglinge wird er höchstens in seltenen, sehr seltenen Ausnahmefällen, vielleicht nie aufbringen. Es wäre töricht, solch tiefen inneren Drang nicht befriedigen zu wollen. Selbstverständlich, daß der Zwang hier am allerwenigsten am Platze ist und wo Gleichgültigkeit oder gar Abneigung herrscht, das Mädchen der Säuglingspflege fern bleiben möge.

Dann handelt es sich nur noch um die Frage, in welchem Alter man das Mädchen für genügend verantwortungsreif hält für solche Aufgabe. Es scheint mir das 16. bis 17. Jahr reichlich früh, würde aber im Rahmen einer allgemeinen Schulbildung wohl der späteste Zeitpunkt sein, so daß solche Arbeit schon rein äußerlich als Krönung der ganzen Tätigkeit empfunden wird.

Der alte griechische Gedanke vom Lieben und Hassen der Elemente, die trotz alles Gegensatzes zu einander drängen, behält in stets neuer Form seine ewige Gültigkeit. Ob wir nun von Geist und Materie, Körper und Seele, Form und Gehalt, ob wir von Individualismus und Sozialismus, von Autorität und Freiheit reden, stets suchen wir nach einer Synthese, weil es sich bei aller scheinbaren Differenzierung niemals um absolute Gegensätzlichkeit handelt. Wie könnte es bei der tiefsten aller Antithesen, der der Geschlechter, anders sein? So konnten auch diese kurzen Andeutungen über Sonderunterricht für Mädchen nur ein Versuch sein, dessen Unzulänglichkeit dem lebendig pulsierenden Leben gegenüber sich stets aufs Neue erweisen wird.

24. Friedrich Weigelt:
Gemeinsame Erziehung von Knaben und Mädchen (1925)
(Aus den Erfahrungen einer Gemeinschaftsschule)

Der Text von Friedrich Weigelt,[a] in dem er seine Erfahrungen und Beobachtungen mit der „Gemeinsamen Erziehung von Knaben und Mädchen" in der 31. Schule, einer der Neuköllner Versuchsvolksschulen[b] schildert, wurde in der Zeitschrift Lebensgemeinschaftsschule 2 (1925), S. 161-165, publiziert.

Vielfach ist die Frage der Koedukation als das zentrale Problem der Gemeinschaftsschule bezeichnet worden. Aus dem Kreise der Spandauer Kollegen insbesondere wurden bei der Bildung der Berliner Gemeinschaftsschulen, als die Frage der gemeinsamen Erziehung debattiert wurde, Stimmen laut, die es als absurd erklärten, Schulen Gemeinschaftsschulen nennen zu wollen, ohne die gemeinsame Erziehung der Geschlechter durchzuführen. Für sie bildete also die konsequente Lösung der Frage im bejahenden Sinne die Voraussetzung für die Arbeit in den neuen Schulen.

Wesentlich anders sahen die Hamburger, an die ich mich damals mit Fragebogen wandte, die bis ins Einzelne alle aus dem Problem resultierenden Möglichkeiten hervorhoben, diese Sache an. *Lottig*[c] schrieb damals: „Uns ist das Beisammensein von Knaben und Mädchen etwas ganz Natürliches, Selbstverständliches, *aber weder* für uns noch andere derart *Grundsätzliches*, daß wir ja den Versuch machen würden, dies Grundsätzliche nun weiter zweckvoll statistisch festzulegen. Wir werden nie eine so oder so formierte Mischung zu dem oder jenem praktischen Zwecke vornehmen oder wünschen, sondern an unserer Schule sind Knaben und Mädchen, und nun mögen sie sich nach allen möglichen zufälligen oder nicht zufälligen, aber immer lebendigen Gründen zueinander finden oder zueinander getan werden. (?) Und wir werden im Lebensverlauf Änderungen geschehen lassen oder vornehmen, werden beobachten, zeitweise kann es Problem sein, ist es auch schon gewesen, aber immer bleibt es im Fluß." Er gibt weiterhin die Mög-

---

[a] Friedrich Weigelt (1899-1986) war Volksschullehrer an der 31. Schule; 1925 schrieb er unter dem Namen Friedrich Wilhelm den Roman „Fritz Wilde der Junglehrer"; 1934 wurde er aus dem Schuldienst entlassen; von 1949-1962 war er als Oberschulrat in der Schulverwaltung in Berlin tätig; siehe Volker Hoffmann 1993, S. 248-250.

[b] Die 31. Schule, die Rütli-Schule, wurde 1923 als Lebensgemeinschaftsschule anerkannt, siehe zum Schulprofil Inge Hansen-Schaberg 1999a, S. 81 f., siehe auch den 8. und 24. Quellentext in diesem Band.

[c] William Lottig, Rektor der Hamburger Versuchsschule Berliner Tor in der Zeit der Weimarer Republik (Lehberger 1993, S. 35 ff., Lehberger 2003).

lichkeit zu, daß auch sie einmal statistische Erhebungen anstellen würden, aber sie würden dann andere sein als die unsrigen, auf die wir weiter unten eingehen wollen. Diese Antwort ist typisch für Hamburg, das jede bestimmte Festlegung, jeden Schematismus in den neuen Schulen stets vermieden wissen wollte, auch wenn er manchmal zur Klärung begrifflicher Bestimmungen notwendig gewesen wäre, während der Berliner im allgemeinen versucht ist, den Intellekt allzu sehr in den Vordergrund zu schieben, um bestimmte Richtlinien oder Ziele festzulegen. Und so sollten auch unsere Erhebungen, die wir im Frühjahr 1924 anstellten, dazu dienen, die Erfahrungen die man auf dem Gebiete der Koedukation gemacht hatte, zu sammeln, um sie eventuell für die weitere Arbeit maßgebend zu verwenden. Die Antworten von Berliner und Neuköllner Schulen waren umfangreich genug, um ein einigermaßen sicheres Bild zu ergeben. Die Ergebnisse seien kurz mitgeteilt.

In einzelnen Schulen erfolgte bei ihrer Gründung das Zusammensetzen der Geschlechter schematisch, d. h. es wurde eine Anzahl Knaben mit einer annähernd gleichen Anzahl gleichaltriger Mädchen vereinigt, ohne wesentlich den Willen der Kinder zu berücksichtigen, während in anderen Schulen die Entscheidung ganz in die Hände der Kinder gelegt wurde, so daß folgende Anordnung z.B. in Neukölln entstand:

Klasse	Gesamtzahl	Knaben	Mädchen	Klasse	Gesamtzahl	Knaben	Mädchen
0^m	40	8	32	$3\,^0/_2$	49	4	46
$1\,^0/_1$	42	42	–	3^m	38	38	–
$1\,^0/_2$	36	–	36	3^m	36	3	33
1^m	43	34	9	4^0	39	–	39
$2\,^0/_1$	41	41	–	4^m	52	52	–
$2\,^0/_1$	36	7	29	5^0	41	41	–
$2\,^m/_1$	47	38	9	6^0	37	26	11
$3\,^0/_2$	30	–	30	7^0	35	15	20

Für die Koedukatuion ergibt sich daraus zusammengestellt folgendes:
Unter insgesamt 16 Klassen haben wir

a) *8 ungemischte*: (und zwar die Klassen $I\,^0/_1; I\,^0/_2; 2\,^0/_1; 3^m; 3\,^0/_1; 4^0; 4^m; 5^0$)

b) *6 Klassen mit ganz einseitigem Mischungsverhältnis*:

$3^m : 3\atop33$; $2^0 : 7\atop29$; $0^m : 8\atop32$; $2^m : 38\atop9$; $1^m : 34\atop9$; $3\,^0/_2 : 3\atop46$

b) 2 Klassen normal gemischt:

$6^0 : 11\atop26$; $7^0 : 15\atop20$

Es ist erklärlich, daß sich dieses Zusammenleben nicht reibungslos von vornherein vollzog. Je älter die Kinder waren, um so schwieriger gestaltete es sich, so daß einzelne Klassen sich wieder reinlich schieden und dann seltsamerweise gut miteinander harmonierten und eine besonders enge Verbindung auf Wanderungen, bei Spielen und außerschulischen Veranstaltungen und Zusammenkünften herstellten. *Je einseitiger das Mischungsverhältnis war, um so größer waren natürlich die Differenzen. Am wenigsten zeigten sie sich in den Klassen, die von Schulanfang her zusammengemischt waren.* Allerdings liegen hier aus den Gemeinschaftsschulen noch keine Erfahrungen von der Oberstufe vor.

Im Laufe eines Jahres glichen sich die Gegensätze und Verhalten der beiden Geschlechter soweit aus, daß die Weiterarbeit ohne Störung fortgehen konnte. Die Klassen allerdings, die sich nach der freien Wahl der Kinder gemischt hatten, erfuhren starke Änderungen. Da es gestattet war, am Halbjahrsschluß die Klasse zu wechseln, *so kehrten die meisten Kinder in die alte Klasse* zurück und bis auf die wenigen Ausnahmen, die weiter aushielten, sonderten sich wieder reine Knaben- und Mädchenklassen heraus.

Als Gründe dafür wurden angegeben in Klassen, die überwiegend Knaben hatten: Die Mädchen hätten sich zurückgesetzt gefühlt; die Jungen seien zu roh, ihre Arbeiten würden von den Knaben nicht gewürdigt bzw. verstanden. Umgekehrt glaubten die Knaben in überwiegend mit Mädchen besetzten Klassen, sie fänden nicht genügend Beachtung ihrer Leistungen, die Mädchen seien zu zimperlich und hätten andere Interessen in den Fächern, so daß ihre Ausbildung darunter litte. [...]

Alle diese Einwendungen wurden natürlich nur von Kindern erhoben, die bereits vorher durch einige Jahre Trennung eine gewisse Knaben- bzw. Mädchen-„Kultur" entwickelt hatten. *Aus Klassen, die von vornherein gemischt waren, wurden ähnliche Bedenken von seiten der Kinder nicht laut.*

So kommen wir zu dem Ergebnis, daß Klassen, die durch einige Jahre hindurch die Trennung der Geschlechter durchgeführt hatten, diese bis zum Ende der Schulzeit beibehalten sollten. Wird Koedukation durchgeführt in solchen Klassen, dann sollte man danach trachten, die gleiche Anzahl für beide Geschlechter zu erreichen.

Dieses Ergebnis wirkt, so ausgesprochen, schematisch, unlebendig. Wieviel großzügiger und moderner wäre es, zu sagen, alles ist im Fluß, es gibt keine Vorschrift, laßt den lebendigen Strom des Wechselns, des Zu- und Abströmens durch die Klassen gehen! Auch wir haben einmal auf diesem Standpunkt gestanden. Wir begrüßten es, wenn Kinder am Schluß des Halbjahrs sich revidierten, je mehr

---

[d] In der im Anhang wiedergegebenen Äußerung eines Mädchens heißt es: „... wenn auch die Jungen sagen, wir sollen raus, aber *ich gehe nicht raus*. Da hat der Lehrer doch noch zu bestimmen. Und wenn die Jungen uns noch so hauen, ich gehe nicht raus, denn mir gefällt es in der Klasse." (Weigelt 1925, S. 167, Hervorhebung i.O.)

sie es taten, um so mehr erschien uns dies Ausdruck des selbständigen Wollens zu sein – und kamen zu keiner Ruhe, zu keinem Sichfinden, weil die Geschlossenheit der Gemeinschaft halbjährlich derart gestört wurde durch Elemente, die nirgends Ruhe fanden, daß wir gerade um deretwillen wünschten, daß sie irgendwo festen Fuß faßten. Im allgemeinen verebbte dieser Strom des Austausches bald, und ganz möchte ihn gewiß niemand beseitigt haben. Er wird auf Einzelfälle beschränkt bleiben.

Wenn heute in unseren oberen Klassen nach 3 Jahren Gemeinschaftsschule neben 40 Knaben manchmal 3–5 Mädchen oder umgekehrt sitzen, so zeigt das den Ausgleich nach jahrelangem, lebendigem „Fluß". Etwas gewagt mag es erscheinen, einen Schluß zu tun auf die Psyche dieser „Überreste" oder dieser letzten „Treuen". Es sei auch nicht verallgemeinert, sondern vorsichtig zum Nachdenken ausgesprochen. Während die wenigen Knaben, die in Mädchenklassen blieben, viel feminine Charakterzüge aufwiesen, zeigten umgekehrt die Mädchen der Knabenklassen ganz weibliche Art. Das geht besonders aus der Zuschrift 9 hervor[d], wo der duldende, passiv heroische Charakter des werdenden Weibes sich ankündigt. Freilich kommt dabei oft eine gewisse Verliebtheit in den Lehrer, bzw. die Lehrerin dazu, neben der Möglichkeit der Annäherung zum Jungen.

Die ganze Problematik dieser Klassenzusammenstellungen berührt ja im Grunde genommen gar nicht die Frage, Koedukation oder nicht? Sondern das sind Probleme, die jede weltliche Schule lösen muß, sobald sie sich aus dem Schulverband, wo Trennung der Geschlechter herrscht, zur Gemeinschaftsschule entwickeln will, und die rein *technisch-organisatorischen* Inhalts sind. Das wesentliche an der Frage kommt erst dann zum Ausdruck, wenn wir sie unabhängig von augenblicklichen Klassenzusammensetzungen usw., rein in ihrer Beziehung zu ihrem *pädagogischen* Wert oder Unwert betrachten. Sie hat zu ausführlichen Debatten auf der *Tagung der Landerziehungsheime*[e] in Berlin im Mai d. Js. geführt, wo *Geheeb* von der Odenwaldschule glänzende Ausführungen zur Bejahung der Koedukation machte, wogegen *Heichert*[f], Bieberstein, nur schwer den entgegengesetzten Standpunkt zu vertreten wußte. Innerhalb unserer Gemeinschaftsschulen sind, soweit mir bisher bekannt ist, keine Gegner der Gemeinschaftserziehung aufgetreten. Es erübrigt sich demnach, dieses Problem willkürlich hineinzuziehen in die Debatten.

---

[e] Die Tagung der Landerziehungsheime fand 1925 in Berlin auf Einladung des Zentralinstituts für Erziehung und Unterricht statt; siehe dazu den von Alfred Andreesen 1926 herausgegebenen Sammelband „Das Landerziehungsheim".

[f] Zur Frage der Koedukation befinden sich zwei Beiträge in dem von Alfred Andreesen herausgegebenen Sammelband „Das Landerziehungsheim" (1926): 1. Paul Geheeb, Odenwaldschule: Koedukation als Grundlage der Erziehung, S. 110-112, 2. Franz Heichert, Bieberstein: Erfahrungen der deutschen Landerziehungsheime, S. 112-119.

Etwas anders muß die Frage unter uns gestellt werden. *Ist Koedukation von der Grundschule bis zur Hochschule* durchzuführen, oder gibt es Zeiten in der Entwicklung der Kinder, wo die Geschlechter auseinanderstreben? Nur dieser letzte Einwurf, der oft erhoben wird, scheint mir wertvoll genug zu sein, daß man ihm Rechnung tragen und ev. zu einer Trennung kommen sollte. Die moralischen Bedenken, die man für die Pubertätsjahre gewöhnlich anführt, scheinen mir meistens aus Furcht vor der Verantwortung geboren zu sein. Statt dessen sollte man hier eine pädagogische Verpflichtung zur Aufklärung vor den Gefahren der Reifejahre sehen.

Aber wie steht es mit dem Einwurf über das Auseinanderstreben der Geschlechter in den Jahren von 12–16 bzw. 18? Ist das eine natürliche Isolierung, zur inneren Sammlung für die späteren, großen Aufgaben der Geschlechter, ein Reifungsprozeß, der im Zusammenleben leicht zu früh unterbrochen werden kann, die Bildungszeit für gestaute Kraft, Jahre, wo der Sublimierungsprozeß einsetzen müsse, der die ungeheure Kraft sexueller Spannungen in geistige Kraft umleiten soll? Alle diese Fragen sind nicht von der Hand zu weisen. Die Anhänger der Koedukation beantworten sie meistens damit, daß sie sagen, es gäbe keine Isolierung der Geschlechter, nur eine Absperrung, eine „Verdrängung" in der Phantasie. Ob sie sich innerlich mit dieser Antwort ganz abfinden? Dieses „vom Mädchen reißt sich stolz der Knabe" ist ja nicht nur bei den Kulturvölkern beobachtet worden, die aus den Verdrängungserscheinungen nicht mehr herauskommen. Auch die Primitiven tragen ihm in der Erziehung Rechnung. Nur fragt es sich, ob dieser natürlichen Isolierung, die jeder in seiner Klasse beobachten wird, wenn sich die Kinder in den höheren Jahrgängen auseinandersetzen, sobald ihnen Freiheit dazu gewährt wird, in der *Ko-instruktion*, denn um eine solche handelt es sich nur in unsern Schulen, unbedingt nachgegeben werden muß, ob wir damit diese Isolierung nicht willkürlich übertreiben. In den Landerziehungsheimen geht es wirklich um Koedukation. Und auch dort kann man das gemeinsame Unterrichten durchaus aufrecht erhalten, nur darf man freilich nicht den Knaben und Mädchen in der freien Zeit die Möglichkeiten der Isolierung rauben. Das Zusammenbleiben darf auch bei uns nicht zwangvoll bis in die Pausen und Spiele ausgedehnt werden. *Das Auseinanderstreben der Geschlechter ist kein unbedingtes „Sich-meiden", sondern ein „Distanznehmen".* Das kann natürlich normal sich nur entwickeln, wenn im steten Zusammenleben unter Beobachtung der Erwachsenen sich der Ablösungsprozeß langsam vollzieht. Gewaltsame Trennungen ziehen gewaltsame Zusammenstöße nach sich. (Man denke an Mädchenpensionate und Knabenerziehungsanstalten) Diese jungen Menschen, die zwangvoll isoliert wurden, haben diese innere Distanz nie sich erwerben können und sie sind „unsere gefährdete Jugend", die das andere Geschlecht nur noch als „Geschlecht" sehen. *So ergibt sich nun als Schluß: Selbst unter Anerkennung einer natürlichen Isolierung im Pubertätsalter ist Koedukation durchaus zu fordern, weil sie den lebendigen Erziehungsprozeß darstellt und die Distanz schafft, die den besten Schutz unserer Jugendlichen vor sittlichen Gefahren bildet, dabei darf das Zusammenleben sich allerdings nicht zwangvoll über die ganze Zeit des Tages erstrecken, damit die Jugendlichen die Möglichkeit haben, auch die Besonderheiten im Charakter des Geschlechts unter Geschlechtsgenossen zu bilden und sich innerlich zu sammeln.*

Es bliebe noch zu erörtern, wieweit sich auf die einzelnen Fächer bezogen die *Koinstruktion* erstrecken sollte. Bis auf die Mädchenhandarbeit kämen wohl alle Fächer in Betracht. Niemand, der je in einer reinen Knaben- oder Mädchenklasse unterrichtet hat und dann in einer gemischten Klasse lehrt, wird den Vorteil dieses letzten Unterrichts abstreiten können, der darin liegt, daß die gegenseitige Ergänzung in der besonderen Auffassung aller Gebiete zu einer ungeheuren Bereicherung, Belebung und Steigerung der ganzen geistigen Arbeit führt. In meiner Klasse gestaltete sie sich folgendermaßen: Die Jungen haben die Führung, denn sie sind in der Mehrzahl; die Realien (Naturkunde, Geschichte, Erdkunde), Mathematik und praktische Betätigung stehen im Vordergrund. Aufsätze, Zeichnungen, Dichtungen werden in der Hauptsache verstandesgemäß aufgefaßt und bearbeitet. Die Mädchen besitzen vielfach nicht die innere Verbindung dazu und ihr Interesse fehlt. Dafür ergänzen sie gerade in Musik und Dichtung die einseitige Knabenarbeit und schaffen manche genußreiche Erlebnis-Stunde. Besonders angenehm wird es empfunden, daß Knaben und Mädchen zusammen sind, wenn wir Fragen der geschlechtlichen Aufklärung berühren. Ein Junge sagte vor kurzem nach solch einem Thema: „Es ist doch gut, daß Mädchen dabei waren, da werden die Jungs sich mit ihnen nicht mehr in unanständiger Art darüber unterhalten."

Der meist vorwiegend intellektuell eingestellte Lehrer und die Knaben werden nicht zu ihrem Nachteil fürs Leben Rücksicht nehmen lernen auf die mehr lyrische Art der Mädchen, und eine Lehrerin wird den Stoffhunger der Knaben befriedigen müssen, wo sich vielleicht zeigen wird, daß sich manches Mädel vielmehr zur Art der Jungen hält und viele Knaben im Wesen der Mädchen erst ihre volle Befriedigung an der Arbeit finden. Damit werden wir zu einer andern Auffassung vom Beruf der Frau kommen und diese wird sich erst im Ringen um die geistigen Güter Schulter an Schulter mit dem Mann ihre volle Gleichberechtigung erkämpfen. [...]

25. Margarete Troost:
Ein Beitrag aus der Praxis zur Frage der gemeinsamen Erziehung von Knaben und Mädchen (1929)

Margarete Troost[a] schildert in dem „Beitrag aus der Praxis zur Frage der gemeinsamen Erziehung von Knaben und Mädchen" in der Allgemeinen Deutsche Lehrerzeitung, hrsg. vom Deutschen Lehrerverein, vom 23. 5. 1929, S. 113 f., ihre Erfahrungen mit der Koedukation an der reformorientierten 308. Schule im Wedding.[b]

Die Schule, an der ich tätig bin, ist eine Versuchsschule, in deren Programm gemeinschaftlicher Unterricht und gemeinschaftliche Erziehung von Knaben und Mädchen selbstverständlich hineingehört. Nur die Möglichkeit, aus der Praxis Erfahrungen in der Frage der gemeinsamen Erziehung zu sammeln, gewährleistet Ausführungen darüber eine ausreichende Überzeugungskraft.

Den Gesichtspunkt für Sinn und Richtung unserer Arbeit sah ich so:

Die uns anvertrauten Kinder sollen Menschen der Gegenwart und Zukunft werden. Heute schon ist eine gesellschaftliche Umschichtung der Geschlechter im Fluß, die Männern und Frauen eine neue Bewertung für sich und gegeneinander gibt. Daß Leute da sind, die diese Entwicklung leugnen oder sie sogar aufhalten möchten, ändert an der Sache selbst nichts. Ziel dieser Entwicklung ist die Gleichstellung der Geschlechter.

Es gibt viele, die auch heute noch dazu neigen, Gleichstellung mit öder Gleichmacherei zu verwechseln, für die sich Gleichstellung etwa mit „verweiblichter Mann" und „vermännlichte Frau" umschreiben ließe. So ein mechanisches Schema gilt für die Natur niemals! Zwischen dem, was gemeinhin nach typischen äußeren Hauptmerkmalen als männlich und weiblich unterschieden wird, hat sie Aberhunderttausende von abgetönten Zwischenstufen geschaffen, die der Einzelne nach Geschmack, Laune oder wissenschaftlicher Vorbildung der einen oder anderen Gruppe zuweist.

Und nicht bloß dies. Dieselbe Natur schuf den Menschen gesellig – vielleicht sagte man hier noch deutlicher: ergänzungsbedürftig. Daher kennt auch die ursprünglichste, weil von der Natur geschaffene, erst später wirtschaftlich ausge-

---

[a] Über Margarete Troost habe ich in den Lehrer-Verzeichnissen von Berlin von 1925, 1927 und 1931 die folgenden Informationen gefunden: Sie wurde am 7. 11. 1893 geboren, bekam ihre erste Anstellung im Schuldienst am 16. 4. 1915, war von 1925 an Vertretungslehrerin an der 308. Schule, damals eine koedukative Sammelschule, und wurde im Lehrerverzeichnis von 1931 als Lehrerin an der 197. Schule, einer ebenfalls koedukativen Sammelschule, erwähnt. Am 1. 10. 1933 wurde sie nach § 2 des Berufsbeamtengesetzes entlassen (Personalblatt Troost, BBF/DIPF-Archiv).

[b] Zur 308. Schule, die erst 1930 den Status einer Lebensgemeinschaftsschule erhielt, siehe Inge Hansen-Schaberg 1999a, S. 88 f. und den 11. und 26. Quellentext in diesem Band.

baute Gemeinschaft – die Familie – keinerlei Trennung der Geschlechter. Bei den Großen nicht und bei den Kleinen nicht.

Warum soll also die Schule, die für die größere, aus der Familie erwachsene Gemeinschaft – nämlich Volks- und Staatsgemeinschaft – ihre Zöglinge vorbereiten soll und will, wie ein Hemmklotz vor die natürliche Entwicklung aus dem kleinen Kreise in den größeren hineingelegt werden? In dieser Entwicklung sollen Knaben wie Mädchen in gleicher Weise vorwärtsschreiten. Warum nicht gemeinsam? Warum bei uns in der Großstadt Berlin nicht gemeinsam? Wo auf dem Lande Knaben und Mädchen dieselbe Klasse besuchen – wie bei uns vielfach Kinder der Sonderschulen (Hilfs-, Schwerhörigen-, Blinden-, Sprachheilschulen usw.)? Gelten für diese Kinder die üblichen Einwände nicht? Sind bei diesen Knaben und Mädchen die „Verschiedenheiten in Veranlagung, Interessen und Tempo des Fortschreitens" weniger groß? Oder sind die oft vorgebrachten „sexuellen Gefahren" bei ihnen weniger vorhanden? Mir scheint, wir stoßen hier auf einen organisierten Widerspruch. Und weiter: Wie einengend ist die Teilung nach Geschlechtern, weil sie nicht ausreichend Raum läßt für Entwicklungsmöglichkeiten der weiter oben angeführten „Aberhunderttausenden Zwischenstufen" der sich nie wiederholenden und unwiederholbaren Natur.

Entwicklungsmöglichkeiten – und zwar: *Gleiche Entwicklungsmöglichkeiten und gleiche Auswirkungsmöglichkeiten* – sie bedeuten die *Gleichstellung der Geschlechter*, sie führen sie *zwangsläufig* herbei. Sie sind demnach auch Wesensbestandteil der gemeinsamen Erziehung der Geschlechter.

Dann heißt es allerdings vollständig mit der Anschauung von *besonderer weiblicher* oder *männlicher Bildung* brechen. An ihre Stelle tritt schlicht, doch allumfassend die *menschliche* Bildung, die ohne zu typisieren oder einzuengen einzig und allein jedem Menschenkinde ohne Ansehen des Geschlechts das zuträgt und zuteil werden läßt, was es zu seinem körperlichen, geistigen und seelischen Wachstum braucht.

Der Maßstab für seine Bedürfnisse ist also nicht mehr zweigeteilt wie in der Anschauung vergangener Zeiten, er wird vielmehr bestimmt durch seine gegenwärtige Aufgabe für die Zukunft. Nichts aber formt sicherer und ist in der Folge nachhaltiger wirksam als stetiges Hineinwachsen in die Gedankengänge einer im Gleichgewicht gehaltenen Menschheit.

Die vorstehenden Überlegungen habe ich meiner Arbeit an Kindern zu Grunde gelegt. Und nun zu dieser selbst. Ich gliedere sie der Übersicht halber hier in einen unterrichtlichen und erzieherischen Teil.

II.

Die Beobachtungen, die ich gemacht habe, beziehen sich auf Kinder, die ursprünglich getrennt unterrichtet wurden und die erst später, nach etwa dem 1.

Schuljahre, gemeinsamen Unterricht und gemeinsame Erziehung genossen. Mit dem Beginn des gemeinschaftlichen Erlebens mußte sich infolge Wechsels eine große Umstellung vollziehen. Was wandelt sich nun, wenn die Kinder, die man oft des Mittags beim Nachhauseweg sich gegenseitig schimpfen hören konnte, einen gemeinsamen Weg und gemeinsame Arbeit haben?

Anfangs freilich bleibt eine gewisse Spannung bestehen, die sich darin äußert, daß Knaben und Mädchen sich bei Spiel und Arbeit und sonstigen Unternehmungen recht getrennt halten und 2 Abteilungen vorhanden sind, die jede für sich vorgeht. Die eine behandelt die andere mit einer gewissen Verachtung, wobei die Knaben fast immer die Überlegenen spielen. Sobald man sich dagegen näher kennen lernt und anfängt, einander nach Begabung, Eifer, Betätigung, nach guten und schlechten Eigenschaften einzuschätzen, ergibt sich doch ein anderes Bild. Es kann nicht mehr heißen: Hie Knabe – hie Mädchen, sondern es lautet nun: Hier Tüchtigkeit – dort Untüchtigkeit, hier Leistung – dort Versagen, hier Begabung – dort Nichtbefähigung, hier Fleiß – dort Faulheit, hier Wahrheit – dort Lüge. Die Bewertung hat dann nichts mehr mit dem Geschlecht zu tun, sondern bezieht sich nunmehr auf das reine Menschliche und wird dadurch gerechter. Es erwächst in den Knaben langsam die Einsicht, daß nicht das Geschlecht an sich, ein Mehr an Wertung bedeutet; bei den Mädchen hingegen gewinnt die Gewißheit Raum, daß ihr Geschlecht an sich dem anderen gegenüber nicht geringere Befähigung bedeutet, sondern daß bei voller Entfaltung ihrer Fähigkeiten auch für die Bewertung ihrer selbst alles das maßgebend wird, was bisher bloß bei der Beurteilung des anderen Geschlechts als ausschlaggebend galt. Da zeigt sich zum Beispiel ganz deutlich, daß Gefühl und Verstand keine Merkmale sind, die dem männlichen oder weiblichen Geschlecht im besonderen zukämen. Immer wieder berührt es einen als Frau eigenartig, die Feststellung machen zu müssen, wie viele natürliche Fähigkeiten auch bei dem Mädchen liegen, die man früher nur bei Knaben annehmen zu müssen glaubte – und ebenso umgekehrt bei den Knaben.

Eine solche gerechtere Beurteilung der Interessen und Befähigungen der Geschlechter untereinander setzt dann wohl am stärksten ein, wenn bei der Wahl der Fächer und beim Verteilen und Aussuchen der Aufgaben keinerlei Rücksicht auf das Geschlecht, sondern, davon unabhängig, nur auf die Befähigung Bedacht genommen wird. Ich habe versucht, das durchzuführen, indem ich z.B. weder beim Turnen und Spielen, noch bei Werkunterricht oder Raumlehre Knaben und Mädchen trennte; ganz bewußt und absichtlich und betont besonders bei den Fächern nicht, bei denen die Trennung auch dann noch üblich ist, wenn der übrige Unterricht für alle gemeinsam gegeben wird: nämlich bei Nadelarbeit und Hauswirtschaft.

Und eigenartig! Bei den Kindern hat es keine Schwierigkeiten gegeben. Sie wuchsen in diese Auffassung selbstverständlich hinein. Es mußten erst die überall vorhandenen, anscheinend unvermeidbaren Mitläufer und Rückständigen unter den Eltern, die wohl das Konto jeder fortschrittlich arbeitenden Schule belasten, ihre Stimme erheben, um daraus etwas Besonderes zu machen.

Die Leistungen auf den Gebieten, wo die besprochene neue Eingewöhnung erfolgt, darf ich wohl als durchaus zufriedenstellend, in einigen Fällen als überraschend gut bezeichnen. Die natürlich auch anzutreffenden Unzulänglichkeiten halten sich vollkommen im Rahmen der üblichen Versager in einer Klassengemeinschaft.

III.

Bisher war vorwiegend vom Unterricht die Rede. So gewiß es ist, daß jeder rechte Unterricht gleichzeitig erzieht, so gewiß ist auch, daß er allein noch lange nicht das Kind ganz erfaßt. Dazu gehört mehr. Dieses Mehr muß über den unterrichtlichen Rahmen hinauswachsen. Es muß das ganze Leben des Kindes einbeschließen, muß eine stärkere Verbindung zwischen dem Leben in der Schule und zu Hause darstellen. Sein Arbeitsfeld ist die *Fürsorge für andere*. Wenn die Kinder das Frühstück oder Mittagessen für die Bedürftigen unter ihnen besorgen oder die vorschulpflichtigen Geschwister im Kindergarten betreuen oder die Verwaltung der Schülerbücherei versehen oder für die rechtzeitige Ausgabe von Arbeitsmaterial Sorge tragen, Junge und Mädel im gemeinschaftlichen Dienst für die Allgemeinheit – so bringt sie das einander um ein Bedeutendes näher. Das Verhältnis zueinander wird viel geschwisterlicher.

Noch mehr jedoch verschiebt sich dieses Verhältnis in der angedeuteten Richtung durch die mehrwöchigen Aufenthalte in Landschulheimen. Dort sind die Kinder den ganzen Tag miteinander zusammen. Man lernt sich mit manchen bezeichnenden Lebensgewohnheiten kennen, die sonst verborgen bleiben. Und das färbt ab auf das Verhältnis der Kinder zueinander. Die Selbstverständlichkeit des Zusammenseins, die genauere Kenntnis voneinander schleifen ab. Die Gewohnheit des Umgangs mindert *auch* die Spannung zwischen den Geschlechtern, und an Stelle von Gegensätzlichkeiten tritt die Eintracht. Sie aber hat im Gefolge die Verminderung sexueller Gefahren. Da die Fragen nach der Körperlichkeit des anderen Geschlechts sich bei einigem Takt für die Kinder ausreichend und zufriedenstellend beantworten lassen, so daß nicht mehr Neugier die Triebfeder zu Verstößen auf sexuellem Gebiet werden kann, ist es durchaus möglich, für alle Normalen gut zu sagen. Daß Anormalitäten natürlich eine Ausnahme bilden, ist so selbstverständlich, daß man es eigentlich gar nicht erwähnen braucht. Daneben ist das Zusammenleben auch wiederum gerade günstig, selbst mit Bezug auf diese sexuell nicht normal veranlagten Kinder. Denn wo oder wie sonst sollte der Lehrende diese anormale Veranlagung leichter und sicherer herausbekommen, als während einer solchen Zeit intensiven Zusammenlebens, in der Beobachtungsmöglichkeiten besonders groß sind? So erwachsen ihm Gelegenheiten, Gefahren, wie sie durch oben gekennzeichnete Kinder entstehen können, rechtzeitig zu erkennen und durch geeignete Maßnahmen abzuwehren. Wir hatten aber, wohlbemerkt, während des sechsjährigen Bestehens unserer Schule keinerlei Veranlassung einzugreifen.

Zweierlei scheint mir nach meinen Erfahrungen gewiß zu sein: Durch vernünftige gemeinsame Erziehung sind die Kinder sicher nicht so vielen Gefahren ausgesetzt wie ohne diese und – man hüte sich, Kinder im Entwicklungsalter mit dem Maßstabe des sexuell bewußten Erwachsenen zu messen. Das dürfe ihrem Tun oft einen Sinn geben, den es für sie selber nicht gehabt hat.

Schicken wir also Jungen und Mädel ruhig gemeinsam zur Schule – es wird zum Schaden nicht sein!

26. Wilhelm Weiß:
Bildungswerte mehrtägiger Klassenwanderungen (1932)

Der Text von Wilhelm Weiß[a] „Bildungswerte mehrtägiger Klassenwanderungen" wurde in der Pädagogischen Warte 39 (1932), S. 658-662, veröffentlicht und zeigt, wie die Jugendbewegung Eingang in die reformpädagogische koedukative Schulpraxis der 308. Schule, einer Lebensgemeinschaftsschule im Wedding, findet.[b]

Zu den gegenwärtigen pädagogischen Bestrebungen gehört es, mehrtätige Klassenwanderungen zu unternehmen. Jedoch sind sie nur zum Teil anerkannt; in Laien- und Fachkreisen befinden sich Gleichgültige, sogar Ablehnende. Dies tritt zwar in der Literatur kaum hervor, wird dagegen in der Schulpraxis fühlbar. Die darüber geltenden Bestimmungen der einzelnen deutschen Länder durchlaufen alle Variationen zwischen solchen, die mehrtätige Wanderungen empfehlen, auch außerhalb der Ferien, bis zu solchen, die nur einmal jährlich einen eintägigen Ausflug vorsehen. Selbst dort, wo die zuständigen Behörden sie finanziell unterstützen, haben sie sich noch nicht allgemein eingebürgert. Es ist nicht denkbar, daß hier überall eine oberflächliche oder verantwortungslose Beurteilung zugrunde liegt; eher ist anzunehmen, daß mancher verantwortungsvolle Erzieher keinen oder nur einen sehr geringen Bildungsertrag von einer solchen Veranstaltung erwartet.

Welche Werte liegen in einer Wanderung, daß sie vom Standpunkt der Erziehung aus gerechtfertigt ist? Als Antwort sollen die dem Klassenwandern eigenartigen Umstände aufgezeigt werden, durch die es möglich ist, den Schüler zu bilden. Um den weiteren Ausführungen den rechten Boden zu bereiten, sei betont, daß dabei unter Bilden keine enzyklopädische Aneignung von Wissen gemeint ist, sondern der Prozeß, der in der Auseinandersetzung des Individuums mit der Umwelt besteht und es durch Entfaltung aller seiner Anlagen zur Teilnahme am Kulturleben befähigt. – Die Richtungen, nach denen im folgenden der Bildungsgehalt von Klassenwanderungen dargelegt werden soll, ergeben sich aus deren hervorstechendsten Merkmalen.

Der andere Lebensstil. Die Forderungen, die sich aus der Technik des Wanderns ergeben, führen zu einer völligen Lebensumstellung. Die Ausrüstung muß in allen Teilen auf Zweckmäßigkeit berechnet sein. Die Einsicht in eine solche Not-

---

[a] Wilhelm Weiß, geb. 1896, 1. Lehrerprüfung 1920 und 2. Lehrerprüfung 1922 in Berlin, ab April 1923 an der 308. Schule, am 1. 10. 1933 Versetzung an die 229. Schule (Personalkarte, BBF/DIPF-Archiv).

[b] Zur 308. Schule, die erst 1930 den Status einer Lebensgemeinschaftsschule erhielt, siehe Inge Hansen-Schaberg 1999a, S. 88 f. und den 11. und 25. Quellentext in diesem Band.

wendigkeit führt trotz aller vorangegangenen Ratschläge oft erst die Reise selbst herbei. Je mehr den Kindern durch Kenntnis und Übung die Einsicht in die technischen Anforderungen lebendig geworden ist, desto stärker erfahren sie die Eigengesetzlichkeit der Dinge. Sie erkennen Ursache und Wirkung und gewinnen so eine Haltung, die es zur Selbstverständlichkeit macht, sachlichen Forderungen nachzugehen. Zweckmäßigkeit heißt hier abwägen können zwischen Dauerhaftigkeit, Einfachheit und Schönheit, besonders in bezug auf die Kleidung. Durch den Lebensstil der Wanderung wird so der Mensch erzogen, der alle Gegebenheiten und Möglichkeiten seiner dinglichen Umwelt beachtet, also der praktische Mensch.

Damit eng verbunden ist die Erziehung zur Anspruchslosigkeit. Einfache Verpflegung und Unterkunft sind hier ebenso wirksam wie zweckmäßige Ausrüstung. Selbstverpflegung und Übernachten in den Jugendherbergen bringen Selbstbedienung mit sich. Auf diese Weise kommt den Kindern die Notwendigkeit vieler unangenehmer Arbeiten zum Bewußtsein. Nicht an den Geldbeutel des Vaters werden Ansprüche gestellt, sondern an die eigene Tüchtigkeit. Die Freude am eignen Tun, an der Gemeinsamkeit der Arbeit, an der Einfachheit der Hilfsmittel lassen kein Mitglied der Klasse untätig oder uninteressiert sein. Die eigene Kraft des Kindes wird durch das Fehlen mancher sonst unentbehrlicher Dinge und durch den gemeinsamen Arbeitseifer zum erfinderischen Schaffen angeregt. Diese Erziehung zur Anspruchslosigkeit führt zur Unterdrückung von Sonderbedürfnissen, zum Genuß des einfachen Lebens und unterdrückt dadurch den Typ des verwöhnten Schülers.

Will man wirklich die Klasse „wandern", d.h. nicht nur dem Lehrer folgen lassen, dann übergibt man einzelnen Gruppen oder Schülern die Führung. Das Ausmaß ihrer Funktionen richtet sich nach der Reife der Klasse und den örtlichen Umständen. Wesentlich ist, daß der Lehrer überall da der Klasse die Verantwortung überläßt, wo er sie, ohne erheblichen Schaden zu veranlassen, nicht selbst zu tragen braucht. Er stellt möglichst oft jeden einzelnen vor eigenes Handeln und eigene Entschlüsse. Er gibt keine Auskunft, sondern zwingt die Kinder unbedingt, die eigene Karte zu befragen oder andere Orientierungsmittel zu benutzen. Der Wert einer solchen Regelung des Marschplanes liegt nicht nur in dem Kennenlernen und der Übung einiger Fertigkeiten, sondern ebenso in der Stärkung des Verantwortungsbewußtseins, in der Erziehung zur Selbständigkeit und Entschlußfreudigkeit. Die Kinder sind stark an den Maßnahmen ihrer Kameraden interessiert; sie kontrollieren und kritisieren sie und zwingen so jeden einzelnen, sein Bestes zu geben.

Die völlige Lebensumstellung wirkt sich am stärksten in dem eigentlichen Wandern aus, also im Marschieren und dem dauernden Aufenthalt im Freien. Wie dies auf die Gesundheit einwirkt, ist von Ärzten oft genug gesagt worden.

Hier sei nur noch auf einige andere Zusammenhänge hingewiesen. Mancher vorsichtige Lehrer sieht die größten Schwierigkeiten des Wanderns in der Verantwortung und der Haftpflicht. Wenn wir aber ganz allgemein Wanderungen junger Menschen zustimmen, dann haben die Klassenwanderungen insbesondere die Aufgabe, die Kinder zur Vorsicht und zum Unterdrücken ihrer Waghalsigkeit zu erziehen, damit sie später, wenn sie ohne den Lehrer „auf Fahrt" gehen, selbständig und verantwortungsbewußt ihre Freizeit gestalten. Angesichts der Ausbreitung des Sports mit seiner Betonung der Rekorde darf nicht übersehen werden, daß auch das Wandern ein Sport ist, aber durchweg ohne dessen Nachteile. Er ist der durchgeistigtste, aber auch der einfachste Sport, den fast jeder immer und ohne weiteres pflegen kann, und der nicht die einseitige Ausbildung eines Körperteils, sondern die des ganzen Körpers zur Folge hat. Deshalb hat die Schule die Aufgabe, zu ihm hinzuerziehen. Sie kann und muß es um so mehr, als die Entwicklung des Kindes hier ihren Bildungsabsichten wie wohl nirgends sonst entgegenkommt. Damit sind wir bei dem Punkt, der erst dem andersgearteten Lebensstil einer Wanderung die tiefere Rechtfertigung gibt. Jugend will hinaus, ins „Freie", Jugend will einmal losgelöst sein von den Hemmungen und Bindungen des gesitteten Lebens. Der Drang zur Selbständigkeit, zur Leistung, das Verlangen, etwas Besonderes zu haben und zu schaffen, die „Emanzipationsbestrebungen" (Spranger, Psychologie des Jugendalters, S. 44)[c], die in der Jugendbewegung, aber auch in der Jugendverwahrlosung eine Rolle spielen, können durch Erziehung zum Wandern aufbauend in der Entwicklung des Kindes und Jugendlichen wirken.

Besondere Formen des Gemeinschaftsleben. Schon die Betrachtung des veränderten Lebensstils läßt vermuten, daß durch das Zusammenarbeiten auf einer Wanderung wertvolle gemeinschaftsbildende Möglichkeiten vorhanden sind. Von den anderen, hier wirksamen Faktoren sei zunächst die Stellung des Lehrers betrachtet. Er kann auf der Wanderung stärker als in der Schule auf sichtbare Führerschaft verzichten, weil die bildenden Anregungen mehr von den Bildungsgütern selbst und weniger, wie im Unterricht, vom ihm ausgehen. Das freudige Erstaunen von Kindern, die auf der ersten Wanderung plötzlich in dem „Lehrer" den Kameraden und Freund entdecken, zeigt die Einstellung der Schüler, zeigt dadurch aber auch, welche andersartige Einwirkungsmöglichkeit diese kameradschaftliche Stellung dem Führer verschafft. In der aufgeschlossenen Wanderstimmung beim Dahinschlendern, beim Lagern und abends in der Herberge ergeben sich von selbst Aussprachen über Fragen, die innerhalb der vier Schulwände vielleicht nie berührt werden, und die um so wertvoller sind, als der Lehrer das bewußt Absichtsvolle ganz zurücktreten lassen kann. Ein weiterer, zur Gemein-

---

[c] Eduard Spranger: Psychologie der Jugendalters. Leipzig 1924.

schaft drängender Faktor ist die Abgeschlossenheit der Gruppe. Die Kinder sind nur auf sich und den Führer angewiesen. Sie durchwandern geschlossen ein fremdartiges, unbekanntes Gebiet und erleben so gegenüber dem vielen Andersartigen ihre Zusammengehörigkeit.

Durch die besonderen Formen des Gemeinschaftslebens, die die Gleichstellung aller Gruppenmitglieder zwangsläufig ergibt, und durch die Notwendigkeit einfachen, bedürfnislosen Lebens ist jeder ohne weiteres zur Mitwirkung an den beiden wesentlichen, zum Leben in einer Gemeinschaft notwendigen Aufgaben verpflichtet, an der „Erhaltung des leiblichen Seins" und der „Gestaltung des kollektiven geistigen Seins" (Kerschensteiner, Theorie der Bildung, S. 206)[d]. Die erste Verpflichtung wird im Verlaufe der Wanderung durchweg als Selbstverständlichkeit empfunden, besonders dann, wenn die Zusammenarbeit durch irgendwelche Organisation (Gruppeneinteilung) geregelt ist. Zwar sind Schwierigkeiten zu überwinden, bis jeder das Bewußtsein von der Notwendigkeit persönlicher Eingliederung in das Ganze hat, aber irgendwie wird eine Klasse, die das Bestreben hat, die auf einer Wanderung sich offenbarende Zusammengehörigkeit der Gemeinschaft umzuformen, immer durch ein Chaos hindurch müssen. Nicht ganz so ist es mit der zweiten Verpflichtung. Es gehört pädagogisches Fingerspitzengefühl des Lehrers dazu, jeden an der Pflege des geistigen Seins teilnehmen zu lassen. Trotzdem kann er voller Zuversicht an diese Aufgabe herantreten, kommt ihm doch, zumal es sich bei mehrtägigen Klassenwanderungen nur um ältere Schüler handeln kann, das Streben des Kindes entgegen, nach eigenartigen, seiner Seele entsprechenden Formen der Verbundenheit und Betätigung zu suchen. Durch die Reichhaltigkeit, die die Pflege des geistigen und geselligen Lebens auszeichnet, ist es jedem möglich, sich zu beteiligen. Wir denken hierbei an Singen und Musizieren, an die Beteiligung beim Volkstanz, an Geschichtenerzählen und -hören, ferner an die Beachtung, vielleicht sogar eigene Aufstellung bestimmter Umgangsformen und Tischsitten und ganz besonders an die Gespräche, die, wenn man danach trachtet, die bekannten Schülergespräche zu verdrängen, zu einer fruchtbaren Pflege der Geselligkeit werden können.

Zusammenfassend dürfen wir sagen, daß durch die Eigenschaften, die der zweifache Dienst an der Gemeinschaft in dem Schüler entwickelt, die soziale Bildung in ihm angebahnt wird. Solche Ausprägung erhält aber erst ihren höchsten Wert, wenn sie zugleich die sittliche Persönlichkeit formt. Daß dies möglich ist, wird uns klar, wenn wir an die vielen Aufgaben und Reibungsmöglichkeiten des Wanderlebens denken. Sie bringen Anlagen und Neigungen des Schülers zum Vorschein, die im geregelten Klassenbetrieb nicht erkannt, vielleicht sogar unter-

---

[d] Georg Kerschensteiner: Theorie der Bildung. Leipzig 1926.

drückt werden. Insbesondere kommt das Kind durch das Leben in einer Wandergemeinschaft zu einer Steigerung seines Gerechtigkeitsempfindens. Die Regungen des Gerechtigkeitssinns, die in jedem Kinde stecken, sind durch die vielen Vorfälle des Wanderlebens sehr fein erkennbar und entwicklungsfähig. Somit zeigt sich, daß die kleine Gemeinschaft einer wandernden Klasse wesentliche der Eigenschaften in dem Schüler herausstellen kann, die nötig sind, um ihn später in größeren Gemeinschaften leben und mitwirken zu lassen.

Das Bekanntwerden mit neuen Gebieten der Natur und Kultur. Vorweg das Negative: Mit dem Klassenwandern ist die Gefahr einer starken Nivellierung und Verflachung des Interesses gegeben. Je größer die Zahl der Teilnehmer ist, desto eher wird das beachtet, wofür alle Interesse haben, das ist das allzu Sinnfällige, das schließlich seine unangenehme Steigerung in der alleinigen Beachtung des Sensationellen finden würde. Andere verbildende Wirkungen entstehen durch die große Zahl und die kurze Dauer der Eindrücke und durch die Einseitigkeit ihrer Aufnahme. Der Schüler ist zu sehr nur auf das Schauen, weniger schon auf das Beobachten eingestellt. Zeichnerisches, photographisches oder schriftliches Festhalten der empfangenen Eindrücke ist doch verhältnismäßig selten. Neben dem Auge kommt als Vermittler der Beziehungen zu den neuen Gebilden am stärksten die körperliche Arbeitsleistung in Betracht. Solche Eindrücke aber, die nur durch lange Erfahrung und eingehendes Studium gewonnen werden, sind naturgemäß ausgeschlossen. Durch das Klassenwandern – vielfach allerdings durch das Wandern überhaupt – wird die Ausprägung des Halbgebildeten, der sich durch viel äußeres Wissen, durch Oberflächlichkeit und Flachheit auszeichnet, Vorschub geleistet. Der Lehrer kann und muß solchen Folgen entgegenarbeiten. Er kann es u.a. durch Gruppeneinteilung, durch gelegentliche völlige Freizeit für jeden einzelnen, durch taktvolle Hinweise, durch Beschränkung, durch richtige Vor- und Nachbereitung im Unterricht.

Betrachten wir zunächst die Bildungswerte, die durch das Erfassen der Naturgebilde gegeben sind. Daß durch das Hineinführen der Kinder in die Natur, durch die Möglichkeit unmittelbarer Anschauung eine Richtigstellung falscher Begriffe, eine Bereicherung an Kenntnissen und Erkenntnissen, eine Steigerung der Beobachtungs- und Denkfähigkeit, eine Schärfung der Sinnesorgane und eine besonders entwickelte Einstellung zur Wirklichkeit gewonnen werden, ist durch die Reform des naturwissenschaftlichen Unterrichts so allgemein bekannt, daß eine summarische Feststellung genügt. Diese Ausprägung sagt aber noch nichts aus über die Verbundenheit mit der Natur, womit wir die stark gefühlsbetonte Resonanz der ganzen Persönlichkeit auf ein Einzelerlebnis in der Natur meinen. Sie kann ganz verschiedener Art sein. Wie weit das Kind das Grunderlebnis der Wanderung, das „Erlebnis des Raumes" (Schönbrunn, Jugendwanderung als Reifung zur Kultur)ᵉ erfährt, wie weit es zum Genuß der Naturschönheiten, zum Verweilen und liebevollen Sichversenken fähig ist, das soll nur als Frage, damit aber durchaus nicht als Verneinung hingestellt werden. Die Naturverbundenheit braucht nicht naturwissenschaftlichen Charakter haben. Intellektuelle Beherrschung der Formen und Gesetzmäßigkeiten in der Natur ist nicht Voraussetzung für ein Einswerden mit ihr. Viele Kinder haben durchaus kein Interesse für naturwissenschaftliche Erscheinungen und Vorgänge und geben dennoch ihrer Freude Ausdruck, wenn sie in die „Natur" hinauswandern können. Ihr Interesse gilt der Ungebundenheit und Freiheit, wozu ihnen Wald, Feld und Meeresstrand einen natürlichen Spielplatz bieten. Sie erkennen damit auch eine Seite der Natur: die Großzügigkeit ihrer Anlagen, ihre Weite, ihre Unberührtheit von städtischen Verboten und Geboten. Die Unmittelbarkeit in der Natur und die Anspruchslosigkeit im Wanderleben stärken das Vitalgefühl im Menschen, geben dem Kinde seine Ursprünglichkeit und Natürlichkeit wieder und ermöglichen so in großzügiger Weise die Entfaltung des Spieltriebes, der unerläßlich ist für die instinktive Selbstausbildung des Kindes.

Bei der Erfassung der Kulturgüter ist tiefes Wissen um die Dinge viel mehr die Voraussetzung als bei den Gütern der Natur. Da Bildung den einzelnen in die Kulturgemeinschaft und deren Gehalt eingliedert, sind Kennenlernen der Kulturgebilde und Erfassen ihrer Werte ein wesentlicher Bestandteil des Bildungsvorganges. Nur auf diese Weise kann Kulturverbundenheit hervorgerufen werden, d.h. ein derartiges Eindringen in die objektive Kultur erfolgen, daß aus ihr Energien in die eigene Entwicklung aufgenommen werden. Dieser Zusammenhang zwischen Bildung und Wissen führt dazu, daß zu den oben aufgezeigten verbildenden Wirkungen noch weitere hinzutreten können, dann nämlich, wenn sich der Lehrer verleiten läßt, die Fächerung des gesamten Unterrichts in das Wandergebiet zu projizieren. Die Vielgestaltigkeit unseres Fachsystems darf nicht leitender Gesichtspunkt einer Wanderung sein. Trotzdem soll der wandernde Schüler herantreten an die Kulturgüter, die seinem Wandergebiet ein charakteristisches Gepräge geben. Die Reichhaltigkeit gibt die Möglichkeit, jede Interessenrichtung und besondere Wünsche zu befriedigen. Und wenn auch damit noch keine Kulturverbundenheit erreicht werden kann, so doch ihre wichtigste Vorbedingung, die Fähigkeit zur Kulturschau.

Auswirkungen im Klassenleben. Es hängt von der Durchführung der Wanderung ab, ob das Wesentliche erreicht wird, ob ein lebendiges Gefühl von lebendig gewordenem Leben wachgerufen wird. Zur Durchführung gehören auch die Vor- und Nachbereitung. Wir beschränken uns auf die letztere und können auch hier nur andeuten. Ganz starke Antriebe erhält der Unterricht. Die Besinnung auf das

---

ᵉ Walter Schönbrunn: Jugendwandern als Reifung zur Kultur. Berlin 1927.

Erlebte, die Vertiefung der Eindrücke und die Ordnung der gewonnenen Kenntnisse bewirken eine Befestigung des vorhandenen Wissens, geben aber auch Ansatzpunkte zu weiterer Entwicklung und selbständiger Arbeit. Ferner besteht durch die allen gemeinsame Erlebnisgrundlage die Möglichkeit, daß jedes Kind zu den Aussprachen, Vorträgen und anderen Arbeiten das Seine hinzufügt. So kann die Ausgestaltung des Unterrichts mehr vom Schüler ausgehen, da er selbst Stoff gesammelt hat. Wenn man dazu noch berücksichtigt, daß durch das Reiseerlebnis der Unterricht aus den tieferen Schichten des Innenlebens heraus befruchtet wird, so erkennt man den hohen Bildungsgehalt einer solchen Nachbereitung. Er wird dadurch noch erhöht, daß sich oft die lebendige Teilnahme der Kinder in einem Gegenständlichen objektiviert, in der Anfertigung eines Reisebuches.

Zu diesen unterrichtlichen Auswirkungen kommen noch zwei andere: der Einfluß der Wanderung auf das Leben in der Klasse und auf die Beziehungen zwischen Elternhaus und Schule. Durch die Wanderung haben die Schüler untereinander und Schüler und Lehrer sich näher kennengelernt. Dies trägt, zusammen mit der fröhlichen Grundhaltung, die eine Folge der gemeinsamen Erinnerungen und der gemeinsamen Auswertung des Materials ist, zur Entstehung eines lebendigen Gemeinschafslebens bei. Aus ihm entspringen solche Veranstaltungen, die vom Wunsche getragen werden, anderen Menschen außerhalb des Klassenverbandes die Eindrücke der Wanderung wiederzugeben. Es entsteht ein Schulfest oder ein Elternabend. Alle Schüler wollen bei einer solchen Gelegenheit etwas leisten. Es Möglichkeiten genug vorhanden, daß jeder seine Kraft in den Dienst der allgemeinen Aufgabe stellen kann. Dadurch bietet ein Elternabend einmal Schüler die Gelegenheit, auf seine Weise seiner Dankbarkeit Ausdruck zu geben. Er wird sich der Verpflichtung bewußt und stellt sein Tun aus innerem Antrieb darauf ein, daß der, der viel erhalten hat, auch viel leisten und geben muß.

27. Albert Herzer:
Der heutige Stand der Koedukation und ihre Bedeutung für die Erneuerung der Schule (1931)

Der Text von Albert Herzer[a] „Der heutige Stand der Koedukation und ihre Bedeutung für die Erneuerung der Schule", publiziert in der Pädagogischen Warte 38 (1931), S. 511-520, befaßt sich mit der Realisierung der gemeinsamen Erziehung und Unterrichtung der Geschlechter in Hamburger Schulen.

Wer sich heute mit der Frage der gemeinsamen Erziehung der Geschlechter beschäftigt, wird bald auf die Erfahrung stoßen, daß in dem Gange der Verwirklichung dieser doch nicht mehr ganz neuen pädagogischen Forderung heute sichtlich ein Stillstand eingetreten ist. Dieser Stillstand ist, wie ich hoffe nachweisen zu können, nicht in der Sache selbst begründet; im Gegenteil, vorwiegend günstige Erfahrungen, ständig wachsende Notwendigkeit gemeinsamer Erziehung aus dem unendlich raschen Wandel der Bedeutung und Stellung der Frau in Wirtschaft, Gesellschaft und Kultur, darüber hinaus Stärkung der Stellung der Befürworter der Koedukation in der theoretischen Auseinandersetzung sollten eigentlich auf ständigen Fortschritt schließen lassen. Nur aus völlig anderen, z.T. mehr an der Oberfläche liegenden Gründen ist der tatsächliche Stillstand zu verstehen. Vordringlichkeit wirtschaftlicher und politischer Aufgaben, die das öffentliche Interesse, auch in seiner Richtung auf die Schule, beherrschen, die Festigung wirtschaftlicher, sozialer und kultureller Reaktion als Rückschlag auf die plötzliche Befreiung durch Krieg und Umsturz, wachsende kulturelle Vormachtstellung kirchlich-religiös gebundener Kreise durch die besondere innenpolitische Lage Deutschlands nach dem Kriege, stellen auch in anderer Beziehung starke Hemmungen pädagogischen Fortschritts dar. Mittelbar werden diese Hemmungen durch das Schwergewicht der öffentlichen Meinung, die durch die ebengenannten Faktoren wesentlich bestimmt wird, noch verstärkt. Nur so ist es zu verstehen, daß nicht

---

[a] Albert Herzer (1895-1960) war Volksschullehrer in Hamburg und studierte von 1920-1925 neben seiner Berufstätigkeit an der Philosophischen Fakultät der Universität Hamburg mit dem Ziel der Promotion, mußte das Studium aber abbrechen, als er 1926 zum Schulleiter einer Volksschule für Jungen und Mädchen ernannt wurde; die Dissertation verfaßte er erst in den letzten Kriegsjahren - die Promotionsurkunde wurde am 2. Mai 1945 ausgestellt; in der Nachkriegszeit war er Rektor der Volks- und Mittelschule Meerweinstraße 28 in Hamburg-Winterhude, Schriftleiter der Hamburger Lehrerzeitung, Mitglied der Lehrerkammer und mehrerer Ausschüsse der Gesellschaft der Freunde des vaterländischen Schul- und Erziehungswesens (Gewerkschaft Erziehung und Wissenschaft) und 2. Vorsitzender der Gesellschaft; siehe Personalakte des Lehrers Dr. Albert Herzer und die über Herzer angelegte Zeitungsausschnittssammlung im Staatsarchiv Hamburg.

einmal die Sozialdemokratische Partei ernstlich versucht hat, einen so wesentlichen Teil ihres Programms, wie die gemeinsame Erziehung doch darstellt, in der Schule zu verwirklichen.

Dazu kommt noch die Tatsache, daß, auch ohne irgendeine böse Absicht, die Verwaltungsbürokratie stets allen Neuerungen gegenüber hemmend wirkt. Vielfach ist auch die Organisation der einzelnen Schule der Entwicklung der gemeinsamen Erziehung ungünstig, da die verwaltungsmäßige Trennung in Knaben- und Mädchenschulen die Mischung in der einzelnen Schule entweder völlig unmöglich macht oder doch vielerlei Reibungen und eine zahlenmäßig ungünstige Zusammensetzung der Klasse mit sich bringt.

Angesichts der geschilderten Lage ist es für die Lehrerschaft an der Zeit, ihre Stellung zu der Frage der gemeinsamen Erziehung der Geschlechter in der Schule erneut zu überprüfen und je nach dem gewonnenen Ergebnis klar und entschieden Stellung zu nehmen.

Wer heute Stellung nehmen will, muß zuerst einmal einen Blick auf die bisher gemachten Erfahrungen werden. Durch eigene langjährige Tätigkeit in gemischten Schulen und durch mehrjährige Erfahrung als Leiter einer 30-klassigen gemischten Volksschule, durch eigene Tätigkeit in reinen Knaben- und Mädchenklassen, die mir Vergleichsmöglichkeiten gab, aus einer sehr großen Zahl von Äußerungen vieler Kollegen in gemeinsamen Besprechungen, aus dem Ergebnis einer von mir veranstalten *Rundfrage* an die gemischten Volksschulen in Hamburg, aus dem Studium deutscher und ausländischer Literatur habe ich versucht, mir ein Bild über den gegenwärtigen Stand der gemeinsamen Erziehung zu verschaffen. Das Wichtigste soll hier kurz zusammengestellt werden.

In Hamburg besuchen etwa 7600 Volksschulkinder, das sind 9,2 v.H., gemischte Klassen. Unter den von der Umfrage erfaßten 23 Schulen, die ganz oder teilweise gemeinsame Erziehung durchführen, sind 7 ehemalige Gemeindeschulen, die gemeinsame Erziehung noch aus der Landschulzeit behalten haben. Drei weitere Schulen waren durch Veranlassung der Behörde, aus organisatorischen Gründen, ohne eigene Initiative des Lehrkörpers zu gemeinsamer Erziehung gekommen. Nur die übrigen 13 Schulen, darunter die 4 Versuchsschulen, waren durch die freie Wahl des Lehrkörpers, z.T. unter Mitwirkung der Elternschaft zur Einführung der gemeinsamen Erziehung aus pädagogischen Gründen gekommen. Die Haltung der Elternschaft war in der überwiegenden Mehrzahl aller Fälle ganz oder vorwiegend für Koedukation. Die Frage nach *deutlichen* günstigen Erfolgen wurde in der 13. Fällen unbedingt bejaht, in 7 Fällen unbeantwortet gelassen, während nur einmal Nachteile organisatorischer Art, einmal Schwierigkeiten bei der Stoffauswahl im Oberbau (9. und 10. Schuljahr der Begabten) dagegen angeführt wurden. Die Notwendigkeit der Trennung in verschiedenen Unterrichtsfächern wird durchaus verschieden beurteilt. In der Mehrzahl der Fälle wird in der

Beurteilung der Koedukation kein Unterschied in bezug auf die verschiedenen Lebensalter gemacht, früher Beginn wird empfohlen, spätere Trennung ausdrücklich abgelehnt. Befürchtungen gegen späteres Mischen in den Klassen, die aus theoretischen Gründen bei vielen Lehrern bestanden, haben sich bei unsern Erfahrungen nicht bestätigt. Diese Erfahrung soll jedoch nicht der Forderung widersprechen, daß sich die Gemeinsamkeit der Erziehung möglichst früh, außerhalb der natürlichen Umgebung, also mit Kindergarten und Grundschule zu beginnen habe. Die Frage nach dem günstigsten Zahlenverhältnis der Geschlechter in der Klasse wird fast immer dahin beantwortet, daß gleichviel oder mehr Mädchen vorhanden sein sollten.

Diese ziemlich einhellige Feststellung zeigt wohl, daß die große Zahl der Erfahrungen an höheren Knabenschulen in Deutschland, in denen oft nur wenige Mädchen zwischen den Knaben sitzen, nur mit Vorsicht für die Beurteilung der Koedukation herangezogen dürfen, weil ihre zahlenmäßigen Bedingungen ungünstig sind. – Die Frage nach einem Unterschied in der Begabungshöhe wird in der Regel verneint, dagegen werden Unterschiede im Entwicklungsrhythmus hervorgehoben. Während in wenigen Fällen auch jeder Unterschied in der Begabungsrichtung verneint wird, stellt hier das Urteil der Mehrheit Unterschiede fest. Den Knaben wird im Durchschnitt größere Begabung und größeres Interesse für Mathematik, Naturwissenschaften und Geographie, für Denkfächer, den Mädchen für Fremdsprachen und Geisteswissenschaften zugesprochen. Bezüglich der Arbeitsweise werden die Knaben als aktiver, selbständiger, technisch erfinderisch bezeichnet, während den Mädchen Fleiß, Sauberkeit und genaue Ausführung, Neigung zu mechanischen Verrichtungen, mehr „Gemüt" zugeschrieben wird. Daß sich hier die geäußerten Meinungen z.T. decken, z.T. widersprechen, zeigt deutlich, daß wir uns auf sehr unsicherem Boden befinden.

Gewissermaßen das praktische Resultat aus all dem bisherigen ergibt die Antwort auf die Frage, ob Abbau oder Beibehaltung der Koedukation beabsichtigt ist. 18 Schulen sind für die Beibehaltung oder Ausdehnung der Koedukation. Zu der Haltung der Eltern möchte ich noch einiges aus meiner Erfahrung hinzufügen. Ich habe in meiner Schule in den letzten 3 Jahren jährlich die Anmeldung von 300 – 400 Schulneulingen entgegennehmen müssen. Dabei wurde nur allzu deutlich, daß der Widerstand meist nur auf Gewohnheit, veralteten Vorurteilen, die, bei Licht besehen, selbst nicht mehr geglaubt wurden, phantastischen Befürchtungen von sexueller Verwilderung und Verderbnis, beruht. Sehr fest saßen diese Bedenken selten. Mein Hinweis darauf, daß das Zusammenführen der Geschlechter mit 6 Jahren doch wohl wesentlich harmloser sei, als das heute doch unvermeidliche Aufeinanderstoßen gleich nach der Schulzeit in einem viel schwierigeren Alter hatte, unterstützt durch ein fröhliches Lachen über die gar zu großen mütterlichen Bedenken, fast stets den Erfolg, daß die Mutter es ruhig einmal versuchen wollte. Waren dann die Kinder erst einmal in der Schule, so waren die Bedenken bald zerstreut. Während es bei der größeren Zahl der Anmeldungen auch für ältere Jahrgänge doch vorkam, daß Eltern sich zur Einschulung in gemischte Klassen nicht entschließen konnten, erinnere ich mich nicht, daß Abschulungen von Kindern, die unsere Schule eine Zeitlang besucht hatten, wegen Koedukation vorgekommen sind. Die Elternschaft oder wenigstens ein sehr großer Teil derselben ist nach meinen Erfahrungen einer ruhigen Aufklärung durchaus zugänglich. Durch Erfahrungen an den eignen Kindern wird sie fast stets überzeugt.

Werfen wir nun noch einmal einen kurzen Rückblick auf das Ergebnis unserer Umfrage, so darf wohl festgestellt werden, daß die Erfahrung irgendwelche Bedenken gegen die gemeinsame Erziehung nicht zutage gefördert hat, daß überall gute Erfahrungen gemacht wurden, besonders da, wo der Versuch bewußt und aus freien Stücken vorgenommen wurde. Offen bleibt dagegen noch die Frage, in welchem Maße die Gemeinsamkeit des Unterrichts auf den verschiedenen Fachgebieten und in verschiedenen Lebensaltern durchgeführt werden sollte. Diese Frage aber ist, wie die weitere Besprechung zeigen wird, gegenüber der Forderung nach gemeinsamer Erziehung überhaupt nur von zweitrangiger Bedeutung.

Ich habe über das Ergebnis meiner Umfrage so ausführlich berichtet, weil es sich in den wichtigsten Punkten durchaus deckt mit den Berichten, die in der einschlägigen Literatur über Schulerfahrungen gegeben werden. –

Bei den Urteilen über Koedukation ist es wichtig, zwischen den theoretischen und denen aus praktischer Erfahrung streng zu scheiden; selten ist bei der Beurteilung einer Frage der jeweilige Stand der öffentlichen Meinung, die Verschiedenheit in der geistigen Haltung der Generationen, die soziale und weltanschauliche Stellung des Urteilenden so entscheidend wie hier.

Wenn naturgemäß auch *Erfahrungsurteile* von diesen genannten Beeinflussungen nicht frei bleiben, so sind sie ihnen doch weniger ausgeliefert als Theorien. Betrachten wir also die Erfahrungen, die in Deutschland oder im Ausland gemacht worden sind. In Deutschland sind sie verhältnismäßig gering. Wenn auch in Preußen 3/10 der Volksschulkinder in der Stadt, 2/3 auf dem Lande gemischte Klassen besuchen, so ist dieser Zustand doch zu lange als bloßer Notstand, als Mangel an Differenzierung empfunden worden, um wesentliche Beiträge zu unserer Frage zu liefern. Zwar finden sich nicht selten positive Urteile, die auch davon zeugen, daß die gemeinsame Erziehung als Aufgabe gesehen worden ist; daneben aber findet man wieder gar zu oft die bloße gemeinsame Anwesenheit beider Geschlechter in einem Raum; sie werden aber geschieden durch Tradition, öffentliche Meinung, Haltung des Lehrers, anerzogene Haltung der Geschlechter gegeneinander, stärker als durch eine Klassenwand. Dieser Unterricht im gleichen Raum ist nicht gemeinsame Erziehung.

Recht groß ist die Zahl der höheren Schule, die auch Mädchen aufnehmen. In Preußen z.B. 43 v.H., in Sachsen 75, in Baden 83. Wenn wir dann erfahren, daß z.b. von den 369 höheren Knabenschulen, die in Preußen Mädchen aufnehmen, nur in 48 Schulen 30 v.H. oder mehr Mädchen sind, so sehen wir, daß wohl nur in sehr geringem Ausmaß wirklich von gemeinsamer Erziehung die Rede sein kann. Im wesentlichen bleibt es Erziehung von Mädchen in Knabenschulen. So wenig nun von dieser Schulform zur Klärung der Frage der gemeinsamen Erziehung zu gewinnen ist, so wichtig ist doch ihre geschichtliche Rolle in der Entwicklung der Koedukation. Wirkliche gemeinsame Erziehung dagegen finden wir in einer Reihe von *Landerziehungsheimen*. Ihre Ergebnisse und Beurteilungen liegen durchaus in der Richtung der Hamburger Erfahrungen, nur gewinnt die Koedukation noch größere Bedeutung bei ihnen als in unseren Tagesschulen. Die hervorragendsten Vertreter dieser Schultypen, Geheeb, Wyneken, Luserke[b], sind gleichzeitig in Deutschland die tätigsten Vorkämpfer für gemeinsame Erziehung, wie für eine neue gemeinschaftsbezogene Pädagogik überhaupt.

Blicken wir dann über Deutschlands Grenzen hinaus, so finden wir sehr geringe Verbreitung der Koedukation in romanischen und katholischen Ländern. Aber sogar dort, z.B. in Frankreich und Italien, werden einzelne Versuche, die gemacht worden sind, durchaus günstig beurteilt. Sehr viel weiter verbreitet aber ist die Koedukation in den germanischen und protestantischen Ländern.

Für das Volksschulwesen fand ich folgende Angaben: Schweden und Dänemark haben Koedukation, Schweiz vorwiegend, Österreich 85 v.H., England 1908 65 v.H., stetige Zunahme, Irland über 50 v.H., Schottland 97 v.H., Vereinigte Staaten 96 v.H., Kanada hat mit Ausnahme der Schulen für Franzosen, Australien mit Ausnahme weniger Stadtschulen Koedukation. Auch im höheren Schulwesen finden wir in diesen Ländern die Koedukation viel weiter ausgebreitet als in Deutschland. In den höheren amerikanischen Staatsschulen werden 678000 Schüler in gemischten, 45000 in getrennten Schulen unterrichtet. Die öffentlichen gemischten Schulen nehmen zu. Selbst in den größeren Städten im Osten, in denen eine Zeitlang die Neigung bestanden hat, bei der Erziehung auf den höheren Schulen Knaben und Mädchen zu trennen, ist diese Neigung nach Johnson im Abnehmen begriffen. Mehrere der neuesten Schulen sind wieder Koedukationsschulen. Schottland hat in seinen Koedukationsschulen vorwiegend mit gutem Erfolg gearbeitet. Die höheren Schulen in *England* kennen in der Regel keine Koedukation; doch sind eine Reihe der besten neueren Schulen in der Art unserer Landerziehungsheime Koedukationsschulen. Etwa 200 höhere Schulen in England und 62 in Wales sind beiden Geschlechtern geöffnet. Alle theosophischen und alle

---

[b] Paul Geheeb (1870-1961), Gustav Wyneken (1875-1964) und Martin Luserke (1880-1968) waren Schulgründer und Pädagogen in der Landerziehungsheimbewegung, siehe Ulrich Schwerdt 2002.

Quäkerschulen lassen Knaben und Mädchen zu. Von den bekannteren englischen Koedukationsschulen habe ich Arundale bei Letchworth, Frensham Heights, die Schule von Mrs. Ensor[c], der Führerin des Weltbundes für Erneuerung der Erziehung, und eine Tagesschule in einem Vororte Londons, die King Arthur School, kennenlernen können. Die günstigsten Eindrücke, die ich überhaupt von englischen Schulen habe gewinnen können, stammen aus diesen Schulen, die neben fortschrittlicher Unterrichtsarbeit ein besonders freies und doch gepflegtes Gemeinschaftsleben zwischen Lehrern und Schülern aufwiesen. Bei meinen Besprechungen mit den Leitern und Lehrkräften wurden von ihnen stets die guten Erfolge mit der gemeinsamen Erziehung betont. Auch aus den Erzählungen, dem Aussehen und der ganzen Haltung der Kinder war deutlich zu sehen, daß sie sich in ihrer natürlichen, lebendigen Umwelt wohlfühlten. Obgleich in England die eingeschlechtliche Schule in der Form der großen Public School eine besonders große Tradition besitzt, ist die Koedukationsbewegung dort jetzt recht lebendig und in deutlichem Vormarsch begriffen. Das zeigt auch der Niederschlag, den die Frage in der Literatur gefunden hat.

Ganz unverhältnismäßig gering dagegen ist die Behandlung des Koedukationsproblems in der Literatur der *Vereinigten Staaten*. Das Fehlen einer Tradition, die frühen Erfolge in dem Kampfe um die Befreiung der Frau, haben neben ökonomischen Ursachen die amerikanische Schule vorwiegend in der Form der Koedukationsschule entstehen lassen. Die theoretischen Bedenken, die bei uns in Europa eine so große Rolle spielen, wurden durch die Erfahrung widerlegt. Beweglichkeit der Organisation und Wahlfreiheit der Schüler ließen nicht nur die Individuen, sondern auch die Geschlechter zu ihrem Recht kommen.

Neben Amerika ist *Rußland* das Land mit der stärksten Verbreitung der Koedukation. Seine allgemeinbildenden Schulen führen grundsätzlich die gemeinsame Erziehung durch. Ansätze dazu gab es schon im zaristischen Rußland, wo die Volksschulen in der Regel Knaben und Mädchen betreuten. Während in den höheren Schulen, die dem Unterrichtsministerium unterstanden, gemeinsame Erziehung verboten war, nahmen die sogenannten Kommerzschulen, keine Handelsschulen in unserm Sinn, sondern auch allgemeinbildende Schulen, die aber dem Handelsministerium unterstanden, Knaben und Mädchen auf. Von Kennern des russischen Vorkriegsschulwesen wird berichtet, daß Schulen manchmal nur als Kommerzschulen eingerichtet wurden, um die Koedukation zu ermöglichen. Diese Schulen, die zuerst einen starken Widerstand der Öffentlichkeit zu überwinden hatten, setzten sich mit gutem Erfolg durch. Ihre Erfahrungen deck-

---

[c] Beatrice Ensor (1885-1974), Initiatorin und Mitbegründerin des „New Education Fellowship" (=Weltbund für Erneuerung der Erziehung); siehe weiterführende Angaben bei Dietmar Haubfleisch 2001, S. 468f.

ten sich im wesentlichen mit unseren. Ein Ausgleich der negativen, eine Förderung der positiven Eigenschaften der Geschlechter wird besonders betont.

Überraschen dürfte die Tatsache, daß nach einem Bericht der Allgemeinen Deutschen Lehrerzeitung die Koedukation im *türkischen* Schulwesen heute restlos durchgeführt ist. Man geht wohl nicht fehl in der Annahme, daß die Koedukation hier bewußt als notwendiges Mittel zur Befreiung der Frau angesehen wird.

Gegenüber allen bisherigen Feststellungen über die Verbreitung der gemeinsamen Erziehung im Auslande muß die *verhältnismäßig geringe Verbreitung in Deutschland* auffallen. Daß sie zusammenhängt mit der Stellung und dem Ansehen der deutschen Frau wird besonders von den amerikanischen Beurteilern ganz deutlich ausgesprochen. [...]

Der kurze Überblick über die Verbreitung in den verschiedenen Ländern konnte nebenher zeigen, daß sich die mit der Koedukation gemachten Erfahrungen und die daraus entspringenden Beurteilungen im wesentlichen mit den Hamburgern Erfahrungen und Urteilen decken. Es ist auffällig, daß wir aus der Beleuchtung der Praxis heraus die Reihe der Bedenken, die gegen die gemeinsame Erziehung geltend gemacht werden, kaum kennenlernen. Es muß uns aber gerade daran liegen, alle Bedenken kennenzulernen und auf ihr Gewicht zu prüfen. Solche Bedenken werden *einmal* geäußert in bezug auf das Erziehungs*ziel*. Sie sind vielfach weltanschaulich bedingt, spielen bedeutende Rolle in der ganzen nichtwissenschaftlichen Beurteilung und der öffentlichen Meinung. Daneben stehen vorwiegend psychologische und pädagogische Bedenken.

Sehen wir auf die kritische Stellungnahme zur Koedukation in der Literatur und der öffentlichen Meinung, so zeigt sich vor allem ein Widerstand aus religiösen und politischen Motiven gegen die *Gleichberechtigung der Frau*. Wer diese Gleichberechtigung, die auf menschlicher Gleichwertigkeit, aber nicht Gleichartigkeit, gegründet sein muß, bekämpft oder in Frage stellt, kann nicht Anhänger Koedukation sein. Wer die Frau grundsätzlich als Wesen niedrigeren Ranges und darum minderen Rechts ansieht und dementsprechend auch erzogen haben will, muß die Koedukation bekämpfen.

Wenn auch die letzten Jahre einen geradezu ungeheuerlichen Umschwung in der Beurteilung der Frau gebracht haben, wenn ihr in ernster wissenschaftlicher Diskussion die menschliche Gleichwertigkeit wohl noch kaum jemals abgesprochen wird, so ist doch die öffentliche Meinung noch stark durchsetzt mit den Anschauungen vergangener Generationen. Die Stellung, welche die Frau im Abendlande, besonders unter dem Einfluß des Christentums, mit geringen Schwankungen bis auf unsere Tage innehatte, hat sich zu tief in das Gedächtnis der Welt eingegraben, als daß sie von einer oder zwei Generationen grundsätzlich erneuert werden könnte. Eine Einsicht in die Ursachen dieser Wandlung der Stellung der Geschlechter zueinander, einen Überblick über ihre Wirkungen und ihre Verflechtungen mit den gesamten Materialien und geistigen Grundlagen des Lebens verdanken wir vor allem den Arbeiten von Frau Vaerting[d]. Auch wer nicht in allen Punkten mit ihren Schlußfolgerungen einverstanden ist, muß ihr doch für die Anwendung ihrer machtsoziologischen Betrachtungsweise, die auf so viele Erscheinungen der Geschichte und der Gegenwart ein neues Licht wirft, und für ihre wertvolle Materialsammlung dankbar sein.

Die gesteigerte Arbeitstätigkeit der Frau und besonders der weiblichen Jugend, die deutliche Tendenz zu immer weiterer Steigerung aus wirtschaftlichen Gründen, durch die Entlastung des Haushalts infolge seiner Rationalisierung, durch die wachsende Neigung der Frau selbst, stellt die heutige Schule vor eine völlig andere Situation als die Schule, die wir besuchten. Die Zeit verlangt Eingliederung der Frau in den Wirtschaftsprozeß, Zusammenarbeit der beiden Geschlechter schon im jugendlichen Alter. Völlig neue Aufgaben entstehen daraus der Schule. Die Möglichkeit einer reibungslosen Zusammenarbeit ist nicht von Anfang an da. Sie kann auch nicht gelehrt, sie muß geübt werden. So fordert die Welt, in der wir heute leben, stärker noch die Welt, in der unsere Kinder leben werden, gebieterisch die Gemeinsamkeit der Erziehung als Grundlage späterer Zusammenarbeit und späteren Zusammenlebens. Ehe wir aber die Forderung bejahen, müssen wir sie noch unter dem Gesichtspunkt der *Psychologie* betrachten.

Zur Beurteilung geschlechtspsychologischer Untersuchungen muß zunächst einmal festgestellt werden, daß sie noch auf sehr unsicherem Boden stehen. Ist es auch und da gelungen, gewisse Verschiedenheiten aufzuzeigen, so bleibt doch die Frage, wie weit diese ursprünglich, wie weit sie durch Erziehung und soziologische Stellung bedingt sind, meistens offen. William Stern[e] spricht aus, daß ein vollständiger und sicherer Vergleich der Geschlechter erst nach Jahrzehnten möglich sein wird. Dann könne auch erst der Ursprung der Verschiedenheiten erkannt werden. Wichtig ist, daß bei dem bisherigen Stand der Forschung die Untersuchung meist nur an ganz elementaren Erscheinungen vorgenommen werden konnte, von denen man durchaus nicht auf komplexe psychische Leistungen schließen darf.

Nur ein psychologisches Forschungsergebnis kann uns auch bei dem jetzigen Stand der Forschung bei unserer pädagogischen Betrachtung von wesentlichem Nutzen sein, die Feststellung des verschiedenen Entwicklungsrhythmus der Geschlechter. Wenn auch hier nicht einwandfrei feststeht, wie weit es sich um einen rein biologischen Tatbestand handelt, so ist doch wenigstens für unsere Zeit eine Tatsache festgestellt, mit der die Schule zu rechnen hat.

---

[d] Mathilde Vaerting (1884-1977), siehe Margret Kraul 1990.
[e] William Stern (1871-1938), Begründer der differentiellen Psychologie.

Die psychologisch begründeten Einwände gegen die Koedukation gehen in der Regel von dem Gedanken aus, daß gemeinsame Erziehung um jeden Preis auf Gleichartigkeit der Geschlechter zielen müsse. Es soll hier ausgesprochen werden, daß das nicht der Fall zu sein braucht und in der Regel nicht der Fall ist. Im Gegenteil, die Koedukationsschule beansprucht gegenüber der eingeschlechtlichen Schule die feineren Möglichkeiten der Differenzierung zu haben. Bei dem Überwiegen der individuellen über die Geschlechtsunterschiede ist Differenzierung nur nach Geschlechtern Verallgemeinerung und Schema gegenüber der nach dem individuellen Unterschied. Eine differenzierende Einheitsschule sollte nach Begabungsrichtungen und Fähigkeiten, nicht nach der zu einfachen Unterscheidung männlich – weiblich differenzieren. Die Psychologie selbst zeigt uns, was die Praxis bestätigt, daß in einer Gruppe junger Menschen beider Geschlechter alle Gruppenbildungen nach Begabung und Interesse stets verschiedene Zusammensetzungen zeigen, daß nie rein nach Geschlechtern geschieden wird, daß nur das Zahlenverhältnis zwischen den Geschlechtern wechselt. Daraus ergibt sich schon, daß die Koedukationsschulen, wenn sie nicht aus einseitiger Theorie, aus einem Dogma heraus Gleichmacherei anstrebt, den Kindern die größere Freiheit der Wahl geben kann gegenüber der eingeschlechtlichen Schule. Unsere Stellung zu den Ergebnissen der Geschlechterpsychologie darf nicht so gedeutet werden, als leugneten wir die Unterschiede der Geschlechter. Wir erkennen sie ausdrücklich an; aber wir behaupten, daß es heute unmöglich ist, sie zu definieren, einmal, weil sie wandelbar sind, zum andern, weil sie heute noch nicht erkannt werden können. Wir lehnen darum die Mädchenerziehung auf Grund einer gefühlsmäßig vorweggenommen „weiblichen Eigenart" ab. Es liegt in der Natur der Sache, daß diese immer die Eigenart der vorigen oder vorvorigen Generation ist. Wenn wir daran denken, wie wandelbar die Geschlechterideale sind, so muß uns in unserer schnellebigen Zeit vor allem darum zu tun sein, unter natürlichen Bedingungen herauszufinden, was an Unterschieden bewahrt und gepflegt, was ausgeglichen werden sollte. Das aber kann nur in gemeinsamer, nicht uniformierender Erziehung geschehen. Wyneken spricht in seinem Buch „Schule und Jugendkultur"[e] einmal aus: „Wer Mädchen erziehen will, erziehe sie nicht als Mädchen. Jetzt, wo wir alle nach dem Typus der Frau der Zukunft Ausschau halten, wäre es das Allerverkehrteste, mit vorgefaßten Begriffen über die weiblichen Gemütsbedürfnisse und andere Vorstellungen, die der Philister unter dem „Ewig-Weiblichen" begreift, uns unser Werk von vornherein zu verbauen."

Unsere Schule muß bewußt alle Rangunterschiede zwischen den Geschlechtern beseitigen. Alle Gegenstände der Kultur müssen beiden Geschlechtern zugänglich gemacht werden. Zwei Dinge sind dabei zu beachten, ja, sind die Haupt-

---

[e] Gustav Wyneken: Schule und Jugendkultur. Jena 1913.

probleme der Koedukation überhaupt. Einmal dürfen wir von Knaben und Mädchen nicht dieselben Arbeitsweisen und Einstellungen voraussetzen oder gar verlangen, zum andern dürfen wir nicht das gleiche Entwicklungstempo bei beiden annehmen. Wir wollen kein Verwischen der wirklichen Geschlechtsunterschiede, wir wollen keine Vermännlichung der Frau, sondern nur ihre Vermenschlichung. Wir wollen und können sie heute bei der engen Zusammenarbeit nicht mehr stets in erster Linie als Geschlechtswesen sehen. In Beruf, Wissenschaft, Kunst und Sport wird sie Kamerad. Wir suchen eine Verbreitung des psychischen Fundaments unserer bisher einseitigen Knaben- und Mädchenerziehung. Das ist der eigentliche Sinn gemeinsamer Erziehung. In dieser Tiefe gesehen steht sie wieder als unabweisbare Forderung vor uns. Nachdem Psychologie und Erfahrung gezeigt haben, daß sie möglich ist, ist sie nicht mehr Frage, sondern Aufgabe. –

Wir haben jetzt noch die Frage zu lösen: Wie muß *die Schule* beschaffen sein, die dieser Aufgabe gerecht wird? Theorie und Praxis hatten uns auf die Möglichkeit verschiedener Arbeits- und Einstellungsweise der Geschlechter hingewiesen. Zur Überwindung diese Schwierigkeit kommt uns einmal die individualisierende Haltung der neuen Schule entgegen, die auch dem Individuum die Eigenart seines geistigen Wachstums nicht mehr als störende Besonderheit beim Vormarsch in starrer gleicher Front zum Vorwurf macht, sondern sie bejaht und als einen positiven Reichtum in ihren Arbeitsplan einstellt. In demselben Sinn muß sie auch die Verschiedenartigkeit der Geschlechter, die ja die Streuung der individuellen Unterschiede nur unwesentlich vergrößert, bewußt als Reichtum hinnehmen, der bei der Arbeit mit geborgen werden muß. Gefahren der Koedukation, die in der alten Schule, die von allen das Gleiche verlangte, wirklich lebendig waren, verschwinden so aus dem Geist einer neuen Erziehung heraus. Ähnlich ist die Lösung der Schwierigkeit, die der verschiedene Entwicklungsrhythmus der Geschlechter bietet. Auch hier muß die größere Lebendigkeit und Beweglichkeit der Schule Licht und Freiheit schaffen, in der die entstehende Spannung ertragen werden kann. Schwierigkeiten durch den Entwicklungsrhythmus tauchen aber ernsthaft erst nach den eigentlichen Volksschuljahren auf. Hier wird die Frage nach der gelegentlichen Trennung der Geschlechter im Unterricht wieder aufgeworfen. Wenn wir daran denken, daß eine feste Eigenart der Geschlechter noch undefinierbar ist, daß Erziehung und Gewöhnung vielfach Unterschiede geschaffen haben, die schon bei kurzem natürlichen Zusammenleben der Geschlechter in nichts zerfließen, wenn wir ferner an die Wandelbarkeit der jeweils bestehenden Eigenart denken, ergibt sich für uns die Forderung, nicht ohne Not zu trennen. Allgemeine Ratschläge, die für alle Verhältnisse maßgebend sein könnten, lassen sich nicht geben. Nicht nur der wirkliche Unterschied der Geschlechter, sondern auch die Auffassung, die etwa die häusliche Umgebung der Kinder oder ihre sonstige Umwelt von dieser Verschiedenheit hat, kann für die Erfolge oder Mißerfolge ausschlaggebend sein. Andererseits soll man auch nicht den gemeinsamen Unterricht mit dogmatischer Strenge verlangen, wo die Wünsche so stark auseinandergehen, daß keine fruchtbare Arbeit erhofft werden kann. Immerhin sollte man sich bei Mißerfolgen stets erst fragen, habe ich mich in meiner Darstellungsweise auch nicht nur an das eine Geschlecht gewandt? Habe ich so gearbeitet, daß verschiedenen Arbeitsweisen Raum zur Mitarbeit gegeben ist? Wer die unterrichtlichen Vorteile der Koedukation zur Geltung kommen lassen will, muß sich stets bewußt sein, daß die bisher gewohnte Arbeit mit nur Knaben oder nur Mädchen einseitiger, ärmer, auch einfacher und geradliniger ist. Entscheidend für alle Koedukationsarbeit ist die suggestive Kraft und Selbstverständlichkeit, mit der gemeinsame Arbeit überhaupt begonnen wird. Gelingt es dem Lehrer nicht, die außerhalb der Schule noch wirksame Suggestion aus den Tagen unserer Kindheit, nach der die Gemeinsamkeit der Geschlechter in Spiel und Arbeit moralisch verächtlich war, zu überwinden, so wird er immer Schwierigkeiten haben. Bei der Überwindung dieser Schwierigkeiten arbeitet allerdings die Zeit für uns.

Wenn ich hier von dem Lehrer geredet habe, so ist die Lehrerin immer unausgesprochen eingeschlossen. Es bedarf keiner besonderen Begründung, daß die Erziehungs- und Unterrichtsarbeit an einer Koedukationsschule von Männern und Frauen geleistet wird. Wenn es irgend möglich ist, sollten auch in jeder Klasse Mann und Frau nebeneinander arbeiten. Einzelne bewußte Versuche in dieser Richtung aus meiner eigenen Erfahrung und in meiner Schule haben stets den Reichtum der Koedukation besonders tief ausgeschöpft, die Schwierigkeiten besonders leicht überwunden. Die Frage nach dem Geschlecht der Lehrkraft berührt die Frage der Koedukation tiefer als man glaubt. Wer der Schule Zugang zu allen Kräften des Kindes schaffen, wer erziehen und nicht nur unterrichten will, muß z.B. die ausschließliche Erziehung der Knaben durch Männer, wie sie in unseren Volksschulen noch zum Teil in unseren höheren Schulen in der Regel üblich ist, für keine wünschenswerte Lösung halten, so wenig wie den Zustand in Amerika, wo heute die gesamte Volksschularbeit in den Händen der Frau liegt. Knaben und Mädchen sollten von Männern und Frauen erzogen werden. Werden sie dabei gemeinsam erzogen, so verschwinden auch die Schwierigkeiten, die durch die Arbeit des Mannes in reinen Mädchenklasse, durch die Arbeit der Frau in Knabenklassen oft auftauchen. Die Heldenverehrung und Vergötterung durch ein Geschlecht wird durch die Anwesenheit des anderen in erträglichen Schranken gehalten.

Aus den letzten Ausführungen wird, wie ich hoffe, klar, daß es sich bei der gemeinsamen Erziehung nicht um eine einzelne, völlig für sich stehende Forderung handelt, sondern daß sie eng mit der gesamten Erneuerung unserer Schule verwachsen ist. So ist sie auch keine abstrakte, zeitlose Forderung. Einen Teil ihrer wesentlichen Motive bezieht sie durchaus aus der Gegenwart und aus dem Blick in die Zukunft. Was vor 20 Jahren noch pädagogisches Experiment war, ist heute allgemeine Aufgabe aus den Bedürfnissen der Zeit heraus. Geniale Naturen zwar haben dies Problem zu allen Zeiten gesehen, unberührt von den Tagesmeinungen.

Was unsere Zeit als äußere Notwendigkeit erzeugt, ist bei *Plato* Vernunftforderung. In seinen „Gesetzen" sagt er: „Es ist die größte Torheit, die man hierzulande mit ansehen muß, daß nicht alle insgesamt, Weiber und Männer, mit aller Kraft denselben Beschäftigungen obliegen, denn durch diesen Gegensatz der Zeile und Leistungen wird der Staat so ziemlich auf die Hälfte dessen herabgesetzt, was er als Ganzes leisten könnte. Er wäre der doppelten Leistung fähig, und das ist doch ein höchst auffallender Fehler für einen Gesetzgeber."

Comenius[f], Condorcet[g], Pestalozzi[h] und Jean Paul[i], die sämtlich ihre Schulforderungen nicht nur aus methodischen Überlegungen, sondern aus tiefer Kenntnis des Menschen heraus begründeten, verlangen ohne Einschränkung gemeinsame Erziehung. *Fichtes*[j] Stellung zur Koedukation in seinen „Reden" ist durchaus modern: „Es versteht sich ohne unser besonderes Bemerken, daß beiden Geschlechtern diese Erziehung auf dieselbe Weise zuteil werden müsse. Eine Absonderung der Geschlechter in besondere Anstalten für Knaben und Mädchen würde zweckwidrig sein und mehrere Hauptstücke der Erziehung zum vollkommenen Menschen aufheben. Die Gegenstände des Unterrichts sind für beide Geschlechter gleich; der in den Arbeiten stattfindende Unterschied kann auch bei Gemeinschaftlichkeit der übrigen Erziehung leicht beobachtet werden. Die kleinere Gesellschaft, in der sie zu Menschen gebildet werden, muß ebenso wie die größere, in die sie einst als vollendete Menschen eintreten sollen, aus einer Vereinigung beider Geschlechter bestehen. Beide müssen erst ineinander die gemeinsame Menschheit anerkennen und lieben lernen und Freunde haben und Freundinnen, ehe sich ihre Aufmerksamkeit auf den Geschlechtsunterschied richtet und sie Gatten und Gattinnen werden. Auch muß das Verhältnis der beiden Geschlechter zueinander im ganzen starkmütiger Schutz von der einen, liebevoller Beistand von der andern Seite in der Erziehungsanstalt dargestellt und in den Zöglingen gebildet werden."

---

[f] Johann Amos Comenius (1592-1670), siehe Klaus Schaller 2003.

[g] Antoine de Condorcet (1743-1794) wurde 1792 Präsident der Gesetzgebenden Nationalversammlung in Paris und verfaßte im Auftrag der Nationalversammlung einen Entwurf zur Nationalerziehung.

[h] Johann Heinrich Pestalozzi (1746-1827), zu Leben und Werk siehe Fritz Osterwalder 1003, Gerhard Kuhlemann / Arthur Brühlmeier 2002.

[i] Jean Paul: Levana oder Erziehlehre 1807, Klinkhardts Pädagogische Quellentexte 1963, herausgegeben von Theo Dietrich.

[j] Johann Gottlieb Fichte: Reden an die deutsche Nation 1807/1808.

Es bleibt noch die Frage zu beantworten, soweit das nicht schon nebenher geschehen ist, *was haben wir für die Zukunft von der gemeinsamen Erziehung zu erhoffen?* Sie zwingt uns durch die Einbeziehung des Geschlechtsgegensatzes zu größerer Lebensnähe. Die Koedukation hilft mit, den Weg von der Unterrichts- zur Erziehungsschule zu gehen. Sie hilft bei der Erziehung zur Gemeinschaft und der Überwindung eines extremen Individualismus. Sie vermeidet die treibhausartige Züchtung übersteigerter, und in der Übersteigerung ungesunder Geschlechtereigenarten. Sie bändigt die Rauheit der Knaben durch die Gesittung der Mädchen, mildert die läppisch alberne und sentimentale Haltung reiner Mädchengesellschaft durch den Einfluß der Knaben. Sie bringt ein wechselvolleres, reicheres Schulleben, eine reinere und glücklichere Schulgesellschaft. Sie kommt der Forderung unserer Jugend nach Gemeinschaftsleben von Knaben und Mädchen entgegen, wie sie gleichzeitig in den Jugendbünden verwirklicht ist. Sie erfüllt eine Reihe von Aufgaben, die in jetziger Zeit die Familie nicht mehr oder doch nur in seltenen Fällen erfüllen kann. Sie gibt ein bessres Bild des Lebens als die eingeschlechtliche Schule und bereitet darum besser auf das Leben vor. Da zur Gemeinschaft nicht Lehre, nur Leben, Handeln in Gemeinschaft erzieht, im späteren Leben aber die Gemeinschaft der Geschlechter die engste ist, so dient sie einem gesunden Zusammenleben der Geschlechter. Diese Wirkung wird unterstützt durch eine gesunde sexuelle Entwicklung, durch Kameradschaft zwischen den Geschlechtern; sie erzeugt durch genaueres gegenseitiges Kennenlernen gegenseitige Achtung und Anerkennung, zugleich aber eine Verminderung der Geschlechtsvorurteile und Idealisierungen. Sie gibt den Mädchen Gelegenheit, die für die von der Frau so gern ergriffenen pflegerischen Berufe notwendigen Kräfte schon in der Kindheit zu entwickeln, ihre hausfraulichen und mütterlichen Anlagen an den Menschen ihrer kleinen Gemeinschaft zu entfalten. Wer gemischte Klassen bei Wanderungen und Schulheimaufenthalten erlebt hat, wird diese wenigen Worte mit Leben zu füllen wissen. Den Mädchen vor allem erleichtert sie die Anpassung an soziale und wirtschaftliche Erfordernisse und vergrößert den weiblichen Einfluß im Kulturleben stärker vielleicht als das Stimmrecht für Frauen. Gleichzeitig ist sie ein Stück staatsbürgerlicher Erziehung und der einzige Weg vielleicht, die Anerkennung der Gleichwertigkeit der Geschlechter im allgemeinen Volksleben zu sichern.

Sie ist aber auch die einzige Möglichkeit für eine freie Entfaltung der Eigenart der Geschlechter, ungehemmt durch Vorurteile. Nur bei dauerndem, selbstverständlichem und unbefangenem Zusammenleben der Geschlechter kann ihre wirkliche Eigenart deutlich werden. Knaben können nur zu ganzen Männern, Frauen zu ganzen Frauen werden, wenn sie, bewußt oder unbewußt, ihre Eigenart am Gegenpol erleben können.

9 Demokratie in der Schule

„Um einen Anfang zu machen mit der Befreiung schlummernder und gebundener Kräfte der Jugend, um ihr eine erste Möglichkeit zu eröffnen, aus innerer Wahrhaftigkeit und unter eigener Verantwortung an der Gestaltung ihres Lebens mitzuwirken, bestimmen wir: An jeder höheren Schule (Vollanstalt) [...] wird bis Ende dieses Jahres eine Versammlung sämtlicher Lehrer und sämtlicher Schüler, [...] von der Klasse Obertertia an aufwärts, einberufen." (Erlaß des preußischen Kultusministeriums vom 27. 11. 1918, zit. nach Wilhelm 1970, S. 27 f.)

Verantwortlich für diesen Erlaß war Gustav Wyneken, der zusammen mit Paul Geheeb 1906 die Freie Schulgemeinschaft Wickersdorf gründete, nachdem beide ihre Tätigkeit in den Landerziehungsheimen Hermann Lietz' aufgekündigt hatten.[1] Sie praktizierten bereits im Kaiserreich mit dem Gremium der Schulgemeinde eine Mitbestimmung der Schülerschaft,[2] die nun per Erlaß auch Eingang in die öffentlichen höheren Schulen in Form von Schülerausschüssen, Schülerrat und Schulgemeinde finden sollte. Allerdings rückte das Ministerium schon nach drei Wochen von „Wynekens mehr plebiszitärem Ansatz" ab und „strebte das Ziel einer parlamentarisch-demokratisch strukturierten Schülervertretung an" (Radde 1999, S. 140). Für die weitere Entwicklung wurden die „Bestimmungen und Richtlinien für die Schüler-Selbstverwaltung" vom 21. 4. 1920 wesentlich, die nur für die vier oberen Klassenstufen (10.-13. Schuljahr) die Wahlen von Klassensprechern, die „Klassengemeinde" und die Schülerversammlung vorsahen (ebd., S. 141). Trotz der relativ geringen Mitwirkungsmöglichkeiten formierte sich ein starker Widerstand von der Eltern- und Lehrerschaft gegen die „Einführung demokratischer Erziehungs- und Lebensformen", und nur ein Bruchteil der höheren Schulen realisierte die Einrichtung der „Schüler-Selbstverwaltung" (ebd., S. 142).

Zu diesen Ausnahmen gehörten die Versuchsschulen, die, wie Gerd Radde für den von Fritz Karsen geleiteten Neuköllner Schulenkomplex nachweist (ebd., S. 140-149; siehe auch 12. Quellentext in diesem Band), weit über diese Vorgaben hinaus demokratische Strukturen praktizierten, nämlich „ein von der pädagogischen Gesamtkonzeption her gefordertes Beteiligtsein der Schülerschaft an der Bewältigung aktueller Aufgaben und Probleme" (ebd., S. 143).[3] Bis es aber so weit war, mußten Erfahrungen mit der neuen Freiheit gesammelt werden. Meist ging der Weg über den „Aufbruch im Chaos", wie Wilhelm Lamszus[4] es schildert, der in der Schülerschaft ein „Verlangen nach Ordnung und Arbeit" provozierte und zu „Versuchen, sich selber Gesetze zu geben, selber eine Schulordnung zu schaffen" und zur „Selbsterziehung" führte (Lamszus 1919, zit. nach Hoof 1969, S. 56).

Auch in den Versuchsvolksschulen wurden Mitbestimmungsmöglichkeiten institutionalisiert.[5] Die von Wilhem Paulsen[6] 1923 erstellten „Richtlinien und Grundsätze, nach denen die Versuchsschulen (Lebensgemeinschaftsschulen) einzurichten sind", beinhalteten neben den allgemeinen Vorschriften und der pädagogischen Konzeption auch die Verfassung der Lebensgemeinschaftsschule mit der Einrichtung von Gremien für Lehrer, Eltern und Schüler.[7] Ein Zeugnis über die nach diesen Richtlinien praktizierte Selbstverwaltung der Schüler liegt in dem Rechenschaftsbericht aus der 20. Schule Spandau von Paul Fechner vor (1935, siehe 29. Quellentext in diesem Band). Die Ordnung des Schulbetriebs sollte unter Mitwirkung der Schüler- und der Schulgemeinde gesichert werden (Konferenzprotokollbuch 20. Schule, 15. 5. 1923, zit. nach Hansen-Schaberg 1999a, S. 93), und über das Schulleben sollten Aussprachen stattfinden (ebd., 27. 6. 1927, S. 93).

Die in den Versuchsschulen realisierte Mitbestimmung und Selbstverwaltung entsprach der vom preußischen Ministerium für Wissenschaft, Kunst und Volksbildung vertretenen Auffassung, daß staatsbürgerliche Erziehung nicht durch ein besonderes Unterrichtsfach vermittelt werden kann: Im Erlaß vom 23.12.1923 wird den Lehrern nahegelegt, „das Schulleben im Sinne wahrer Lebens- und Arbeitsgemeinschaft, Spiel und Wanderung, Klassen- und Schulgemeinde im Geiste wahrer Kameradschaft auszugestalten, Erziehung und Unterricht mit staatsbürgerlichen Gedanken zu durchdringen, und noch mehr als bisher bemüht zu sein, der Jugend innerlich nahe zu kommen, statt an sie die ihr oft fremden Maßstäbe der Erwachsenen anzulegen." (Messer 1926, S. 195) Auch die Einbindung der Elternschaft in den Erziehungs- und Umgestaltungsprozeß der Versuchsschulen ging weit über die per Erlaß vom 5.11.1919 für alle preußischen Schulen vorgeschriebene Schaffung von Elternbeiräten hinaus (ebd., S. 195), wie der Beitrag von Arnold Ziechert über „Das Verhältnis zwischen Schule und Haus" (1928, siehe 28. Quellentext in diesem Band) zeigt.

Wenn es also gilt, demokratische Bestrebungen in den Schulen der Weimarer Republik kenntlich zu machen, sind verschiedene Ebenen zu beachten, auf denen Strukturen der Einübung von staatsbürgerlichen Spielregeln, der Beteiligung und Mitbestimmung nachzuweisen sind. Für eine Schul- und Gesellschaftsreform sind – auch heute noch – der Abbau autoritären Unterrichts- und Erziehungsverhaltens und das Geltenlassen der Rechte von Kindern, die Ermutigung zu freier Meinungsbildung und verantwortlichem Handeln, die Entwicklung konzeptioneller Grundlagen für einzelne Schulen und die Ausprägung spezifischer Profile, ein an reformpädagogischen Prinzipien orientierter Unterricht, die Installierung einer Schulverfassung und eine intensive Elternarbeit entscheidend.

[1] Hermann Lietz (1868-1919), Paul Geheeb (1870-1961) und Gustav Wyneken (1875-1964) waren Schulgründer und Pädagogen in der Landerziehungsheimbewegung, siehe Ulrich Schwerdt 2002 und die von Theo Dietrich herausgegebene Quellentextsammlung „Die Landerziehungsheimbewegung" (1967). Zu den Hintergründen der Auseinandersetzungen zwischen Hermann Lietz und seinen Mitarbeitern siehe den Beitrag „Haubinda - die Keimzelle der Landerziehungsheimbewegung" von Inge Hansen-Schaberg 1994.

[2] Forderungen nach einer Demokratisierung der Schule, nach Selbständigkeit des Lehrers, nach Selbstverwaltung und Selbsttätigkeit des Kindes wurde z.b. von Fritz Gansberg schon 1911 in seiner Schrift „Die demokratische Schule" erhoben.

[3] Die Schulfarm Scharfenberg bot mit den Bedingungen des Landerziehungsheims noch weitergehende Selbstverwaltungsmöglichkeiten; siehe Dietmar Haubfleisch 2001, S. 553-589.

[4] Zu Wilhelm Lamszus (1881-1965) siehe Christine Hofer / Jürgen Oelkers 1998, S. 175 f.

[5] Der von Heike Neuhäuser und Tobias Rülcker herausgegebene Sammelband „Demokratische Reformpädagogik" (2000) gibt einen Überblick.

[6] Zu Wilhem Paulsen siehe Hinweise zum 6. Quellentext in diesem Band.

[7] Die „Richtlinien und Grundsätze, nach denen Versuchsschulen (Lebensgemeinschaftsschulen) einzurichten sind" (1923) wurden publiziert in: Karsen 1924, S.177 ff., Nydahl 1928, S. 53 ff.; Wiederabdruck des Quellentext in dem von Inge Hansen-Schaberg und Bruno Schonig herausgegebenen Sammelband (2002a, S. 125-127).

Quellentexte

28. Arnold Ziechert:
Das Verhältnis zwischen Schule und Haus (1928)

Der Text von Arnold Ziechert[a] „Das Verhältnis zwischen Schule und Haus" wurde im Pädagogischen Zentralblatt 1928, S. 6-10, publiziert und befaßt sich mit der Einbeziehung der Eltern in den pädagogischen Reformprozeß an der Versuchsvolksschule in Berlin-Niederschönhausen.[b]

Ohne engstes Zusammenwirken zwischen Schule und Haus ist eine Lebensgemeinschaftsschule einfach undenkbar. Ohne liebevolles Verständnis der Eltern für die neue Erziehung, für den neuen Geist und das neue Leben und Arbeiten in der neuen Schule ist und bleibt alles Mühen und Sorgen der Lehrer, und seien diese noch so eifrig und voll von heiligstem Idealismus, zur Unfruchtbarkeit verurteilt. Darum stellten wir Lehrer an den Anfang unserer Tätigkeit den Satz: „Nur durch gemeinsame Arbeit von Eltern und Lehrern, nur durch Gemeinschaftsgesinnung und pädagogische Gesinnungsgemeinschaft kann die Lebensgemeinschaftsschule errungen und gestaltet werden!"

Voraussetzung zu dieser Erziehungsgemeinschaft ist die Lehrergemeinschaft. Sie ist bei uns allmählich geworden durch ernstes Arbeiten an den pädagogischen Problemen. Zahlreiche Besprechungen waren dazu nötig. Jede parteipolitische und konfessionelle Bindung wurde von vornherein für die Schularbeit abgelehnt. Bald konnten auch Eltern in den Kreis der Zusammenkünfte mit einbezogen werden. Damit war die erste Zelle einer werdenden Schulgemeinschaft geschaffen. Sie wuchs mehr und mehr, bis endlich eine genügende Zahl von Eltern und Kindern, die am neuen Werk gemeinsam arbeiten wollten, vorhanden war und die Behörde die Genehmigung für den pädagogischen Versuch erteilte. Zwei Jahre haben wir mit den Eltern zusammen um Erreichung dieses Zieles gerungen. Viele Hausbesuche und gemeinsame Konferenzen waren nötig, um die Eltern mit der Idee der Gemeinschaftserziehung vertraut zu machen. Das hat Lehrer und Eltern zusammengebracht. Gemeinsames Freuen und Leiden, gemeinsames

---

[a] Arnold Ziechert (geb. 1881), 1. Lehrerprüfung 1901 in Oranienburg, 2. Lehrerprüfung 1905 in Dresden, ab Oktober 1923 Rektor an der 11. Schule in Berlin-Niederschönhausen, Lebensgemeinschaftsschule, am 1.10.1933 entlassen (Personalkarte, BBF/DIPF-Archiv). Siehe auch den 17. Quellentext in diesem Band.

[b] Zu dieser Schule, die 1923 Lebensgemeinschaftsschule wurde, siehe Inge Hansen-Schaberg 1999a, S. 87 f.; siehe auch den 17. Quellentext in diesem Band.

Arbeiten und Schaffen, gemeinsames Kämpfen und Ringen hatten ein Band um Schule und Haus geschlungen, innig und fest. Das zeigte sich bei der Eröffnungsfeier, zu deren Gelingen die Eltern durch Ausschmücken der Turnhalle, durch Gesangsvorträge, Ansprachen usw. viel beitrugen.

Diese vorbereitenden Arbeiten, so schwierig sie auch waren, so große Opfer an Zeit und Kraft sie auch erforderten, waren doch nichts weiter als eine Vorstufe zur Erziehungsgemeinschaft zwischen Eltern- und Lehrerschaft. Die aufbauende Arbeit begann eigentlich erst in dem Augenblick, der Kinder und Lehrer in ihren Klassenverbänden zusammenführte. Jetzt setzten Klasseneltemabende ein. Es galt, sich mit den Eltern seiner eigenen Klasse auseinanderzusetzen oder richtiger zusammenzusetzen. Zweifel mußten beseitigt werden, Gleichgültigkeit, Interesselosigkeit an Erziehungsfragen waren zu überwinden. Die Eltern mußten persönlich Fühlung nehmen mit dem Erzieher gerade ihres Kindes. Diese Abende sind ständige Einrichtung geworden. Freilich läßt die Beteiligung der Eltern in manchen Gemeinschaften viel zu wünschen übrig. Sie befriedigt ganz nur in den Klassen, deren Kinder von vornherein als Schulanfänger zu uns kamen. Aber einen tüchtigen Elternstamm haben wir erhalten. Diese Eltern versuchen auch in der Familienerziehung unsere Wege zu gehen, d. h. zur Selbständigkeit, Wahrheit, Gemeinschaft und Freiheit, die nicht Ungebundenheit und Willkür sein darf, zu erziehen. Ihnen ist wie uns Körperstrafe verhaßt. Sie setzen an ihre Stelle veredelte Erziehungsmaßnahmen. Da bahnt sich eine wahre Erziehungsgemeinschaft an. Um sie muß fortlaufend gerungen werden, jahraus, jahrein, ja tagaus und tagein, so lange die Schule besteht. Damit beginnen wir schon bei den Neuanmeldungen der Schulanfänger. „Warum schicken Sie Ihr Kind zu unserer Schule?" „Sind Sie bereit, auf körperliche Züchtigung zu verzichten?" „Werden Sie regelmäßig unseren Einladungen Folge leisten und eifrig mitarbeiten?" So fragen wir bei den Einschulungen. Und dann kommt der erste Schultag. Er beginnt mit einer Schulfeier, die in der Hauptsache von Kindern bestritten wird. Die unvermeidliche Ansprache an die Eltern dient dazu, gleich von Anbeginn ein festes Band um Schule und Haus zu schlingen. Die ersten Schultage machen die Eltern sogleich mit der bei uns üblichen uneingeschränkten Öffentlichkeit des Unterrichts bekannt. Wir bitten die Mütter und Väter, in der Klasse zu bleiben oder draußen mitzuspielen oder Lehrspaziergänge mitzumachen und so oft wie möglich an der Klassenarbeit teilzunehmen. Dasselbe gilt natürlich auch für alle Eltern. So haben wir fast täglich Elternbesuche in der Schule. Selbstverständlich macht nicht jedes Elternhaus davon Gebrauch – leider. Wir streben es an und weisen von Zeit zu Zeit immer wieder darauf hin. Aus den Klasseneltemabenden ist der Elternausschuß der Schule erwachsen. Er ist zusammengesetzt aus je zwei Elternvertretern jeder Gemeinschaft, die in den Klassenelternversammlungen gewählt worden sind. Gegenwärtig besteht er aus zwanzig Eltern, da zehn Gemeinschaften vorhanden sind. Er tagt durchschnittlich monatlich einmal. Immer waren diese Sitzungen gut besucht. Hier ist regste Mitarbeit seitens der Eltern festzustellen. Es werden allgemeine Schulfragen behandelt, z. B. Einrichtung einer Lesestube, Beschaffung eines Schulgartens, eines Lichtbilderapparates, eines Klavieres usw.; die Veranstaltungen der Haupternversammlung, der Schulfeste, die eine wichtige Rolle spielen, werden hier vorbereitet. Auch Berichte der Eltern über Leben und Arbeit in den einzelnen Gemeinschaften werden entgegengenommen. Es ist wertvoll, daß jede Klasse durch Vertreter im Elternausschuß zu Worte kommen und Wünsche äußern, auch Anregungen geben kann. Die Lehrerschaft nimmt stets an diesen Sitzungen teil. Einen Elternbeirat, der aus Listenwahl hervorgegangen ist, lehnen wir ab, denn er verträgt sich nicht mit dem Gedanken der Gemeinschaftserziehung. Als einmal Vertreter einer politischen Partei den Wunsch vortrugen, bei der nächsten Neuwahl des Elternausschusses nach Listen zu wählen, wurde einmütig diese „Anregung" abgelehnt. Die Antragsteller waren durch die Aussprache eines besseren belehrt worden. Alle Eltern sind sich darüber einig, daß alles, was uns parteipolitisch und konfessionell trennt, in unserer Schule keine Stätte haben darf. Auch die durch den ministeriellen Erlaß vorgeschriebene Wahl von Elternbeiräten ist bei uns unmöglich. Die Behörde verlangte das letzte Mal die Durchführung dieser Bestimmungen. Die Elternschaft verhielt sich ablehnend. Da kein Wahlzwang besteht, entsendet nach wie vor jede Gemeinschaft zwei Vertreter in den Elternausschuß. Diese Einrichtung hat sich bei uns glänzend bewährt. Wenn der Lehrerverband Berlin in seinem Jahresbericht, der in der letzten Nummer der „Deutschen Lehrerzeitung" vom 7. April erschienen ist, auffordert, in allen Schulen dahin zu streben, sogenannte Einheitslisten gelegentlich kommender Elternbeiratswahlen aufzustellen, so mag dies gegenüber der augenblicklichen politischen und „unpolitischen" Zersplitterung ein Fortschritt sein, ein Ideal ist's nicht. Ich ziehe auf Grund unserer Erfahrung unsern Elternausschuß vor. Ihn in gleicher Weise zu schaffen, ist jeder Schule möglich, wenn Erzieher und Eltern sich überall wirklich nur von der Liebe zum Kinde leiten lassen. Freilich muß jeder Lehrer, jede Lehrerin durchdrungen sein von der Überzeugung, daß eine Zusammenarbeit von Schule und Haus unbedingt notwendig und ungeheuer wertvoll ist. Kürzlich sprach in einer Volksschule eine Lehrerin, die eine Anfangsklasse übernommen hatte, das Wort aus: „Wenn's doch nur erst mit der Mütterwirtschaft ein Ende nehmen wollte!" Das ist nicht die rechte Gesinnung, die zur Erziehungsgemeinschaft zwischen Schule und Haus führen kann. Die Schultür muß allen Eltern zu jeder Zeit offen stehen. Der Lehrer darf sich in seiner Erziehungsarbeit ebensowenig isolieren wie das Haus. Und dann muß man auch die Kunst verstehen, mit Menschen zu verkehren. Das haben wir auf dem Seminar leider nicht gelernt. Auch der Elternkritik dürfen wir nicht ablehnend gegenüberstehen. Oft sind die Kritiker unsere besten

Mitarbeiter. Man kann nicht verlangen, daß der Arbeiter jedes Wort auf die Wagschale legt. Also nicht zu empfindlich sein! Macht das Schultor weit auf! Störungen sind dadurch absolut nicht zu fürchten, wohl aber empfängt unsere Arbeit wertvolle Hilfen. Kinderkrankheiten bleiben natürlich nicht aus. Sie lassen sich jedoch leicht überwinden. Die Elternausschußsitzungen, Haupt- und Klassenelternabende, sowie die offene Schultür und daneben Einzelbesprechungen zwischen dem Klassenlehrer und den Eltern und endlich die Elternbesuche durch die Lehrer, die bei dieser Gelegenheit die Kinder im Kreise ihrer Familie sehen und beobachten können, geben reiche Möglichkeit, auch die Eltern die Kunst des menschlichen Verkehrs untereinander und des geistigen Austausches zu lehren, wo dies nötig ist. Es heißt, die Ansichten des andern in Ruhe aufzunehmen, mit den eigenen zu verschmelzen und sich dann selbst ein Urteil zu bilden. Man braucht sich durchaus nicht bei gegenteiliger Meinung „die Köpfe einzuschlagen".

Weiter möchte ich auch einiges von der Opferbereitschaft unserer Eltern, die fast alle der werktätigen Arbeiterschaft angehören, berichten. Als wir die Schule eröffneten, standen uns nur 8 Klassenräume, eine Turnhalle, eine kleine Aula und die üblichen Lehrmittel zur Verfügung. Wir gingen sofort heran, einen Werkraum im Keller einzurichten. Die erste Hobelbank kauften die Eltern, Werkzeuge und Material wie Holz, Pappe, Schleifstein, Nägel usw. stifteten verschiedene Väter. Noch Fehlendes hat die Gemeinde besorgt, so daß jetzt eine Papp- und Holzbearbeitungswerkstatt mit vollständiger Ausstattung vorhanden sind. Arbeitslose Väter bauten eine Schulbühne, Maler strichen die Kulissen neu an. 500 Mk. wurden aus Elternkreisen zur Beschaffung eines Klavier der Schule geschenkt. Den Rest zahlte die Gemeinde. Zur Anschaffung eines Lichtbildapparates gaben die Eltern zu dem behördlicherseits bewilligten Betrag rund 100,- Mk. zu, damit auch ein guter Apparat gekauft werden konnte. In der Inflationszeit lieferte die Elternschaft Bücher, Hefte, Schreibmaterialien für bedürftige Kinder. Kleidungsstücke, Spielsachen wurden für die Weihnachtsbescherungen gesammelt. In der Nähstube wurden von Müttern Ausbesserungsarbeiten vorgenommen. Verschiedene Klassen machten mehrtägige Reisen an die Ostsee, ins Riesen-, Isergebirge, in den Harz, nach Tiefensee. Damit keins von den ärmsten Kindern zurückzubleiben brauchte, sprangen die Eltern helfend ein. Wenn ich zurückblicke, muß ich sagen, daß die Eltern für die Schule viel getan haben in uneigennützigster Weise. Sie bauten auch für den Schülergarten einen Zaun, der neben der Arbeit etwa 60 Mk. Unkosten verursacht hat. Sie helfen dem „Kleingärtnerverein" der Kinder mit Rat und Tat. Besichtigungen von Mühlen, Bäckereien, Schmieden, Großbetrieben, einer Druckerei haben sie ermöglicht. Auf Reisen und Wanderungen fehlen Eltern als Gehilfen des Lehrers nie. Bei unseren Schulfesten, die ein wichtiges Bindeglied zwischen Schule und Haus sind, macht sich die Mitwirkung der Eltern stets angenehm bemerkbar. Ja, sie ist uns auf allen Gebieten unentbehrlich geworden. Auch an den Zusammenkunftsabenden der Jugendlichen, die durch unsere Schule gegangen sind, sehen wir oft einige Eltern. Im Sprechchor wirken sie mit den Jugendlichen zusammen. Leider fehlt uns noch ein Gesangschor der Eltern, sowie ein Elternorchester. Dagegen besteht ein Schulverein, der gegenwärtig rund 200 Mitglieder hat und auch solche Eltern sammelt, die keine Kinder mehr in der Schule haben. Der geringe monatliche Beitrag wird restlos für Schulzwecke verwendet.

Bisher hatten wir auch eine Schulzeitung „Die Lebensgemeinschaftsschule"[c], die für die neuen Schulen Deutschlands gedacht war. 120 Eltern, mehr als ein Drittel der Elternschaft, hielten sie. Wiederholt haben sich auch, Väter und Mütter schriftstellerisch daran beteiligt. Leider ist sie eingegangen, und nun sind wir dabei, uns ein eigenes Mitteilungsblatt für unsere Schule allein auf billige Weise zu schaffen. Wir werden auch dieses Ziel erreichen; und dann kommen wir durch Wort und Schrift auch an die Eltern heran, die bisher nicht, obwohl sie Glieder unserer Schulgemeinde sind, zu uns gekommen sind, sondern abseits gestanden haben.

Nach den Ferien können wir eine Lesestube eröffnen. Mehr als 700 Bände haben wir durch Mittel der Stadt beschaffen können. Auch der Grundstock zu einer Elternbücherei ist gelegt. An vier Tagen der Woche dürfen sich dort Kinder und Eltern lesend betätigen. Natürlich brauchen wir auch hier die helfende Mitarbeit der Eltern. Die Lehrer sind ohnehin weit über den Rahmen ihrer Pflichtstunden am Erziehungswerke mit Lust und Liebe tätig, und die Eltern unterstützen und helfen, wo sie nur können. Freilich sind sie noch nicht alle restlos erfaßt. Ob dies überhaupt gelingen wird, ist eine offene Frage. Jedenfalls streben wir alle, Lehrer und Eltern, auch Kinder, mit vereinter Kraft diesem Ziele entgegen.

---

[c] Die Lebensgemeinschaftsschule, herausgegeben von Fritz Karsen 1 (1924) – 3 (1926).

29. Paul Fechner:
Selbstverwaltung der Schüler (1935)

Der Auszug „Selbstverwaltung der Schüler" ist der von Paul Fechner,[a] dem Schulleiter der 20. Schule, einer Lebensgemeinschaftsschule in Berlin-Spandau,[b] verfaßten unveröffentlichten Gesamtdarstellung „Unsere Schulbewegung", S. 52-55, entnommen worden, die er 1935 verfaßt hat, nachdem diese Versuchsschule mit der Machtübernahme Hitlers 1933 verboten worden war (Sammlung Gerd Radde).[c]

I. Der Sinn der Selbstverwaltung

In der Lebensgemeinschaftsschule, in der alle Glieder der Schulgemeinde – Eltern, Lehrer, Schüler, Schulentlassene und alle Freunde der Schule – sich als Träger der Schulidee und der Schularbeit fühlen, muß sich auch die Mitwirkung der Schüler verantwortungsbewußt vollziehen. Die Schüler müssen bei ihrer Tätigkeit das Gefühl haben, nicht bloß Objekt der Erziehung zu sein, sondern gleichberechtigt im Rahmen ihrer Möglichkeiten mitwirken zu können. Wenn sie an der Organisierung und Ordnung des Schullebens beteiligt sind, wenn ihnen aus dem Klassenleben oder dem Unterricht Aufgaben zur selbständigen Lösung gestellt werden, so wachsen ihre Kräfte mit der Erledigung dieser Aufgabe. Notwendig ist aber, daß die Erwachsenen ihnen nichts Unmögliches zumuten. Die Einsicht in die Notwendigkeit mancher unangenehmen Maßnahme nimmt zu, viele Reibungsflächen verschwinden, das Kind wird in Stand gesetzt, später verantwortungsbewußt an den Aufgaben des Lebens teilnehmen zu können.

II. Die Formen der Selbstverwaltung

a) Da sich der Hauptteil des schulischen Lebens im Klassenverband abspielt, liegt hier auch die erste Ansatzstelle zur Übung der organisatorischen Kräfte. Die Idee der Schule wirkt bei einigen gefühlsbetonten oder willensstarken Kindern besonders anregend. Wenn es dem organisatorischen Geschick des Lehrers gelingt, diese Kräfte sichtbar zu machen, helfen sie ihm recht stark in seinem erzieherischen Streben. Die Schülervertreter der Klasse werden in demokratischer Form durch Abstimmung gewählt. Da ihre Tätigkeit stark der Kritik, auch der des Lehrers ausgesetzt ist, wirkt sie sich bald in einer dem ganzen schulischen Werk die-

---

[a] Paul Fechner (1894-1973) gehörte zu den Gründern der „Freien Schulgesellschaft" in Spandau und war ab 1927 Rektor der Versuchsschule. Er wurde am 1. 10. 1933 aus politischen Gründen entlassen. Nach 1945 wurde er Bezirksschulrat und Bezirksstadtrat in Spandau und von 1949 bis 1959 Stadt- bzw. Landesschulrat in Berlin (West), siehe Gerd Radde 1999, S. 331 f.
[b] Zur 20. Schule siehe den 2. Quellentext in diesem Band, zum Schulprofil siehe Inge Hansen-Schaberg 1999a, S. 77 ff.
[c] Weitere Auszüge aus dieser Schrift befinden sich in diesem Band, siehe 2. und 30. Quellentext.

nenden Richtung aus, oder der Schülervertreter sieht ein, daß er für sein Amt nicht geeignet sei und legt es bald nieder. Die Klassenvertreter ordnen das Leben in den Pausen, sie regeln die Planung und Durchführung freiwilliger Gemeinschaftsarbeiten, sie organisieren Klassenaussprachen, Klassenfeiern und Wanderungen, sie versuchen Streitigkeiten zu schlichten, sich der Abseitsstehenden anzunehmen und vertreten die Klasse im Schülerausschuß und in den Klassenelternversammlungen. Die Zahl der Klassenvertreter schwankt zwischen 2 und 4, die Zeitdauer ist nicht festgelegt. Manche Schülervertreter haben Jahre hindurch ihr Amt ausgeübt, andere haben es nach kurzer Zeit zur Verfügung gestellt. In den unteren 4 Jahrgängen gibt es keine Schülervertreter.

b) Der Schülerausschuß wird von den Schülervertretern der Klassen 1-4 gebildet. Für seine Arbeit sind folgende Richtlinien maßgebend:

1. Der Schülerausschuß ist die Schülervertretung der oberen Klassen (1-4). An den Beratungen nehmen Vertreter der 5. Klassen gastweise teil.
2. Jede der oberen Klassen wählt aus ihrer Mitte 3 Vertreter in den Schülerausschuß.
3. Der Schülerausschuß wählt sich seinen Vorstand selbst.
4. Der Schülerausschuß setzt seine Sitzungen im Einvernehmen mit dem Schulleiter an.
5. Als Berater nimmt an den Arbeiten des Schülerausschusses ein im Einvernehmen zwischen Kollegium und Schülerausschuß gewählter Lehrer teil.
6. Außerdem kann jedes Mitglied der Schule als Gast an den Sitzungen teilnehmen.
7. Über die Beratungen werden schriftliche Berichte geführt.

c) Die Schülergemeinde tritt in Abständen von 1–3 Monaten zusammen. Sie arbeitet nach folgenden Richtlinien:

1. Die Schülergemeinde besteht aus den Klassen 1–3. Dazu treten die Schülervertreter der Klassen 4 und 5 und die Lehrer.
2. Die Schülergemeinde wird vom Vorsitzenden des Schülerausschusses geleitet. Bei Schwierigkeiten in der Geschäftsführung nimmt er die Hilfe des Beraters in Anspruch.
3. Die Tagungszeit wird im Einverständnis mit dem Schulleiter festgesetzt. Die Tagesordnung wird spätestens einen Tag vorher durch Anschlag bekannt gegeben. Dem Obmann des Elternausschusses wird rechtzeitig Mitteilung gemacht.
4. Die Schülergemeinde beschäftigt sich mit gemeinschaftsfördernden Fragen; das parlamentarische Besprechen wird auf ein möglichst geringes Maß beschränkt, alle Fragen dieser Art werden im Schülerausschuß oder in Klassenversammlungen besprochen. Die Schülergemeinde versucht, ihre Veranstaltungen festlich zu gestalten.

5. Die Meinungsbildung der Lehrer geschieht in besonderen Konferenzbesprechungen.

d) Der Schulausschuß besteht aus dem Elternausschuß, Lehrerkollegium und Schülerausschuß. Er tritt bei bedeutsamen Fragen auf Antrag einer dieser Gruppen zusammen.

III. Die Ergebnisse

Im Laufe der 11 Jahre, während welcher die Schule solche Einrichtungen der Schülerselbstverwaltung hat, wurde immer klarer, daß wir den Schülergemeindesitzungen mehr und mehr den Charakter festlicher Zusammenkünfte geben mußten. Schon der bedrängte Raum – über eine Aula verfügen wir nicht – wirkte recht störend. Musik des Schülerorchesters, Chorgesänge und Sprechchöre schufen die Stimmung für ernste Verhandlungen. In der letzten Zeit bereitet der Schülerausschuß eingehend die größeren Veranstaltungen vor, ernennt auch die Sprecher zu den bedeutsamen Fragen. Gesprochen wurde über die Ordnung auf Flur und Treppen, über das Betreuen der Kleinen in den Pausen, über die Zusammenarbeit mit der Nachbarschule, über das Benehmen ganzer Klassen, über die Regelungen des Milchfrühstücks und der Fahrradunterstellung u. a. mehr. Der Schülerausschuß hat sich schon recht selbständig bei der Veranstaltung von Volkstanzfesten, bei der Führung durch unsere Schulausstellung, bei der Organisierung von Kreisspielen auf dem Schulhof oder von Kasperleveranstaltungen für die Kleinen betätigt. Am erfreulichsten ist die selbständige Arbeit der Kinder in den Klassengemeinschaften gewesen. Hier war die ganze Tätigkeit nicht so sehr an feste Formen gebunden, der natürliche und freundschaftliche Verkehr untereinander und mit dem Lehrer war noch immer der stärkste Auftrieb zu produktiver Tätigkeit; das Schaffen gewisser äußerer Kennzeichen der Verantwortung unterstützte die schon vorhandenen Kraftansätze.

10 Schulkultur

„Der Jubel beim Einzug war symbolisch. Es war nicht nur der Reiz des Neuen. Es war Befreiung aus den Klammern der Schulbank und dem Geist des Mechanismus; es war ein Freudenzug von der Kaserne zur Lebensstätte; zur Bildungsstätte. [...] Der Lehrer hatte keinen Thron, kein Pult; er wollte auch keins. Zwei Kinder teilten mit ihm den Platz. Und da saßen wir nun rund herum, glotzten nicht mehr in des Vordermanns Nacken, fühlten uns wohl, unendlich wohl! So wohl wie in einem warmen, wohligen Nest, und weil wir blau uns als Farbe gewählt hatten, tauften wir unser Heim: S' blaue Nest. Ein großes Türschild wurde mit den neuesten Ostwaldschen Farben gemalt: Ein Nest und soviel Schnäbel aufsperrende Vögelchen drin, wie Kinder im Zimmer waren. Und ein großer Vogel, der Lehrer, brachte geistige Nahrung in Gestalt eines Regenwurms den hungernden Kleinen." (Steiger 1925, S. 59)[1]

Wenn der Klassenraum zum Nest wird, die Kinder hungrige Vögelchen sind und der Lehrer die „geistige Nahrung" bringt, dann wird, wie bereits in der Einführung zur Pädagogik „Vom Kinde aus" (siehe 1. in diesem Band) aufgezeigt, eine „natürliche" Gemeinschaft beschworen, in der jedes Kind seinen Platz hat und die ihm entsprechende „Fütterung" bekommt. Mit der Umgestaltung der Klassenräume zu „Lebensstätten", mit dem Abbau des hierarchischen Lehrer-Schüler-Verhältnisses und im Miteinander der Kinder, Jugendlichen und Erwachsenen fand eine Umorientierung in den öffentlichen Schulen nach dem Vorbild der Landerziehungsheime statt. Die von Hermann Lietz[2] geprägte und von vielen anderen Schulgründern übernommene „Kapelle" sah er als Möglichkeit, „dem Gemüt und Herzen des Zöglings besonders nahe zu kommen, es feierlich, andächtig zu stimmen, mit großen, edlen Vorsätzen und hohen Gefühlen zu erfüllen." (Lietz 1913, S. 433)[3] Nicht nur religiöse Stoffe, „sondern was an Geistesschätzen in allen Zeiten und allen Völkern sich findet, das sollte geboten werden, stets natürlich mit der Bevorzugung dessen, was die eigene Heimat und das eigene Volk geschaffen haben." (Ebd., S. 435) Unterstützt wurden diese Feiern und Andachten durch Gesang und Instrumentalmusik und auch durch Körperübungen, besonders wirkungsvoll durch die Verlegung ins Freie, in „die gewaltige Natur" (ebd., S. 438), inszeniert, als „ein Dienst an sich selbst, an dem Vaterlande, der Menschheit" (ebd., S. 438).

Der Leitgedanke der pädagogischen Arbeit in den in der Weimarer Republik entstandenen Gemeinschaftsschulen überhaupt und bei Schulveranstaltungen im besonderen war die Gestaltung und das Erleben der Gemeinschaft, womit im allgemeinen von der Klasse inklusive der Lehrkraft als kleinster Einheit bis zur schulischen Gemeinschaft unter Einschluß der Eltern alle Zwischenformen gemeint waren. In diesen Schulen waren gemeinsame Feiern und Schulfeste, Theater- und Musikveranstaltungen, Ausflüge, Wanderungen und Fahrten, die Dienste und Ämter ein wesentlicher Bestandteil des Schullebens.[4] Aber ebenso wie bei Hermann Lietz war es in einzelnen Fällen eine Gratwanderung zwischen kulturellem Genuß und Manipulation oder Indoktrination, nun allerdings im Hinblick auf die Einschwörung auf eine sozialistische oder kommunistische Gesinnung (Hansen-Schaberg 1999a, S. 118).

Für die Mehrzahl der Versuchsschulen galt, daß nicht nur die Entwicklung kognitiver Fähigkeiten der Schülerinnen und Schüler, sondern auch emotionale Anteile ihrer Persönlichkeit in der Schule entwickelt und in vorgegebenen Strukturen ausgelebt werden sollten, die die Kreativität und Produktivität steigern konnten. Im Kollegium der 20. Schule Spandau wurde z.B. erörtert, welche Maßnahmen der Schule den Charakter einer sozialen Gemeinschaft geben könnten, und es wurde festgelegt, daß dies erstens durch die Zusammenarbeit von Lehrern und Eltern insbesondere in Fragen der Lebensordnung, der Körperpflege, der geistigen Erhebung (Feste, Ausflüge, Museumsführungen, gemeinsame Naturbesuche...) und zweitens durch das Mitbestimmungsrecht der Kinder, durch Kinderorganisationen als gesellschaftsumformende Faktoren von der Erwachsenenkultur zu einer Jugendkultur erfolgen soll (Konferenzprotokollbuch 20. Schule, 25. 2. 1926, zit. nach Hansen-Schaberg 1999a, S. 115 f.). Die Schule sollte zum Kulturmittelpunkt werden, und zum Thema „Forderungen der Zeit und unsere Schule" wurde beschlossen: In der Schule müßten große Wandlungen erfolgen, neue Formen seien notwendig, man müsse sich der Zeit anpassen und ihre Strömungen bei der Schularbeit besonders berücksichtigen. Höhepunkte im Schulleben seien Schulfeste, die die Schule auf dem Gipfel ihrer Leistungsfähigkeit zeigten und das beste Mittel seien, sich menschlich näher zu kommen. Das Ziel sei, geistig bewegliche Menschen heranzubilden, „welche die Fähigkeit besitzen, sich jeder neu gegebenen und veränderten Lebenslage schnell und sicher anzupassen" (ebd., S. 116). Es wurde eine Vielzahl von festlichen Veranstaltungen im kleinen oder großen Rahmen begangen. Zur Einschulung der Schulanfänger fanden Theateraufführungen oder Musikdarbietungen statt (308. Schule), das Treppenhaus wurde mit Wandfriesen, z.B. zum Märchen „Rotkäppchen", geschmückt (Denkschrift in: Fechner 1935, S. 41; siehe 30. Quellentext in diesem Band). Jährlich wurde in der 308. Schule ein Sommerfest gefeiert, das jeweils unter einem Thema stand, z.B. Laternenfest, Erntefest, Völkerschau, Volkstänze und Wandertrachten, Es war einmal..., Stralauer Fischzug (Organisation und Arbeit, o.J., Bl. 9; siehe 11. Quellentext in diesem Band). Die Elternarbeit stand von vornherein im Mittelpunkt, war „rein pädagogisch", nicht schulpolitisch orientiert (Kreuziger 1925, S. 84) und bestand in der Öffnung der Schultüren, in der Heranziehung des Elternausschusses zu den Besprechungen der Lehrerschaft und in der Mitwirkung bei allen Schulveranstaltungen (ebd., S. 86). Die Eltern waren sogar verpflichtet, „sich tätig in den Dienst der Schule zu stellen" und bei den oben genannten Einrichtungen und Festen mitzuarbeiten (Organisation und Arbeit, o.J., Bl. 12; siehe 11. Quellentext in diesem Band). In den Klassen wurden Morgen-, Wochenanfang-, Wochenend-, und Nestabendfeiern mit Gesang, Musik und Tanz begangen; ein Schülerorchester, ein aus Schulentlassenen, Eltern und Lehrern gebildeter Schulchor sowie ein Schulorchester und Laientanzgruppen wirkten bei der Gestaltung der Schulfeste und -feiern mit (Denkschrift in: Fechner 1935, S. 41 ff.).[5] Der Text von Adolf Jensen „Produktive Arbeit für Schulfeste" (1925, siehe 31. Quellentext in diesem Band) zeigt den direkten Zusammenhang zwischen Unterricht und Feier. An der 11. Schule in Niederschönhausen wurde der Geburtstag jedes Kindes in einer festlichen Viertelstunde mit selbstverfaßten Gedichten gefeiert, außerdem fanden Entlassungsfeiern, „Unser Kaffeekränzchen" für die Schulentlassenen, Weihnachtsbescherung, Weihnachtsfeier und die Richard Dehmel-Feier statt (Hahn 1925d), auf denen oftmals Sprechchor[6] und Laienspiel[7] eine wichtige Rolle einnahmen. An dieser Schule wurde die Jugendbühne als verpflichtende Arbeitsgemeinschaft eingerichtet. Die Theaterarbeit konzentrierte sich nach anfänglicher Übernahme fertiger Stücke immer stärker auf Dramatisierungen von eigenen Themen der Kinder und Jugendlichen (Hahn 1927b, S. 286 ff.) und wurde zu einem gesamtunterrichtlichen Projekt: „Und wieviel organische Verbindungen der Einzelfächer ergeben sich beim Erarbeiten des Szenenstückes! Gesteigerte Sprechpflege, Singen, Zeichnen und handwerkliche

Fertigkeiten, Anwendung physikalischer Kenntnisse und wahrhaft anschauliche Kulturgeschichte können je nach Art des Stückes zu ungesuchtem Gesamtunterricht zusammenwachsen." (Hahn / Pohle 1924, S. 41). Ihre Intention war einerseits, „mit der Pflege der Einzelbegabungen ernst machen" und „besonders fantasiebegabten Kindern Gelegenheit zur Entwicklung ihrer Fähigkeiten" zu geben" (ebd., S. 41), andererseits wurde auch ein therapeutischer Ansatz verfolgt: „Wir wollen durch das Spiel aber auch innerlich verkrampfte Seelen befreien. Deshalb kann die 'Begabung' für uns nicht ausschlaggebend sein." (ebd., S. 41).

Karl Hahn initiierte auch den Kindersprechchor an seiner Schule, den er im wesentlichen pädagogisch und nicht als Ausdruck einer Weltanschauung bewertete: „Erlebnisschule und Gemeinschaftsleben sind in ihm wechselwirkend verbunden. Menge entfesselt in gutem und bösem Sinne. Hier ist es so, daß der einzelne, geborgen im Gefühl der Gemeinschaft, Dichtung selbsttätig erlebt. Der Vortrag des Gedichtes ist eingeordnetes Dienen am Kunstwerk, das Erarbeiten des Vortrages ist Gemeinschaftsarbeit auf dem Wege zum Dichter." (Hahn 1927c, S. 269) An der 308. Schule wurde unter Beteiligung der ganzen Schule Paul Hindemiths Oper „Wir bauen eine neue Stadt" 1930, also im Entstehungsjahr, aufgeführt und somit modernste, experimentelle Musik dargeboten (Conradt / Heckmann-Janz 1985, S. 90).

Die Beiträge von Hans Rot über „Kollektives Schultheater" (1932, siehe 32. Quellentext in diesem Band), von Elisabeth Mann „Zehn- und Zwölfjährige spielen Theater" (1932, siehe 33. Quellentext in diesem Band) und Heinz Klumbies „Eine Theatergruppe" (1932, siehe 34. Quellentext in diesem Band) geben Einblicke in kulturelle Arbeit an dem Neuköllner Schulenkompex[8] (siehe 12. Quellentext in diesem Band).

---

[1] Willy Steiger berichtet in dem Buch „S' blaue Nest" (1925) von seiner Arbeit in der Volksschule zu Hellerau; siehe auch Max Nitzsche (1924), zu Willy Steiger siehe auch die Einleitung zu 8. Gemeinschaftserziehung der Geschlechter.

[2] Zu Hermann Lietz (1868-1919) siehe Ulrich Schwerdt 2002, S. 71 ff., und die von Theo Dietrich herausgegebene Quellentextsammlung „Die Landerziehungsheimbewegung" (1967).

[3] Siehe zu dieser Thematik den Beitrag von Meike Sophia Baader 2003.

[4] Der von Helmut Heiland und Karl-Heinz Sahmel vorgelegte Band „Praxis Schulleben in der Weimarer Republik 1918-1933" (1985) kommentiert und dokumentiert eine Vielzahl von Quellentexten. Siehe auch Hugo Gaudigs Schrift „Schule und Schulleben" (1923).

[5] Feste und Feiern sind demzufolge nicht exklusiv in der Jenaplan-Pädagogik verankert; siehe Inge Hansen-Schaberg / Bruno Schonig, 2002c, sondern gehörten zwingend in allen Reformschulen dazu.

[6] Zum Sprechchor siehe Otto Karstädt 1930, S. 19-27.

[7] Zum Laienspiel in der von Martin Luserke geleiteten Schule am Meer siehe Ulrich Schwerdt 1993, S. 206 ff.

[8] Siehe zur Funktion der Schulaufführungen im Neuköllner Schulenkomplex Gerd Radde 1999, S. 134-140.

Quellentexte

30. Lebensgemeinschaftsschule Spandau: Gestaltungsunterricht, Musikarbeit, Gymnastik (25. 1. 1933)

Der Auszug über Gestaltungsunterricht, Musikarbeit und Gymnastik ist der unveröffentlichten „Denkschrift" der 20. Schule, einer Lebensgemeinschaftsschule in Berlin-Spandau,[a] vom 25. 1. 1933 entnommen worden, S. 40-43, die der ehemalige Schulleiter Paul Fechner[b] 1935 in der ebenfalls nicht publizierten Gesamtdarstellung „Unsere Schulbewegung" integriert hat[c] (Sammlung Gerd Radde).

Unsere Stellung zum Gestaltungsunterricht
Ausgehend von der Ausdruckspflege und von der Erkenntnis, daß geistige und manuelle Arbeit zusammen dem Kinde innere Klarheit vermitteln, wurde Wert darauf gelegt, daß die gestaltenden Kräfte im Kinde möglichst umfassend entwickelt und ausgebildet werden. Dazu wurde eine enge Zusammenarbeit aller Gestaltungsfächer und ein Unterrichten der Kinder in vielen Gestaltungstechniken durchgeführt. Der gesamte gestaltende Unterricht, der bisher aus Zeichenunterricht und Handarbeit der Mädchen, z.T. auch noch aus dem Werkunterricht bestand, und vollkommen selbständig neben der Unterrichtsarbeit herlief, sollte mit der gesamten Unterrichtsarbeit eine innerlich geschlossene Einheit bilden. Die Arbeitsaufgaben wurden daher auch nicht aus theoretischer Entwicklung einer Arbeitstechnik an die Kinder herangebracht, sondern die Arbeitsimpulse wurden aus drängenden Notwendigkeiten gegeben, die irgendwie im schulischen Leben auftauchten.
Beispiele: Aus dem Gesamtarbeitsgebiet einer ersten Klasse, die mehrere Wochen die Lebenswelt der Kuhlake untersuchte, kam die Anregung, alle entdeckten Tiere zu malen, in Schablonen zu schneiden und damit einen riesigen, die ganze Klassenwand deckenden Wandfries herzustellen. Bei der Erledigung des Themas: Dorf, das sich eine 2. Klasse gestellt hatte, wurden in dieser Klasse und in besonderen Arbeitsgruppen der Klasse folgende gestalterische Arbeiten geleistet: Aus Zeichenpapier wurden Dorfhäuser gebastelt und angestrichen, ganze Gehöfte wurden gebastelt und zu einem Straßen- bzw. Runddorf zusammengestellt. Aus verschiedenem Material wurden dörfliche Geräte nachgebildet; aus

---

[a] Zum Schulprofil der 20. Schule, die 1923 als Lebensgemeinschaftsschule anerkannt wurde, siehe Inge Hansen-Schaberg 1999a, S. 77 ff., siehe auch den 2. und 29. Quellentext in diesem Band.
[b] Zu Paul Fechner (1894-1973) siehe 29. Quellentext in diesem Band.
[c] Weitere Auszüge aus dieser Schrift befinden sich in diesem Band, siehe 2. und 29. Quellentext.

Ton wurden Tiere und Landleute bei der Arbeit geformt. Aquarelle und Zeichnungen aus dem Dorfleben fehlten ebenfalls nicht. Vor der Einschulung der Schulanfänger bereiten sich die Großen gewöhnlich auf eine recht nette Begrüßung vor: Sie schmücken das ganze Treppenhaus mit Wandfriesen. So bildeten sie einmal aus Kreppapier das Märchen Rotkäppchen nach. Will eine Klasse Theater spielen, so werden dazu die Kulissen hergestellt. Diese Arbeit darf unter keinen Umständen abgebrochen werden, sie kann in diesem Umfange und in dieser Natürlichkeit aber nur durchgeführt werden, wenn die Schule versuchsschulmäßige Freiheiten hat.

Die Musikarbeit an unserer Schule
Singen und Musizieren war für uns kein technisches Fach, es war immer ursprünglichste Lebensäußerung. Gemeinschaftserlebnis und Ausdruck des Fühlens. Als klanglicher und rhythmischer Ausdruck waren Gesang, Musik und Tanz, insbesondere der Volkstanz, in unserem schulischen Leben eine Einheit. Sie waren von der lebendigen Gemeinschaft gar nicht zu trennen. Von Anfang an sahen wir in dem musikalisch-rhythmischen Erlebnis und in der veredelnden Erziehung desselben das Ziel und in der Übung des Technischen lediglich das Mittel. Als dann die neuzeitliche Musikbewegung uns die Bestätigung unserer Auffassung brachte, griffen wir freudig zu den von ihr gebrachten neuen Mitteln und Anregungen, um auf unserem Wege weiter zu schreiten. Das Wertvollste lag in den Klassen, in den Morgenfeiern, Wochenanfängen, Wochenendfeiern, Nestabenden und Fahrten. Ein Schülerchor, der zeitweilig aus freiwilligen Sängern oder aus den oberen Klassen bestand, diente bei Festen und Schülerveranstaltungen der Gesamtschule. Hierbei zeigte es sich, daß das musikalische Erleben seine Ursprünglichkeit leicht verliert, wenn es aus der Lebensgemeinschaft verlegt wird.

An Instrumenten wurden die Geige, die Gitarre, das Klavier bevorzugt. Die Mandoline verschwand mit fortschreitender Musikpflege. Die technische Arbeit wurde in kleinen Unterrichtsgruppen geleistet. Die Kinder, die kein Klavier besaßen, kamen sogar am Nachmittag zum Üben in die Schule. Das Ergebnis dieser Arbeit floß in die Klassen- und Schulgemeinschaft. Ein Schülerorchester fand sich zusammen, um wöchentlich zu musizieren und die Feste ausschmücken zu helfen. Die Musikarbeit fand ihre Fortsetzung auch noch nach beendeter Schulzeit. Schulentlassene bildeten mit Eltern und Lehrern einen Schulchor und ein Schulorchester. Der Schulchor vermied es bewußt, Gesangverein zu sein. Die Freude am Klang, die musikalische Erziehung, das Musikerlebnis führten die Menschen Jahr für Jahr einmal in der Woche ohne Kasse und Vereinsstatut zusammen. In ähnlicher Weise wirkte das Orchester. Daneben wurden beide bei der Gestaltung der Schulfeste und -feiern eingesetzt. Die Musikarbeit der Schule hat reiche Früchte getragen. Leider hat bei ihr besonders stark die Not eingegriffen, die die Anschaffung von Instrumenten und Noten völlig unterbunden hat. Umsomehr ist es aber nötig, zu erhalten, was erhalten werden kann.

Der Volkstanz, wohl der volkstümlichste Ausdruck von Rhythmus und Gemeinschaft, fand bei uns bis heute frohe Pflege. Er war uns mehr, er war uns Symbol für unsern Kulturwillen. Die von der Schule veranstalteten Volkstanzfeste vereinten von Zeit zu Zeit die Schulentlassenen zu frohen Stunden in Sälen ohne Tabakrauch und ohne Alkohol.

Unsere Stellung zur Gymnastik
In unserm Streben, von der Uniformierung zur individuellen Form, von der Verkrampfung zur Lockerung, zum rhythmischen Wechsel von Spannung und Lösung zu kommen, mußten wir Gegner des alten Turnens werden, wie es zur Zeit der Gründung unserer Schule getrieben wurde. Wir wandten uns der Gymnastik zu, deren Ziele unserm Streben entgegen kam. Sie war zunächst für uns eine Angelegenheit der körperlichen Erziehung. Später erweiterten wir ihre Aufgabe, indem wir versuchten, den Tanz als Ausdrucksmittel zurückzugewinnen. Kinder- und auch Erwachsenengruppen arbeiteten durch die Jahre treu an dieser Aufgabe und vereinten sich daneben noch mit dem Chor und mit dem Orchester zu gemeinsamer Arbeit bei Festen und Feiern. Das weibliche Geschlecht hatte an dieser Arbeit den größeren Anteil, doch nahmen daran mit gutem Erfolg auch Jungen und junge Männer teil. Der Pflege des Laientanzes waren Grenzen gesetzt. Die bewegungschorische Arbeit zeigte sich dagegen als ertragreiches Gebiet und war ein voller Erfolg,

31. Adolf Jensen:
Produktive Arbeit für Schulfeste (1925)

Der Text von Adolf Jensen[a] „Produktive Arbeit für Schulfeste" schildert die monatelange Projektarbeit zur Vorbereitung auf das Weihnachtsfest, die an der 32. Schule in Neukölln[b] stattfand. Der Beitrag wurde in der Zeitschrift Lebensgemeinschaftsschule 2 (1925), Heft 7, S. 97-99, und Heft 8, S. 113-116, veröffentlicht.

1. Weihnachtsarbeit.

Es war einmal ein Tag, an dem unsere Schule plötzlich von einem einzigen Pulsschlag getrieben wurde. Zehn Wochen dauerte dies hämmernde Leben; dann wurde es erstmal wieder still. Wie zu einem Winterschlaf. Damals war es der Weihnachtsgedanke; der uns alle – 600 Kinder und die Lehrer und Lehrerinnen lebhaft und einheitlich erfaßte. Nicht der sentimentale Gedanke einer Feier unter dem brennenden Baum; nicht die kirchliche Feierlichkeit um das Jesulein in der Krippe; wohl aber der Geschenkgedanke der Schulfeier. An einem Morgen schrieben 600 Kinder ihren Wunschzettel; es sollte nicht etwas sein, das man in einem Laden fertig ersteht und auf den Tischen aufstapelt. Dann wäre ein Amerikaner nötig gewesen, der uns ein paar hundert Dollar überwiesen hätte. Und in einem Wohltätigkeitsfest hätte der Weihnachtsmann seine Säcke unter strahlenden Tannenbäumen reichlich ausgeschüttet: Strümpfe und Schuh, Kuchen und Würste und Anzüge und Bücher. Nein, auf dem Wunschzettel – das war die Bedingung – durfte nur so etwas vermerkt werden, was wir mit unserer Hände Arbeit selber herstellen könnten. Und als diese Wünsche geordnet vor uns lagen, da mag manch einer starke Zweifel an der Durchführbarkeit dieses Planes bei sich bewegt haben: 40 Puppen? 120 Straßenroller? 50 Kästen mit Tusche oder Pastellkreiden? 15 Wagnerkappen? Puppenküchen, Puppenstuben mit allem Zubehör? Fleischerladen, Bäckerladen, Blumenladen? Wagen, Häuser, Autos, Eisenbahnen? Kleider, Hüte, Nähkästen? Es türmte sich vor unsern Gedanken auf wie ein drohendes Etwas. Wir mit unserer Bücherweisheit hielten im Oktober zunächst noch

---

[a] Adolf Jensen (1878-1965) war Volksschullehrer von 1904-1919 in Hamburg, dann im Berlin an der 32. Neuköllner Volksschule, wo er 1924 zum Rektor ernannt wurde. 1929 wurde er Professor für Methodik und Didaktik an der Technischen Hochschule Braunschweig, aber 1932 von nationalsozialistischen Volksbildungs- und Innenminister Klagges aus seinem Amt entfernt; siehe Werner Korthaase 1993a, S. 211-215. Adolf Jensen wurde bereits während des Kaiserreiches bekannt als Reformer des Deutschunterrichts und verfaßte gemeinsam mit Wilhelm Lamszus Schriften über die Didaktik des Aufsatzschreibens: „Unser Schulaufsatz ein verkappter Schundliterat (1910), „Der Weg zum eigenen Stil" (1912) und „Die Poesie in Not" (1923).

[b] Die 32. Neuköllner Volksschule wurde 1923 als Lebensgemeinschaftsschule anerkannt, siehe zu dieser Schule Inge Hansen-Schaberg 1999a, S. 82 f., und den 8. Quellentext in diesem Band.

getreu die drei Stunden von 8-11 mit Aufsatz und Singen, mit Geographie und Rechnen. Aber um 11 Uhr (die beiden letzten Stunden bis eins) stand die ganze Schule Kopf: Sie war zu einer großen Werkstatt geworden. Die Kleinen schnitten bunte Ketten und Sterne; die 10 jährigen formten kleine Teller und Tassen, Kannen und Vasen aus Ton, wachsten und bemalten gelbe und blaue und rote Service für die Puppenschränke; hundert Laubsägebügel schnurrten, und tausend Laubsägeblätter zerknacksten in der Möbelfabrik; Stuhlmodelle aller Art, Tische und Schränke, Büchergestelle und Bänke wurden entworfen; Hängelampen und Leuchter, Schemel und Ladentische, Blumenbänke und Spiegelwände: Das ganze Entzücken des Kinderspiels wurde lebendig. Dort in der Ecke sitzen die Eisenbahner und konstruieren Wagen und Lokomotiven. In einem andern Raum werden die Puppenbälge mit Sägespänen gestopft und vernäht. Nebenan sind die zierlichen Hände der größeren Mädel in der Blumenfabrik tätig. Für den Gemüseladen werden aus winzig kleinen Seidenresten Radies, Birnen, Kohlköpfe und Salat genäht und bunt bemalt. Aber schon im November wird allen deutlich, daß die Arbeit bis zur Bescherung nicht geschafft werden kann. Es wird also der Beschluß gefaßt, die letzten vier, fünf Wochen von früh bis spät in den Dienst der Sache zu stellen. Der Stundenplan fliegt auf. Ein großer Ruf nach Material zitterte durch das Haus: 60 Margarinekisten für die Puppenstuben kamen aus dem Materialamt; ein paar hundert leere Zigarrenkästen „schalten" die Jungs aus der Stadt zusammen für Stühle und Tische. Buntpapier und seidene Puppenlappen, Draht und Nägel, Schrauben und Farben, Band und Holz – die ganze Welt hielt ihren Einzug in unsere Räume, und fortgeweht war alles Wortemachen, die Phrase war erstickt, und mit einem Schlage stand das Werk der Hände da, und der Erfinder, der Konstrukteur, der Bastler und der Handwerker, der Praktikus mit seiner Werkfreude, mit Geduld und Geschmack galten etwas. Der Mundgescheite, der Besserwisser, der Diskuteur, dieser Schlag stand hilflos da und verlangte zornig nach dem Stundenplan; ihnen waren die Felle weg geschwommen. – Langsam füllten sich die Tische mit den ersten Fertigfabrikaten. Die ersten Puppen weckten einen Sturm von Jubel. Die beiden Leimstellen waren übervölkert. Vier Jungen malten die Wiegen blau und rot, die Betten grün und die Schränke gelb; es konnte nicht genug Farbe beschafft, nicht genug Lack und Öl und Terpentin angeschafft werden. Das Rektorzimmer war glatt entweiht und war ein herrliches Materiallager, in dem Zettel über Zettel aus 15 Klassenräumen zusammentrafen: Bitte Nägel, bitte Draht, bitte zwei Zigarrenkästen, ein Laubsägeblatt, bitte die Bohrmaschine; ich muß leimen; ist mein Schrank so gut; was sagen Sie zu meinem Puppenkleid; wie soll ich den Lampenschirm machen. Bald ging es in dieser Zentrale bis 4 Uhr nachmittags durch, bald bis 7, die letzte Woche kamen wir erst um 9 aus der Bude. Als am 20. Dezember alles geschafft war, kam eine offizielle Ausstellung und eine für die Eltern. Fünf Räume waren hergerichtet:

Im *ersten* Puppen, Kleider, Kappen, Hüte; im *zweiten* Möbel, im *dritten* Läden, Stuben, Küchen; im *vierten* das Puppengeschirr und die Farbkästen; und im *letzten* Wagen, Bauernhäuser, Autos, Roller und Eisenbahnen. Als abends die Begeisterung unserer tausend Gäste verrauscht war, da kam noch eine saure Nacht: es galt die pädagogische Ausstellung in eine Geschenkausstellung umzubauen. Aus den 5 Räumen mußte jeder Gruppenführer für seine 40 Kinder das richtige Geschenk heraussuchen und in seiner Klasse für den nächsten Tag hübsch aufbauen. Als wir morgens früh gegen 7 die Weihnachtsstuben abgeschlossen hatten, und heimwärts wankten, da lag schon das ganze große Erlebnis einer neuen Schule hinter uns. Wie ein Traum. Wir werden es kaum ein zweites Mal erleben.

Wer in jenen Tagen als Gast durch unsere Schule ging, ist von den beglückendsten Bildern überrascht worden. Dort steht ein Trupp von Jungen, die sich einen Handwagen besorgt haben. Sie wollen durch die Stadt ziehen und die Geschäfte heimsuchen. Sie werden instruiert. „Die Farben gehen zuende; Laubsägeblätter sind „alle" usw.

Ein Bittbrief wird verfaßt, Verhaltungsmaßregeln gegeben: Freundliches, bescheidenes Auftreten, danken, entschuldigen, zur Ausstellung einladen und was zu einem frischen, gewinnenden Auftreten gehört. Als sie nach Stunden reich beschenkt den hochbeladenen Wagen auspacken, da beginnt auch wohl mal ein ruffiges Wesen sich breit zu machen: „Das Holz wollen wir in der Stuhlfabrik haben". „Die Laubsägeblätter verteil ich bei uns." Diesem Egoismus wird ein Riegel vorgeschoben. Es wird erkannt, daß alle Schätze in die Zentrale gelangen müssen, um von dort gerechte, zweckmäßige und sparsame Verwendung zu finden.

In der Stuhlfabrik ist Arbeitsteilung eingeführt. Der erste nimmt die Zigarrenkisten auseinander, zieht die Nägel heraus, feilt die Papierränder herunter; die zweiten zeichnen die acht Stuhlteile sauber auf das Holz. Dort sitzen die Geschickten mit der Laubsäge. In einer Kiste sammeln sich die Teile, die wieder weiter wandern in die Hand derer, die mit Dreikant-, Vierkant- und Rundfeilen den letzten Schliff anlegen. Von dort geht's zur Leimstelle, zum Trocknen und zuletzt zum Maler. Dieser Unterordnung innerhalb einer Produktionsreihe zeigten sich eine ganze Reihe von großen Knaben besonders fähig. Dasselbe wiederholte sich bei einzelnen großen Mädchen. Die füllten die Puppenbälge, die nähten zusammen, die bemalten die Gesichter, die schnitten geschickt die Kleidchen zu, die saßen an der Nähmaschine, die legten die Hand zu einem letzten Griff an. Die Kollektivarbeit tauchte überall auf, und die soziologische Bewußtheit wurde zum Teil so stark, daß störende Elemente kurzerhand abgeschieden wurden, brauchbare Hände sich ganz rasch neu eingliederten und die Arbeitsgruppen immer sicherer und tüchtiger wurden. Organisierte und unorganisierte, Elite mit dem Sinn für Höherführung, Suchende, die lange keinen Anschluß finden,

Vagabunden, die in allen Räumen, bei allen Arbeiten sich ansiedeln und naschen und lange keine Heimat finden. Die Verstärkung des Gruppencharakters auf Grund einer bisher unerhörten Differenzierungsmöglichkeit war pädagogisch vielleicht das Wichtigste aus jenen Erlebnissen. Neben den bisher Schultüchtigen traten neue Qualitäten hervor, die bisher keine Gelegenheit zur Entfaltung hatten: handwerkerliche Regelung, organisatorische Fähigkeiten und vor allem soziale Gesinnungswerte: Geldopfer, Zeitopfer, Unermüdlichkeit, peinliche Sauberkeit der Arbeit, Einsatz fürs Ganze, Sorge fürs Gelingen usw. (Fortsetzung)

So weit das anschauliche Bild unserer Erlebnisse, dem man sicher noch eine ganze Reihe wichtiger Einzelheiten hinzufügen könnte. Darauf kommt es aber im weiteren nicht an. Es gilt in dies ganze bunte Erlebnis vielmehr Tiefenlinien hineinzuschauen. Da ist – so weit man es überhaupt heut erkennen kann – zweierlei von außergewöhnlichem Interesse: die Entwicklung des *Stundenplans* (der Gedanke der Einheit aller Fächer) und die alte Frage nach dem Sinn der *Individualität* (Freiheit und Gebundenheit), zwei Fragen, deren allerletzte Zusammenhänge hier nur gestreift werden können. Außerdem fehlt uns noch die Fülle der Erfahrungen, so daß die Streitführung im Theoretischen wahrscheinlich sehr schwierig sein wird. Nichtsdestoweniger muß es versucht wenden.

Die Teilung unserer Arbeit in Lebens- und Arbeitsgemeinschaft (Kern und Kurs) geht seit Jahren auf die grobe Unterscheidung in wissenschaftliche und künstlerische Fächer zurück, den beliebten Angriffspunkt unserer Gegner. Daß die Vertreter der alten Schule dieser groben Individualisierung nach Kunst und Wissenschaft innerhalb ihres Stundenplans fähig geworden sind, macht ihnen alle Ehre und zeigt deutlich, wie der Zeiger der neuen Zeit Strich um Strich vorrückt. Unsere Weihnachtswerkstatt wurde viel stärker noch, wie es in dem Dualismus von Kern und Kurs möglich sein kann, von der Idee eines subjektiv gerichteten Schülerlebens getragen. Es mußte wohl oder übel die Neigung der Kinder sehr stark betont werden, die Liebhaberei für Kinderspielzeug, für technische Konstruktionen, für mechanische Dinge, für Schmuck, für Kleinarbeit, für Einhamstern usw. Die seelische Disposition der Kinder, ihr Talent, ihre Persönlichkeit waren es, die ihren eigenen Gesetzen folgen konnten. Die schroffe Begriffsbildung nach der Dreiheit (Kunst, Handwerk und Wissenschaft), wonach die einen Fächer als Kategorie der Forschung hervorstechen, die andern ihre auffallend bestimmenden Qualitäten im Ästhetischen haben sollen, die dritten den alten Begriff der technischen Fächer aufgenommen haben. Diese äußerlichen begrifflichen Grenzen begannen von einem Tage zum andern plötzlich zu verlöschen. Auf die genannte Stufe der groben Individualisierung folgte die einer feineren: der Gedanke einer allgemeinen Einheit aller Fächer stand da; die eingebildeten Unterschiede waren zerstört: alle Fächer als Blutsverwandte aus einem ursprünglichen Keim: Die Synthese der drei Gebiete war mit der schöpferischen Schule gewonnen. Zeichnen war längst unser Hauptfach geworden und trat nun als Werktüchtigkeit und als Raumanschauung in Beziehung zur praktischen Geometrie in den Abteilungen für Eisenbahn und Puppengerüst. Das Rechnen trat z. B. mit der Bedingung deutlich hervor, alle Möbel und Geräte auf ein Zehntel zu verkleinern (Maßabzeichnen). Puppenköpfe wurden modelliert und Füße und Hände aus Holz geschnitzt. Wir studierten die anatomischen Maße und die *verschiedene* Lage der „Enkel" und Ballen an Händen und Füßen. Die Arbeit bereitete Geometrie und Anatomie, Rechnen und Optik usw. langsamer aber intensiver vor, als es bei festgesetzten Wochenstunden je möglich sein kann. Die tägliche Dingnähe zeigte überzeugend die geringe Wesensverschiedenheit der Fächer, und die tägliche Übung zwang uns, daß das geistige Leben des Schülers dem „*Gesetz der Dinge*" zu entsprechen habe, und damit mußten sich ganz natürlich die Enthaltungsmöglichkeiten multiplizieren.

Wir traten mit einem Schlage aus dem rohen Denken des 19. Jahrhunderts heraus in eine verfeierte Psychologie, ohne natürlich ihre Übertragung in die Praxis mit allen Konsequenzen übersehen zu können. Das mag wohl auch die Ursache geworden sein, warum wir trotz der tiefinnerlichen Gründe für die neue Arbeit wieder zurückgewichen sind und vor unserer eignen Aussage Angst bekommen haben. Nach Weihnachten kam alles wieder ins Geleise, aber in jedem von uns keimt etwas weiter. Der Gedanke an eine höchstmögliche psychologische Verallgemeinerung ist in uns und wird früher oder später die Schranke zwischen Lebens- und Arbeitsgemeinschaften stürzen machen.

Es ist für den Leser den folgenden Ausführungen gegenüber notwendig, daß er jetzt den weihnachtlichen Anschauungshintergrund auslösche: Unsere Bindung an die Aufgabe, 600 Geschenke zu fertigen – und dann noch zu einem drängenden Termin – widerstrebt dem Verlangen, in der Weihnachtswerkelei das Grundsätzliche zu erkennen. Solange man noch in den Einzelheiten steckt, wie es dieser Bericht tun mußte, ist einem der Blick zum Allgemeingültigen versperrt: Wir bleiben in einem gröberen Denken stecken, wenn wir nicht aus der bunten Mannigfaltigkeit eines 600 köpfigen Werkstattlebens herausfinden; wir müssen versuchen bis zu den höchstmöglichen Verallgemeinerungen vorzustoßen, um die überall gültigen Gesetze zu ergreifen. Um es mit einem Beispiel zu sagen: Es bleibt sich gleich, ob der Leser an unser Weihnachtswerk denkt oder ob er sich die Anlage eines Schulstaudengartens ausmalt oder ob er eine Schule sieht, die Ägypten als Relief baut, für das die Kinder in derselben Weise bastelnd, konstruierend, malend, leimend, feilend die ägyptische Architektur mit Pyramiden, Minarets und Moscheen in Miniatur zimmern, für das sie in der botanischen Abteilung die

Palmen der Oasen hineinbauen und in der Puppenabteilung praktische Völkerkunde treiben. Die entlegensten Einzelheiten unseres Schullebens, das wünschte ich, sollten wir uns mit vorstellen, damit sie uns keine Ruhe lassen, bis wir das geistige Leben unserer Jugend – einerlei ob es sich um die intellektuelle oder ästhetische oder praktische Produktivität handelt – auf ganz allgemein gültige Gesetze zurückgeführt haben. Die Schärfe der Anschauung und eine liebevolle Hingabe an jede genaueste Einzelheit auf der einen Seite, die ewigen Elemente mit ihren Gesetzen und Bedingungen auf der anderen Seite: nur wenn wir uns nach diesen beiden Seiten hin vollkommener differenzieren, kommen wir aus dem verschwommenen Denken der bürgerlichen Pädagogik heraus.

Eins vor allem ist damals auf der ganzen Linie von neuem bestätigt und in eine neue Beleuchtung gerückt: Das betrifft die von den Hamburgern bereits vor 15 Jahren aufgestellte Forderung der „freien Themenwahl", ein Begriff, der sich mehr und mehr als Angelpunkt erweist, in dem sich die Wendung von der alten zur neuen Schule vollzieht. Es ist die Frage nach der Schülerfreiheit zu geistiger Initiative und damit im Zusammenhang die Bedeutung der Schülerindividualität. Indem 15 Klassen in eine große Bewegung gesetzt wurden, stand das einzelne Kind in zwei sozialen Kreisen: in dem kleinen engen Kreis der Gruppenarbeit und dem größeren weiten der gesamten Schule. Damit waren ganz radikal die chinesischen Mauern zusammengekracht, die immer noch zwischen den „Jahrgängen" aufgerichtet waren und den Blick über die Klassengrenzen hinaus behinderten. Es gab nun wirklich keine Klassen mehr mit einem Klassenlehrer, auch keine Gruppen mit ihrem Führer.

Unsere 40 Jungen und Mädel verschwanden uns wie Sand zwischen den Fingern, wo nicht zufällig die alten Beziehungen neu geknüpft wurden. Wir waren nicht mehr Lehrer der Oberklasse oder der 1. und 2. Klassen; wir waren die Werkstattleiter im Eisenbahnbau, in der Pastellfabrik, im Blumenrevier, in der Töpferei, in der Puppenklinik, in der Holzbearbeitungsabteilung, in dem Möbelbau, in der Nähstube, in der Holzbildhauerei: Lauter enge Kreise, die äußerlich wie innerlich in dem Materiallager und in der Gesamtidee, von der alle wochenlang beseelt waren, zusammengehalten wurden. Das Eingeschlossensein in dem alten Klassen-Jahrgang erschien uns mehr als wir es bisher geahnt hatten, als ein großes Hemmnis für die Entfaltung der *Individualität* und darum für die *Berufswahl* und weiter für das *spätere* Leben, insofern das eingeengte Kind der alten Schule den Anschluß an eine Lebensgruppe später schwer finden wird.

An alle Utilitaristen, die uns immer wieder fragen, ob wir nicht die Vorbereitung aufs Leben verpassen, geben wir die Frage zurück, und sie werden durch die Bank erkennen, daß unsere Gruppen eine soziologische Funktion übten, die – wenn sie über das ganze Land wirksam werden könnte – unser gesamtes Volksleben auf ein individual wie sozial weit höheres Niveau heben würde. Es leuchtete vor uns wie ein Gesetz auf, daß der kleine Kreis der alten Klasse die Individualität einengen und beschränken muß, während unsere aufgelockerten Arbeitsgruppen die individuelle Freiheit begünstigen.

Der große Kreis der ganzen Schule hatte eine große Auswahl zur Verfügung. Die Wünsche und inneren Notwendigkeiten der Kinder konnten ganz individuell sein, und es war bei uns mehr Möglichkeit und Wahrscheinlichkeit vorhanden, sie zu befriedigen. Der soziale Sinn der Freiheit? Ich sehe die Meister der Schulen spöttisch lächeln, weil sie aus ihren Erfahrungen wissen, daß freigelassene Kinder faul sind. Jawohl, in dem Themenbetrieb Eurer Schule waren wir es wohl alle. Der öffentliche Geist aber einer Schule, durch die ein einziges großes Arbeitsleben pulsiert, ist ein Geist des Enthusiasmus, weil Raum da ist für individuelle Unternehmungslust, weil private Energie und Verantwortung Leistungen hervorzaubert, vor denen wir alle und mit uns die Eltern und unsere Gäste staunend gestanden haben. Knaben, die später einmal Schneider werden wollten, saßen an der Nähmaschine; in der Möbelwerkstatt saß ein Mädel, das einen außergewöhnlichen Geschmack in den Maßen einer Kücheneinrichtung entwickelte. Jeder hatte da eine Stelle einzunehmen, die nur er ausfüllen konnte: Die Maler, die Handschnitzer, die Lackierer, die Lagerverwalter. Die Organisation des Ganzen wartete auf hundert Spezialisten, und 600 Schüler – abgesehen von der natürlichen Beschränkung, die rein physiologisch mit dem Alter gegeben ist – mußten suchen, bis sie ihren Platz im ganzen gefunden hatten.

An diesem Punkte stehen wir vor unserer Entscheidung! Es bedeutet dabei sehr wenig, daß wir im Augenblick des Erlebens noch weit von einem radikalen Ausgestalten dieser sozialen Idee entfernt waren. Selbstverständlich! Die Energie des Kollegiums – nicht zu vergessen eines jugendlichen Kollegiums – war aufs höchste gespannt. Es war etwas in unsern Nervenbahnen wie bei einem plötzlich ausbrechenden Feuer, und für diese Erschütterungen – von den Einzelheiten zu schweigen – sind alle, die es angeht, uns den stillen Dank schuldig, vor allem hier in Preußen – den man demjenigen schuldet, der sich unter Drangabe seiner Gesundheit daran macht, Entdeckungen um jeden Preis zu erzwingen. – Auch das muß ausgesprochen werden, damit dieser Versuch nicht irgendwo wiederholt werde im Sinne eines tändelnden, leichtfertigen Experimentelns. Noch fehlt uns die Tradition mit ihren in tausend Wiederholungen niedergeschlagenen Erfahrungen. Aber es waren so unerhörte Vorgänge, daß wir trotzdem versuchen müssen, sie praktisch und theoretisch zu erfassen. Hier setzen wir neu an. Schon sind unsere Mitarbeiter am Werke, die Konsequenzen zu ziehen. Unsere Leser aber bitten wir, helfend einzugreifen, damit unser aller Werk mit tausend Griffen vorwärtsgetrieben werde.

32. Hans Rot:
Kollektives Schultheater (1932)

Der Text von Hans Rot[a] „Kollektives Schultheater" erschien zusammen mit den folgenden Texten, siehe 33. und 34. Quellentext in diesem Band in der Zeitschrift Aufbau 5 (1932), S. 21-23. Sie dokumentieren die intensive Theaterarbeit an der Karl-Marx-Schule, dem Neuköllner Schulenkomplex.[b]

BÜHNENBILD EINER SCHULAUFFÜHRUNG

Die Schule mit der Umwelt in lebendige Beziehung zu bringen, den Unterricht aus der eignen Lebensweise der Schüler hervorgehen zu lassen und durch das Ineinanderwirken der einzelnen Fächer die Tätigkeit der Klasse zu vertiefen: aus diesen vielfachen Aufgaben heraus erklärt sich die Funktion des Kunstunterrichts an unsrer Schule und nur aus dieser Stellung ist die Rolle zu verstehen, die das Schultheater im Rahmen der gesamten Schularbeit spielt.

Das Schultheater, sonst meist nur ein Mittel rhetorischer Übung und Betätigungsfeld schauspielerischer Talente, kann in glücklichster Weise alle pädagogischen Forderungen erfüllen, die sich unsre Schule stellt. Hierzu ist nötig, daß wir uns von der üblichen Auffassung der Schüleraufführung lösen. Denn soll die Schulaufführung nicht mehr das Vorrecht der einzelnen speziellen Begabung bleiben, sondern aus der kollektiven Arbeit einer ganzen Klasse hervorgehen, so muß sie ihren Arbeitsbereich weiterziehen und versuchen, jeder Begabung ein Betätigungsfeld einzuräumen. Sie darf nicht allein dem mimisch-, sie muß auch

---

[a] Hans Rot [Rothschild], war Studienassessor an der Karl-Marx-Schule, wurde am 1.1.1934 in den Ruhestand versetzt nach § 3 des „Gesetzes zur Wiederherstellung des Berufsbeamtentums" (Personalkartei, BBF/DIPF-Archiv).

[b] Zum Neuköllner Schulenkomplex siehe auch den 7., 12., 22., 33. und 34. Quellentext in diesem Band.

FIGURINE

dem literarisch-interessierten, dem musikalisch-tätigen, dem bildnerisch-begabten Schüler eine Rolle zuweisen. Dies verlangt eine andere Organisation der Arbeit, als sie bisher durch Leseprobe und Aufführung gegeben war. Soll zudem das Spiel die Schularbeit bereichern und vertiefen, das philologische Eindringen in das Wesen des Theaters auf ungewohnte und fruchtbare Weise beleuchten, so darf die Theaterarbeit nicht allein von der sprachlich-literarischen Seite ausgehen, sondern muß das Phänomen des Theaterspiels aus einer anderen Perspektive betrachten.

Diese zwiefachen Überlegungen führen dazu, das Schultheater einmal vom Kunstunterricht aus anzufassen, um von der Sichtbarkeit des Spiels aus zu Ergebnissen zu kommen, zu denen das literarische Studium allein nie führen kann, zweitens alle Schüler einer Klasse mit der ihnen eignen Begabung der gemeinsamen Aufgabe einzuordnen. Hierdurch verschiebt sich der Schwerpunkt der Vorbereitung vom Ohr auf das Auge: von der Leseprobe auf die Inszenierungsarbeit.

Diese Arbeit beginnt lange vor den Bühnenproben. Grundsätzliche Klarheit über das Wesen des Theaterspiels, über die Rolle der Dekoration und des Kostüms muß zunächst gewonnen werden. Der Zusammenhang zwischen Kleid und Bewegung, zwischen Bewegung und Bühnenbild gibt Richtlinien für die eignen Entwürfe, die in Gruppenarbeit entstehen. Die Reklameabteilung für die Aufführung entnimmt diesen Vorbereitungen Anregungen und Motive. Einige Schüler, in das Verfassen von Regiebüchern eingeführt, überwachen die Vorbereitungen und verteilen neue Aufgaben. Die Regiearbeit zu erleichtern, verfertigen technisch-interessierte Schüler ein kleines Modell der entworfenen Bühne, auf der die Regisseure mit maßstäblichen Figurinen ihre Inszenierungsideen durchprobieren können.

Diese Vorbereitungen, zu denen noch die musikalischen und beleuchtungstechnischen Arbeiten gehören, jedem Schüler eine besondere Aufgabe zuweisend, stehen unter ständiger Kontrolle der Regisseure. Sie zeigen jedem die Bedeutung seines Beitrags für die gemeinsame Arbeit. So unterrichtet die Gruppenarbeit zugleich über die Grundgedanken der Inszenierung, über die regiemäßigen Forderungen an den einzelnen Spieler. Denn sie alle, die jetzt noch handwerklich

oder entwerfend tätig sind, werden als Schauspieler an der Aufführung teilnehmen. So ist mit der gemeinsamen Inszenierungsarbeit zugleich jedem einzelnen eine Unterweisung gegeben, wie er sich dem Ensemble einzuordnen habe und welche Anforderungen die Regie an sein Spiel stellt.

Im Gegensatz zu der üblichen Auffassung handelt es sich auch bei dem Spiel um eine Kollektivleistung und nicht um das Florieren mit einigen Stars. Eine qualitativ hochstehende Aufführung kann sich in der Schule nur unter außergewöhnlichen Umständen auf der schauspielerisch-überragenden Leistung einzelner Schüler aufbauen. Das Besondere: den Vorzug, den wir in der Klassenarbeit besten, ist die Gemeinschaft, die Kollektivarbeit: *das Ensemble*.

Nun können die Proben beginnen, durch die Vorarbeit wesentlich vorbereitet. Das Spiel, auf sichtbare Wirkung aufgebaut, alles Sprachliche zur Mimik, Bewegung, bildhaftem Ausdruck umformend, gewinnt einen eignen Stil. Das Drama, bisher im Deutschunterricht nur ein Sondergebiet schriftstellerischer Äußerung, gewinnt Gestalt, enthüllt der Klassengemeinschaft neue Gesetze und befähigt sie zu neuartig wesentlicherem Verständnis und Urteil. Eine Reihe solcher Spiele, ein ständiger Austausch gegenseitiger Kritik enthüllt das Wesen des Theaters und schafft damit die Möglichkeit eigner dramatischer Erfindung. So kann das Schultheater Ausdrucksmittel der Schule, lebhafte Äußerung der Schüler über die Umwelt als Frucht sinnvoller Kollektivarbeit werden.

Der Reklamefries am 1. Tag (oben) und am letzten Tag (unten).

33. Elisabeth Mann
Zehn- und Zwölfjährige spielen Theater (1932)

Der Text von Elisabeth Mann[a] „Zehn- und Zwölfjährige spielen Theater" erschien zusammen mit dem vorherigen und dem folgenden Text, siehe 32. und 34. Quellentext in diesem Band, in der Zeitschrift Aufbau 5 (1932), S. 23-25. Sie dokumentieren die intensive Theaterarbeit an der Karl-Marx-Schule (KMS), dem Neuköllner Schulenkomplex.[b]

Die Unterstufe der KMS. hat im vergangenen Jahr „Kai aus der Kiste", „Emil und die Detektive" und „Die Uhr" von Pantelejew, lauter Jungensromane, aufgeführt. Es war stets Sache einer ganzen Klasse gewesen, die Jungen sollten zusammen etwas schaffen für ihren eigenen gemeinsamen Zweck, als eine schulische Leistung, sowie aus einem Bedürfnis ihrer Zusammengehörigkeit heraus. „Kai aus der Kiste" war von Anfang bis zu Ende ein Produkt der Quartaner.[c] Es war eine Dramatisierung ihres Selbst.

Das ganze Theater war wie ein „Räuber- und Schutzmann"spiel einer Jungenshorde in den Neuköllner Straßen. Das SPIEL war bald gemacht, aber daß das Spiel zu einem THEATER werden sollte, fühlten die Jungs als Aufgabe. Der Zeichenlehrer sollte ihnen dazu verhelfen. Für diesen hieß es nun, das Spiel als solches mit seiner ganzen Initiative und der den Kindern eigenen Darstellungskraft, rein und eindeutig in seinem ursprünglichen, subjektiven Wollen zu lassen und dies den Schülern soweit bewußt zu machen, bis schauspielerische Geste und

---

[a] Elisabeth Mann (1901-1996) studierte an der Kunstakademie München, dann an der Staatlichen Kunstschule Berlin, unterichtete ab 1929 am Neuköllner Schulenkomplex Kunsterziehung, 1933 entlassen; siehe Helmut-Gerhard Müller 1996.

[b] Zum Neuköllner Schulenkomplex siehe auch den 7., 12., 22., 32. und 34. Quellentext in diesem Band.

[c] „Kai aus der Kiste" von Wolf Durian erschien zuerst 1924 als Geschichte in Fortsetzungen in einer Berliner Kinderzeitschrift, 1926 als Buch.

Sprache eine beherrschte und doch natürliche Form gewannen. Dabei wurde von selbst der Arbeitsumfang des gesamten Unternehmens gefunden. Die Quartaner fühlten, daß hier alle Interessen und Kräfte ihrer Klasse ein einziges Feld der Betätigung betraten, daß sich alle Elemente und Spezialisten in dem Ziel der Aufführung treffen würden: die Schauspieler, die Plakatkünstler, Maler, Bühnendekorateure, Elektrotechniker usw. In sprunghafter Begeisterung, die ganz diesen Zwölfjährigen entsprach, bemühten sie sich bis ins einzelnste, das herauszubringen, was ihnen an dem „Kai" wertvoll erschien und dabei trafen sie sich immer selbst und stellten so ihr eigenes Leben dar. Es wurde nun aus dem Spiel eine ernstzunehmende Leistung einer Klasse, voll von Lebenskraft, Form und Humor, wobei die ganze Aula das Spielfeld war. Das Publikum fühlte wohl die Echtheit und den Sinn dieser Gestaltung, denn es bestand nicht aus fremden und kritisierenden Zuschauern, sondern gehörte als erwachsener Gegenpol in das Spiel der Jungens hinein.

„Emil und die Detektive" ist von Sextanern[d] aufgeführt worden. Die Anregung dazu war während des Unterrichts im Gesamtarbeitsgebiet „Verkehr in der Großstadt" entstanden. Die Zehnjährigen setzten die Lektüre sofort in eine für sie scheinbare Wirklichkeit um. So griffen die Sextaner gleich zu dem, was ihnen gerade zum Spiel zur Verfügung stand. Die Schulbänke wurden zur Eisenbahn, der Papierkasten zu Emils Bett, die Fensterbank war der Hotelbalkon und das Podium die Straßenbahnplattform. Noch einige entsprechende Geräusche und Bewegungen, Mimiken und Redensarten, und die anfangs literarische Situation war im Handumdrehen zu einer dramatischen Szene geworden. Lebhaftes und natürliches Interesse am Stoff und eine angeborene Vorstellungskraft hatten bei diesen Zehnjährigen innerhalb ihres freiwirkenden Spieltriebes soweit geführt. Eine gleiche Lebendigkeit mußte auch die Aufführung zuwege bringen. Voraussetzung dafür waren die beweglichen Verkehrswerkzeuge, für welche die primitivsten Mittel gerade recht waren. Im Werkunterricht wurden große kulissenmäßige Eisenbahnen und Elektrische, sowie Taxameter aus Buntpapier geklebt, die durch ihre kindlich begriffliche Darstellungsweise sehr gegenständlich und eindeutig wirkten. In der großen Turnhalle, wo diese dann an Barren Springböcken angebunden waren und so nun richtig rollen konnten, wo die Leitern und Kletterstangen für die Verfolgung des Diebes sich vorzüglich eigneten, war die Situation wieder von neuem ursprünglich. So wirkte das ganze Spiel wie ein lebendig gewordenes Bilderbuch oder auch wie eine große Spielzeugschachtel. Das Literarische der Lektüre und ein zusammenhängender Wortlaut wurden fast überflüssig gemacht. Aber die einzelnen vorkommenden Typen spazierten voller Eifer zwi-

---

[d] „Emil und die Detektive" von Erich Kästner erschien erstmals 1928.

schen ihren Kulissen herum und gestikulierten mehr aus eigenem Vergnügen als wie für die Zuschauer. Die Kinder spielten eben wirklich Theater.

Eine andere Quarta, eine gemischte Klasse, brachte den russischen Kinderroman „Die Uhr" zur Aufführung, da sie sich im Unterricht mit ausländischer Kinderliteratur beschäftigt hatte. Nun wollte sie sich hierdurch für ihre Studienfahrt einige finanzielle Unterlagen beschaffen. Das ganze Unternehmen zeigte bereits einen Versuch, das Spiel als solches von Grund auf für diesen Zweck zu schreiben und regiemäßig festzulegen. Der Text war sogar zum Teil von einem dichterisch begabten Schüler in Reime gesetzt worden und ein kleiner Musiker hatte dazu Lieder komponiert. Auch die Szenerie war stärker an eine feste Bühnenform gebunden. Die Schüler hatten gruppenweise sehr selbständig gearbeitet, aber dabei mehr an eine konstruierte Wirkung als an ihre naturgemäße Wirklichkeit dafür gedacht. Somit ist dieses Spiel als Ganzes nicht so überzeugend gelungen, als wie manches in seinen Einzelleistungen köstlich hervortrat. Sehr reizvoll war aber unter diesen Umständen die persönliche Beziehung der Quartaner zu dem Inhalt der Geschäfte herausgebracht worden.

So mag zum Schluß gesagt werden, daß für das Theaterspiel der Unterstufe die Rücksicht auf die spontane Ausdrucksweise der kindlich immanenten Kräfte nicht weit genug gefaßt sein kann. Wenn die Lebendigkeit der Kinder dann den ganzen Rahmen des Theaterlichen berührt und dadurch in ihnen ein Begriff zum Gesamtspiel überhaupt entsteht, so möchte damit das Fundament für allen weiteren Aufbau in diesem Gebiet wohl gelegt worden sein.

34. Heinz Klumbies:
Eine Theatergruppe (1932)

Der Text von Heinz Klumbies[a] „Eine Theatergruppe" erschien zusammen mit den beiden vorhergehenden Texten, siehe 32. und 33. Quellentext in diesem Band, in der Zeitschrift Aufbau 5 (1932), S. 26-28. Sie dokumentieren die intensive Theaterarbeit an der Karl-Marx-Schule, dem Neuköllner Schulenkomplex.[b]

---

[a] Heinz Klumbies (1905), war Studienassessor an der Karl-Marx-Schule, legte seine schriftliche Prüfung 1930 ab, wurde am 1.6.1936 auf Antrag entlassen (Personalkartei, BBF/DIPF-Archiv).

[b] Zum Neuköllner Schulenkomplex siehe auch den 7., 12., 22., 32. und 33. Quellentext in diesem Band.

[c] Bert Brecht „Der Jasager und der Neinsager", unter Mitarbeit Kurt Weill (im Text irrtümlich: Weil), Schuloper 1929; Bert Brecht „Mann ist Mann", Lustspiel 1924.

In einer neuzeitlichen Schule, an der Theater gespielt wird, hat eine Theatergruppe, in der die Schüler nach dem Unterricht sich zum Theaterspielen zusammenfinden, besondere Aufgaben. In der alten Schule, in der das Bedürfnis, Theater zu spielen und praktische Arbeit zu leisten, im Unterricht nicht befriedigt wurde, bildeten sich die Schulvereine. So zimmerten und bauten wir im Ruderverein und spielten im Turnverein Theater. Finden sich die Schüler einer modernen Schule zu einer Theatergruppe zusammen, dann haben sie besonderes Interesse am Theater, oder es gilt, eine gemeinsame Aufführung oder ein Fest zustande zu bringen. Im vergangenen Winter studierten die Musiklehrer die Schuloper „Der Jasager" von Brecht und Weil[c] ein. Kurz vor der Generalprobe, zu der auch Weil sein Erscheinen zugesagt hatte, bekam die Theatergruppe den Auftrag, die Bühne zu bauen und die Regie zu führen. An den Tagen, an denen vormittags „Der Jasager" gespielt wurde, führte abends die Theatergruppe „Mann ist Mann" von Brecht auf. Die Aufgabe bestand darin, eine Bühne zu entwerfen und zu bauen, die für beide Aufführungen brauchbar war. Einmal mußten außer zwei Schauplätzen Platz für 60 Chorsänger geschaffen werden, im anderen Falle mehrere Schauplätze für die verschiedenartigsten Szenen. Die Schwierigkeit lag vor allem auf technischem Gebiet. Wir suchten uns Schüler heraus, die handwerklich geschult und besonders technisch interessiert waren. Wir einigten uns auf eine offene Bühne, wie sie dem Charakter des Lehrstücks entsprach. Bei den Abendaufführungen wurden durch geschickte und wechselvolle Beleuchtung die Szenen abgegrenzt, die Schauplätze nur soweit wie nötig angedeutet, aber trotzdem wirkungsvoll gestaltet. An zwei Nachmittagen war die Arbeit geleistet. Die Bühne wurde aus Tischen, Brettern, Podien, alten Tritten zusammengebaut und mit rotem und schwarzem Papier verkleidet. Eine besondere Gruppe legte unter Leitung eines Primaners die Beleuchtung für die Abendvorführung an. Brecht, der sich mit einigen Schauspielern eine „Mann ist Mann"-Aufführung ansah, war von der Bühne begeistert, und es ist nicht vermessen, anzunehmen, daß er für seine „Mahagonny"-Inszenierung[d] durch manches bei uns Anregung bekam.

Die „Jasager"-Aufführung fand keinen besonderen Beifall. Man warf den Solisten vor, daß sie zu wenig spielten. Man fand die Handlung unklar. Nach Ostern wurde „Der Jasager" abends gegeben. Wir stellten uns als Aufgabe, die ganze Aufführung klarer, das Spiel und die Szenen etwas interessanter zu gestalten. Um einen Zusammenhang zwischen Chor und Publikum anzudeuten, saß der Chor auf der Bühne auf denselben Bänken wie die Zuschauer.

Die Aula ist dunkel. Eine Schrift, die über die ganze Stirnwand der Aula geht, kündet ein Lehrstück an. Die Aula wird hell, der Chor sitzt gleich Zuschauern

---

[d] „Der Aufstieg und Fall der Stadt Mahagonny", Oper 1928, ist ebenfalls eine Gemeinschaftsproduktion von Bert Brecht und Kurt Weill.

auf der Bühne. Der ganze erste Teil wird in der hellen Aula gezeigt, da er sich in Innenräumen abspielt. Der Schauplatz des zweiten Teils liegt vor einem steilen Grat im Gebirge. Die Aula ist zuerst dunkel, auf der Wand zeigt ein Diapositiv eine Gebirgslandschaft. Ein zweites Bild wird darüber geblendet und läßt allmählich einen steilen Grat erkennen. Dann wird die Silhouette des letzten Bildes darüber geworfen. Jetzt erst wird die ganze Aulawand hell, so daß der ganze Bühnenaufbau mit dem Chor als deutliche Silhouette vor der hellen Wand steht. Aus dem Schauplatz I bekommen die Einzeldarsteller vor schwarzem Papier Scheinwerferlicht von vorn. Auf dem Schauplatz II erscheinen sie nur als Silhouetten. Durch diese Beleuchtungsanordnung wird das an sich reizlose Spiel der Darsteller für das Auge abwechslungsreich und interessant. Wir selbst ersparten uns dadurch die schwierige Arbeit, die Solisten besonders einzustudieren. Als der Junge heruntergestürzt wird, ist sein Schatten auf der Wand deutlich zu sehen. Beim Fallen verschwimmt und verschwindet er, wodurch dem Auge der Absturz gezeigt wird. Zum Abschluß wird nochmals die Schrift „Der Jasager, ein Lehrstück" gezeigt.

Zur Durchführung dieser optischen Stützungsaktion brauchten wir außer den Handwerkern noch Physiker. Im Physikraum wurden eifrig Versuche gemacht, um technischer Schwierigkeiten Herr zu werden. Die physikalisch interessierten Schüler halfen schon eifrig bei der „Mann ist Mann"-Aufführung mit. Da wir damals wenig Zeit zur Verfügung hatten, mußten besondere Einrichtungen getroffen werden, um das Spiel reibungslos abzuwickeln. Ein Inspizient gab den Schauspielern vor ihrem Auftritt einen Zettel, auf dem der Auftritt, das Stichwort und die ersten Worte sich befanden. Die Physiker bauten Signalvorrichtungen vom Inspizienten zu den Beleuchtern und hatten sogar die Absicht, Telephon anzulegen. Die vielseitigen Aufgaben, die das Theater an die Mitwirkenden stellt, bilden einen seiner Reize für die Schüler. Es können in einer Theatergruppe die verschiedenartigsten Begabungen zu praktischer Arbeit zusammengeschlossen werden. Da sich die Gruppe außerhalb des Unterrichts zusammenfindet, darf man die Vorbereitungen für eine Aufführung nicht zu sehr ausdehnen. Das Interesse kann schnell erlahmen, und dann ist es unmöglich, die Schüler für die Proben zusammenzubekommen. Pädagogische Ziele werden nie im Vordergrund stehen können. Das Ziel ist, eine Aufführung, ganz gleich mit welchen Mitteln und auf welchem Wege, in kürzester Zeit zustande zu bringen. Hier ist ein Stück besondere Schularbeit. Der Wert der Klassenaufführung kann in der Erarbeitung des Stückes liegen. Die Arbeit der Gruppe hat ihren Wert in der Praxis, die hier geübt wird. Eine gelungene Aufführung wird die anderen Schüler anregen, innerhalb ihrer Klasse am Theater zu arbeiten.

Quellenverzeichnis

Unveröffentlichte Quellen

1. Archive
BBF/DIPF-Archiv, Berlin:
Personalien über: Fechner, Hahn, Troost, Weiß, Ziechert.

Bundesarchiv Berlin:
REM 5771

Archiv zur Berliner Schulgeschichte an der FU:
Protokolle der 53./54. Schule von 1928-1930

Staatsarchiv Hamburg:
Personalakte des Lehrers Dr. Albert Herzer; Zeitungsausschnittssammlung

2. Ungedruckte Quellen
Denkschrift der 20. Schule vom 25. 1. 1933. In: Fechner, Paul: Unsere Schulbewegung. Berlin o.J. (1935). (Sammlung Gerd Radde). S. 15-47.
31. Schule, Unsere Auffassung von der Idee der Gemeinschaftsschule und dem Schulversuch. In: Bericht über die im Februar und März 1929 vorgenommene Revision der 31./32. Lebensgemeinschaftsschule, verfaßt von Dr. Hering, Schulrat des Bezirks Neukölln/Ost, 16. 8. 1929 (Sammlung Gerd Radde)
Fechner, Paul: Unsere Schulbewegung. Darin: Denkschrift der 20. Schule vom 25. 1. 1933, S. 15-47. Berlin o.J. (1935). (Sammlung Gerd Radde).
Konferenzprotokollbuch der 20. Schule vom 3. 5. 1923 bis 26. 11. 1925 (Fundstelle: Carl-Schurz-Schule in Berlin-Spandau).
Konferenzprotokollbuch der 20. Schule vom 20. 4. 1926 bis 28. 3. 1933 (Fundstelle: Carl-Schurz-Schule in Berlin-Spandau), darin: Grundsätze der Lebensgemeinschaftsschule Spandau-Neustadt o.D., Anfang der 30er Jahre.
Organisation und Arbeit der 308. Volksschule in Berlin, o.J. (Sammlung Nele Güntheroth).
Schulchronik 21. Schule Spandau. Vom 7.3.1921 bis Ostern 1924 (Fundstelle: Konkordia-Schule in Berlin-Spandau).

Gedruckte Quellen

Andreesen, Alfred (Hrsg.): Das Landerziehungsheim. Berlin 1926.

Aus Arbeit und Leben der Magdeburger Versuchsschule am Sedanring. Im Auftrag des Kollegiums herausgegeben von Fritz Rauch. Osterwieck am Harz 1927.

Avermann, Fritz: Anarchie oder soziale Bindung – Die Arbeitsschule an der Theodorstraße in Bremen. In: Hilker, Franz (Hrsg.): Deutsche Schulversuche. Berlin 1924, S. 73-80.

Bader, Wolf / Schwarz, Sebald: Kern und Kurse. Ein Versuch zu freier Gestaltung unserer Lehrpläne. Leipzig 1922.

Bäumer, Gertrud: Aus dem Kampf um die gemeinsame Erziehung der Geschlechter. In: Die Frau 30 (1922/23), S. 38-43.

Behrens, Margarete: Die Magdeburger Versuchsschule. In: Karsen, Fritz (Hrsg.): Die neuen Schulen in Deutschland. Langensalza 1924, S. 105-114.

Berliner Lehrerverzeichnis. Hrsg. vom Lehrerverband Berlin, 76 (1922), 77 (1925), 78 (1927), 79 (1929) und 80 (1931).

Braune, F. / Krüger, F. / Frauch, F.: Das freie Unterrichtsgespräch. Osterwieck am Harz und Leipzig 1930.

Bünger, W.: Gesamtunterricht und Arbeitsunterricht auf heimatlicher Grundlage. Von der Einstellung einer Oberstufe auf die Arbeitstechnik bis zum ungefächerten Unterricht. Langensalza 1926.

Beyer, O. W.: Ziller, Tuiskon. In: Rein, Wilhelm (Hrsg.): Encyklopädisches Handbuch der Pädagogik. 10. Band. Langensalza 1910, S. 501-543.

Blume, Wilhelm: Die Schulfarm auf der städtischen Insel Scharfenberg bei Berlin. In: Hilker, Franz (Hrsg.): Deutsche Schulversuche. Berlin 1924, S. 312-330.

Dewey, John: Demokratie und Erziehung (1916). Übersetzt von Erich Hylla. Braunschweig 1930.

Die Arbeitsschule. Beiträge aus Theorie und Praxis. Hrsg. vom Leipziger Lehrerverein. Leipzig 1909.

Die Arbeitsschule. Beiträge aus Theorie und Praxis. Hrsg. vom Leipziger Lehrerverein. Leipzig, vierte erweiterte Auflage 1922.

Die Chemnitzer Versuchsschule. Ein kurzer Bericht über ihre Entwicklung und ihren derzeitigen Stand. Erstattet von ihrem Lehrkörper (Humboldtschule). Chemnitz 1928.

Die Dammwegschule Neukölln. Berlin 1928.

Die Dresdner Versuchsschule. Gemeinschaftlicher Bericht der Lehrerschaft der Dresdner Versuchsschule. In: Hilker, Franz (Hrsg.): Deutsche Schulversuche. Berlin 1924, S. 232-251.

Die Geraer Gemeinschaftsschule. Skizzen aus ihrem Leben. Hrsg. Vom Schulverein der Gemeinschaftsschule Gera e.V. Leipzig 1925.

Die Lichtwarkschule in Hamburg. Errichtes und Gewolltes. In: Porger, Gustav (Hrsg.): Neue Schulformen und Versuchsschulen. Bielefeld, Leipzig 1925, S. 148-156.

Die Lichtwarkschule in Hamburg. Beiträge zur Grundlegung und Berichte 1928. Hamburg 1929.

Die neuzeitliche deutsche Volksschule. Bericht über den Kongreß Berlin 1928. Berlin 1928.

Die neuzeitliche deutsche Volksschule. Führer durch die Schulausstellung. Berlin 1928.

Dietrich, Theo (Hrsg.): Die pädagogische Bewegung „Vom Kinde aus". Bad Heilbrunn/Obb. 3. Erw. Aufl. 1973.

Domdey, Alfred: Erfahrungen zum Problem der Stoffgewinnung. In: Beilage zur Preußischen Lehrer-Zeitung 54 (1928), Nr. 6 vom 14. 1. 1928, S. 1 f.

Domdey, Alfred: Grundsätze und Forderungen zur Frage des Berliner Versuchsschulwesens. In: Berliner Lehrerzeitung 10 (1929), Nr. 36, S. 289-292.

Dortmunder Arbeitsschule. Ein Beitrag zur Reform des Volksschulunterrichts. Hrsg. vom Kollegium der Augustaschule. Leipzig, Berlin 1911.

Ehrentreich, Alfred: Grundsätze und Arbeitsformen im deutschen Unterricht. In: Pädagogische Beilage der Leipziger Lehrerzeitung 35 (1928), Nr. 36, S. 313-315.

Einführung in den Lehrplan für die Volksschulen der Stadt Berlin vom Jahre 1924. Hrsg. vom Lehrerverband Berlin. Berlin 1924.

Engel, Ernst: Die Gemeinschaftsschulen. Prag, Leipzig, Wien 1922.

Fischer, Aloys: Die Krisis der Arbeitsschulbewegung (1924). In: Reble, Albert (Hrsg.): Die Arbeitsschule. Bad Heilbrunn/Obb. 2., erw. Aufl. 1964, S. 5-23.

Gansberg, Fritz: Die demokratische Schule. In: Gansberg, Fritz: Demokratische Pädagogik. Ein Weckruf zur Selbstbetätigung im Unterricht. Leipzig 1911, S. 233-242.

Gansberg, Fritz: Grundlinien der Schulorganisation im neuen Volksstaate. Berlin 1920.

Gaudig, Hugo: Die Arbeitsschule als Reformschule (1911). In: Reble, Albert (Hrsg.): Die Arbeitsschule. Texte zur Arbeitsschulbewegung. 2, erweiterte Auflage 1964, S. 112-119.

Gaudig, Hugo (Hrsg.): Freie geistige Schularbeit in Theorie und Praxis. Breslau 1922.

Gaudig, Hugo: Das Grundprinzip der freien geistigen Arbeit. In: Gaudig, Hugo (Hrsg.): Freie geistige Schularbeit in Theorie und Praxis. Breslau 1922, S. 31-36.

Gaudig, Hugo: Schule und Schulleben. Leipzig 1923.

Gaudig, Hugo: Die Schule der Selbsttätigkeit. Hrsg. von Lotte Müller. Bad Heilbrunn/Obb. 2. Auflage 1969.

Geheeb, Paul: Koedukation als Grundlage der Erziehung. In: Andreesen, Alfred (Hrsg.): Das Landerziehungsheim. Berlin 1926, S. 110-112.

Gläser, Johannes (Hrsg.): Vom Kinde aus. Hamburg, Braunschweig 1920.

Gläser, Johannes: Vom Kinde aus. In: Gläser, Johannes (Hrsg.): Vom Kinde aus. Hamburg, Braunschweig 1920, S. 11-30. Wiederabdruck in: Hansen-Schaberg, Inge / Schonig, Bruno (Hrsg.): Basiswissen Pädagogik: Reformpädagogische Schulkonzepte, Bd. 1: Reformpädagogik. Geschichte und Rezeption. Baltmannsweiler 2002a, S. 71-83.

Gläss, Theo: Die Entstehung der Hamburger Gemeinschaftsschulen und die pädagogische Aufgabe der Gegenwart. Gießen 1932.

Gläss, Theo (Hrsg.): Pädagogik vom Kinde aus. Weinheim 1960.

Gurlitt, Ludwig: Natürliche Erziehung (1909). In: Dietrich, Theo (Hrsg.): Die pädagogische Bewegung „Vom Kinde aus". Bad Heilbrunn/Obb. 3. Erw. Aufl. 1973, S. 36-46.

Hahn, Karl: Mit der Gemeinschaft eine Woche in der Sächsischen Schweiz. In: Lebensgemeinschaftsschule 2 (1925a), Heft 1, S. 5 f.

Hahn, Karl: Nicht zu gradlinig und verstandesklar beim Befassen mit Kunstwerken. In: Pädagogische Warte 32 (1925b), S. 1281-1283.

Hahn, Karl: Antwort auf den Ketzer-Epilog für unsere Gemeinschaftsschule in Berlin-Niederschönhausen. In: Lebensgemeinschaftsschule 2 (1925c), Heft 8, S. 126 f.

Hahn, Karl: Schulfeiern der Gemeindeschule Berlin-Niederschönhausen. In: Lebensgemeinschaftsschule 2 (1925d), Heft 5, S. 76f., Heft 6, S. 89-91.

Hahn, Karl: Ein Beitrag zur Frage des Stoffplans und Lehrberichts für den Unterricht im letzten Schuljahr. In: Pädagogische Warte 34 (1927a), S. 475-479.

Hahn, Karl: Kindliches Szenenspiel. In: Pädagogisches Zentralblatt 7 (1927b), S. 286-288.

Hahn, Karl: Kindersprechchor. In: Pädagogisches Zentralblatt 7 (1927c), S. 268-271.

Hahn, Karl / Pohle, Erich: Jugendbühnenarbeit an der Gemeinschaftsschule zu Berlin-Niederschönhausen. In: Lebensgemeinschaftsschule 1 (1924), Heft 3, S. 41 f.

Henningsen, Nikolaus (Hrsg.): Aus den Berichten der Hamburgischen Versuchs- und Gemeinschaftsschulen (1921). In: Porger, Gustav (Hrsg.): Neue Schulformen und Versuchsschulen. Bielefeld und Leipzig 1925, S. 217-233.

Henningsen, Nikolaus: Die Gemeinschaftsschule in Hamburg. in: Hofer, Christine / Oelkers, Jürgen (Hrsg.): Schule als Erlebnis. Vergessene Texte der Reformpädagogik. Braunschweig 1998, S. 130-135.

Herzer, Albert: Der heutige Stand der Koedukation und ihre Bedeutung für die Erneuerung der Schule. In: Pädagogische Warte 38 (1931), S. 511-520.

Hierdeis, Helmwart: Erziehung - Anspruch - Wirklichkeit VI. Geschichte und Dokumente abendländischer Pädagogik. Kritik und Erneuerung: Reformpädagogik 1900-1933. Starnberg 1971.

Hilker, Franz: Oberschulversuche. In: Danziger, Gerhard / Kawerau, Siegfried (Hrsg.): Jugendnot. Oldenburg Verlag Leipzig 1922, S. 146-149.

Hilker, Franz: Grundriß der neuen Erziehung. In: Hilker, Franz (Hrsg.): Deutsche Schulversuche. Berlin 1924, S. 1-32.

Hilker, Franz (Hrsg.): Deutsche Schulversuche. Berlin 1924.

Hylla, Erich: Selbständige geistige Erarbeitung und Übung. In: Die Volksschule 27 (1931), S. 153-162.

Jensen, Adolf: Produktive Arbeit für Schulfeste. In: Lebensgemeinschaftsschule 1925, S. 97-99; S. 113-116.

Jensen, Adolf / Lamszus, Wilhelm: Unser Schulaufsatz ein verkappter Schundliterat. Hamburg, Berlin 1910.

Jensen, Adolf / Lamszus, Wilhelm: Der Weg zum eigenen Stil. Hamburg 1912.

Jensen, Adolf / Lamszus, Wilhelm: Schulkaserne oder Gemeinschaftsschule. Ein Blick in ihre Werkstatt. 2. Auflage von „Poesie in Not". Berlin 1921.

Jöde, Fritz (Hrsg.): Pädagogik deines Wesens. Gedanken der Erneuerung aus dem Wendekreis. Hamburg 1919.

Kaehne, Ernst: Schülerselbstbetätigung im Biologieunterricht. Ein Buch der Praxis. Berlin, Leipzig 1930.

Kaestner, Paul: Die Volksschule. In: Nohl, Herman / Pallat, Ludwig (Hrsg.): Handbuch der Pädagogik. Faksimiledruck der Originalausgabe. Bd. 4. Langensalza 1928, S. 105-136.

Karsen, Fritz: Deutsche Versuchsschulen der Gegenwart und ihre Probleme. Leipzig 1923.

Karsen, Fritz (Hrsg.): Die neuen Schulen in Deutschland. Langensalza 1924.

Karsen, Fritz: Die einheitliche Schule in Neukölln (Pädagogik und Schulhaus). In: Die Dammwegschule Neukölln. Berlin 1928, S. 3-25.

Karsen, Fritz: Von der Aufbauschule zur Gesamtschule. In: Pädagogische Beilage der Leipziger Lehrerzeitung, Nr. 35 /1928, S. 301-305.

Karsen, Fritz: Neue Schule in Neukölln (1929). In: Radde, Gerd, et al. (Hrsg.): Schulreform. Kontinuitäten und Brüche. Das Versuchsfeld Berlin-Neukölln, Bd. 1: 1912-1945. Opladen 1993, S. 172-174.

Karsen, Fritz: Sinn und Gestalt der Arbeitsschule. In: Grimme, Adolf (Hrsg.): Wesen und Wege der Schulreform. Berlin 1930, S. 100-119.

Karsen, Fritz: Vorwort zu einem Lehrplan. In: Aufbau 4 (1931), S. 33-41. Wiederabdruck in: Hansen-Schaberg, Inge / Schonig, Bruno (Hrsg.): Basiswissen Pädagogik: Reformpädagogische Schulkonzepte. Bd. 1: Reformpädagogik. Geschichte und Rezeption. Baltmannsweiler 2002a, S. 128-138.

Karstädt, Otto (Hrsg.): Methodische Strömungen der Gegenwart. Langensalza 10. erw. Auflage 1922.

Karstädt, Otto: Neuere Versuchsschulen und ihre Fragestellungen. In: Jahrbuch des Zentralinstituts für Erziehung und Unterricht 4. Jahrgang 1922. Berlin 1923, S. 87-133.

Karstädt, Otto: Vorbereitungen für den Deutschunterricht. Freie Aufsätze und Niederschriften aus Erfahrung und Unterricht. 4. und 5., vermehrte und verbesserte Auflage [Bücherschatz des Lehrers XIV. Band, 7. Teil]. Osterwieck, Leipzig 1926.

Karstädt, Otto: Versuchsschulen und Schulversuche. In: Nohl, Herman / Pallat, Ludwig (Hrsg.): Handbuch der Pädagogik. Faksimiledruck der Originalausgabe. Bd. 4. Langensalza 1928, S. 333-364.

Karstädt, Otto: Dem Dichter nach. Schaffende Poesiestunden. II. Teil. Berlin, Leipzig 3. Auflage 1930.

Kerner, Georg: Die Berthold-Otto-Schule. In: Hilker, Franz (Hrsg.): Deutsche Schulversuche. Berlin 1924, S. 35-57.

Kerschensteiner, Georg: Die Schule der Zukunft eine Arbeitsschule (1908). In: Wehle, Gerhard (Hrsg.): Ausgewählte pädagogische Schriften. Band II. Paderborn 1968. S. 26-38.

Kerschensteiner, Georg: Staatsbürgerliche Erziehung der deutschen Jugend. Erfurt 3. Auflage 1906.

Kerschensteiner, Georg: Begriff der Arbeitsschule (1930). In: Gonon, Philipp: Georg Kerschensteiner: Begriff der Arbeitsschule. Darmstadt 2002.

Key, Ellen: Das Jahrhundert des Kindes. Berlin 6. Auflage 1904.

Klumbies, Heinz: Eine Theatergruppe. In: Aufbau 5 (1932), Nr. 1, S. 26-28.

Krause, Wilhelm: Höhere Waldschule in Berlin-Charlottenburg. Berlin 1929.

Kreuziger, Max: Die Schule der Gemeinschaft in ihrem Verhältnis zu Familie und Staat. In: Deiters, Heinrich (Hrsg.): Die Schule der Gemeinschaft. Leipzig o.J. (1925), S. 81-89.

Lamszus, Wilhelm: Aufbruch im Chaos - Erziehung „Vom Kinde aus" an den Hamburger Lebensgemeinschaftsschulen (1919). In: Hoof, Dieter: Die Schulpraxis der Pädagogischen Bewegung des 20. Jahrhunderts. Berichte und Unterrichtsbilder. Bad Heilbrunn / Obb. 1969, S. 54-56.

Lamszus, Wilhelm: Hamburger Gemeinschaftsschulen. In: Hilker, Franz (Hrsg.): Deutsche Schulversuche. Berlin 1924, S. 262-276.

Lehmann, Rudolf: Die Leipziger Versuchsschule. Verlag des Leipziger Lehrervereins Leipzig 1931.

Lehrerverzeichnis der Stadtgemeinde Berlin: Berliner Lehrerverzeichnis. Hrsg. vom Lehrerverband Berlin, Jg. 76 (1922), Jg. 77 (1925), Jg. 78 (1927), Jg. 79 (1929) und Jg. 80 (1931).

Lichtwark, Alfred: Die Einheit der künstlerischen Erziehung. In: Kunsterziehung. Ergebnisse und Anregungen des zweiten Kunsterziehungstages in Weimar am 9., 10., 11. Oktober 1903, Leipzig 1904, S. 234-249.

Lietz, Hermann: Schulleben. In: Rein, Wilhelm (Hrsg.): Deutsche Schulerziehung. München 1913, S. 411-438.

Linke, Karl: Gesamtunterricht und Deutschunterricht vom ersten bis zum achten Schuljahr. Braunschweig, Berlin, Hamburg 1927.

Löweneck, Max: Denken und Tun. München 1911.

Löwenstein, Kurt: Sozialismus und Erziehung. Eine Auswahl aus den Schriften 1919-1933. Neu hrsg. von Ferdinand Brandecker und Hildegard Feidel-Mertz, Berlin, Bonn-Bad Godesberg 1976, darin auch: Das Kind als Träger der werdenden Gesellschaft (^{2}1928) und Sozialdemokratie und Schule (1931).

Lorenzen, Hermann (Hrsg.): Die Kunsterziehungsbewegung. Bad Heilbrunn/Obb. 1966.

Mann, Elisabeth: Zehn- und Zwölfjährige spielen Theater. In: Aufbau 5 (1932), Nr. 1, S. 23- 25.

Messer, August: Pädagogik der Gegenwart. Berlin 1926.

Müller, Lotte: Versuche zur Schulung im technischen Denken. In: Gaudig, Hugo (Hrsg.): Freie geistige Schularbeit in Theorie und Praxis. Breslau 1922, S. 179-181.

Müller, Lotte: Die Schere. In: Gaudig, Hugo (Hrsg.): Freie geistige Schularbeit in Theorie und Praxis. Ferdinand Hirt in Breslau 1922, S. 282-284.

Müller, Lotte: Von freier Schülerarbeit. Leipzig 1926.

Müller, Lotte: Der Deutschunterricht. Selbsttun - Erleben - Lernen. Bad Heilbrunn / Obb. 7. Auflage 1961.

Müller, Lotte (Hrsg.): Gaudig, Hugo: Die Schule der Selbsttätigkeit. Bad Heilbrunn / Obb.1969.

Nießen, J.: Präparationen für den Unterricht in der Naturlehre der Volkschule. Unter Zugrundelegung von Gruppen und Individuen. Leipzig 1909.

Nießen, J.: Präparationen für den Unterricht in der Naturlehre der Volkschule. Unter Zugrundelegung von Gruppen und Individuen mit Berücksichtigung der Forderungen der Arbeits- und Lebensschule. Leipzig 3. Auflage 1924.

Nitzsche, Max: Die Volksschule zu Hellerau. In: Hilker, Franz (Hrsg.): Deutsche Schulversuche. Berlin 1924, S. 277-291.

Nohl, Herman: Die pädagogische Bewegung in Deutschland. In: Nohl, Herman, Pallat, Ludwig (Hrsg.): Handbuch der Pädagogik. Weinheim. 1966. Faksimile-Druck der Originalausgabe: Langensalza 1933, S. 302-374.

Nohl, Herman: Die pädagogische Bewegung in Deutschland und ihre Theorie. Frankfurt a.M. 6. Auflage 1963.

Nitzsche, Max: Die Volksschule zu Hellerau. In: Hilker, Franz (Hrsg.): Deutsche Schulversuche. Berlin 1924, S. 277-291.

Nydahl, Jens (Hrsg.): Das Berliner Schulwesen. Berlin 1928.

Oelfken, Tami: Grundschulversuche. In: Danziger, Gerhard / Kawerau, Siegfried (Hrsg.): Jugendnot. Leipzig 1922, S. 141-145.

Paulsen, Wilhelm: Leitsätze zum inneren und äußeren Ausbau unseres Schulwesens. Berlin 1921. In: Engel 1922, S. 32-34, ebenfalls in: Karsen 1924, S. 162-164. Wiederabdruck in: Hansen-Schaberg, Inge / Schonig, Bruno (Hrsg:) Basiswissen Pädagogik: Reformpädagogische Schulkonzepte, Bd. 1: Reformpädagogik. Geschichte und Rezeption. Baltmannsweiler 2002a, S. 121-124.

Paulsen, Wilhelm: Die Überwindung der Schule. Begründung und Darstellung der Gemeinschaftsschule. Leipzig 1926.

Paulsen, Wilhelm: Grundpläne und Grundsätze einer natürlichen Schulordnung. In: Engel, Ernst: Die Gemeinschaftsschulen. Prag, Leipzig, Wien 1922, S. 34f.

Paulsen, Wilhelm: Das neue Schul- und Bildungsprogramm. Osterwieck am Harz und Leipzig 1930.

Petersen, Peter: Schulleben und Unterricht einer freien allgemeinen Volksschule nach den Grundsätzen neuer Erziehung. Weimar 1930.

Porger, Gustav (Hrsg.): Neue Schulformen und Versuchsschulen. Bielefeld und Leipzig 1925.

Präparationen und Entwürfe für den Unterricht, herausgegeben im Anschluß an die Methodik des gesamten Volksschulunterrichts von Adolf Rude. [Bücherschatz des Lehrers] Osterwieck und Leipzig 1900-1932

Pretzel, Carl Louis / Hylla, Erich: Neuzeitliche Volksschularbeit. Winke zur Durchführung der preußischen Lehrplanrichtlinien. 7. und 8., teilweise neubearbeitete Auflage Langensalza 1929.

Reble, Albert (Hrsg.): Die Arbeitsschule. Texte zur Arbeitsschulbewegung. 2, erweiterte Auflage 1964.

Rein, Wilhelm (Hrsg.): Encyklopädisches Handbuch der Pädagogik. Langensalza 1897.

Rein, Wilhelm / Pickel, A. / Scheller, E: Theorie und Praxis der Volksschulunterrichts nach Herbartischen Grundsätzen. Das erste Schuljahr. Leipzig 6. Auflage 1898.

Rein, Wilhelm / Pickel, A. / Scheller, E: Theorie und Praxis der Volksschulunterrichts nach Herbartischen Grundsätzen. Das zweite Schuljahr. Leipzig 3. Auflage 1887.

Reinlein, Hans: Der Versuchsschulgedanke und seine praktische Durchführung in Deutschland. Gotha 1919.

Richtlinien für die Lehrpläne der höheren Schulen Preußens, hrsg. von Hans Richert, 1. und 2. Teil. Berlin 1925.

Richtlinien für die Organisation der Gemeinschaftsschule in Neukölln. In: Engel, Ernst: Die Gemeinschaftsschulen. Prag, Leipzig, Wien 1922, Anlage 5, S. 35 f.

Richtlinien und Grundsätze, nach denen Versuchsschulen (Lebensgemeinschaftsschulen) einzurichten sind (1923). In: Nydahl, Jens (Hrsg.): Das Berliner Schulwesen. Berlin 1928, S. 53-55. Wiederabdruck in: Hansen-Schaberg, Inge / Schonig, Bruno (Hrsg:) Basiswissen Pädagogik: Reformpädagogische Schul-konzepte, Bd. 1: Reformpädagogik. Geschichte und Rezeption. Baltmannsweiler 2002a, S. 125-127.

Richtlinien zur Aufstellung von Lehrplänen für die Grundschule und die oberen Jahrgänge der Volksschule mit dem Lehrplan für die Volksschulen der Stadt Berlin 1924.

Rot, Hans: Kollektives Schultheater. In: Aufbau 5 (1932), Nr. 1, S. 21-23.

Scharfe, Rita: Leipziger Schulreform. In: Die neuzeitliche deutsche Volksschule. Bericht über den Kongreß Berlin 1928. Berlin 1928, S. 345-360.

Scharrelmann, Heinrich: Von der Arbeitsschule zur Gemeinschaftsschule. In: Bausteine für intime Pädagogik, hrsg. von Heinrich Scharrelmann, 1. Heft, 1922, S. 3-15.

Scharrelmann, Heinrich: Unsere Bremer Gemeinschaftsschule. In: Hilker, Franz (Hrsg.): Deutsche Schulversuche. Berlin 1924, S. 252-261.

Scharrelmann, Heinrich: Von der Lernschule über die Arbeitsschule zur Charakterschule. Leipzig 1937.

Scheibner, Otto: Der Arbeitsvorgang in technischer, psychologischer und pädagogischer Erfassung. In: Hugo Gaudig (Hrsg.): Freie geistige Schularbeit in Theorie und Praxis. Breslau 1922, S. 37-61

Scheibner, Otto: Zwanzig Jahre Arbeitsschule in Idee und Gestaltung. Leipzig 2. Auflage 1930.

Scheibner, Otto: Arbeitsschule in Idee und Gestaltung. 5. Auflage durchgesehen und besorgt von Wilhelm Flitner. Heidelberg 1962.

Schönherr, Philipp: Vom Werden der Leipziger Versuchsschule. In: Hilker, Franz (Hrsg.): Deutsche Schulversuche. Berlin 1924, S. 205-220.

Schwarz, Sebald: Kern und Kurse an der Oberrealschule zum Dom in Lübeck. In: Hilker, Franz (Hrsg.): Deutsche Schulversuche. Berlin 1924, S. 303-311.

Schwarz, Sebald: Die elastische Einheitsschule. Gesamtbericht über den Lübecker Versuch ihrer Durchführung. In: Die Erziehung 8 (1933a), S. 285-299.

Schwarz, Sebald: Die elastische Einheitsschule Lübecks. In: Pädagogische Warte 40 (1933b), S. 184-191.

Schwenzer, Georg: Die Dresdner Versuchsschule. In: Karsen, Fritz (Hrsg.): Die neuen Schulen in Deutschland. Langensalza 1924, S. 114-123.

Schwenzer, Georg: Die Dresdner Versuchsschule. In: Die neuzeitliche deutsche Volksschule. Bericht über den Kongreß Berlin 1928. Berlin 1928, S. 314-329.

Seinig, Oskar: Die redende Hand. Wegweiser zur Einführung des Werkunterrichts in Volksschule und Seminar. Leipzig 1911.

Steiger, Willy: Fahrende Schule. Leipzig 1924.

Steiger, Willy: S' Blaue Nest. Dresden 1925. Reprint hrsg. von Jürgen Zinnecker. Frankfurt a.M. 1978.

Stöcker, Lydia: Besondere Unterrichts-Einrichtungen für Mädchen im Rahmen der gemeinsamen Erziehung. In: Max Epstein (Hrsg.): Die Erziehung im schulpflichtigen Alter nach der Grundschule. Karlsruhe 1922a, S. 339-342.

Stöcker, Lydia: Über gemeinsame Erziehung. In: Max Epstein (Hrsg.): Die Erziehung im schulpflichtigen Alter nach der Grundschule. Karlsruhe 1922b, S. 436-444, Nachdruck der S. 436-442 in: Elke Kleinau / Christine Mayer (Hrsg.): Erziehung und Bildung des weiblichen Geschlechts. Eine kommentierte Quellensammlung zur Bildungs- und Berufsbildungsgeschichte von Mädchen und Frauen, Bd. 1. Weinheim 1996, S. 178-181.

Stöcker, Lydia: Frauentum als Erziehungsfaktor. In: Paul Oestreich / Otto Tacke (Hrsg.): Der neue Lehrer. Die notwendige Lehrerbildung. Osterwieck am Harz 1926 a, S. 46-56, und in: Ilse Brehmer

(Hrsg.): Lehrerinnen. Zur Geschichte eines Frauenberufes Texte aus dem Lehrerinnenalltag. München, Wien, Baltimore 1980, S. 139-149.

Strohmeyer, H. / Münch, R. / Grabert, W. (Hrsg.): Der neue Unterricht in Einzelbildern. Eine Sammlung aus der Schulpraxis heraus gewonnener und erlebte Unterrichtsstunden. Braunschweig 1928.

Sturm, Karl: Der Geschichtsplan der Karl-Marx-Schule. In: Aufbau 4 (1931), S. 366-370.

Taut, Bruno: Entwurf der Schulanlage am Dammweg. In: Die Dammwegschule Neukölln. Berlin 1928, S. 26-32.

Troost, Margarete: Ein Beitrag aus der Praxis zur Frage der gemeinsamen Erziehung von Knaben und Mädchen. In: Allgemeine Deutsche Lehrerzeitung 58 (1929), Nr. 21, S. 413 f.

Uhlig, Max: Versuchsschule Humboldtschule M., Chemnitz. In: Hilker, Franz (Hrsg.): Deutsche Schulversuche. Berlin 1924, S. 292-302.

Unterrichtspraxis und jugendkundliche Beobachtung an der Dresdner Versuchsschule. 1. Jahresbericht (1921-1922) der Schule am Georgsplatz. Leipzig 1922.

Vogel, P.: Die Leipziger Versuchsklassen. In: Die Arbeitsschule. Beiträge aus Theorie und Praxis. Hrsg. vom Leipziger Lehrerverein. Leipzig, vierte erweiterte Auflage 1922, S. 111-121.

Weigelt, Friedrich: Gemeinsame Erziehung von Knaben und Mädchen. Aus den Erfahrungen einer Gemeinschaftsschule. In: Lebensgemeinschaftsschule 2 (1925), Heft 11, S. 161-167.

Weise, Martin: Dresdener Versuchsschule (1922). In: Porger, Gustav (Hrsg.): Neue Schulformen und Versuchsschulen. Bielefeld und Leipzig 1925, S. 241-249.

Weiß, Wilhelm: Bildungswerte mehrtägiger Klassenwanderungen. In: Pädagogische Warte 39 (1932), S. 658-662.

Werth, P.: Gesamtunterricht in der Grundschule. In: Die neuzeitliche deutsche Volksschule. Führer durch die Schulausstellung. Berlin 1928, S. 12-22.

Wetekamp, W.: Selbstbetätigung und Schaffensfreude in Erziehung und Unterricht. Mit besonderer Berücksichtigung des ersten Schuljahrs. Leipzig, Berlin 1908.

Zeidler, Kurt: Erste Versuche der Abklärung (1921). In: Hoof, Dieter: Die Schul-praxis der Pädagogischen Bewegung des 20. Jahrhunderts. Berichte und Unterrichtsbilder. Bad Heilbrunn / Obb. 1969, S. 61-64.

Zeidler, Kurt: Die Wiederentdeckung der Grenze. Beiträge zur Formgebung der werdenden Schule. Jena 1926. Reprint hrsg. von Uwe Sandfuchs. Hildesheim, New York 1985.

Zeissig, Emil / Fritsche, Richard (Hrsg.): Praktische Volksschulmethodik für Seminaristen und Lehrer (ausgeführte Lehrproben und Entwürfe aus allen Fächern. Leipzig 1908.

Ziechert, Arnold: Produktive Arbeit unserer Kleinsten. In: Lebensgemeinschaftsschule 2 (1925), Heft 7, S. 103-105.

Ziechert, Arnold: Das Verhältnis zwischen Schule und Haus. Bericht aus der Lebensgemeinschaftsschule Berlin-Niederschönhausen. In: Pädagogisches Zentralblatt 9 (1928), S. 6-10.

Literaturverzeichnis

Amlung, Ullrich / Haubfleisch, Dietmar / Link, Jörg-W. / Schmitt, Hanno (Hrsg.): „Die alte Schule überwinden" - Reformpädagogische Versuchsschulen zwischen Kaiserreich und Nationalsozialismus. Frankfurt a.M. 1993.

Baader, Meike Sophia / Jacobi, Juliane / Andresen, Sabine (Hrsg.): Ellen Keys reformpädagogische Vision. „Das Jahrhundert des Kindes" und seine Wirkung. Weinheim, Basel 2000.

Baader, Meike Sophia: Aulen, Kapellen und Weiheräume: Sakrale Spuren in der reformpädagogischen Gestaltung des Raums. In: Jelich, Franz-Josef / Kemnitz, Heidemarie (Hrsg.): Die pädagogische Gestaltung des Raums. Geschichte und Modernität. Bad Heilbrunn / Obb. 2003, S. 431-445.

Basikow, Ursula: Karl Sturm. In: Radde, Gerd / Korthaase, Werner / Rogler, Rudolf / Gößwald, Udo (Hrsg.): Schulreform. Kontinuitäten und Brüche. Das Versuchsfeld Berlin-Neukölln, Bd. 2: 1945-1972. Opladen 1993, S. 237-239.

Beckers, Edgar / Richter, Elke: Kommentierte Bibliographie zur Reformpädagogik. St. Augustin 1979.

Benner, Dietrich / Kemper, Herwart (Hrsg.): Quellentexte zur Theorie und Geschichte der Reformpädagogik. Bd. 2: Die Pädagogische Bewegung von der Jahrhundertwende bis zum Ende der Weimarer Republik. Weinheim 2001.

Bergner, Reinhard: Die Berthold-Otto-Schulen in Magdeburg. Ein vergessenes Kapitel reformpädagogischer Schulgeschichte von 1920 bis 1950. Frankfurt a.M. 1999.

Bilstein, Johannes: Ästhetische und bildungsgeschichtliche Dimensionen des Raumbegriffs. In: Jelich, Franz-Josef / Kemnitz, Heidemarie (Hrsg.): Die pädagogische Gestaltung des Raums. Bad Heilbrunn/Obb. 2003, S. 31-53.

Bleckwenn, Helga: Mädchenbildung und Reformpädagogik: Die Gaudig-Schule in Leipzig. In: Hohenzollern, Johann Georg Prinz von / Liedtke, Max (Hrsg.): Der weite Schulweg der Mädchen. Bad Heilbrunn/Obb. 1990, S. 300-312.

Blochmann, Elisabeth: Das Frauenzimmer und die Gelehrsamkeit. Eine Studie über die Anfänge des Mädchenschulwesens in Deutschland. Heidelberg 1966.

Böhm, Winfried: Maria Montesori (1870-1952). In: Tenorth, Heinz-Elmar (Hrsg.): Klassiker der Pädagogik. 2. Band. München 2003, S. 74-98.

Bohnsack, Fritz: John Dewey (1859-1952). In: Tenorth, Heinz-Elmar (Hrsg.): Klassiker der Pädagogik. 2. Band. München 2003, S. 44-60.

Breyvogel, Wilfried (Hrsg.): Mädchenbildung in Deutschland. Die Maria-Wächtler-Schule in Essen 1896-1996. Essen 1996.

Carr, Uschi: 70 Jahre Schullandheim Am Weißen Berge in Cluvenhagen. Bremen 1995.

Conradt, Sylvia., Heckmann-Janz, Kirsten: „... du heiratest ja doch!" 80 Jahre Schulgeschichte von Frauen. Frankfurt a.M. 1985.

Correll, Werner / Süllwold, Fritz (Hrsg.): Forschung und Erziehung. Untersuchungen zu Problemen der Pädagogik und Pädagogischen Psychologie. Festschrift zum 80. Geburtstag von Erich Hylla. Donauwörth 1968.

Deiters, Heinrich: Deutsche pädagogische Bibliographie 1919-1933. Berlin (DDR) 1953.

Dewey, John: Demokratie und Erziehung (1916). Braunschweig ³1964.

Dietrich, Theo (Hrsg.): Die Landerziehungsheimbewegung. Bad Heilbrunn/ Obb. 1967.

Dietrich, Theo (Hrsg.): Die pädagogische Bewegung „Vom Kinde aus". Bad Heilbrunn/Obb. 3. Erw. Aufl. 1973.

Dietrich, Theo (Hrsg.): Unterrichtsbeispiele von Herbart bis zur Gegenwart. Bad Heilbrunn/Obb. 5. Auflage 1980.

Dietrich, Theo: Schulleben oder Unterricht? In: Gudjons, Herbert / Reinert, Gerd-Bodo (Hrsg.): Schulleben. Königstein/Ts. 1980, S. 1-9.

Dolch, Josef: Lehrplan des Abendlandes. Zweieinhalb Jahrtausende seiner Geschichte. Ratingen 2. Auflage 1965.

Ebert, Nele: Zur Entwicklung der Volksschule in Berlin in den Jahren 1920 - 1933 unter besonderer Berücksichtigung der Weltlichen Schulen und der Lebensgemeinschaftsschulen. Diss. Humboldt-Universität Berlin 1990.

Ehrentreich, Alfred: 50 Jahre erlebte Schulreform - Erfahrungen eines Berliner Pädagogen. Frankfurt a.M., Bern, New York 1985.

Ehrentreich, Alfred: Pädagogische Odyssee. Im Wandel der Erziehungsformen. Weinheim, Berlin, Ratingen 1967.

Ellerbrock, Wolfgang: Paul Oestreich. Weinheim, München 1992.

Flitner, Wilhelm, Kudritzki, Gerhard (Hrsg.): Die deutsche Reformpädagogik. 2 Bde.: Bd. 1: Die Pioniere der pädagogischen Bewegung, Bd. 2: Ausbau und Selbstkritik. Düsseldorf, München 1961, 1962. Bd. 1 erschien in der 5., in der Ausstattung veränderten Auflage, Stuttgart 1995.

Friedrich, Bodo / Kirchhöfer, Dieter / Neuner, Gerhard / Uhlig, Christa (Hrsg.): Soziale Befreiung – Emanzipation – Bildung. ‚Das Jahrhundert des Kindes' zwischen Hoffnung und Resignation. Berlin 2001.

Geißler, Georg (Hrsg.): Das Problem der Unterrichtsmethode in der Pädagogischen Bewegung. 9. Auflage Weinheim, Basel 1994.

Gleim, Bernhard: Der Lehrer als Künstler. Zur praktischen Schulkritik der Bremer und Hamburger Reformpädagogen. Weinheim und Basel 1985.

Glöckel, Hans: Vom Unterricht. Bad Heilbrunn/Obb. ^{2}1992.

Götz, Margarete: Die innere Reform der Weimarer Grundschule in der Widerspiegelung der zeitgenössischen Richtlinien. In: Keck, Rudolf W./ Ritzi, Christian (Hrsg.): Geschichte und Gegenwart des Lehrplans. Josef Dolchs „Lehrplan des Abendlandes" als aktuelle Herausforderung. Baltmannsweiler 2000, S. 237-254.

Gonon, Philipp: Georg Kerschensteiner: Begriff der Arbeitsschule. Darmstadt 2002.

Gudjons, Herbert / Reinert, Gerd-Bodo (Hrsg.): Schulleben. Königstein/Ts. 1980.

Hänsel, Dagmar: Was ist Projektunterricht, und wie kann er gemacht werden? In: Hänsel, Dagmar / Müller, Hans (Hrsg.): Das Projektbuch Sekundarstufe. Weinheim, Basel 1988, S. 11-45.

Hansen-Schaberg, Inge: Haubinda - die Keimzelle der Landerziehungsheimbewegung. In: Röhrs, Hermann / Pehnke, Andreas (Hrsg.): Die Reform des Bildungswesens im Ost-West-Dialog. Geschichte, Aufgaben, Probleme. Frankfurt a.M., Berlin, Bern, New York, Paris, Wien 1994, S. 103-115.

Hansen-Schaberg, Inge: Die Pädagogin Lydia Stöcker (1877-1942) und ihr Beitrag zur Mädchenbildung und Koedukation in der Weimarer Republik. In: Mitteilungen & Materialien 43/1995, S. 34-63.

Hansen-Schaberg, Inge: „Mütterlichkeit" und „Ritterlichkeit"? Zur Kritik der Ideen zur Koedukation in der pädagogischen Reformbewegung und der Frauenbewegung. In: Neue Sammlung, 36. Jg., 4/1996, S. 641-662.

Hansen-Schaberg, Inge: Tami Oelfken - Die reformpädagogischen Jahre in Berlin. In: Hansen-Schaberg, Inge (Hrsg.): „etwas erzählen". Die lebensgeschichtliche Dimension in der Pädagogik. Baltmannsweiler 1997, S. 132-141.

Hansen-Schaberg, Inge: Das Wandbild „Frau Holle" und seine Verwendung im Unterricht der Volksschule im Kaiserreich. In: Mitteilungen & Materialien, Heft 49/1998, S. 44-53.

Hansen-Schaberg, Inge: Koedukation und Reformpädagogik. Untersuchung zur Unterrichts- und Erziehungsrealität in Berliner Versuchsschulen der Weimarer Republik. Mit einem Vorwort von

Hanno Schmitt [Bildungs- und kulturgeschichtliche Beiträge für Berlin und Brandenburg Bd. 2] Berlin 1999a.

Hansen-Schaberg, Inge: „Jugendgemäßheit und Lebendigkeit in der Schule". Eine „Schülertragödie" und ihre Auswirkungen auf bildungspolitische Entscheidungen in der Weimarer Republik. In: PÄD Forum (26/11) 1999b, Heft 4, S. 285-292.

Hansen-Schaberg, Inge: Die höhere Mädchenschule in Preußen zwischen 1848 und 1918. Der Weg vom privaten Status zum Bestandteil des öffentlichen Bildungswesens - eine Erfolgs- oder Verlustgeschichte? In: Apel, Hans Jürgen / Kemnitz, Heidemarie / Sandfuchs, Uwe (Hrsg.): Das öffentliche Bildungswesen. Historische Entwicklung, gesellschaftliche Funktionen, pädagogischer Streit. Bad Heilbrunn/Obb. 2001, S. 202-217.

Hansen-Schaberg, Inge: Der Beitrag Lydia Stöckers zur Mädchenbildung und Koedukation in den zwanziger Jahren im Kontext der zeitgenössischen Koedukationsdebatte. In: Hansen-Schaberg, Inge / Schonig, Bruno (Hrsg.): Basiswissen Pädagogik: Reformpädagogische Schulkonzepte. Bd. 1: Reformpädagogik. Geschichte und Rezeption. Baltmannsweiler 2002, S. 198-219.

Hansen-Schaberg, Inge: Räume der Krankheit und Orte der Heilung. Soziale, medizinische und pädagogische Aspekte der Tuberkulosebekämpfung. In: Jelich, Franz-Josef / Kemnitz, Heidemarie (Hrsg.): Die pädagogische Gestaltung des Raums. Geschichte und Modernität. Bad Heilbrunn / Obb. 2003, S. 303-316.

Hansen-Schaberg, Inge: Clara Grunwald (1877-1943) – ein Leben für die Montessori-Pädagogik im Kontext der Berliner Schulreformbewegung in der Zeit der Weimarer Republik. In: Hansen-Schaberg, Inge / Ritzi, Christian (Hrsg.): Wege von Pädagoginnen vor und nach 1933. Baltmannsweiler 2004, S. 55-92.

Hansen-Schaberg, Inge / Schonig, Bruno: „Auch in der alten Schule wurde gearbeitet und in der neuen Schule muß auch gelernt werden." Selbstorganisierte reformpädagogische Fortbildung in Berlin Spandau 1921-1929. In: Pädagogik und Schulalltag 52 (1997), S. 199-209.

Hansen-Schaberg, Inge / Schonig, Bruno (Hrsg.): Basiswissen Pädagogik: Reformpädagogische Schulkonzepte. Bd. 1: Reformpädagogik. Geschichte und Rezeption. Baltmannsweiler 2002a.

Hansen-Schaberg, Inge / Schonig, Bruno (Hrsg.): Basiswissen Pädagogik: Reformpädagogische Schulkonzepte. Bd. 2: Landerziehungsheim-Pädagogik. Baltmannsweiler 2002b.

Hansen-Schaberg, Inge / Schonig, Bruno (Hrsg.): Basiswissen Pädagogik: Reformpädagogische Schulkonzepte. Bd. 3: Jenaplan-Pädagogik. Baltmannsweiler 2002c.

Hansen-Schaberg, Inge / Schonig, Bruno (Hrsg.): Basiswissen Pädagogik: Reformpädagogische Schulkonzepte. Bd. 4: Montessori-Pädagogik. Baltmannsweiler 2002d.

Haubfleisch, Dietmar: Berliner Reformpädagogik in der Weimarer Republik. Überblick, Forschungsergebnisse und -perspektiven. In: Röhrs, Hermann / Pehnke, Andreas (Hrsg.): Die Reform des Bildungswesens im Ost-West-Dialog: Geschichten, Aufgaben, Probleme. Frankfurt a.M., Berlin, Bern, New York, Paris, Wien 1994, S. 117-132.

Haubfleisch, Dietmar: Schulfarm Insel Scharfenberg. Mikroanalyse der reformpädagogischen Unterrichts- und Erziehungsrealität einer demokratischen Versuchsschule im Berlin der Weimarer Republik. 2 Bde. Frankfurt a.M. 2001.

Heiland, Helmut: Friedrich Fröbel (1782-1852). In: Tenorth, Heinz-Elmar (Hrsg.): Klassiker der Pädagogik. 1. Band. München 2003, S. 181-187.

Heiland, Helmut (Hrsg.): Friedrich Fröbel. Basiswissen Pädagogik: Historische Pädagogik, herausgegeben von Christine Lost / Christian Ritzi. Bd. 5, Baltmannsweiler 2002.

Heiland, Helmut / Sahmel, Karl-Heinz (Hrsg.): Praxis Schulleben in der Weimarer Republik 1918-1933. Hildesheim 1985.

Hennigsen, Jürgen: Berthold Otto (1859-1933). In: Scheuerl, Hans (Hrsg.): Klassiker der Pädagogik II. München 1979, S. 127-139.

Hierdeis, Helmwart: Erziehung - Anspruch - Wirklichkeit VI. Geschichte und Dokumente abendländischer Pädagogik. Kritik und Erneuerung: Reformpädagogik 1900-1933. Starnberg 1971.

Hofer, Christine / Oelkers, Jürgen (Hrsg.): Schule als Erlebnis. Vergessene Texte der Reformpädagogik. Braunschweig 1998.

Hoffmann, Volker: Friedrich Weigelt. In: Radde, Gerd / Korthaase, Werner / Rogler, Rudolf / Gößwald, Udo (Hrsg.): Schulreform. Kontinuitäten und Brüche. Das Versuchsfeld Berlin-Neukölln, Bd. 2: 1945-1972. Opladen 1993, S. 248-250.

Hoof, Dieter: Die Schulpraxis der Pädagogischen Bewegung des 20. Jahrhunderts. Berichte und Unterrichtsbilder. Bad Heilbrunn / Obb. 1969.

Hopf, Caroline: Frauenbewegung und Pädagogik. Gertrud Bäumer zum Beispiel. Bad Heilbrunn/Obb. 1997.

Jacobi, Juliane: Die Reformpädagogik: Lehrerinnen in ihrer Praxis, Geschlechterdimensionen in ihrer Theorie. In: Fischer, Dietlind / Jacobi, Juliane / Koch-Priewe, Barbara (Hrsg.): Schulentwicklung geht von Frauen aus. Weinheim 1996, S. 29-44.

Jahrbuch für Pädagogik 1999: Das Jahrhundert des Kindes? Frankfurt a.M. 2000.

Jelich, Franz-Josef / Kemnitz, Heidemarie (Hrsg.): Die pädagogische Gestaltung des Raums. Bad Heilbrunn/Obb. 2003.

Jung, Johannes: Kunstunterrichtliche Reformvorstellungen in der Schulwirklichkeit. Ein Beitrag zur Geschichte der Volksschule in Hamburg und Bayern. Bad Heilbrunn/Obb. 2001.

Keck, Rudolf W./ Ritzi, Christian (Hrsg.): Geschichte und Gegenwart des Lehrplans. Josef Dolchs "Lehrplan des Abendlandes" als aktuelle Herausforderung. Baltmannsweiler 2000.

Keim, Wolfgang: Alfred Ehrentreich. In: Radde, Gerd / Korthaase, Werner / Rogler, Rudolf / Gößwald, Udo (Hrsg.): Schulreform. Kontinuitäten und Brüche. Das Versuchsfeld Berlin-Neukölln, Bd. 2: 1945-1972. Opladen 1993, S. 197-200.

Keim, Wolfgang / Weber, Norbert (Hrsg.): Reformpädagogik in Berlin - Tradition und Wiederentdeckung. [Studien zur Bildungsreform Bd. 30)] Frankfurt a.M. 1998.

Kemnitz, Heidemarie: „Neuzeitlicher Schulbau" für eine „moderne Pädagogik" - Das Beispiel der Berliner Dammwegschule. In: Jelich, Franz-Josef / Kemnitz, Heidemarie (Hrsg.): Die pädagogische Gestaltung des Raums. Geschichte und Modernität. Bad Heilbrunn / Obb. 2003, S. 249-268.

Kerbs, Diethart / Reulecke, Jürgen (Hrsg.): Handbuch der deutschen Reformbewegungen. Wuppertal 1998.

Kleinau, Elke: Bildung und Geschlecht. Eine Sozialgeschichte des höheren Mädchenschulwesens in Deutschland vom Vormärz bis zum Dritten Reich. Weinheim 1997.

Korthaase, Werner: Adolf Jensen (1878-1965). In: Radde, Gerd / Korthaase, Werner / Rogler, Rudolf / Gößwald, Udo (Hrsg.): Schulreform. Kontinuitäten und Brüche. Das Versuchsfeld Berlin-Neukölln, Bd. 2: 1945-1972. Opladen 1993a, S. 211-215.

Korthaase, Werner: "Schule der Zukunft". In: Radde, Gerd / Korthaase, Werner / Rogler, Rudolf / Gößwald, Udo (Hrsg.): Schulreform. Kontinuitäten und Brüche. Das Versuchsfeld Berlin-Neukölln, Bd. 1: 1912-1945. Opladen 1993b, S. 214-217.

Kraul, Margret: Mathilde Vaerting: Geschlechtscharakter und Pädagogik. In: Brehmer, Ilse 8Hrsg.): Mütterlichkeit als Profession? Pfaffenweiler 1990, S. 241-255.

Kuhlemann, Gerhard / Brühlmeier, Arthur (Hrsg.): Johann Heinrich Pestalozzi. Basiswissen Pädagogik: Historische Pädagogik, herausgegeben von Christine Lost / Christian Ritzi. Bd. 2, Baltmannsweiler 2002.

Lehberger, Reiner: Zur Geschichte der Versuchsschule Telemannstraße 10. In: Lorent, Hans-Peter de, Ullrich, Volker (Hrsg.): „Der Traum von der freien Schule": Schule und Schulpolitik in der Weimarer Republik. Hamburg 1988, S. 273-287.

Lehberger, Reiner (Hrsg.): Nationale und internationale Verbindungen der Versuchs- und Reformschulen in der Weimarer Republik. Hamburg 1993a.

Lehberger, Reiner: „Schule als Lebensstätte der Jugend". Die Hamburger Versuchs- und Gemeinschaftsschulen in der Weimarer Republik. In: Amlung, Ullrich / Haubfleisch, Dietmar / Link, Jörg-W. / Schmitt, Hanno (Hrsg.): „Die alte Schule überwinden" – Reformpädagogische Versuchsschulen zwischen Kaiserreich und Nationalsozialismus. Frankfurt a.M. 1993b, S. 32-64.

Lehberger, Reiner: Die Lichtwarkschule in Hamburg: Das pädagogische Profil einer Reformschule des höheren Schulwesens in der Weimarer Republik. Darstellung und Quellen. Hamburg 1996.

Lehberger, Reiner: Versuchsschule in der Weimarer Republik. In: Hansen-Schaberg, Inge / Schonig, Bruno (Hrsg.): Basiswissen Pädagogik: Reformpädagogische Schulkonzepte. Bd. 1: Reformpädagogik. Geschichte und Rezeption. Baltmannsweiler 2002, S. 84-120.

Lehberger, Reiner: Lottig, William. In: Kopitzsch, Franklin / Brietzke, Dirk (Hrsg.): Hamburgische Biographien: Personallexikon. Hamburg 2003.

Lehberger, Reiner / Schmidt, Loki: Früchte der Reformpädagogik. Bilder einer neuen Schule. [Geschichte - Schauplatz Hamburg, hrsg. von der Behörde für Bildung und Sport, Amt für Schule] Hamburg 2002.

Löwenstein, Kurt: Sozialismus und Erziehung. Eine Auswahl aus den Schriften 1919-1933. Neu hrsg. von Ferdinand Brandecker und Hildegard Feidel-Mertz. Berlin, Bonn-Bad Godesberg 1976.

Lorenzen, Hermann (Hrsg.): Die Kunsterziehungsbewegung. Bad Heilbrunn/Obb. 1966.

Matthes, Eva / Hopf, Caroline: Helene Lange und Getrud Bäumer. Ihr Beitrag zum Erziehungs- und Bildungsdiskurs vom Wilhelminischen Kiserreich bis in die NS-Zeit. Bad Heilbrunn/ Obb. 2003.

Mebus, Sylvia: Martin Weise - ein reformpädagogisch orientierter Lehrerbildner zwischen Anerkennung und Ächtung. In: Pehnke, Andreas / Förster, Gabriele / Schneider, Wolfgang (Hrsg.): Anregungen international verwirklichter Reformpädagogik. Traditionen, Bilanzen, Visionen. Greifswalder Studien zur Erziehungswissenschaft, Bd. 8. Frankfurt a.m. 1999, S. 611-626.

Müller, Helmut-Gerhard: Die Reformpädagogin Elisabeth Mann (6. 9. 1901 - 4. 1. 1996). In: BDK-INFO (Bund Deutscher Kunsterzieher/innen e.V.) 1996, Heft 2, S. 34.

Müllers, Wilhelm: Die Pädagogik Heinrich Scharrelmanns – ein Beitrag zur Historiographie der reformpädagogischen Bewegung. Diss., Gesamthochschule Duisburg 1974.

Müßener, Gerhard (Hrsg.): Johann Friedrich Herbart. Basiswissen Pädagogik: Historische Pädagogik, herausgegeben von Christine Lost / Christian Ritzi. Bd. 4, Baltmannsweiler 2002.

Näf, Martin: Paul Geheeb (1870-1961). In: Tenorth, Heinz-Elmar (Hrsg.): Klassiker der Pädagogik. 1. Band. München 2003, S. 89-98.

Neuhäuser, Heike / Rülcker, Tobias (Hrsg.). Demokratische Reformpädagogik. Frankfurt a.M. 2000.

Nitsch, Ulla M. / Stöcker, Hermann: „So zeichnen wir nich nach irgendeiner muffigen Methode ..." Aus der Praxis ästhetischer Erziehung an den Bremer Arbeiter- und Gemeinschaftsschulen in der Weimarer Zeit. In: Amlung, Ullrich / Haubfleisch, Dietmar / Link, Jürgen-W. / Schmitt, Hanno (Hrsg.): „Die alte Schule überwinden". Reformpädagogische Versuchsschulen zwischen Kaiserreich und Nationalsozialismus. Frankfurt a. M. 1993, S. 137-157.

Nohl, Herman: Die pädagogische Bewegung in Deutschland. In: Nohl, Herman, Pallat, Ludwig (Hrsg.): Handbuch der Pädagogik. Weinheim. 1966. Faksimile-Druck der Originalausgabe: Langensalza 1933, S. 302-374.

Nohl, Herman: Die pädagogische Bewegung in Deutschland und ihre Theorie. Frankfurt a.M. 6. Auflage 1963.

Nohl, Herman, Pallat, Ludwig (Hrsg.): Handbuch der Pädagogik. Weinheim. 1966. Faksimile-Druck der Originalausgabe: Langensalza 1933.

O'Callaghan, Patricia: Reformpädagogische Praxis 1900-1914. Beispiele aus der Grundschule. Weinheim 1997.

Odenbach, Karl: Lexikon der Schulpädagogik. Braunschweig 1970.

Oelkers, Jürgen: Reformpädagogik. Eine kritische Dogmengeschichte. Weinheim, München 2. Auflage 1992.

Osterwalder, Franz: Johann Heinrich Pestalozzi. In: Tenorth, Heinz-Elmar (Hrsg.): Klassiker der Pädagogik. 1. Band. München 2003, S. 101-118.

Pehnke, Andreas: Der Leipziger Lehrerverein und seine Connewitzer Versuchsschule – Impulsgeber für reformpädagogische Initiativen im sächsischen Schulwesen. In: Amlung, Ullrich / Haubfleisch, Dietmar / Link, Jörg-W. / Schmitt, Hanno (Hrsg.): „Die alte Schule überwinden" - Reformpädagogische Versuchsschulen zwischen Kaiserreich und Nationalsozialismus. Frankfurt a.M. 1993, S. 107-136.

Pehnke, Andreas (Hrsg.): Reformpädagogik aus Schülersicht. Dokumente eines spektakulären Chemnitzer Schulversuchs der Weimarer Republik. Baltmannsweiler 2002.

Pehnke, Andreas / Förster, Gabriele / Wolfgang Schneider (Hrsg.): Anregungen international verwirklichter Reformpädagogik. Traditionen, Bilanzen, Visionen. [Greifswalder Studien zur Erziehungswissenschaft. Hrsg. von Andreas Pehnke. Bd. 5] Frankfurt a.M., Berlin, Bern, New York, Paris Wien 1999.

Pehnke, Andreas / Röhrs, Hermann (Hrsg.): Die Reform des Bildungswesens im Ost-West-Dialog: Geschichten, Aufgaben, Probleme. [Greifswalder Studien zur Erziehungswissenschaft. Hrsg. von Andreas Pehnke. Bd. 1] Frankfurt a.M., Berlin, Bern, New York, Paris, Wien 1998, 2. erweiterte Auflage.

Petersen, Peter / Müller-Petersen, Else: Die Pädagogische Tatsachenforschung. Paderborn 1965.

Pohl, Horst-Erich: Die Pädagogik Wilhelm Reins. Bad Heilbrunn/Obb. 1972.

Popp, Susanne: Der Daltonplan in Theorie und Praxis. Ein aktuelles reformpädagogisches Modell zur Förderung selbständigen Lernens in der Sekundarstufe. Bad Heilbrunn 1995.

Popp, Susanne: Helen Parkhurst und der Daltonplan. In: Seyfarth-Stubenrauch, Michael / Skiera, Eberhard (Hrsg.): Reformpädagogik und Schulreform in Europa. Grundlage, Geschichte, Aktualität. 2 Bde., Baltmannsweiler 1996, S. 268-280.

Poste, Burkhard: Schulreform in Sachsen 1918-1923. Eine vergessene Tradition deutscher Schulgeschichte. Frankfurt a.M. 1993.

Prange, Klaus: Johann Friedrich Herbart. In: Tenorth, Heinz-Elmar (Hrsg.): Klassiker der Pädagogik. 1. Band. München 2003, S. 172-180.

Radde, Gerd: Ansätze eines Kursunterrichts an Berliner Lebensgemeinschaftsschulen während der Weimarer Zeit. In: Keim, Wolfgang (Hrsg.): Kursunterricht - Begründungen, Modelle, Erfahrungen. Darmstadt 1987. 177-193.

Radde, Gerd: Fritz Karsen. Ein Berliner Schulreformer der Weimarer Zeit. Berlin 1973, erweiterte Neuausgabe Frankfurt a.M. 1999.

Radde, Gerd: Schulreform in Berlin am Beispiel der Lebensgemeinschaftsschulen. In: Amlung, Ullrich / Haubfleisch, Dietmar / Link, Jörg-W. / Schmitt, Hanno (Hrsg.): „Die alte Schule überwinden" - Reformpädagogische Versuchsschulen zwischen Kaiserreich und Nationalsozialismus. Frankfurt a.M. 1993, S. 89-106.

Radde, Gerd: Aus dem Leben und Wirken des Entschiedenen Schulreformers Franz Hilker (1881-1969). In: Drewek, Peter / Horn, Klaus-Peter / Kersting, Christa / Tenorth, Heinz-Elmar (Hrsg.): Ambivalenzen der Pädagogik. Zur Bildungsgeschichte der Aufklärung und des 20. Jahrhunderts. Weinheim 1995, S. 145-167.

Radde, Gerd / Korthaase, Werner / Rogler, Rudolf / Gößwald, Udo (Hrsg.): Schulreform. Kontinuitäten und Brüche. Das Versuchsfeld Berlin-Neukölln. Bd. 1: 1912-1945. Opladen 1993.

Radde, Gerd / Korthaase, Werner / Rogler, Rudolf / Gößwald, Udo (Hrsg.): Schulreform. Kontinuitäten und Brüche. Das Versuchsfeld Berlin-Neukölln. Bd. 2: 1945-1972. Opladen 1993.

Reble, Albert (Hrsg.): Die Arbeitsschule. Texte zur Arbeitsschulbewegung. 2, erweiterte Auflage 1964.

Rödler, Klaus: Vergessene Alternativschulen: Geschichte und Praxis der Hamburger Gemeinschaftsschulen 1919-1933. Weinheim München 1987.

Rohde, Ilse: Heinrich Vogeler und die Arbeitsschule Barkenhoff. Ein Beitrag zur Historiographie der Reformpädagogik. Frankfurt a.M. 1997.

Röhrs, Herman: Die Reformpädagogik. Ursprung und Verlauf unter internationalem Aspekt. Weinheim 3. Auflage 1991.

Rülcker, Tobias: Die Bremer Versuchsschulen als Erprobungsfeld der Demokratie. In: Neuhäuser, Heike / Rülcker, Tobias (Hrsg.): Demokratische Reformpädagogik. Frankfurt a.M., Berlin, Bern, Bruxelles, Oxford, Wien 2000, S. 115-141.

Schaller, Klaus: Johann Amos Comenius. In: Tenorth, Heinz-Elmar (Hrsg.): Klassiker der Pädagogik. 1. Band. München 2003, S. 45-59.

Scheibe, Wolfgang: Die reformpädagogische Bewegung. Ein einführende Darstellung. Mit einem Nachwort von Heinz-Elmar Tenorth. Weinheim, Basel 1994, 10., erw. und neuausgestattete Auflage.

Schmitt, Hanno: Topographie der Reformschulen in der Weimarer Republik. In: Amlung, Ullrich / Haubfleisch, Dietmar / Link, Jörg-W. / Schmitt, Hanno (Hrsg.): „Die alte Schule überwinden" - Reformpädagogische Versuchsschulen zwischen Kaiserreich und Nationalsozialismus. Frankfurt a.M. 1993a, S. 9-31.

Schmitt, Hanno: Versuchsschulen als Instrumente schulpädagogischer Innovation vom 18. Jahrhundert bis zur Gegenwart. In: Historische Kommission der DGfE (Hrsg.): Jahrbuch für Historische Bildungsforschung Band 1. Weinheim, München 1993b, S. 153-178.

Schonig, Bruno: Irrationalismus als pädagogische Tradition. Weinheim und Basel 1973.

Schonig, Bruno: Reformpädagogik. In: Lenzen, Dieter (Hrsg.): Pädagogische Grundbegriffe. Bd. 2, Reinbek 1989, S. 1302-1310.

Schonig, Bruno: Reformpädagogik - Bücherweisheit oder Schulrealität? Anmerkungen zu zwei historisch-pädagogischen Ansätzen, sich mit der Pädagogik in der Weimarer Republik auseinanderzusetzen. In: Mitteilungen & Materialien, Heft Nr. 42/1994, S. 79-88.

Schonig, Bruno: Reformpädagogik im Prozeß Berliner Schulreform 1923-1933. Das Beispiel des Rektors Willy Gensch an der 3. Gemeindeschule in Berlin Friedrichshain. In: Drewek, Peter / Horn, Klaus-Peter / Kersting, Christa / Tenorth, Heinz-Elmar (Hrsg.): Ambivalenzen der Pädagogik. Zur Bildungsgeschichte der Aufklärung und des 20. Jahrhunderts. Weinheim 1995, S. 117-143.

Schonig, Bruno: „Reformfreudige Menschen". Zur Verbreitung reformpädagogischer Ansätze in der öffentlichen Berliner Schule der Weimarer Republik. In: Neue Sammlung 37 (1997), Heft 1, S. 27-44.

Schonig, Bruno: Zur Verbreitung reformpädagogischer Ansätze in der öffentlichen Berliner Schule der Weimarer Republik. In: Keim, Wolfgang / Weber, Norbert (Hrsg.): Reformpädagogik in Berlin - Tradition und Wiederentdeckung. Frankfurt a.M., Berlin, Bern, New York, Paris, Wien 1998a, S. 25-59.

Schonig, Bruno: Reformpädagogik. In: Kerbs, Diethart / Reulecke, Jürgen (Hrsg.): Handbuch der deutschen Reformbewegungen. Wuppertal 1998b, S. 319-330.

Schuppan, Michael-Sören: Jens Peter Nydahl. In: Radde, Gerd / Korthaase, Werner / Rogler, Rudolf / Gößwald, Udo (Hrsg.): Schulreform. Kontinuitäten und Brüche. Das Versuchsfeld Berlin-Neukölln. Bd. 2: 1945-1972. Opladen 1993, S. 225-227.

Schwenk, Bernhard: Das Herbartverständnis der Herbartianer. Weinheim 1963.
Schwerdt, Theodor: Kritische Didaktik in Unterrichtsbeispielen. 11. Auflage Paderborn 1955.
Schwerdt, Ulrich: Martin Luserke (1880-1968). Reformpädagogik im Spannungsfeld von pädagogischer Innovation und kulturkritischer Ideologie. Frankfurt a.M., Berlin, Bern, New York, Paris, Wien 1993.
Schwerdt, Ulrich: Landerziehungsheime – Modelle einer „neuen Erziehung". In: Hansen-Schaberg, Inge / Schonig, Bruno (Hrsg.): Basiswissen Pädagogik: Reformpädagogische Schulkonzepte. Bd. 2: Landerziehungsheim-Pädagogik. Baltmannsweiler 2002, S. 52-108
Seyfahrt-Stubenrauch, Michael / Skiera, Ehrenhard (Hrsg.): Reformpädagogik und Schulreform in Europa. Grundlagen, Geschichte, Aktualität. Bd. 1: Historisch-systematische Grundlagen; Bd. 2: Schulkonzeptionen und Länderstudien. Baltmannsweiler 1996.
Sienknecht, Helmut: Die Einheitsschule. Geschichtliche Entwicklung und gegenwärtige Problematik. Weinheim, Berlin, Basel 1968.
Speichert, Horst: Maria Montessori – Aus ihrem Leben, ihre Sicht auf das Kind und ihre Vorschläge für den Umgang mit Kindern. In: Hansen-Schaber, Inge/ Schonig, Bruno (Hrsg.): Basiswissen Pädagogik: Reformpädagogische Schulkonzepte. Bd. 4: Montessori-Pädagogik. Baltmannsweiler 2002, S. 12-50.
Stach, Reinhard / Müller, Walter: Schulwandbilder als Spiegel des Zeitgeistes zwischen 1880 und 1980. Opladen 1988.
Stöcker, Hermann: Kinderschule – Zukunftsschule. Eine Bremer Versuchsschule in ihren Bildern. In: Schmitt, Hanno / Link, Jürgen-W. / Tosch, Frank (Hrsg.): Bilder als Quellen der Erziehungsgeschichte. Bad Heilbrunn/ Obb. 1999, S. 149-166.
Vilsmeier, Franz (Hrsg.): Der Gesamtunterricht. Weinheim 1967.
Wehle, Gerhard: Georg Kerschensteiner und die pädagogische Reformbewegung seiner Zeit. In: Wehle, Gerhard (Hrsg.): Ausgewählte pädagogische Schriften. Band II. Paderborn 1968, S. 184-204.
Wendt, Joachim: Die Lichtwarkschule in Hamburg (1921-1937). Hamburg 2000.
Werth, Wolfgang: Die Vermittlung von Theorie und Praxis an den preußischen Pädagogischen Akademien 1926-1933 - dargestellt am Beispiel der Pädagogischen Akademie Halle / Saale (1930-1933). Frankfurt a.M. 1985.
Wilhelm, Theodor (Hrsg.): Demokratie in der Schule. Göttingen 1970.
Zymek, Bernd: Schulen. In: Langewisch, Dieter / Tenorth, Heinz-Elmar (Hrsg.): Handbuch der deutschen Bildungsgeschichte. Band V: 1918-1945. Die Weimarer Republik und die nationalsozialistische Diktatur. München 1989, S. 155-208.

Abbildungsnachweise

Umschlag, S. 1:	Jens Nydahl (Hrsg.): Das Berliner Schulwesen. Berlin 1928, S. 35.
S. 11:	Gläser, Johannes (Hrsg.): Vom Kinde aus. Hamburg, Braunschweig 1920, Titelblatt.
S. 117:	Fritz Karsen: Die einheitliche Schule in Neukölln. In: Die Dammwegschule Neukölln. Berlin 1928, S. 7.
S. 119:	ebd., S. 9.
S. 120:	ebd., S. 10.
S. 121:	ebd., S. 11.
S. 122:	ebd., S. 12.
S. 128:	ebd., S. 16.
S. 130:	ebd., S. 18.
S. 131:	ebd., S. 19.
S. 176:	Ferdinand Hodler: Der Holzfäller, in: F. Braune / F. Krüger / F. Rauch: Das freie Unterrichtsgespräch. Osterwieck am Harz und Leipzig 1930, S. 253.
S. 246:	Willy Steiger: S'Blaue Nest. Dresden 1925, Titelblatt.
S. 260:	Hans Rot: Kollektives Schultheater. In: Aufbau, 1932, S. 21.
S. 261:	ebd., S. 22.
S. 262:	ebd., S. 23
S. 263:	Elisabeth Mann: Zehn- und Zwölfjährige spielen Theater, In: Aufbau, 1932, S. 25.
S. 266:	Heinz Klumbies: Eine Theatergruppe. In: Aufbau, 1932, S. 26.